Bertalan Pándy

Angezündete Kerze

Angezündete Kerze

Lebensweg eines ungarischen Pfarrers
der Tschecho(Slowakei)
in den Stürmen der Zeiten

Zeitgeschichte und Kirchengeschichte
und Predigten

Bertalan Pándy

Erste Ausgabe

ISBN 978-80-7165-677-7

Vorwort

Das Buch, das Sie lieber Leser – Leserin in Hände haben, ist ein einzigartig schönes Werk, weil es uns den Lebensweg eines Pfarrers präsentiert, der in seinem Leben viel durchgemacht hat. Wie wir es wissen, ist jeder Mensch ein Wunder, ein einzigartiges Werk der Schöpfung Gottes. Wenn wir dieses Buch lesen, halten wir die meisterhaft konzipierte Sätze von Dezsö Kosztolányi für wahr; *„Solcher ist der Mensch, er ist ohne Gleichen. Er lebte noch nie und wird niemals ein seinesgleichen leben, wie auf den Bäumen gibt es keine zwei gleichen Blätter. Auch im Läuf der Zeit wird niemand ihm gleich werden .*

„Solche Andacht und Erschütterung erfüllt unsere Seele beim Lesen des Lebenslaufes von Bertlan Pándy,

Wenn Jesus jemandem ruft um ihm zu folgen, gibt er jedem einen eigenartigen Lebensweg, der anders ist, als der Lebensweg eines anderen. Als Petrus die innige Verbundenheit Jesu zu Johannes sah, fragte er ihn: *„Herr, wie wird es denn mit diesem gehen?“ (Joh.21, 21).* Die Antwort Jesu ist erstaunlich: „…Was geht es dich an? Folge du mir nach! (21, 22). Jesus sagt jedem Menschen: Folge du mir nach. Wir alle bekommen die Aufgabe, auf dem Wege, den wir von unserem Herrn bekommen, also unter unseren Lebensumständen Ihm zu folgen. Dieser Weg gleicht keinem anderen Weg. Gemeinsam ist nur die Treue: „ … Nichts aber sucht man bei den Verwaltern mehr, als dass jeder einzelne treu gefunden wird“ (1.Kor 4,2). In diesem Buch spiegelt sich die Geschichte dieser Treue. Es ist nicht nur spannend und interessant, sondern auch bewegend schön. Darüber hinaus können wir in diesem Buch ein Stück farbige und reale Kirchengeschichte lernen. Es ist ein Lebensfragment des erschütternden menschlichen Schicksals einer Kirchgemeinde und eines Pfarrers. Die Treue des Autors zu Christus und seiner Kirche war voll von Leiden. Der Apostel Paulus drückt es so aus: „So werden alle, die ein rechtes Leben mit Jesus Christus führen wollen, nicht ohne Verfolgung sein können". (2Tim 3,12). Es ist aber nicht gleichgültig, wie man diese Situation erlebt. Der Apostel Paulus erlebt sein Leiden eigentümlich. „Und wenn mein Blut im Märtyrertod vergossen werden sollte, so ist es mit eurem Glauben und Gottesdienst zusammen nur ein Trankopfer, und ich freue mich mit euch allen darüber. Ebenso sollt auch ihr euch freuen und mit mir freuen" (Fil 2,17-18). In diesen zwei Sätzen kommt viermal das Wort „Freude" vor. Teilnehmen am Leid Christi, und das in einem Moment der Geschichte für eine Gemeinschaft erleben, wird durch den Heiligen Geist Freude werden. Die Schönheit dieses Buches zeigt sich darin, dass hier die Strahlen derselben Freude bestrahlen uns. Ein Pfarrer leidet, und freut sich gleichzeitig. Wie ist das möglich? Auf diese Frage bekommen wir eine Antwort aus der Heiligen Schrift: „Wir tragen wohl allezeit das Sterben Jesu an unserm Leib mit uns herum, aber nur, damit auch das Leben Jesu an unserm Leib sich offenbare" (2Kor 4,10). Diese große Wahrheit und Botschaft zeigt sich auch im Leben von Bertalan Pándy. In diesem Buch strömt das Leben Jesu, weil der in ihm wohnende Christus sich uns gibt, sich mit uns teilt. Und geben ist größere Freude als nehmen.

Wenn wir seine Predigte lesen, beeindruckt uns das Glück und die Freude, die er im Leben Christi gefunden hat. Sein Dienst war nicht umsonst. Er hat ein erfülltes reiches Leben, und dieses Buch gibt uns etwas von diesem Reichtum. Darum kann man dieses Buch nicht weglegen, es reißt uns mit sich, und so leiden und freuen wir uns zusammen mit ihm. Es ist nicht leicht ein Buch so zu schreiben, dass der Leser sich mit dem Autor identifiziert, in dessen Leben scheint sich ihm sein eigenes Leben zu spiegeln. Sein Weg ist auch unser Weg. Und so kann man mit Hoffnung das Wort Jesu zitieren; „Wenn jemand mir dient, der Vater wird ihn ehren. B. Pándy diente und auch als Rentner dient er dem Herrn mit Treue. Wir ehren ihn so, dass wir sein Buch lesen, und beten dafür, dass wenn die Stunde kommt, hört er das Wort des Herrn: *„Recht so, du guter treuer Verwalter, du bist mit wenigem treu gewesen, ich will dich über viel setzen. Komm zu meinem Fest und freu dich mit mir“* (Matthäus 25, 21). Wir glauben, dass wir uns dort zusammen freuen weden.

Miskolc – Budapest 2007. Februar

Dr. Szathmáry Sándor
theol. Professor

„Man zündet nicht eine Kerze an,
und setzt sie unter einen Scheffel,
sondern auf einen Leuchter,
So leuchtet sie allen, die im Hause sind“.

„Behüte dein Herz mit allem Fleiß;
denn daraus gehet das Leben“..

Kindheit

Man denkt auch im Herbst seines Lebens gern zurück an seine Kindheit. Die meisten Menschen denken so ans Kindesalter zurück, wie auf die schönste Zeit des Lebens. Das Kind ist glücklich, das keine bedrückenden Sorgen hat. Es entdeckt, dass es von Menschen umgeben ist, die es lieben, und die es für einen teuren Schatz halten. Um seine Speise, Getränk, Kleidung und Wohlbefinden tragen die Eltern Sorge. Sie geben ihm alles, was es braucht. Es muss nur signalisieren, oder wenn es schon sprechen kann, sagen, dass es etwas braucht. Stabiler Grund seines Wohlbefindens ist, dass es sein ganzes Leben, die Behebung seiner Not, mit kindlichem Vertrauen denen übergeben kann, die es lieb haben

Es ist schade, dass diese ungestörte reine kindliche Freude so früh, so schnell vorübergeht. Sie fängt an vorüber zu gehen, wenn das Kind die Hand der Eltern nicht mehr so fest halten will. Immer öfter sagt es diese Wörter: „Ich selber“. Eine zeitlang ist es so gut, in den turbulenten Zeiten des Lebens die Hand der Eltern fest zu halten. Aber wenn mit dem körperlichem Wachstum auch das Selbstbewusstsein zu wachsen anfängt, will es sich immer öfter von den festhaltenden Händen der Eltern frei machen, und es lässt sich von dem Tumult hinweg reißen. Es hat immer weniger Angst vor der Verirrung, und traut sich immer mehr, auch allein gehen zu können. Die Psychologen erklären uns, dass dieser Zustand der Sache eine natürliche Folge des Wachstums des Kindes sei. Sie sagen auch, dass die guten Eltern ihre Kinder schon von früher Kindheit an zur Selbstständigkeit erziehen, wissend, dass sie ihre Jungen nicht durch das ganze Leben hindurch begleiten können. Es ist wahr, aber wahr ist auch, dass mit der zu früh angefangenen Selbständigkeit das Kind zu früh auch das glückselige Gefühl der kindlichen Geborgenheit verliert. Und wenn der wachsende Junge fühlt, dass er in seiner Umgebung keine Stütze mehr hat, verliert er nicht nur das Gefühl der kindlichen Geborgenheit, er kann bald auch in eine Konfliktsituation geraten. Um sein Ziel zu erreichen, lässt man sich von den verschiedenen Wellen der Zeit hin und her reißen, und so kommt es, dass man auch verletzt wird, und andere verletzt. So wird er, der das Privileg hat, Helfer des Bruders zu sein, Verletzer seines Bruders.

Dieser Gefahr der gegenseitigen Verletzung will uns Gott vorbeugen lassen, dadurch, dass er uns in der Verkündigung seines Wortes zum Glauben ruft. Der Glaube an Gott ist eine wunderbare Kraftquelle. Glückselig ist der Mensch, der diese Kraftquelle, den Glauben an Gott von ihm empfangen hat, und durch Wort und Tat weitergeben kann. Der Mensch, der im Glauben lebt, auch wenn er ein ganz einfacher und mit Sorgen belasteter Mensch ist, kann seinen Lieben einen Schatz weitergeben, den ohne Glauben, kein Mensch, auch wenn er Millionen hat, zu geben imstande ist. Ein solcher Schatz ist es zum Beispiel, wenn jemand mit solchen Worten seine Jungen freilassen oder von ihnen vor dem Tode Abschied nehmen kann: „Meine lieben Kinder, jetzt muss ich euch freilassen. Mein Lebensweg geht zu Ende, aber Gott, der mich und euch mit ewiger Liebe liebt, bleibt mit mir und mit euch. Aber auch ihr sollt Ihn nie verlassen.

Menschen, die in diesem Glauben leben, werden sich nicht von den verschiedenen Wellen der Geistesströmungen der Zeit hinwegreißen lassen, und werden einander nicht verletzen, sondern heilen wollen. Solche Menschen wollen kein Unheil anrichten, sie wollen eher für ihre Umgebung Segensquellen werden.

Mir hat Gott solche Eltern geschenkt, die ernst gläubig gesinnt waren. Sie haben auch in der Ehe das Wort Gottes ernst genommen: „Einer trage des andern Last, so werdet ihr das Gesetz Christi erfüllen". Sie haben einen schweren Lebensweg gehabt. Mein guter Vater war 28 Jahre alt, als der erste Weltkrieg ausbrach. Er musste auch einrücken, und die Schrecken der 4 Kriegsjahre erleiden. Mehrmals hat Gott sein Leben unter hoffnungslosen Umständen behütet. Seine ersten zwei Kinder sind vor dem Krieg im Kindesalter gestorben. Die Diphterie war damals noch fast unheilbar. In jenen Jahren starben auch seine Eltern. Sein drittes Kind, ein Sohn, ist einige Wochen vor dem Krieg geboren. Meine gute Mutter mußte die Last der Kindeserziehung und der landwirtschaftlichen Arbeit, die weit über ihre Kraft ging, allein tragen. Sie haben etwa 9 Hektar Landwirtschaftsboden gehabt. Im Krieg sind Millionen von Menschen verblutet.

Nach dem Kriege hat man das teilweise ruinierte Vaterland zerteilt, und zwei Drittel des Territoriums den so genannten Sukzessionsstaaten gegeben. In diesem „Erdbeben" sind auch etwa dreieinhalbe Millionen Ungarn unter fremde Herrschaft geraten. So wurde auch der Wohnort meiner Eltern, ein kleines Dorf am nordöstlichen Oberland Ungarns, zu der neu hergestellten Tschechoslowakei zugestellt. Das Dorf hat den Namen: „Poľany" bekommen. Dort ist nach dem Krieg mein zweiter Bruder geboren, und dort bin ich etwa fünf Jahre nach der Errichtung des neuen Landes, der Tschechoslowakei, auch geboren. Der neue Zustand bedeutete für das Volk eine kaum erträgliche Belastung. Auch meine Eltern haben das Vaterland geliebt. Die geistige, literarische und geschichtliche Erbschaft die sie bewahren wollten war ihnen sehr lieb. In den Dörfern war es damals noch nicht üblich, aber meine Eltern hatten im Hause eine kleine Bibliothek. Neben den literarischen und geschichtlichen Werken gehörte dazu auch das meist gelesene Buch, die Bibel. Unsere Eltern haben uns, meinen älteren Brüdern und mir, eine sehr reiche geistige Erbschaft hinterlassen. Das führte dazu, daß ich mir trotz aller bestehenden Schwierigkeiten den geistlichen Beruf gewählt habe. Aber bevor es dazu kam, brach der zweite Weltkrieg aus, und ich wurde mit vielen Tausenden Menschen noch als Schüler in die Sowjetunion deportiert.

In meinem Heimatdorf waren mir außer dem Elternhaus die Schule und Kirche besonders lieb. Im Dorf befanden sich zwei Schulen, mit je einem Klassensaal. Am oberen Ende des Dorfes war die griechisch katholische, und am unteren Ende die reformierte Schule. Ich war ein Schüler dieser letzteren Schule. Den Schulen gegenüber, an der anderen Seite der Straße, befanden sich die Kirchen. Der Unterricht in den Schulen, dauerte an Werktagen von 8 bis 16 oder 17 Uhr. Dazwischen haben wir aber eine Mittagspause gehabt. Zum Mittagessen gingen wir nach Hause und wir kehrten dann in die Schule zurück. Unser Lehrer war K ö v e n d y László, der auch in der Kirchgemeinde als Kantor und Levit diente. Unsere Kirchgemeinde war eine Filial-Gemeinde von Királyhelmec, und der Pfarrer besuchte uns immer nur um Abendmahl-Gottesdienste zu halten. Sonst diente als sein Stellvertreter in der Kirche unser Lehrer. Er hatte also nicht nur die Aufgabe, in einem Klassensaal acht Klassen zu unterrichten, sondern auch noch die sonntäglichen Gottesdienste in der Kirche zu halten.

Im Mittelpunkt des nachmittäglichen Unterrichts standen gewöhnlich die Literatur und die Geschichte. Mit großer Eindringlichkeit hat er von unseren bedeutendsten Schriftstellern und Dichtern gesprochen, um dann die Ereignisse unserer Geschichte fortzusetzen. Wir Kinder rezitierten gewöhnlich in diesen Nachmittagsstunden die auswendig gelernten Gedichte. Gebannt lauschten wir den Worten unseres Lehrers, der uns die schönen und günstigen Dinge, wie auch die traurigen Schicksalsschläge unserer Geschichte so lebendig zu schildern verstand, auch wenn wir in den Wintermonaten wo es nachmittags so früh dunkel wird, unseren redenden Lehrer kaum sehen konnten. Im Klassensaal haben wir nämlich keine Beleuchtung gehabt. Aber im Geiste sahen wir die Ereignisse, die er so lebendig vor uns gestellt hat. Nur von den erschütternden Ereignissen nach dem Kriege hat er kaum gesprochen. Nicht nur darum, weil er wußte, dass wir einfachen Kinder es nicht verstehen würden, sondern auch darum, weil auch er nicht verstanden hat und nicht verstehen konnte, wie es nach dem Kriege zu jenen Ereignissen in unserem Vaterland kam, die uns zum Minderheits-Schiksal verurteilt haben. Sogar noch heute, nach mehr als 80 Jahren, können die durch Politik beeinflußten Forscher kein glaubhaftes, objektives Bild von den damaligen Ereignissen geben. Zum Glück gibt es aber auch einige, die es zu sagen wagen, dass damals eine große Ungerechtigkeit geschehen war.

Von meinem Heimatdorf sind vielleicht jene Bilder am tiefsten in meine Seele gezeichnet, die sich nach diesen Unterrichtssunden unterwegs aus der Schule in der winterlichen Abenddämmerung zutrugen. Es schneite. Aus dem frisch gefallenem Schnee haben wir mit kindlicher Fröhlichkeit Schneebälle gemacht, um mit diesen gegeneinander zu kämpfen. Das schwache Licht der Petroleumlampen durch das Fenster der einfachen Häuser hat ein wenig auch unseren Weg beleuchtet. Schon als Kind habe ich mir Gedanken gemacht, wie viele, und wie verschiedene Lebensschicksale sich in diesen einfachen Häusern abspielen, von denen wir etwas Licht auf unseren Weg unterwegs nach Hause bekamen. Aber auch davon habe ich schon eine leise Ahnung gehabt, dass in jenen Adventstagen, in der Nähe von Weihnachten, in vielen Herzen ein Licht aufleuchtet, welches auch die Dunkelheit der menschlichen Kälte, Lieblosigkeit, und des Argwillens vertreibt, das kein anderes Licht wegjagen kann. Damals hatte ich schon etwas Ahnung von der transzendenten Welt.

Wenn ich dann nach der Schulzeit zu Hause war, verbrachte ich die abendlichen Stunden gewöhnlich so, dass ich zuerst die schriftlichen und theoretischen Hausaufgaben erledigte. Aber diese Aufgaben konnte ich nicht von den Familienmitgliedern getrennt fertig machen. Ich konnte auch nicht eine stille Stube suchen, um dort etwas ruhig zu lesen oder mit den Brüdern zu spielen. Ich konnte es nicht tun, weil wir in unserem Haus nur in einem Zimmer Heizung hatten. Mit den Brüdern spielen konnte ich auch nicht, weil sie viel älter waren als ich. Sie waren schon groß.

Zu den winterlichen Abendprogrammen gehörte auch, dass uns zwei – drei Nachbarinnen besuchten, um bei uns zu spinnen. Gegen Ende der Winterzeit haben sie dann die fertiggemachten Fäden gewoben. Viele schöne, oft ganz kunstvolle Handgewebe haben dort unsere Künstlerinnen hergestellt. Bei diesen Arbeiten, wenn sie es wollten, habe ich ihnen etwas vorgelesen. Schon in der ersten Klasse habe ich vor Weihnachten fließend gelesen. Meine ersten Vorlesungen bei diesen Anlässen waren die Märchen. Später habe ich ihnen aus den Bänden einer damaligen Buchreihe, „Lebensbilder aus der Geschichte des ungarischen Volkes" gelesen. Und als ich schon älter war, las ich ihnen auch aus der Bibel.

Die Schulferien des Sommers waren immer sehr bewegte Zeiten. Bei den verschiedenen landwirtschaftlichen Arbeiten haben auch wir Kinder geholfen. Bei der Getreide-Ernte war es meine Aufgabe, aus dem Halm Stricke zu machen. Dann halfen wir bei der Garbensammlung. Von den Garben haben dann die Erwachsenen die Mandeln zusammengelegt. Aber den größten Teil der Erntearbeit übergaben unsere Eltern den slowakischen Saisonarbeitern. Diese slowakischen Familien kamen von den nördlichen Berggebieten und haben sich gefreut, wenn sie bei unseren Familien Erntearbeit bekamen. Sie arbeiteten fleißig und waren froh, wenn sie durch ihre Erntearbeit für ihre Familien das Brot für das ganze Jahr sichern konnten. Diese slowakischen Arbeiter wurden bei den ungarischen Familien wie Gäste behandelt. Für Unterkunft und Speise hat die Gastgeberfamilie gesorgt. Der Lohn der Erntearbeiter war jede Zehnte Mandel. Aber es galt als ungeschriebenes

Gesetz, dass die Erntearbeiter nach der Ernte, die Mandeln, die sie als Lohn bekommen sollen, selber wählen konnten. Nach dem Dreschen wurde dann klar, dass sie nicht betrogen waren. Froh transportierten sie dann ihre, mit Getreide gefüllten Säcken nach Hause, und im nächsten Jahr meldeten sie sich wieder als Erntearbeiter.

Die Familien jener Zeit, auch meine Eltern, pflegten die verwandtschaftlichen Beziehungen gern. Das war aber nur dort einfach, wo die Verwandten nicht durch die nach dem Krieg gezogenen Grenzen voneinander getrennt waren. Vom Heimatdorf meiner Mutter, das in der Luftlinie etwa 10 km weit von uns entfernt war, hat uns die Grenze getrennt. Meine Großeltern und Cousinen von Mutterseite konnte ich erst in meinem 12. Lebensjahr kennenlernen, als die Grenzen – leider nur für eine kurze Zeit – aufgehoben waren.

Die Verwandten die denselben Familiennamen hatten, lebten in Bacska, einem Dorf, das von uns 6 km weit entfernt war. Die Familie ist schon sehr verzweigt, die meisten waren uns nicht mehr verwandt. Doch gab es dort eine Familie, die mit meinen Eltern kontakte pflegte. Sie besuchten einander jedes Jahr. Ein solcher sonntäglicher Besuch dieser Familie bleibt mir unvergeßlich. Die Eltern haben ihre fünfjährige Tochter mitgebracht, und ich habe in ihr eine ausgezeichnete Spielfreundin gefunden. Sonst habe ich keinen Spielkameraden gehabt, weil meine Brüder viel älter waren als ich. Die Fröhlichkeit dieses lächelnden Mädchens hat mich ganz bezaubert. In den verschiedenen Kinderspielen haben wir einander sehr gut verstanden. Und als sie an jenem Abend mit den Eltern nach Hause gehen mußte, war ich sehr traurig. Ihr lächelndes Wesen habe ich auch nach ihrer Heimkehr vor mir gesehen. Ich habe nicht verstanden, was mit mir geschehen ist. Das Rätsel wurde später dann gelöst. Bis es aber so weit war, mußte ich viele verschiedene Lebensstürme durchleben.

Mit der Verwandten miener Mutter konnten wir nur Kontakte haben, von denen uns keine Landesgrenze getrennt hat. In einem Dorf an der Grenze, in Nagygéres wohnten zwei Schwestern der Mutter. Zur Zeit ihrer Heirat gab es noch keine Grenze. Der Mann einer der Schwestern war Stationschef des dortigen Bahnhofs, und auch Bürgermeister des Dorfes. Er war ein hochgebildeter Mann, und als solcher, konnte er bewirken, daß der elektrische Strom im Dorf eingeführt wurde, und zwar in der Zeit der schweren Wirtschaftlichen Krise, im J. 1930. In der Umgebung erfolgte die Elektrifizierung der Dörfer erst 20 Jahre später. Ich habe mich immer sehr gefreut, wenn diese Verwandten uns besuchten. Der Mann, den ich Schwager nannte, verstand die Psychologie des Kindes gut, und wußte, dass seine schön glänzende Taschenuhr mit glänzenden Ketten und Deckeln auf mich eine große Anziehungskraft ausübte. Für mich war es sehr interessant, als er einmal die schöne Uhr aus der Tasche seiner Weste herauszog und sich der Deckel öffnete. So konstatierte der Schwager die genaue Zeit. Ich habe nicht wahrgenommen, dass der Deckel der Uhr sich durch einen Knopfdruck öffnete, darum war ich erstaunt und fragte, wie sich der Deckel der Uhr öffnete? Er antwortete: Man müsse die Uhr nur anblasen, und der Deckel öffnet sich. Von da an war seine Uhr unser gemeinsames Spielzeug.

Bei einem solchen Besuch baten diese Verwandten meine Eltern um die Erlaubnis, mich auf einige Tage mitnehmen zu dürfen. Weil ich auch gehen wollte, bewilligten die Eltern den gewünschten Besuch. Es war eben am Ende des Weihnachtfestes im J. 1932. als ich 6 Jahre alt war. Bei diesem Besuch habe ich wunderliche Erlebnisse gehabt. In einer Ecke des Zimmers war ein tellerförmiges Gerät auf ein Tischlein gestellt. Ich habe nicht gewußt, was dieser merkwürdige doppelte Teller ist. Meine Gastgeber ließen mich am Tischlein sitzen. Die Tante drückte einen Knopf am Gerät, und das Zimmer wurde erfüllt mit der Stimme eines unsichtbaren Mannes. Überrascht sprang ich auf und suchte, wo der Mann ist, der da so laut spricht. Später habe ich dort schöne Musik gehört, und bald darauf ertönte der Satz: „Hallo, Radio

Budapest". So wurde mir klar, dass die unbegreiflichen Dinge durch das Gerät geschahen, und das Gerät heißt: Radio.

Die nächste Überraschung folgte, als in der Zeit der Abenddämmerung die Tante wieder auf etwas an der Wand gedrückt hat, und im selben Moment wurde das Zimmer wunderbar stark beleuchtet. Es war schon zu viel für mich. Ich fühlte mich in einem Märchenland. In mir mehrten sich die Fragen, und meine lieben Gastgeber haben mir interessante Dinge über die Elektrizität und das Radio erzählt. Ich habe daran gedacht, dass die Lichtanzündung in meinem Dorf und in der weiteren Umgebung, etvas sehr verwickeltes war. Man mußte zuerst den Zylinder der Lampe mit einem weichen Tuch sorgfältig rein machen. Dann muß man in den Halter der Lampe Petroleum gießen und den Lampendocht reinigen. Erst dann kann man den Docht mit einem Streichholz anzünden und den Zylinder aufsetzen.

In jener Nacht habe ich sehr wenig geschlafen. Die neuen Impressionen des Tages ließen mich nicht schlafen. Viele Dinge waren für mich unbegreiflich. Mich beschäftigten die Fragen: Wie kommt das enorm starke Licht durch die Drahtleitungen in die Häuser und Straßenlampen? Und wie kann auch die Stimme die in Budapest ertönt, in die weit entfernten Dörfer in die geschlossenen Häuser kommen?

Ich fühlte mich sehr gut bei den Verwandten, wo ich so viele wunderliche Dinge erfahren durfte. Aber die Ferientage gingen schnell vorbei, und ich mußte schon an die Heimkehr denken, als ich unerwartet krank wurde, und die Krankheit sich meiner stark bemächtigte. Die Verwandten konsultierten einen Arzt, der in der Nähe wohnte, der mich besuchte, und mir eine Spritze und Medikamente gab. Aber ich war weiterhin sehr krank. Doch, soviel konnte ich bemerken, dass in den Nachtstunden, als ich nicht schlafen konnte, die Farbe des Lichtes im Zimmer immer änderte. Viele Jahre später erzählten uns die Verwandten, dass der Wechsel der farbigen elektrischen Birnen, als psychologische Beeinflussung des Kindes, zur Heilmethode des Arztes gehörte, der zu meiner Heilung in den ersten Tagen wenig Hoffnung hegte. Ich habe Diphterie gehabt.

Királyhelmec

Die Jahre flogen schnell vorüber wie die Vögel, und ich habe mit Freude gehört, dass meine Eltern über mein weiteres Studium reden. Mein älterer Bruder arbeitete schon als Angestellter beim Onkel, der ein bekannter und anerkannter Baumeister war. Mein zweiter Bruder wollte in der Landwirtschaft bleiben, aber die Möglichkeiten für die Entwicklung und Effektivität der Landwirtschaft in der Tschechoslowakei befand sich in einem so vernachlässigten Zustand, dass er Bauindustrie studierte und dann als Angestellter bei der Eisenbahn arbeitete. Meine Brüder waren physisch stärker als ich und hielten in ihrem Beruf gut stand. Ich war aber physisch schwach. Meine Lieblinge waren die Bücher, aus denen ich immer mehr Wissen schöpfen wollte. Dieser Umstand motivierte die Absicht meiner Eltern, für mich die Hindernisse meines Studiums aus dem Weg zu räumen. Meine Absicht, ein Studium zu beginnen, erschwerte vor allem die Tatsache, daß es in der nahen und ferneren Umgebung unseres Wohnortes, der damals noch völlig ungarisch war, kein ungarisches Gymnasium gab. Von den Gymnasien in Sátoraljaújhely oder Sárospatak, die von uns 30 – 40 km weit entfernt sind, trennte uns die trianonische.Grenze. Dorthin konnte ich nicht gehen. Im J. 1936 wurde endlich in Királyhelmec eine niedrigere Mittelschule, die sog. Bürgerschule eröffnet. Das war aber nach langem erfolglosem Versuch auch nur eine Notlösung. Man konnte keine ungarische Mittelschule bauen, oder bekommen. Vor einigen Jahren hatte dort der Staat eine moderne slowakische Grundschule gebaut und daneben ein modernes Haus für die Pädagogen der slowakischen Schule. Für die ungarische Bürgerschule konnte man aber nur ein altes Familienhaus in Anspruch nehmen, wo man statt vier, nur zwei Klassenzimmer haben konnte. Das gab weitere Probleme. Ich wollte mich in dieser Schule einschreiben lassen aber wegen Platzmangel konnte ich das Studium im J. 1936 und 1937 nicht anfangen. Erst im September des J. 1938 hat man mich in diese Schule aufgenommen.

Bald danach geschahen Ereignisse, die uns sehr gefreut haben. Die trianonischen Grenzen wurden aufgehoben, und wir gehörten wieder zum Mutterland, also zu Ungarn. Nach der Grenzänderung sind die slowakischen Beamten und Finanzwache, die in Királyhelmec angesiedelt waren, weggegangen, und mit ihrer Abfahrt ist die moderne slowakische Schule leer geworden. So gab es dann Platz für die ungarische Bürgerschule, und so bin auch ich Schüler der neuen Schule geworden.

Diese schwer erreichte Möglichkeit des Studiums hat mich sehr gefreut, aber sie bedeutete für mich auch viele Anstrengungen. Zwischen den Dörfern gab es damals noch keinen Autobus-Verkehr. Ich mußte jeden Tag zu Fuß in die 5 km weit entfernte Schule gehen. Im Herbst und in den Wintermonaten, wenn die Tage kurz sind, bin ich oft in der Morgendämmerung von zu Hause weggegangen. Die Hälfte des Weges war ein Feldweg, der zwischen Schilfsteichen und Gebüschen führte. Es gab auch eine Landstraße, diese war aber wesentlich länger. Das bedeutete hin und zurück 16 km. Aber ich wollte studieren, und auch wenn es schwer war, weil die Verhältnisse für mich ungünstig waren, freute es mich, daß ich studieren durfte.

Ich war Schüler der 2. Klasse der Bürgerschule, als meine Mutter krank wurde. Sie musste in das Krankenhaus eingeliefert werden. Nach einem chirurgischen Eingriff fühlte sie sich etwas besser, aber nach einigen Monaten wurde ihre Krankheit immer schwerer. Sie war eine sehr gute, liebende und geliebte Mutter. Mit ihrer Krankheit wurde die innere Stütze unserer Familie erschüttert. Als ich die dritte Klasse beendete, konnte sie die schrecklichen Schmerzen nur mit

Morphium-Tropfen ertragen. Es kam vor, dass die Tropfen die großen Schmerzen nicht mehr linderten, und um die Schmerzen ertragen zu können musste sie mehr Tropfen einnehmen, So kam es, daß sie inmitten der Nacht ohne schmerzlinderndes Mittel blieb. In solchen Fällen lief ich auch in den Nachtstunden in die kleine Stadt meiner Schule, um der leidenden Mutter Tropfen zu holen. Den schlafenden, ermüdeten Vater wollte ich nicht wecken.

Sátoraljaújhely

Die schwere Krankheit meiner Mutter veranlaßte meine Eltern, mir die Last des langen Fußweges, wenigstens für das nächste Schuljahr zu erleichtern. An dieser Entscheidung hat auch die leidende Mutter teilgenommen. Sie wußten, dass das Schuljahr für mich mit Trauer beginnen wird. Sie haben mit den beiden Tanten in Nagygéres besprochen, dass sie mich beherbergen und wir dort die gute Möglichkeit, dass uns von Sátoraljaújhely keine Grenze mehr trennt, ausnützen wollten. Statt in Királyhelmec ließ ich mich in die Bürgerschule in Sátoraljaújhely einschreiben. (Der Schwager, der die schöne Taschenuhr hatte, lebte damals nicht mehr.) Die 20 km Entfernung zwischen Nagygéres und Sátoraljaújhely, konnte ich mit dem Zug zurücklegen. Ich würde also nicht jeden Tag 10 km zu Fuß gehen müssen. Es folgte für mich die letzte Klasse der Bürgerschule. Die Aufnahme in Sátoraljaújhely war dadurch erschwert, daß die Schülerzahl in der vierten Klasse voll war, aber weil ich ein gutes Zeugnis hatte, hat man mich doch aufgenommen. Es war für mich eine große Erleichterung, mit dem Zug in die Schule fahren zu können.

Mitte September starb meine Mutter. Es war Wochenende, und ich war eben zu Hause. Ich war tief erschüttert. Nach der Beerdigung kehrte ich mit schwerem Herzen zurück nach Nagygéres, obwohl die Verwandten, die Tanten und die Cousinen, die meine Zeitgenossen waren, mich mit viel Liebe aufgenommen haben. Sie haben sich zusammen mit ihren Freundinnen Mühe gegeben, mich zu erheitern.

In der Schule war ich ein neuer Schüler und habe noch keine Freunde gehabt. Unter den gegebenen Umständen war es für mich schwer,

Freundschaften zu schließen. Am ersten Tage nach der Beerdigung meiner Mutter wollte ich nach der ersten Lehrstunde nicht aus der Klasse herausgehen, obwohl das irregulär war. Unsere Klasse war auf der zweiten Etage. Ich blieb am Fenster stehen, und fühlte mich sehr verlassen. In dem hellen herbstlichen Sonnenlicht gegen Osten zeigten sich leise die zwei kleinen Berge von Királyhelmec. Etwas nördlich, nicht weit davon, liegt in einem Sarg meine entschlafene geliebte Mutter. Und nicht weit davon, nach Osten hin, lebt das liebe Mädchen, mit dem ich vor 9 Jahren, als es uns mit den Eltern zusammen besuchte, einen unvergeßlichen Sonntagnachmittag verbracht hatte. Wir haben damals in wunderbarem Einklang miteinander gespielt. Seitdem sehe ich seine glänzenden Augen und sein lächelndes Wesen oft vor mir. Dann tauchte in mir der Gedanke auf, dass auch sie heute wahrscheinlich kein lächelndes Wesen mehr war, weil vor vier Jahren auch ihre Mutter gestorben war. Sie war damals zehn Jahre alt. Die Mutter hat damals durch einen Nagel Blutvergiftung bekommen, und der Arzt entdeckte die Quelle der Infektion zu spät. Sie ist also auch mutterlose Waise geworden, wie jetzt auch ich. Im Geiste fühlte ich mich dadurch noch näher zu ihr hingezogen.

Aus dieser Meditation hat mich das Klingeln geweckt, das den Anfang der nächsten Stunde bedeutete. Ich musste zurückkehren zu der harten Wirklichkeit meines Lebens.

Die Fortsetzung des Studiums in Sárospatak

Das Schuljahr ist zu Ende gegangen. Mein erstes und auch letztes Schuljahr in Sátoraljaújhely ging zu Ende und damit auch das Studium der vierjährigen Bürgerschule. In meinem trauernden Seelenzustand wirkte es auf mich wohltuend, dass ich am Schuljahresschlußfest gelobt und von der Schule mit einem Buch beschenkt wurde.

Aber ich habe keine langen Ferien gehabt. Einige Tage blieb ich noch bei den Verwandten, bedankte mich für ihre Liebe, und dafür, daß sie mich beherbergt hatten, nahm von ihnen Abschied und kehrte heim in mein Elternhaus.

Von Kindheit an war es mein Traum, Student in Sárospatak zu werden. Aber als die Zeit dafür kam, war unsere Gegend durch die Grenze von Sarospatak getrennt. Dieser Umstand veranlaßte mich, in der Nähe von den Eltern zu bleiben. Weil das nächste Gymnasium in der Stadt Kaschau – Košice war, die von uns etwa 100 km weit entfernt ist, und auch die Finanzen für diese Lösung unerreichbar waren, musste ich zu Hause bleiben. So kam es, dass ich die auch schwer erreichbare Bürgerschule wählte und die Last, zu Fuß zur Schule zu gehen auf mich nahm. Ich hatte vor, nach der Bürgerschule eine Differenzprüfung abzulegen, um das Studium im Gymnasium in der fünften Klasse fortsetzen zu können. Diese Prüfung musste man ablegen um zu beweisen, dass man den fehlenden Stoff in den Fächern Latein und Griechisch nachgeholt hatte und nun beherrschte. Zwei Freunde, die Schüler des Gymnasiums in Kaschau-Košice waren, halfen mir bei dieser Vorbereitung. Mein Traum erfüllte sich auch darin, dass die Grenze nach Sárospatak damals verschwand, und ich die Prüfung im Herbst dort ablegen konnte. Der Sprachlehrstoff aus den ersten vier Klassen des Gymnasiums war umfangreich, und die Zeit für die Vorbereitung war kurz, aber ich bestand die Prüfung. Glänzen in der Prüfung konnte ich wohl nicht, aber ich konnte in Sárospatak studieren. Ich bin also wieder Schüler in einer neuen Schule geworden. Es war für mich eine besonders große Freude, dass ich mich an diesem kirchlichen Lehrinstitut auch mit Bibelstudium und literarischer Selbstweiterbildung beschäftigen konnte. Die harten Mathematikstunden haben mir aber wenig Freude gemacht. Diesen Lehrgegenstand und seine Lehrer hielt ich immer für kalt und hart. Doch, ich konnte auch diesen Gegenstand und die Lehrer ertragen, und auch sie ertrugen mich.

Aber die Gewitterwolken des Kriegs sammelten sich immer mehr,. Als ich Schüler der sechsten Klasse war, wurde das Schuljahr unerwartet verkürzt. Grund dafür war, dass am 23. März auch in Sárospatak die deutschen Truppen erschienen. Kurz danach musste man das Schuljahr beenden und wir mussten heimkehren.

Von den Kriegsfronten hörte man immer schrecklichere Nachrichten. Immer mehr Männer mussten einrücken. Immer öfter kamen die Berufungszettel mit den großgedruckten Buchstaben: SAS. Diese drei Buchstaben sind die Abkürzung eines ungarischen Satzes, in dem es heißt: „Beeile dich sofort, uns zu helfen“. Aber die Hoffnung, der Humor und der Lebenserhaltungstrieb verschwanden auch in diesen schweren Zeiten nicht. Ein Beispiel dieser humorvollen Gesinnung war für mich unser alter Nachbar, der Onkel Bálint János. Er war damals 95 jährig. Er ist in einem Nachbardorf geboren und heiratete in unserem Dorf. Er hat in seiner Jugend Schafspelzmäntel genäht, und man nannte ihn im Dorf: Onkel János, der Pelzmantelbereiter. Aber diese alten Pelzmäntel verschwanden aus der Mode, und auch Onkel János hat den alten Pelzmantel nur noch selten in besonders kalten Wintertagen getragen, oder wenn er eine Malariaanfall hatte. Für diese sehr unangenehme Krankheit ist charakteristisch, dass man Fieber hat, aber sich gleichzeitig beinahe erfroren fühlt. In diesem Zustand legte er sich in der sommerlichen Hitze in den Garten, deckte sich mit zwei Pelzmänteln zu, und äußerte seinen Wunsch; „der liebe Gott möge auch noch zwei andere Sonnen schaffen."

In jener Zeit hat man auch in unserem Dorf vor die Häuser Bänkchen gestellt. Auch vor dem Hause meines alten Nachbars stand ein Bänkchen aus Brettern, wo er sich in der Sommerzeit gern hingesetzt hat, um mit den vorbeigehenden Menschen diskutieren zu können. Wenn ich mir ab und zu Zeit nehmen konnte, diskutierte ich auch gern mit ihm, weil er aus der alten Zeit viele Erinnerungen hervorbringen konnte. Oft sprach er von meinem Großvater, den ich nicht kenne, weil er 16 Jahre vor meiner Geburt gestorben war. Der Nachbar hat vom Großvater mit Liebe gesprochen, als von einem klugen, liebenswürdigen und gerechten Bürgermeister des Dorfes, der für das Wohl seiner Gemeinde viel getan hat.

Eines Tages bin ich gegen Abend zu Onkel János, der auch damals auf seinem Bänkchen saß, mit der Frage gegangen, wie er den Tag verbracht habe? Auf meine Frage antwortete er schmunzelnd: „Auch ich wartete auf den Einberufungszettel." Mit diesem letzten zweideutigen Wort wollte er ausdrücken, daß in jenen Tagen nicht nur die jungen Männer auf den Einberufungszettel zum Frontdienst warteten, sondern auch er auf die Einberufung zur ewigen Heimkehr warte.

In der gespannten Lage der kriegerischen Unsicherheiten bekamen vielerorts auch die Schüler der Mittelschulen ihre Einberufung, um irgendwo einen Arbeitsdienst zu leisten. Nicht fern von Sárospatak befand sich ein kleiner Flugplatz für Segelflugzeuge, und diesen Flugplatz wollte man erweitern. Zu dieser Arbeit haben auch Schüler Einberufungszettel bekommen. Ich, und die Mitschüler aus meinem Dorf haben auch einen solchen Zettel bekommen. Es war für die meisten Familien schwer, weil es eben Erntezeit war. Die Männer mußten schon früher einrücken und die Getreidefelder waren fast ohne Arbeitskräfte geblieben. Die Erweiterung des Flugplatzes war eine schwere Arbeit, darum mussten sich auch die Schüler einer ärztlichen Untersuchung unterziehen. Bei dieser Untersuchung hat man mich als zu schwach für die schwere physische Arbeit gefunden, und nach Hause geschickt..

Gespannte Lage

Ich konnte nicht lange zu Hause bleiben.. Nach einigen Tagen bekam ich wieder eine Aufforderung, daß ich für einen leichteren Arbeitsdienst einrucken sollte. Zum Glück bekam ich gleichzeitig auch einen Brief von meinem ältesten Bruder, der als Kenner der gespannten Lage, damit gerechnet hatte, dass ich nicht lange zu Hause bleiben kann. Er hatte etwa fünf Wochen früher auch einen Aufruf bekommen, dass er als qualifizierter Architekt eine Dienststelle in Aknaszlatina bei dem Festungskomitee annehmen soll. Dieses Komitee sorgte für die dringende Fertigstellung der großen Festungsanlagen in den nordöstlichen Karpaten. Die Arbeit war wichtig, sollte doch der Einbruch der sowjetischen Truppen durch die Karpaten verhindert werden. Darum hatte diese Behörde Anrecht, qualifizierte Fachleute, die bei dieser Arbeit in Anspruch genommen werden sollten, von dem Militärdienst zu befreien. Der Bruder hatte also gute Hilfsmöglichkeiten, und er wollte mir helfen. Darum hat er mir angeboten, dass er mir bei seiner Firma in einem Amt Hilfsarbeit verschaffen könne, wo ich meine Arbeitsdienstverpflichtung erfüllen könne. Er hat mir auch angeboten, seine Wohnung mit mir zu teilen. Ich habe dieses Angebot mit Freude angenommen. Der Bruder wohnte in der Nähe eines kleinen militärischen Flughafens. Es war gut, mit dem Bruder in seiner Wohnung zusammen zu sein. Ich habe dann in einem Büro eine Vertrauensarbeit bekommen.

Die Lage wurde immer gespannter. Fast jeden Tag hat man Flugalarm gehabt. In diesen Stunden mussten wir tief in das dortige Salzbergwerk gehen, wo nach der Ausgrabung und Transportes des Salzes schon große Hallen waren. Aber es gab nicht immer genug Zeit, in die Salzgrube zu gehen. In den Nachtsstunden fanden über uns oft Luftkämpfe statt. Die Nächte waren immer öfter durch die „Stalin-Kerzen“ beleuchtet.

Es kam oft vor, daß wir nach der Arbeitszeit miteinander Gespräche führten. Bei diesen Anlässen habe ich zufällig die Gespräche der Fachleute gehört, die draußen an den Festungen arbeiteten. Sie haben oft gesagt: Es gibt keine Armee, die diese riesigen Festungsanlagen, an welchen sie arbeiteten, durchbrechen, also sie einnehmen könne.

Diese Festungen sind wirklich von niemandem durchbrochen worden. Es war nicht nötig. Rumänien hat den Weg für die sowjetische Armee geöffnet, und sie war in einigen Stunden innerhalb der Karpaten. Die Festungsanlagen blieben unberührt. Nach dieser rumänischen Öffnung ist klar geworden, dass das Weiterbauen der Festungen unsinnig war. Wir waren ratlos, weil wir uns unter militärischem Kommando befanden. Nach einigen Tagen bekamen wir den Befehl, daß unsere Gruppe nach der anderen Seite der Donau transportiert werden musste. Unser Zug stand etwa 2 Stunden nach der Abfahrt aber plötzlich stehen. Da sahen wir, dass die Eisenbahn vor uns in die Luft geflogen war. Wir mussten fast einen Tag warten, um weiterfahren zu können. Unterwegs, als sich der Zug meiner Heimat näherte, kam mir der Gedanke, die Reise abzubrechen, und zu Hause einen kurzen Besuch zu machen. Unter der Vorsteherschaft, von der ich die Bewilligung dazu brauchte, herrschte auch eine Unsicherheit und Ratlosigkeit. Endlich bekam ich die Bewilligung, die Reise zu unterbrechen. Ich nahm einige gestempelte und unterzeichnete Reiseformulare zu mir, um die Reise nach dem Besuch zu Hause fortsetzen zu können, zu mir. Am Bahnhof in Bély stieg ich aus dem Zug. Mein Heimatdorf war von dort noch 8 km, und der Weg führte über das Dorf des lange nicht gesehenen verwandten Mädchens. Ich hoffte ihr, also Pándy Etelka, dort begegnen zu können. Meine Hoffnung ging in Erfüllung, wir begegneten uns. Trotz der kriegerischen Spannung, die überall spürbar war, verbrachten wir zusammen eine liebe Stunde. Sie wusste noch nicht, was in meiner Seele war. Sie wusste also nicht, ob mein plötzlicher kurzer Besuch ein Zeichen unserer verwandtschaftlichen oder einer andersartigen Beziehung war. Aber mein kurzer Besuch in jener gespannten Zeit eignete sich nicht, von solchen Dingen zu sprechen. In einer Stunde nach diesem Besuch war ich dann zu Hause. Es war Samstagabend und es freute mich, den Sonntag in der Heimatkirche feiern zu können. Es war meine Absicht, die Reise erst am Montag fortzusetzen.

Am Sonntagnachmittag geschah aber etwas Unerwartetes. Ein Nachbar hat bei uns angeklopft er kam laufend, und aufgeregt rief er: „Der Krieg wird zu Ende gehen." Dann setzte er sich, und erzählte: „Der griechischkatholische Priester hat im Dorf schon ein Radio, das mit Batterien funktioniert. Von ihm stammt die gute Nachricht, dass der Regent, Horthy Miklós, in seiner Radioansprache an das Volk Ungarns, den Austritt aus dem Krieg mitgeteilt hat. Der Armee hat er befohlen, die Waffen niederzulegen. Die gute Nachricht ist im Dorf schnell ruchbar geworden, die Leute waren überall aufgeregt, und sprachen über die möglichen Folgen des Radioaufrufs. Der Inhalt des Aufrufs war wohl freudvoll, aber die Menschen haben doch Angst gehabt. Und es zeigte sich bald, dass die Angst nicht unbegründet war. Abends kam die schreckliche neue Nachricht, dass der Parteiführer der kleinen nationalistischen Gruppe, Szálasi Ferenc. nach dem Radioanruf des Regenten die Macht ergriffen habe. Gleich darauf erteilte er durch den Rundfunk den neuen Befehl, dass die Armee den Kampf fortsetzen müsse. Die Soldaten, die auf der Flucht ertappt würden, würden gleich hingerichtet. Die Menschen sprachen mit Bestürzung von diesen Dingen, denn viele Familienglieder waren durch den Krieg von zu Hause weggerissen, und deren Schicksal befand sich jetzt in einem gefährlichen Zustand. Die Frauen haben an ihre Männer, die Mütter an ihre Söhne gedacht. Wenn sie auf den Befehl des Regenten die Armee verließen, und unterwegs nach Hause sind, sind sie in Lebensgefahr. Aber in Lebensgefahr sind auch jene, die ratlos irgendwo stehenbleiben.

Ich war auch bestürzt, und ratlos fragte ich mich, was ich tun sollte. Wenn die beiden Befehle sich auch auf mich bezogen, dann könnten sie auch für mich Leben oder Tod bedeuten. Denn als Arbeitsdienst-Tuender, bin ich auch unter das militärische Kommando gestellt. Als solcher habe ich die Reise halblegal abgebrochen. Unter diesen Umständen war es sowohl gefährlich zu Hause zu bleiben, als aufzubrechen. Mein Vater meinte zuerst, dass ich mich irgendwo zu Hause verstekken sollte, aber dann schien es uns auch sehr gefährlich. Am Montag habe ich dann die halb ausgefüllten und gestempelten Reisedokumente sorgfältig ausgefüllt und bin in Richtung Budapest aufgebrochen.

Die Geschehnisse, die ich in Budapest sah, haben mich noch mehr bestürzt. Auf den Straßen dröhnten schwerbewaffnete Panzer. Die jüdischen Mitbürger trugen mit traurigem Gesichte an ihren Kleidern den gelben Stern.

Die Oberfläche der Mauer des monumentalen Parlamentgebäudes war an vielen Stellen beschädigt. Ein Zeichen, dass die Machtübernahme gestern mit Kampf geschehen war. Es herrschte überall Unsicherheit und Angst. Die militärischen Informationsstellen konnten mir in diesem allgemeinen Chaos keine Information geben, wo sich unsere Gruppe von Aknaszlatina befand. Sie konnten nur soviel sagen, dass sie sich am Samstagabend nach ihrer Ankunft gemeldet hat, aber nach dem Radioaufruf des Regenten war die telefonische Verbindung unterbrochen. Ich vergegenwärtigte mir, daß ich in dieser allgemeinen Wirrung überall in Gefahr bin, aber die größte Gefahr droht mir wenn ich in Budapest bleiben würde. Ich muß also nach Hause reisen. Zum Glück habe ich als arbeitsdiensttuender Schüler keine Uniform gehabt, und so bin ich, unter vielen Ängsten wohl, aber doch nach Hause gereist. Am nächsten Tag kam auch mein Bruder an.

Aber zu Hause warteten schlimme Nachrichten auf uns. Die neuen Machthaber hatten einen Mobilisationsbefehl herausgegeben. Die

Jungen ab 18 Jahre sollten gleich einrücken. Ich war eben 18 jährig. Wir berieten uns mit den erreichbaren Gleichaltrigen, und es stellte sich heraus, dass niemand einrücken wollte. Aber auch diese Entscheidung war gefährlich. Unsere Entscheidung war es in den Wald zu gehen, um uns dort zu verstecken. Der Wald ist etwa 3 km weit vom Dorf entfernt. Wir nahmen etwas Brot und Konserven mit uns, und in den Nachtsstunden wollten wir mit dem Dorf in Verbindung treten um die Geschehnisse beobachten zu können. Die Altersgenossen, die auch in den vorigen Tagen zu Hause waren, wussten, dass im Walde auch Soldaten waren. Es waren dort Soldaten, die nach dem Radioaufruf von Horthy M. die Armee verließen hatten, und nach Hause gehen wollten. Aber infolge des Auftretens von Szálasi waren sie in Gefahr geraten. Wie wir schon wussten, haben die neuen Machthaber es angeordnet, dass die Soldaten, die auf der Flucht ertappt wurden, gleich an der Stelle hinzurichten würden. Unter diesen Umständen versteckten sich auch diese Soldaten im Walde. So ist auch unsere junge Gruppe dorthin gegangen. Auch die Verbindung mit dem Dorf wurde in geplanter Weise hergestellt.

Eines Tages kam es aber zu einer gefährlichen Lage. Dem Walde näherte sich eine Gruppe der Szálasi Polizisten und Soldaten. Sie haben wahrscheinlich geahnt, dass sich die nicht eingerückten Jungen des Dorfes, im Walde versteckten. Es war eine heikle, spannende Lage für uns. Die Gefahr hatten aber früh genug auch die Soldaten wahrgenommen, die sich im Walde versteckt hatten. Sie fingen an, mit Maschinengewehren zu schießen. Die Polizisten erwiderten das Feuer, aber nur kurz. Sie haben sicher wahrgenommen, dass im Walde gut bewaffnete Soldaten waren. Sie kamen nicht in den Wald, sondern kehrten zurück. Sie spürten, dass sie einer Übermacht gegenüberstanden, der sie dann auswiechen. So handgreiflich hat uns Gott geholfen. Doch haben wir Angst gehabt, dass sie mit einer besser bewaffneten großen Gruppe zurückkommen würden und was würde uns dann passieren; Aber soweit kam es nicht Der Terrorismus dieser Gruppe war in jenen Wochen schrecklich, aber militärische Macht haben sie nie gehabt.

Nach zwei Wochen bekamen wir vom Dorf die Nachricht, dass die Lage ruhiger geworden sei. Den Mobilisationsbefehl der Jungen wiederholte man nicht.

Aber am dritten Tage, als wir schon zu Hause waren, geschah wieder etwas Unerwartetes. Weil die Dörfer damals noch nicht elektrifiziert waren, geschahen die nötigen Ankündigungen nicht durch Lautsprecher, sondern ganz anders. Ein Mann, ein Angestellter des Dorfes, ging durchs Dorf mit einer Trommel und trommelte. Mit dem Trommeln wollte er die Aufmerksamkeit der Menschen auf sich lenken. Jeder Dorfbewohner wusste, dass nach dem Trommeln eine Kundgebung kam. An jenem Tage hat der Mann diesen Aufruf kundgetan: „Der Jugendinstruktor ersucht die Jungen, die das 18. Lebensjahr erreichten, im eigenen Interesse, um 14 Uhr an einer Jugendversammlung im Jugendsaal teilzunehmen. Sie bekommen dort eine sehr wichtige Information." Wir hielten diese Kundgebung für ein gutes Zeichen. Auch ich habe gedacht, der Instruktor wolle uns offiziell mitteilen, dass wir nicht einrücken müssten. Aber es geschah etwas ganz anderes. Wir sammelten uns im Vorzimmer des Saales. Dort hat man uns mitgeteilt, dass der Instruktor mit jedem von uns separat sprechen wolle. Dann wurde jeder von uns namentlich in den Saal gerufen. Diese Lage schien mir äußerst verdächtig zu sein. Erst nach dem Eintritt in den Saal hatte jeder von uns gesehen, dass wir Opfer einer Intrige geworden waren. Im Saal am Tisch saßen unser Instruktor und ein Offizier. Sie kontrollierten die Personendaten und erteilten jedem die einzelnen Stücke der militärischen Uniform. Wir mussten gleich die eigenen Kleider ausziehen und die Uniform anziehen. Es war hart, aber an der Sache konnten wir nichts ändern.

Dies spielte sich in der ersten Dekade vom November 1944. ab. Noch einen Tag konnten wir zu Hause bleiben, und so konnten wir noch erfahren, wie es zu dieser Intrige kam. In den vorigen Tagen war eine militärische Truppe in das Dorf eingezogen. Nach dem Radioaufruf M. Horthys brachen auch in dieser Truppe viele Soldaten auf, um nach Hause zu gehen. Die Offiziere haben diesen Zustand stillschweigend zur Kenntnis genommen. Auch sie wollten dem Aufruf gehorchen, aber in der allgemeinen Wirrung wollten sie noch einige Tage warten. Dabei haben sie auch Angst gehabt, vor einer eventuellen fremden Machtergreifung, und deren Folgen. Diese Angst war, wie die Ereignisse bald zeigten, war nicht unbegründet. Die Machtergreifung geschah sehr schnell, und sie blieben. Sie haben aber Angst gehabt, dass man sie für das Desertieren der Soldaten verantwortlich machen würde. Diese Offiziere befreundeten sich mit dem Jugendinstruktor an, der ein Pädagoge der griechisch-katholischen Schule war. Sie haben abgemacht, die Jugend mit Intrige in militärische Uniform zu kleiden, um die Zahl der weggelaufenen Soldaten zu ergänzen. Die militärische Truppe, die auch eine Abteilung mit Pferden und Wagen hatte, marschierte von meinem Heimatdorf nach Imreg, und weilte dort fast drei Wochen. Dort erfuhr ich, dass einer der Offiziere, der bei der Intrige unserer Abschleppung nicht anwesend gewesen war, meinen Vater kannte. Er war nicht Offizier von Beruf, er gehörte zur Reserve und hatte als solcher einrücken müssen. Sonst war er Direktor der Fonciere Versicherungsanstalt in Kaschau. Mein Vater war ein nebenberuflicher Angestellter dieser Anstalt in unserem Dorf, und in einem größeren Nachbardorf. Mein Familienname war dem Offizier eben nach dem Vater bekannt, und als er erfuhr, dass ich Sohn von einem seiner Mitarbeiter war, sprach er mit großer Anerkennung von der Arbeit meines Vaters. Er sagte, dass die Versicherungsverträge, die mein Vater machte, wirklich fehlerlos waren, und in dem Kreisbüro hätten sie mit seiner Arbeit keine Probleme gehabt. Es freute mich, dass ich früher von meinem unbekannten Großvater und jetzt von meinem Vater solche lieben Sätze hören durfte.

Durch diese Bekanntschaft wurde es dann für mich möglich gemaht, mit einem Auftrag in mein Dorf zurückzukehren. Ein mitverschleppter Freund hat nämlich den Auftrag bekommen, für die Pferde der Truppe in unserem Dorf Hafer zu kaufen, und ich durfte als mitbeauftragter Begleiter mit ihm mitgehen. Aber der Offizier wußte, daß ich nicht zurückkehren wollte. Zu Hause habe ich gleich die militärische Uniform abgelegt, und meine Kleider angezogen. Ich war kein Soldat, denn man hat mich gesetzwidrig, und dazu noch durch Intrige von zu Hause weggeschleppt. Gesetzlich sollten damals die Knaben erst in ihrem 20. Lebensjahr einrücken.

Wieder Weggeschleppt

Am nächsten Tage nach meinem Heimkommen – Ende November – wurde mein Heimatdorf von der sowjetischen Roten Armee besetzt. Wir waren sowjetische Zone geworden. Nach zwei Tagen wurde eine große Gruppe von Männern, besonders junge, eingefangen, mit dem Vorwand, dass sie die Männer nur auf eine kleine Arbeit mitnehmen würden. Bei dieser Aktion wurde auch ich eingefangen. Ich war darüber sehr verbittert, denn ich hatte mich schon gefreut, dass ich jetzt zu Hause bleiben könne, aber dann kam ein noch größeres Übel.

Bewaffnete Wachsoldaten begleiteten unsere lange Schar, in Richtung Csap. Es sah so aus, und ich hatte immer mehr die Ahnung gehabt, dass man uns in Csap in Waggons stecken wolle. Es wurde immer dunkler. Neben dem Weg war eben ein Maisfeld. Der nächste Wachsoldat ging etwa 5-6 m vor mir. Ich habe die Ahnung gehabt, daß der nächste Wachsoldat hinter mir etwas weiter entfernt ging. Mein Herzschlag wurde schneller. Ich sagte mir: jetzt oder niemals. Ich streifte im Dunkel leise vom Wege ab, und Sekunden später war ich schon am Maisfeld. Einige Sekunden blieb ich unbewegt stehen. Eine Weile hörte ich noch die Tritte der Schicksalsgenossen und dann war es still. Gott sei Dank, kein Wachsoldat hatte mein Abtreten bemerkt. Es war sehr gut und die Lebensgefahr war hoffentlich vorbei. Aber was sollte ich jetzt tun; wohin sollte ich gehen. Es war Dezember und bald Nacht: Nach Hause durfte ich jetzt nicht zurück. Das russische Kommando im Dorf hatte sicher ein Evidenzregister über die Weggeschleppten. Jene Nacht verbrachte ich in einer Scheune und dann einige Tage bei Verwandten, aber Kontakt mit Außenstehenden mußte ich streng vermeiden.

Ich wollte mich von den Russen befreien, aber ich fand keinen Platz, wo ich ohne Angst vor ihnen ruhig leben könnte. Ich wollte mich nicht in die Sowjetunion deportieren lassen, aber auf den besetzten Territorien waren sie überall anwesend. Eines Nachts habe ich dann die besetzte sowjetische Zone verlassen. Ich wusste, dass ich den Russen nicht entgehen konnte, aber in meinem Heimatdorf oder Umgebung, wollte ich sie nicht wiedersehen. Ich ging also in die ungarische Zone hinüber, aber diese Zone war infolge des Dranges der Russen nach Westen immer kleiner geworden. Nach einigen Tagen der völligen Heimatlosigkeit, in der Nähe von Rozsnyó, abseits von der Hauptstrasse in einem Dorf, in Jólész, begegnete ich einem jungen Offizier. Als ich ihn kennen lernte und mich vergewisserte, dass er von menschenfreundlicher christlicher Gesinnung war, eröffnete ich ihm meine heikle Lage und bat ihn um Hilfe. Ich sagte ihm auch, dass ich kein Soldat werden wollte, und wenn er mir helfen könne, dann möchte ich ihm als Zivilist irgendeine Hilfsarbeit leisten. Er war nämlich ein ehemaliger Student von Sárospatak. Er hat mir so geholfen dass er mich als seinen persönlichen Sekretär in Evidenz nahm. Meine Unterkunft und Speise waren so gesichert. Nach langer Wanderung vor der Frontlinie in der Nähe der österreichen Grenze, geriet ich aber wieder durch eine Mienen und Maschinengewehr-Attacke in die Hände der Russen. Ich wurde leicht verwundet, aber auch durch dieses Feuer behütete Gott mein Leben.

Ich bin also wieder Kriegsgefangener geworden. Die russischen Wachsoldaten begleiteten uns nach Győr. Dort hatten sie schon ein Lager für die Gefangenen errichtet, mit Stacheldrahtzäunen und Wachttürmen. Dort verbrachte ich unter unmenschlichen Umständen fünf Wochen. Dann begleiteten uns die Russen nach Komárom, wo wir die Nacht auf einem großen Hofe verbrachten. Tags darauf brachte man uns etwa 6 km von Komárom, nach Hetény, wo sie uns in Güterwaggons steckten.. Die kleinen Fenster der Waggons waren mit Stacheldraht bezogen. In jedem Waggon wurden 40 Männer einquartiert. In einer Ecke des Waggons hat man ein Loch gemacht, das uns als WC diente. Das alles geschah in heißen Maitagen. Der Hunger war erträglicher als der Durst. Jeden Morgen fragten die Wachsoldaten, ob jemand gestorben sei.

Auf dem Bahnhof in Szatmárnémeti (Rumänien) hatten wir ein bestürzendes Erlebnis. Ein junger Schicksalsgenosse in unserem Waggon erblickte durch das kleine Fenster seinen Vater auf dem Perron. An den Bahnhöfen versuchten immer viele Menschen den Wagen, wo die deportierten Menschen eingesperrt waren, nahe zu kommen. Jeder suchte jemanden, denn in der Kriegszeit bekamen die Familienmitglieder oft monatelang gar keine Kunde von ihren lieben Angehörigen. Als der Sohn durch das Fenster seinen Vater erblickte, wollten sie einander durch das mit Stacheldraht bezogene Fenster die Hand reichen. Aber die russischen Soldaten haben den Vater weggejagt. Beide brachen in Weinen aus. Die Wächter ärgerten sich, öffneten ein wenig die Tür des Waggons, und mit grobem Fluchen warfen sie den Vater in den Waggon. Vater und Sohn weinten jetzt schon zusammen. Beide sind Kriegsgefangene geworden.

Als unser Transport in Kolozsvár-Cluj ankam, stand ich gerade am Fenster des Waggons Ein Teil des Bahnhofs lag in Ruinen. Der Krieg verletzte und ruinierte nicht nur die Menschen, sondern auch die Gebäude. Auch dort wartete eine große Menge auf die Deportierten also auf uns. Die russischen Soldaten wollten auch hier mit Gewalt die Menschen von den Waggons fernhalten. Einer Frau, die ein kleines Brot in der Hand hielt, ist es gelungen heran zu kommen, und sie versuchte das kleine Brot mir zu reichen. Wir waren hungrig und durstig. Als ich die Absicht der Frau sah, reichte ich froh meine Hand, um das Brötchen zu empfangen. In Gedanken habe ich schon das Brot im Munde gehabt, da erschien plötzlich der russische Soldat, und als ich die Brötchen schon faßte, schlug er es mir mit seiner Waffe aus der Hand. Das Essen fiel runter und der Hunger ist geblieben. Als ich dann von dem Schock dieses Vorfalls zu mir kam, hatte ich die nächsten Gedanken: Es tat mir weh, dass mir das Brötchen, als ich es schon in der Hand hatte, verloren ging. Aber durch diesen Vorfall hat mir Gott eine vielseitige Belehrung gegeben. Zuerst, dass es auch in einer verkehrten und abgefallenen Welt immer Menschen gibt, die durch seinen Geist geführt sind. Diese sind bereit für die Mitmenschen Opfer bringen, Leid zu mildern, und Freude zu bereiten. Ein solcher Mensch war jene Frau, die einem deportierten Kriegsgefangenen Brot geben wollte. Als sie sich dem Waggon näherte, war ihr Angesicht strahlend vor Freude, dass sie jemanden, der sich in schwerer Lage befindet, erfreuen kann. Ich sah, dass es ihr auch Leid getan hat, dass sie ihre Absicht nicht durchführen konnte. Aber ein so gesinnter Mensch läßt sich nicht durch die Erfolglosigkeit vom Wege der Liebe ablenken. Die nächste Belehrung durch dieses Ereignis für mich war, dass ein grobgesinnter, seelenloser Mensch bedauernswert ist, auch wenn er uns verletzt hat, weil er nicht weiß, was er tut. Die dritte Belehrung ist, dass Gott auch aus einem schlimmen Vorfall etwas Gutes hervorbringen kann. Die Tatsache, dass ich das Brötchen nicht erhalten konnte, war schlimm. Aber wenn ich die Brötchen hätte behalten können, hätte ich damit große Probleme gehabt. Ich hätte es nicht allein essen können, weil neben mir die 39 Schicksalsgenossen auch hungrig waren. Es gerecht verteilen, wäre eine unmögliche Unternehmung gewesen, weil es zur menschlichen Schwachheit gehört, dass der hungrige Mensch das Essen nicht gern teilt. Wir hätten einen Streit gehabt und am Ende wären wir alle hungrig geblieben. Und jetzt blieben wir wohl alle hungrig, aber den Frieden hatten wir nicht verloren.

Man transportierte uns zuerst nach Foksany (Rumänien). Wir kamen dort gegen Abend an. Foksany war eine Sammelstation. Den ganzen Tag hindurch hatten wir nichts gegessen, aber dort kochte man in entleerten Benzinfässern die Krautsuppe. An dieser Sammelstation verbrachten wir einige Tage. Dort bekamen –wahrscheinlich mit Hilfe der Soldaten- auch solche Menschen Zutritt, die durch den Hunger der Weggeschleppten reich werden wollten. Viele haben ihnen für etwas Brot ihren versteckten Verlobungsring oder ihre Uhr verkauft. Ich habe keine solchen Kleinode gehabt. Mein Kleinod war die Bibel, die ich auch dort, obwohl mit Problemen, bewahren konnte. Die leibliche Speise fehlte oft, aber für mich war die geistige Speise ein Segen.

Ukraine – Kiew

Nach einigen Tagen waren wir wieder unterwegs nach Osten. Die Gruppen waren etwas anders geordnet als vorher, aber in einen Waggon waren auch jetzt 40 Menschen gepreßt. An den Bahnhöfen hielt der Zug oft lange an, und die Reise dauerte 2 Tage. Als dann der Zug stillstand und die Türen geöffnet wurden, erfuhren wir, daß wir in Kiew waren.

Die bewaffneten Soldaten begleiteten uns in eine große Baracke, die einen großen Hof hatte. Um die Baracke war ein doppelter Stacheldrahtzaun mit Wachttürmen. In der Baracke waren lange Etage-Pritschenreihen. Strohsäcke, Kissen, und Decken gab es dort nicht. Mit Hilfe eines schwierigen Dolmetschers sagte man uns, dass wir an verschiedenen Arbeitsstellen arbeiten würden, und die guten Arbeiter, deren Arbeitsleistung mindestens 100% sein wird, würden später auch Strohsäcke bekommen. Man hatte Gruppen organisiert. Eine Gruppe, die man dort Brigade nannte, bestand aus 30 Menschen. Die Mehrheit der Brigaden war deutscher Sprache. Meine Brigade musste am Flughafen in Kiew arbeiten. Man wollte die Startbahn für die Flugzeuge erweitern, aber um diesen Plan realisieren zu können, musste man verschiedene Vorbereitungsarbeiten verrichten. Man musste vor allem Steine zerbrechen. Mit Lastwagen transportierte man große Steinstükke dorthin, die wir mit einem großen Brechhammer in kleinere Stükke zerschlagen sollten. Das war eine sehr schwere Arbeit, und wir waren schwach. Die Arbeitsnorm war so hoch, daß sie niemand von uns erfüllen konnte. Die Folge dieser nicht genügend geleisteten Arbeit war nicht nur, dass man keine Strohsäcke bekam, sondern auch, dass die Brotportion, die auch nach der Norm bestimmt war, kleiner wurde. Deshalb sind viele von uns, und ich besonders, noch schwächer geworden.

Eines Abends gab man im Lager bekannt, dass man für die Küche eine Tafel mit einer Anschrift verfertigen sollte. Es sollte sich ein „Spezialist" melden, der diese Arbeit vollbringen kann. Nachdem diese Ankündigung mehrmals wiederholt worden war, weil sich für diese Arbeit niemand gemeldet hatte, versuchte ich vorsichtig in Erfahrung zu bringen, was für Ansprüche der „Spezialist" erfüllen sollte. So erfuhr ich, dass es um eine ganz einfache Arbeit gehe. Man bekommt ein Buch mit großen Buchstaben. Aus den ausgewählten Buchstaben soll man das Wort „Kuhinja" (Küche) zusammenlegen. Die Buchstaben dieses Wortes sollte man zuerst auf Papier, und dann auf ein dafür vorbereitetes Brett zeichnen. Das Brett musste gehobelt und glatt werden, damit man die aufgezeichneten Buchstaben mit Farbe darauf malen konnte. Für mich hatte es eine Anziehungskraft, weil man für die Vorbereitungsarbeit Papier und Bleistift angeboten bekam. Diese Dinge waren sonst für mich unerreichbar, weil wir für die Arbeit keine Belohnung bekamen. Weil die Aufgabe mit der Tafel und der Aufschriftherstellung eigentlich ganz einfach war, habe ich mich für diese Aufgabe gemeldet, um dadurch etwas Papier und einen Bleistift auch für mich beschaffen zu können.

Die Tafel und Aufschrift hatte ich fertiggemacht und dafür vom Küchenchef eine Suppe und Lob bekommen. Auch die übrig gebliebenen Papierblätter und den Bleistift konnte ich behalten. So fing ich an, russisch zu lernen. Am Arbeitsplatz trotz der schweren Arbeit hatte ich jeden Tag vom russischen Arbeitsführer den Namen der verschiedenen Gegenstände und Begriffe erfragt, und aufgeschrieben. Diese Wörter habe ich dann abends in der Baracke gelernt. Nach einigen Wochen konnte ich schon etwas russisch sprechen.

Im Hof des Lagers hat man jeden Morgen und jeden Abend „Volkszählung" gehabt. In den Brigaden mussten die Leute zu fünft antreten, und die russische Wache zählte uns. Aber oft war es ihnen eine zu schwere Aufgabe. Sie waren verwirrt, und konnten die Gesamtzahl nicht feststellen. Eines Abends fehlten zwei Menschen. Nach langem Hin und Her wurde festgestellt, dass die fehlenden Menschen zu einer Gruppe derer gehören, die am Flughafen arbeiten. Die Wache wurde alarmiert. Tobend fuhren sie mit schweren Autos und Motorrädern heraus, um die Fehlenden zu suchen und sie zurückzuholen. Spät abends kamen sie zurück, aber die fehlenden Menschen haben sie nicht gefunden. Deshalb hatten wir alle im Lager eine unruhige Nacht.

Am folgenden Morgen kamen zwei tobende Wächter mit den gefundenen Menschen. Die Brigaden waren schon angetreten, aber bevor wir an die Arbeit gingen, hatten wir ein schreckliches Erlebnis. Die zwei Wachen hatten die zurückgeholten Menschen vor die Brigade gestellt. Im nächsten Moment knallte das Maschinengewehr, das war das Zeichen, dass hier eine Hinrichtung stattfand. Vom Schrecken gepackt und bestürzt standen wir im Hof. Einer von den zwei Mitgefangenen blieb am Leben. Einer der Soldaten hat das Maschinengewehr des anderen Soldaten in der Hand aufgeschlagen und dadurch hat er das Leben des zweiten Mannes gerettet. Dann befahl der noch immer tobende Soldat, in dessen Hand das Maschinengewehr war, dem am Leben gebliebenen Menschen, seinen getöteten Mitgefangenen auf den Rücken zu nehmen, und zu rufen: „So ergeht es jedem, der entlaufen will". Er versuchte es, aber nach zwei-drei Tritten brach er zusammen. Er starb hoffentlich nicht, aber aufstehen konnte er nicht. Wir mussten schon an die Arbeit gehen. Und abends als wir zurückkamen, haben wir diese Mitgefangenen nicht mehr gesehen. Die Kranken, die im Lager blieben, wussten nur, dass sie irgendwohin weggebracht worden sind.

Von diesen Mitgefangenen wussten wir nur, dass sie beide aus dem Kreis Nógrád stammten. Über ihren Fluchtversuch erfuhr ich erst später etwas von einem gutgesinnten jungen Soldaten, mit dem ich ab und zu am Arbeitsplatz Worte wechseln konnte. Von ihm erfuhr ich, dass unsere Mitgefangenen durch ein Kanalisationssystem flüchteten. Diese Kanalisation, die sich etwa 1 m tief entlang der Flugzeugstartbahn befindet, besteht aus breiten Betonröhren. Aus dieser Kanalisation konnten unsere Mitgefangenen in der Nähe des Nachbardorfes durch einen Schacht herauskommen. Sie gingen einige Kilometer nach Westen und dort wurden sie gegriffen.

* * *

Bei den Steinbrechen arbeiteten neben uns auch deutsche Kriegsgefangene. Am Rande der Startbahn waren drei Flugzeuge abgestellt. Eines von diesen war ganz nahe bei unserem Steinhaufen. Am Motor dieses Flugzeuges arbeiteten zwei russische Monteure. Solche Reparaturen an den abgestellten Flugzeugen haben wir fast jeden Tag gesehen. Aber mit dem Motor des neben uns abgestellten Flugzeuges stimmte etwas nicht. Diesen Zustand merkten auch zwei deutsche Kriegsgefangene. Sie diskutierten miteinander und sprachen davon, dass das Flugzeug, dessen Motor die russischen Monteure reparieren wollten, ein Messerschmidt sei. Sie sagten, dass im Kriege diese Flugzeuge die berühmtesten Schnellflugzeuge der deutschen Armee waren. Geringschätzend sprachen sie von dem andern abgestellten Flugzeug, das sie „Rata" nennten. Das war im Kriege, -sagten diese Deutschen-, das beste Kampflugzeug der sowjetischen Armee, doch viel schwieriger und langsamer, als die deutschen Messerschmidt -Flugzeuge.

Am folgenden Tag arbeiteten die russischen Monteure wieder am Messerschmidt Flugzeug. Sie berieten sich, gingen oft hinauf zum Motor, aber ihr Bemühen war erfolglos. Die zwei deutschen Mitgefangenen, die auch damals neben uns die Steinstücke brachen, beobachteten die Ratlosigkeit der russischen Monteure und redeten miteinander von den technischen Angaben der Messerschmidt. Aus ihren technischen Fachausdrücken, die mir sehr fremdartig tönten, schloß ich, daß diese Deutschen zu Hause Fachmänner waren. So schloß ich mich ihrem Gespräch an und erfuhr, dass ich mich nicht geirrt hatte. Sie verrieten mir sogar, dass sie ahnten, was mit der Messerschmidt los sei. Ich habe sie befragt, ob sie ihre Ahnung nicht auch den russischen Monteuren mitteilen wollten. Diese Frage überraschte sie. Nach einer ziemlich langen Stille berieten sie sich, und dann sagten sie, dass ich, wenn ich es wage, den russischen Monteuren verdolmetschen könnte, dass sie gern versuchen möchten ihnen zu helfen. Diese Antwort der Deutschen war ganz eindeutig, und jetzt war ich überrascht. Ich machte mir Vorwürfe, dass ich mir die Sache vor der Fragestellung nicht gut genug überlegt hatte. Ich vergegenwärtigte mir, dass diese Sache mit dem Flugzeug eine heikle Sache sein könnte. Ich geriet in Verlegenheit, aber dann nach etwas Erwägung verdolmetschte ich den russischen Monteuren die Worte der deutschen Kriegsgefangenen. Sie schauten uns ungläubig an, dann berieten sie sich. Nach dieser Beratung ging einer der Monteure weg, und nach etwa einer halben Stunde kehrte er zurück mit einem Offizier und einem Soldaten. Sie stellten den deutschen Kriegsgefangenen einige Fragen, die ich übersetzen sollte. Die Deutschen erzählten, dass sie zu Hause Flugzeugmotor-Techniker waren. Nach einer wiederholten Beratung erhielten die deutschen Kriegsgefangenen die Bewilligung, den russischen Monteuren zu helfen, aber zum Flugzeug stellten sie einen bewaffneten Soldaten. Den deutschen Kriegsgefangenen haben sie dann befohlen, dass zum Motor des Flugzeuges immer nur einer von ihnen mit dem russischen Monteur hinaufgehen dürfe. Aber wenn es nötig sei, könnten sie sich abwechseln.

Ich wartete gespannt, ob die Deutschen helfen könnten.

Etwa nach einer Stunde wurde der Motor gestartet. Die deutschen Kriegsgefangenen hatten also die Prüfung bestanden. Etwas später kam ein russischer Pilot und machte mit einem der russischen Monteure einen Probeflug.

Die zwei deutschen Kriegsgefangenen hatten damit die Steinbreche beendet. Sie waren wieder Facheute geworden, wie einst zu Hause. Am Flugzeug, wo sie den russischen Fachleuten halfen, stand weiterhin ein bewaffneter Soldat, aber sie konnten mit immer mehr Vertrauen miteinander arbeiten. Sie bestanden die Prüfung als ausgezeichnete Fachleute. Später erfuhr ich von diesen ehemaligen Mitsteinbrechern, dass man ihnen nach einer beendeten Reparatur angeboten habe, daß einer von ihnen an dem Probeflug teilnehmen könne. Sie haben aber dieses Angebot höflich abgewiesen. Sie haben sich darauf berufen, dass sie keine Flieger, sondern nur Techniker seien, sie wollten also nicht fliegen.

* * *

Nach einigen Wochen war wieder nicht weit von meinem Steinhaufen ein Messerschmidt Flugzeug abgestellt. Die Reparatur haben die russischen und deutschen Fachleute gemeinsam gemacht. Sie gingen mehrmals hinauf und hinab vom Flugzeug. Einmal, als eben der deutsche Techniker oben war, rief er laut zu dem Kollegen: „Bringe schnell ...., es ist mir etwas zugestoßen“. Ich habe nicht gehört, nicht verstanden, was der Kollege so plötzlich haben wollte. Der Kollege ging schnell hoch, in diesem Moment sprang der Motor an, das Flugzeug rollte auf die Startbahn, und plötzlich stieg es auf. Als die überraschten russischen Techniker und die Wache zu sich kamen, war das Flugzeug schon hoch oben. Durch das Maschinengewehrfeuer der Wache war das Flugzeug schon nicht mehr gefährdet. Nach einigen Minuten stieg man mit einem Rata Flugzeug auf. Aber soviel habe ich damals schon gewußt, daß sie mit diesem Flugzeug die Flüchtlinge nicht erreichen werden.

Es ist für mich ein Rätsel, wie meine ehemaligen Steinbrechergenossen die Flucht vorbereitet haben, aber es war eine erfolgreiche Vorbereitung. Sie sind weggeflogen. Ich bin aber dort geblieben, die großen Steinstücke zu zerschlagen. Aber diese Arbeit war für mich immer unerträglicher. Das russische Kommando hat mich mehrmals verhört, ob ich in den Plan der deutschen Techniker nicht eingeweiht war. Ich hätte von dieser Sache große Probleme gehabt, aber ich wurde immer schwächer, und als ich mich schon kaum bewegen vermochte, hat man mich in Ruhe gelassen

Ich nehme an, daß sich die deutschen Techniker mit Ihrem Flug nicht nur von den Steinbrechen, sondern auch von der Gefangenschaft befreit haben. In Gedanken wünschte ich ihnen ein glückliches Heimkommen.

Inzwischen war auch der kalte Herbst gekommen. Die von zu Hause mitgebrachten Schuhe mit dicken Sohlen hat man uns gleich nach dem Ankommen in der Sowjetunion weggenommen. Stattdessen hat man uns Stoffschuhe mit hölzernen Sohlen gegeben. Mit diesen Schuhen musste man fast das Gehen wiederlernen. Die dicken, aus einem Tannenbrett hergestellten Sohlen spalteten sich aber bald. Bald riss auch der obere Teil aus Stoff, der mit Nägeln an die Sohle angenagelt war, und die Nägel fielen aus. Wir versuchten die auseinander gerissenen zwei Teile, den oberen Teil und die hölzerne Sohle, mit Spagat anzubinden. Aber auch diese Lösung war kurzfristig. Die völlig zerspalteten Sohlen fielen auseinander, und wurden unbrauchbar. So musste ich einige Tage im November als der Weg und das Gelände schon frostig war, barfuß zur Arbeit gehen.

Krankheit

Die schwere Arbeit, die unvollständige Kleidung und die sehr mangelhafte Speise führten dazu, dass ich immer kränker wurde. Der Arzt in unserem Kriegsgefangenenlager war ein wohlwollender Mensch, aber er hatte keine, oder kaum etwas Medikamente und die ungünstigen Umstände konnte er nicht ändern. Der Arzt konnte nur soviel machen, dass er die Menschen, die schon sehr schwach und krank waren, in die Kategorie OK zuteilte. Diese Buchstaben waren dort eine Kürzung des deutschen Ausdrucks: ohne Kraft. In dieser Kategorie waren also die arbeitsunfähigen Schwachen, die Kranken. So ein OK Mensch wurde auch ich. Körperlich war ich schon ganz ruiniert. Aber ich konnte noch geistige Kraft schöpfen aus der Heiligen Schrift. Die körperliche Schwache konnte nur zur Hoffnungslosigkeit führen. In der Gruppe der Kraftlosen rezitierten wir oft in Gedanken das Abschiedslied:

„Ich werde (schon) niemals dich wiedersehen
Du siehst nicht wie für dich fallen die Tränen.
Wo wir einst begraben werden,
Wird niemand am Grabe weinen
Die Lebendigen
bringen dorthin keine Blumen
Der Wind wird den fremden Boden,
bald weit verwehen.“

Körperlich war ich schlimm daran. Aber durch die Bibel gab mir Gott geistige Kraft. Ich setzte mich in eine stille Ecke der leeren Baracke, und durch die Heilige Schrift hörte ich eine Stimme: „Fürchte dich nicht, ich bin mit dir" In meiner Kraftlosigkeit erfuhr ich die Wahrheit des prophetischen Wortes: „Er gibt den Müden Kraft, und die Schwachen macht er stark. Selbst junge Leute werden kraftlos, die Stärksten erlahmen. Aber alle, die auf den Herrn vertrauen, bekommen neue Kraft."

Ich verbrachte zwei Tage als Kraftloser im Lager, als auf den Hof des Lagers ein kleiner, verfallener Kraftlastwagen einrollte mit dem Arzt unseres Lagers, um mich abzuholen. Man setzte mich neben den Chauffeur, und wir fuhren aus dem Lager. Ich habe keine Uhr gehabt, konnte also die Zeit nicht registrieren, aber die Reise mit dem wakkelnden Wagen dauerte etwa vier-fünf Stunden, bis wir einen großen Wald erreichten. Im Walde, wo auch Lichtungen und Ackerfelder waren, fuhren wir noch etwa zwei Stunden, und gelangten zu einem großen Hause, das man unter den dortigen Umständen modern nennen konnte, und dort blieben wir stehen. Man hat mich in dieses Haus geführt und dort gleich auf ein Bett gelegt. Erst damals wurde mir bewußt, dass ich in einem Krankenhaus war. Nach einer Weile bekam ich einen Schwindel. Es schien mir zeitweilig, wie wenn ich in der Luft schwebte. Nachher stand eine Ärztin an meinem Bett. Sie kontrollierte meinen Puls, und ging hinaus aus dem Krankenzimmer, wo sich außer dem meinen, noch drei Betten befanden. Nach einigen Minuten kam eine Krankenschwester herein, und gab mir eine Tablette, die ich gleich einnehmen musste. Ich schlief ein. Ich habe um mich wirre Traumbilder gesehen. Ich war zu Hause. Ich habe meinen grauköpfigen Vater gesehen. Er freute sich, dass ich zu Hause sein durfte. Dann war ich in Sárospatak, in meiner geliebten „Alma mater" in der alten Schule, wo seit mein Weggehen auch schon das zweite Schuljahr angefangen hatte. Auch im Traum habe ich gewusst, dass ich in Gefangenschaft bin, und dass ich nicht mit den Mitschülern in die Schule gehen kann. Dann tauchte vor mir das Gesicht des lieben verwandten Mädchens auf. Wir saßen bei ihnen im Zimmer auf dem Sofa, sie schaute mich lächelnd an, in der Erwartung, dass ich ihr etwas sagen will. Ich wollte ihr etwas sagen, aber ich war nicht im Stande, zu sprechen.

Ich wachte auf. Es war schon Morgen und an meinem Bett standen die Ärztin und die Krankenschwester. Sie haben im Krankenzimmer Visite gehalten. Aber im nächsten Augenblick befand ich mich wieder im halbbewußten Zustand und bekam wieder einen Schwindel. Aber auch in diesem Zustand vernahm ich die Stimme der Ärztin, die mich wie Töne aus der Ferne erreichte. Sie sagte: „Etot zautra kaput. (Er wird morgen sterben). Ich vernahm diese Stimme und wollte darauf antworten, aber ich konnte kein Wort hervorbringen.

Jenen Tag verbrachte ich in solchem halbbewußten Zustand. Nachts konnte ich etwas schlafen und morgens fühlte ich mich besser. Der Schwindel verschwand. Bei der ärztlichen Visite stand die Ärztin erstaunt an meinem Bett. Am vorhergehenden Tag hat sie bei der Visite von mir geredet. Aber einen Tag darauf hat sie mich schon angeredet. Sie fragte: „Kak igyot gyela? (Wie geht es dir?) Ich antwortete: danke, gut. Dann erzählte ich ihr mit gebrochenem Russisch; daß ich ihre Sprache am Vortag bei der Visite gehört hatte. Ich habe wenig Kraft gehabt, um darauf reagieren zu können, aber in der Tiefe meiner Seele protestierte ich gegen das, was sie sagte. Ich drückte meine Hoffnung aus, dass ich nicht in der Sowjetunion sterben werde, weil ich von hier nach Hause gehen muss. Gott wird mich aus der Gefangenschaft befreien, weil er mit mir noch Pläne hat. Zu Hause, in meinem Vaterland habe ich noch viel zu tun. Die Ärztin war sichtbar überrascht durch das, was ich ihr sagte, und lächelnd sagte sie zu mir: „Sicher wirst du hier nicht sterben, du wirst nach Hause gehen. „

Im Krankenhaus verbrachte ich etwas mehr als sechs Monate. Später erzählte mir die Ärztin, dass ich mich in der Zeit, als man mich in ihr Krankenhaus transportierte, ärztlich gesehen in hoffnungslosem Zustand befand. Mein Körpergewicht war 44 kg, bei 174 cm Körpergröße. Die lebenswichtigen Funktionen der Organe in meinem Organismus waren stockend. Von ihr erfuhr ich auch, – als ich im Spital ein wenig schon ihr Diener war-, dass das Krankenhaus im Walde als Institut des internationalen Roten Kreuzes funktioniere. Durch das Rote Kreuz bekommen sie die westlichen Medikamente für die schwerkranken Kriegsgefangenen. Ich erfuhr auch, dass es in der ganzen Sowjetunion damals nur vier solcher Krankenhäuser gab und aus den Hunderten von Kriegsgefangenenlagern nur ein Bruchteil der sich in Lebensgefahr befindenden Kriegsgefangenen in ein solches Krankenhaus gelangt. Auch aus meinem Kriegsgefangenenlager transportierte man dort niemanden hin. Im Spital befanden sich 40 – 45 Kriegsgefangene und unter ihnen war ich der einzige Ungar. Später erfuhr ich auch, dass in diesen Krankenhäusern die vom Roten Kreuz organisiert wurden, auch solche Medikamente erreichbar waren, die es sonst in der ganzen Sowjetunion nicht gab. Als ich das alles erfuhr, dankte ich Gott für seine Gnade.

Im Laufe der dort verbrachten Zeit fühlte ich mich immer etwas besser. Im Krankenhaus arbeitete auch ein junger Arzt, aber der Chefarzt war die etwas ältere Ärztin. Sie hatte auch chirurgische Ausbildung, und wenn es nötig war, machte sie auch chirurgische Eingriffe. In solchen Fällen durfte ich ab und zu einer von ihren Assistenten sein.

Eines Abends transportierte man einen jungen Deutschen ins Krankenhaus, den die Ärztin dringend operieren mußte. Aber der elektrische Strom fiel aus, und sie mußte den Eingriff im Lichte der Petroleumlampe fertig machen. Der Junge hatte an der Arbeitsstelle rohe Kartoffeln gegessen und Darmverschlingung bekommen. Leider, hat auch der chirurgische Eingriff sein Leben nicht gerettet. Er hieß Johann Fünfstück.

Weihnachten nahte schon. Unser Krankenhaus lag auf einer Lichtung im Walde und war umgeben von schönen Tannen. Erst später erfuhr ich, dass der Wald ein kleiner Teil der riesengroßen Briansker Wälder war. Die Ärztin hatte angeordnet, dass die Kranken, wenn das Wetter günstig ist, wöchentlich einmal hinausgehen sollten, um frische Luft atmen zu können. Mit Begleitung der Wache durften wir auf den schmalen Waldwegen einen kurzen Spaziergang machen. Entlang des Weges sahen wir traurige Zeichen, daß im Walde im Kriege harte Kämpfe gewesen waren. Etwas abseits des Weges sahen wir, daß zwischen den Bäumen, von getrockneten Blättern teilweise bedeckt, Stahlhelme lagen. Einmal gestattete uns die Wache, diese Panzerhelme etwas näherer zu besichtigen. So erfuhren wir, dass diese Helme darauf hin deuteten, dass dort ein Soldat gestorben war. Unter dem Helm fanden wir immer einen Schädel und wenn wir die Blätter etwas weiter und tiefer weggescharrt hatten, fanden wir auch das Skelett und Gewehr des Soldaten. Für uns war es unbegreiflich, warum man die Toten nach dem Kampfe dort gelassen hatte. Wahrscheinlich war dort der Kampf so heftig, und kam der Weitermarsch so plötzlich, daß es für die Beerdigungen keine Möglichkeit gegeben hatte. Für uns war alles, was wir dort sahen, ein erschütterndes Zeichen eines vernichtenden Krieges, dessen Folgen und Leiden wir, als von zu Hause verschleppte Menschen ertragen mussten.

Vor Weihnachten war im Krankenhaus die Rotkreuz-Post angekommen. Ich hatte leider keine Benachrichtigung von zu Hause bekommen. In Kiew bekamen wir auch vom Roten Kreuz die Feldpost-Karten. Es war angeordnet, dass wir nicht mehr als 25 Wörter schreiben durften. Ich schrieb nur 25 Wörter, doch habe ich keine Antwort bekommen. Ich habe mich getröstet, daß meine lieben Angehörigen leben, vielleicht haben sie auch geschrieben, aber ich bin von Kiew weggekommen, und niemand hatte sich die Mühe gegeben die Feldpostnummer des Krankenhauses zu erkunden.

Es ward Weihnachten. Im Geiste war ich zu Hause und feierte das Fest der Liebe zusammen mit meinen Lieben im Elternhaus und in der Kirche. Aber in der Wirklichkeit war ich auf einer Lichtung der Briansken Wälder, in einem Kriegsgefangenenkrankenhaus. In meiner Umgebung verstand niemand meine Muttersprache. Am Weihnachtsabend waren die deutschen Mitgefangenen alle zusammen im Speisesaal. Auch ich gesellte mich zu ihnen. Im Geiste waren sie auch zu Hause. Wir feierten den Christabend, aber niemand von ihnen hat eine Bibel gehabt. Ich war nur ein Gymnasialschüler, als mich der Sturm des Krieges von zu Hause weggerissen hat. Aber ich habe eine ungarische Bibel gehabt, und fühlte mich verpflichtet, meinen Mitgefangenen das Evangelium des Christabends in ihrer Muttersprache zu lesen. Ich habe es getan. Zu Hause im Gymnasium habe ich gute Grundkenntnisse der deutschen Sprache bekommen, und in der Gefangenschaft erweiterte ich diese Kenntnisse. Ich beherrschte die Sprache schon ziemlich gut, und gern verkündete ich ihnen das Evangelium. Ich sagte, dass Gott nicht nur zu Hause, sondern auch in einem fremden Land, auch in der Kriegsgefangenschaft unsere Feier heiligen könne. In der Dunkelheit unseres Kriegsgefangenenlebens leuchtete auch dort das Licht des Evangeliums der Liebe Gottes. Denn in jener dunklen Nacht, als auf der Erde Christabend wurde, ist das Licht der Welt eingetreten in unsere verfallene sündige Welt. Jesus ist auf diese Erde gekommen, auf der so oft die Dunkelheit herrscht, und wo auch heute viel Tränen aus den Augen fließen. Er liebt und erlöst den Menschen.

Er selbst drückte das Ziel seiner Sendung so aus: "Der Herr hat mich mit seinem Geist erfüllt. Er hat mich bevollmächtigt, und mir den Auftrag gegeben, den Armen gute Nachrichten zu bringen; den Gefangenen zu verkünden, daß sie frei sein sollen."

Auch unter Tränen haben wir dort einen gesegneten Christabend gefeiert.

Es ist mir oft der Gedanke gekommen, dass mich Gott vom Rande des Grabes zurückgeholt hatte, und mit Hoffnung dachte ich an eine Befreiung aus der Gefangenschaft. Mein Körpergewicht war im April schon 62 kg. Wenn man rechnet, dass meine Körpergröße 174 cm ist, scheint es wenig zu sein, aber ich bin nie ein korpulenter Mensch gewesen, und so hielt ich diesen Zustand für gut. Die Ärzte behandelten uns im Krankenhaus menschlich, und ich habe das Gefühl gehabt, dass sie zu mir besonders wohlwollend waren. Ich freute mich meiner

Genesung, aber es schauerte mich vor dem Gedanken, dass man mich nach der Behandlung im Spital nach Kiew zurückschicken werde, wo mich der Steinbrech fast zu Tode gemartert hatte. Gott sei Dank, ist es anders gekommen.

Nach der Entlassung aus dem Krankenhaus brachte man mich in ein kleines Lager, das vom Krankenhaus nur etwa 15 km entfernt war, und in dem nur 60-70 Kriegsgefangene arbeiteten. Dieses Lager war also auch im Walde. Unsere Arbeit war dort das Holzhacken. Auch dort gab es schwere Arbeit, doch, es war wesentlich besser und leichter als die Steinbreche. Dort verbrachte ich nur einige Wochen, aber auch dort habe ich Erfahrungen gemacht, die für die damaligen sowjetischen Zustände bezeichnend waren. Nicht nur die Kriegsgefangenen, sondern auch die russische Bevölkerung waren unterernährt. Auch die russische Wache beklagte sich. Sie wollten sich gegen den Hunger dort so wehren, dass sie die Kriegsgefangenen zum Kartoffelstehlen angespornt haben. Der Arbeitsplatz, der Holzschlag, war etwa 30 km vom Lager entfernt. Nicht so weit von dort war eine Lichtung im Walde, wo man voriges Jahr Kartoffeln gepflanzt hatte. Im Herbst hatte man am Kartoffelfeld tiefe Gruben gegraben, um die Kartoffeln dort zu speichern. Die dort gespeicherten Kartoffeln wurden dann mit Erde bedeckt. Die russische Wache der Gefangenen machte mit dem Chauffeur, auf dessen Lastwagen jeden Abend die Klötze aufgeladen waren, ab, dass er mit ihnen heute Abend eine Privatfahrt machen wird. Abends ist dann die Wache mit drei Kriegsgefangenen, die auch leere Säcke mitgebracht haben, zu den Kartoffelgruben gegangen. Die Kriegsgefangenen sollten die Grube schnell abdecken, die Säcke mit Kartoffeln füllen und diese am Lastwagen zwischen die Holzklötze laden. Am anderen Ende der Grubenreihe stand eine Bude, in der, – wie es sich herausgestellte-, irgendeine Wache war. Diese hat die Bewegung erst beim Start des Lastwagens wahrgenommen, und fing an, mit der Pistole zu schießen, aber die Kartoffeldiebe waren schon fern. Die Kartoffelsäcke gelangten also in das Quartier der Wache, wo sie die Kartoffeln dann mit den Kriegsgefangenen teilten. Zeitweilig waren wir weniger hungrig.

Sovhoz

Nach kurzem Aufenthalt im Waldlager waren wir wieder unterwegs. Man lud mich mit zehn Mitgefangenen auf einen Lastwagen, und nach langer Fahrt sind wir in einem „sovhoz“ angekommen. Man nennt dort die staatlichen Landwirtschaften „sovhoz“. Die Siedlung bestand aus kleinen Häusern und großen Landwirtschaftsgebäuden. Für die Kriegsgefangenen stand dort eine Baracke, deren Bewohner in jenen Tagen aus verschiedenen Lagern dorthin gebracht worden waren. Am folgenden Tag organisierte man die „Brigaden“, deren Leiter, wie überall in den Lagern, die Brigadiere waren.

Am nächsten Tag, nach der morgendlichen „Volkszählung“ besichtigten zwei Männer die Brigaden. Einer von ihnen, der in Uniform gekleidet war, war der Kommandant des Lagers, der andere war der Präsident der Landwirtschaft. Zweck der Besichtigung war, die Zuweisung der Arbeitsplätze für die verschiedenen Brigaden vorzunehmen. Als der Lagerkommandant und der Präsident der Landwirtschaft zu unserer Brigade kamen, haben sie uns reihenweise besichtigt, und zwei Jungen aus den Reihen herausgerufen. Einer von ihnen war ich, der zweite, – wie ich später erfuhr-, ein Junge aus Buda. (Ein Teil von Budapest) Als wir schon vor ihnen standen, fragte mich der Kommandant: „Du bist der, der auch russisch versteht?“ Nachdem ich mit „ja“ geantwortet hatte, sagte er zu mir; „du bist ein Spezialist. Ihr beiden bleibt hier in der Siedlung, und ihr werdet uns eine Apotheke bauen.“ Ich erschrak, und fing an heftig zu protestieren, dass ich kein Spezialist sei, und nichts bauen könne. Ich versuchte ihm zu erklären, dass ich als Gymnasialschüler von zu Hause verschleppt worden war, ich also noch zu jung gewesen sei um Fachkenntnisse zu erwerben, und Fachmann zu werden. Aber mein Protest nützte nicht. Zuerst war er sehr streng, aber dann hat er milder gesprochen und zu uns gesagt, dass wir versuchen sollen diese Aufgabe unbedingt zu erfüllen. Er werde uns immer sagen, was er wolle und was für eine Leistung er von uns erwarte. Er und der Präsident der Landwirtschaft begleiteten uns sogleich auf den Platz, wo die Apotheke gebaut werden sollte. Unterwegs erfuhren wir von ihnen, dass sie die Apotheke nicht für die Medikamente für Menschen, sondern Medikamente für Tiere bauen wollten. Hier, in dieser Siedlung, -sagte der Präsident, – gibt es wenige Menschen, für diese braucht man hier keine Apotheke. Aber sie haben eine riesengroße Menge von verschiedenen Tieren, deren Gesundheit sie erhalten mussten. Sie gaben uns den Auftrag, heute mit den Vorbereitungen anzufangen, um morgen schon die Arbeit beginnen zu können.

Auf dem Platz wo wir mit den Vorbereitungen anfangen sollten, befand sich aber kein Baumaterial. Wir fanden dort nur ein großes bombenförmiges Metallgefäß. Aber diese „Bombe“ sah aus, wie eine geteilte, also halbe Bombe. Als ich das Gefäß „Bombe“ nannte, sagte der Präsident zu mir: du hast schon recht, das große Metallgefäß war wirklich eine Bombe aber keine Explosionsbombe, sondern eine „Lebensmittelbombe“, und zwar eine amerikanische Lebensmittelbombe. Mir schien die Sache interessant zu sein, und ich bat die Herren, (man nannte sie dort Genossen), mir zu erzählen, wie es sich mit dieser Bombe verhielt. Dann erzählten sie, dass im Krieg die USA der Sowjetunion auch so geholfen haben, dass sie mit ihren „Bonbenwerfer-Liberatoren“ für die sowjetischen Truppen, die sich oft in schwierigen Umständen befanden, Lebensmittelbomben transportierten. Die Lebensmittel waren in zweiteilige bombenförmige Metallgefäße gepackt und die zwei Teile mit Schrauben zusammengeschraubt. Wenn diese Bomben auf sowjetisches Territorium abgeworfen waren, wurden sie abmontiert und die Lebensmittel verteilt.

Wir haben also auf dem Bauplatz der werdenden Apotheke eine solche amerikanische Lebensmittel-Halbbombe gesehen. (Sie war damals aber leider, schon leer). Diese hat man dorthin gebracht, um in dieser großen Halbbombe den Mörtel für die Wände der Apotheke vorzubereiten. Ich konnte mir aber nicht vorstellen, wie wir die Wände bauen sollten. Allmählich ist uns dann klar geworden, dass wir die Mauer nicht aus Ziegeln oder Steinen bauen sollten, sondern aus geflochtenem Zaun. Ich wusste, dass in der Zeit unserer Urgroßeltern auch in unseren Dörfer die armen Menschen die Wände ihrer Häuser aus geflochtenem Zaun bauten. Die geflochtenen Zäune waren mir gut bekannt, weil man in unseren Dörfern noch in den Jahren vor dem Krieg im Garten solche geflochtene Zäune machte. Als junger Knabe, konnte ich sogar beim Flechten mithelfen. Allmählich freundete ich mich mit dem Gedanken an, dass wir auch ohne wirkliche Fachkenntnisse Bauunternehmer sein müssten. Ich tröstete mich und meinen Mitgefangenen damit, dass zu einer solchen Bauarbeit, die man uns hier anvertraut hatte, keine Wissenschaft gehört, nur Mut, Aufmerksamkeit und ein starker Wille. Ich war bestrebt, meinen wankelmütigen Freund zu ermutigen, und sagte zu ihm, dass wir, wenn wir zwei zielbewusst zusammenhalten, und die uns aufgetragene Arbeit besonnen durchführen werden, mit Gottes Hilfe die Apotheke aufbauen können.

Als ich die Sache so durchdacht hatte, war mir der Gedanke, dass wir unter unseren Umständen eine privilegierte Arbeit bekamen, sehr sympathisch. Wir mussten nicht jeden Morgen ausmarschieren mit den Brigaden und Angst haben, ob wir die festgesetzte landwirtschaftliche Arbeitsnorm leisten könnten. Wir können selbstständig arbeiten und die Zeit nach unserem Gutdünken einteilen. Dieser Zustand bedeutete für uns in der Gefangenschaft etwas Freiheit.

Tags darauf hat ein Lastwagen eine Menge von fast vier Meter langen Stangen auf unseren Bauplatz gebracht. Wir sollten je nach einem Meter eine 1 m tiefe Grube ausgraben, und die Stangen in die Grube stellen. Der Innenraum von 9x8 m sollte mit zwei Zwischenwänden in drei Zimmer aufgeteilt werden.

Als die Stangen schon eingesetzt und befestigt waren, brachte man mit einem Lastwagen eine Menge von grünen, langen Ruten, mit denen wir die Wände flechten konnten. Auch die Decken der Zimmer haben wir auf diese Weise hergestellt. Es war etwas schwierig, wir mussten uns Mühe geben, die Sache zu einem guten Abschluß zu bringen, aber endlich war es gelungen. Die so fertiggemachten „Decken" haben wir dann etwas schräg auf die Wände gelegt und mit spezieller Methode gefestigt. Die Decke mussten wir schräg ansetzen, weil das Haus kein Dach hatte. Die etwas schräg aufgelegte Decke diente gleichzeitig auch als „flaches Dach", sie musste also gut isoliert werden.

Bei dieser Arbeit sind viele Probleme aufgetaucht, die wir zuerst für unlösbar hielten. Aber alle diese Probleme konnten gelöst werden. Zuerst war ein Problem für uns, wie wir die Öffnungen für die Türen und die Fenster fertigbringen sollten. Dann merkten wir, dass die Sache gar nicht so schwierig lösbar war. Wir hatten auch davor Angst gehabt, wie wir die Ruten flechten werden. Aber dann konnten wir auch diese Arbeit ganz schön vollbringen. Auch mit dem Mörtel haben wir uns in den ersten Tagen viel abgequält. Den Mörtel mischten wir in dem Bombentrog. Aber erst nach vielem Experimentieren konnten wir feststellen, in welchen Proportionen man die Komponente des Mörtels mischen sollte, um guten Mörtel zu bekommen. Solange die Proportionen der Komponente nicht richtig waren, fiel der Mörtel ab. Aber auch mit der Verputzung haben wir Probleme gehabt. In der ersten Zeit haben wir den Mörtel mit hohler Hand auf die geflochtene Wand gedrückt. Aber später haben wir schon mit Maurerfangli gearbeitet.

Der Präsident der Landwirtschaft besichtigte unsere Arbeit täglich. Er war zum Glück kein wilder Russe. Oft hat er unsere Verlegenheiten und Experimentierungen mit Lächeln angesehen. Aber wenn uns dann etwas gelungen ist, quittierte er unseren Erfolg mit Anerkennung. Ich bat ihn von Anfang an, uns ohne „davaj“ zu lassen, uns nicht zu drängen, sondern in Betracht zu ziehen, dass wir keine Fachleute sind und wir für diese uns aufgebürdete Arbeit viel mehr Zeit brauchten, als die Fachleute. Er nahm meine Argumente an und ließ uns ruhig arbeiten.

Als uns bei dieser Arbeit allerlei Probleme auftauchten, erinnerte ich mich, wie viel mir bei diesen Arbeiten die Erfahrungen halfen, die ich bei meinem älteren Bruder gemacht hatte. Als wir noch zu Hause waren, nach den letzten zwei Schuljahren, in der Ferienzeit hatte ich bei meinem Baumeister-Bruder als Hilfsarbeiter gearbeitet. Er war angestellt beim Bau einer Fabrik, wo ich dann auf verschiedenen Arbeitsgebieten half, um für das nächste Schuljahr etwas Geld zu verdienen. Damals habe ich mit der russischen Kriegsgefangenschaft noch nicht gerechnet.

An der Apotheke haben wir etwas mehr als fünf Monate gearbeitet. Als auch schon die Verputzung fertig war, brachte man die fertigen Türen und Fenster, die dann Fachleute der Herstellerfirma eingesetzt haben. Bei dieser Arbeit waren wir nur Lehrlinge. Die fertige Apotheke haben der Kommandant des Lagers und der Präsident der Landwirtschaft übernommen. Sie drückten ihre Zufriedenheit aus, und wir wurden gelobt.

Nach dem Lob kam der Lagerkommandant und sagte mir, dass er mich als Prämie für die gute Arbeit, nach Moskau schicken wolle, wo ich Stalin begegnen könne. (Wir waren dort nicht so weit von Moskau). Ich hielt es für einen Scherz, aber er hat es ernst gemeint. Ich habe ihm ganz offen gesagt, dass ich meinem Vater und meinen Brüdern und nicht Stalin begegnen möchte. Nach einigen Tagen hat er mich wieder angeredet und gesagt, auch wenn ich Stalin nicht begegnen wolle, sie mich nach Moskau schicken werden, damit ich an einer politischen Schulung teilnehmen könne. Und da duldete er keinen Protest mehr. Nach einigen Tagen kamen zwei Offiziere mit einem kleinen lärmenden militärischen Wagen und brachten mich nach Moskau. Die Schulung fand an der Peripherie von Moskau statt und die Stadt habe ich eigentlich nicht gesehen.

Diese Schulung ist aber mißglückt. Die ersten Vorträge in der Schule waren über die Entstehung und Entwicklung der gesellschaftlichen Formen. So sprach man über die Entwicklung vom primitiven Urkommunismus bis zum modernen Sozialismus. Bei der Aufzeichnung der Entwicklung gelangten sie schnell zur marxistischen Philosophie. Ich wurde sehr traurig, als man als Grundthese der marxistischen Philosophie betonte, dass Grund und Bewegkraft des Lebens und der Entwicklung der Gesellschaft die Materie sei. Nach einem Vortrag sagte ich draußen auf dem Korridor dem Instruktor, der den Vortrag gehalten hatte, dass mir diese marxistische Philosophie fremd sei. Ich glaube nicht, dass die Entwicklung des Individuums und die Zukunft der Menschheit nur materielle Komponenten bewegen und formen. Ohne die Anerkennung und Empfang der geistigen Komponenten wird auch die gut gemeinte Entwicklung der Gesellschaft kalt, krank, und gefährlich werden. Mit dieser offenen und aufrichtigen Äußerung schlug ich hinter mir die Tür der Schule zu. Ich wurde nach zwei Tagen in das Sovhoz-Lager zurückgebracht. Der Kommandant des Lagers war ärgerlich, und von seinen ärgerlichen Worten erfuhr ich den Inhalt der Meldung der Schule, dass ich für politische Erziehung untauglich sei. Das war ein Mißerfolg, aber diesen Mißerfolg hielt ich für einen Sieg.

Wieder in Kiew

In der Luft spürte man die Nähe des Winters. Im Winter braucht man im Sovhoz die Arbeit der Kriegsgefangenen nicht. Gegen Ende November transportierten uns die Russen mit Kraftlastwagen zurück nach Kiew in ein großes Sammellager, das man dort Bunkerlager nannte. Dieses Lager haben die Deutschen in den Kriegsjahren für die russischen Kriegsgefangenen gebaut. Jetzt war es voll mit deutschen und ungarischen Kriegsgefangenen, die zum größten Teil nicht im Krieg in Gefangenschaft gekommen waren, sondern von zu Hause als Zivile verschleppt worden waren. In den vielen langen Bunkern, deren Dach über der Erde war, waren etwa 2500-3000 Gefangene untergebracht. Das Lager hat man auch Transitlager genannt. Die Gefangenen wurden oft von verschiedenen Lagern dorthin gebracht und nach einigen Tagen in neuen Gruppierungen in andere Lager transportiert. So geriet ich mit einer Gruppe von 150 Menschen in das Lager Nummer 32, das auch in Kiew war.

In diesem Lager befanden sich vor unserem Ankommen nur 60 deutsche, und 30 ungarische Gefangene. Man sollte gleich die Brigaden organisieren, aber nach der „Mischung" konnte man die neuen Brigade nur schwer zusammenstellen. In unserer Gruppe befanden sich etwa 20 bekannte Menschen, mit denen ich teils im ersten Lager in Kiew, teils im Sovhoz-Lager zusammen gewesen war. Um eine Brigade zu bilden, gesellten sich noch zehn fremde Menschen zu uns. Die Bekannten wollten mich zum Brigadier wählen, aber ich habe dieses Angebot abgewiesen. Ich wollte nicht Brigadier werden. Am Arbeitsplatz war der Brigadier der Vertrauensmensch des russischen Arbeitsführers, auf dessen Befehl er die Mitgefangenen zu überspannter Arbeit antreiben musste. Das war eine unselige Aufgabe, weil die Menschen ermüdet und schwach waren. Der Brigadier bekam für diesen Dienst die doppelte Portion Suppe und die anderen, die Mitgefangenen, die auch immer hungrig waren, mißgönnten es ihm. Einige aber mißgönnten nicht nur, sondern beschimpften ihn auch. Sie sagten: „Der Brigadier hat es leicht, er arbeitet nicht, er jagt nur die anderen und kriegt dafür doppelte Suppenportion." Darum wollte ich kein Brigadier sein. Ich wollte lieber arbeiten und hungern mit den anderen.

Am Ende hat einer von den Unbekannten, der etwa 16 Jahre älter war als ich, die Position des Brigadiers angenommen.

Ein Teil unserer Brigade bekam Bauarbeit in der Innenstadt von Kiew. Etliche Häuser waren an der Puschkinstrasse ruiniert. Die ruinierten Häuser sollten die Gefangenen renovieren. Unsere Gruppe arbeitete an einem fünfstockigen Haus. Ich bin also wieder Bauarbeiter geworden.

Im Lager erließ der russische Lagerkommandant, ein Kapitän, den Befehl, dass die Brigadiere von ihren Brigaden ein Namenregister, einen Ausweis vorbereiten müssen. Der Ausweis muss die genauen persönlichen Angaben enthalten. Nach den abendlichen „Volkszählungen" wurde mehrmals kundgetan, daß der Ausweis russisch geschrieben werden sollte, und die Gefangenen, die russisch schreiben können, sollen sich melden, um den Ausweis fertigzustellen. Lange grübelte ich darüber, was ich tun sollte. Gern wollte ich diese Arbeit annehmen, aber hatte gleichzeitig Angst, weil ich wusste, dass bei den Russen die Sprachkenntnisse der Gefangenen auch gefährlich sein können. Nach solchen Erwägungen entschied ich, dass ich mich für diese Arbeit nicht melde. In meinen Erwägungen spielte auch die Tatsache eine Rolle, dass ich russisch nicht vollkommen schreiben kann, denn ich habe die russische Sprache nur in der Gefangenschaft gelernt.

Eines Abends kam unser Brigadier zu mir und bat mich sehr, den Ausweis für unsere Brigade fertig zu machen. Ich war nach der Arbeit müde und wollte den eventuellen Verdächtigungen vorbeugen, darum habe ich „nein" gesagt. Aber als er die Papiere, die er von dem russischen Kapitän bekommen hatte, hervorholte, wurde mein Verlangen nach Papier wieder übermächtig. In der letzten Zeit hatte ich nur sehr selten am Arbeitsplatz von irgendeinem Russen ein paar Stück Zigarettenpapier bekommen. Die russischen Zigarettenpapiere sind größer und gröber, als die heimatlichen Zigarettenpapiere. Seit dem ich mir keine anderen Papiere beschaffen konnte, schrieb ich die russischen Wörter auf diese schwer zu beschaffenden Zigarettenpapiere, um meinen Wortschatz zu erweitern. Als ich in der Hand unseres Brigadiers die großen Papierstücke sah, nahm ich um des Papiers willen, das Anfertigen des Ausweises an.

In unserer Baracke haben wir auch hier einstöckige Pritschen gehabt. Am Liegeplatz des Brigadiers waren ein kleiner Tisch und zwei einfache Stühle. An jenem Abend saß ich an diesem Tisch am Ende des Pritschenbrettes und fing an, die Ausweise anzufertigen. Neben mir rechts saßen ungarische und links deutsche Mitgefangene. Da ertönte beim Eingang der Baracke ein lauter Ruf eines Wachsoldaten: „Smirno," d.h. Achtung. Dieser Ruf bedeutete, dass der russische Lagerkommandant, der Kapitän, in die Baracke eingetreten war. Er ging zwischen den Pritschen vorüber. Als er zu uns gelangte und sah, dass ich am Tisch sitze und schreibe, kam er zu mir, und nahm das Papier, in welchem schon einige Angaben des Ausweises aufgeschrieben waren, in die Hand. Er las meine Schrift, dann sah er mich streng an, und fragte:

„Du kannst russisch schreiben?"

„Ja, ich lerne es," antwortete ich.

„Warum hast du dich nicht gemeldet, als wir fragten, wer unter euch russisch schreiben kann?"

„Weil ich weiß, dass ich nicht vollkommen schreiben kann."

„Was bist du?„ fragte er weiter.

„Ich bin Ungar"

„So? Warum sprichst du hier mit etlichen fritzisch?"

„Weil die Fritzen (Deutschen) nicht ungarisch können."

Der Kapitän stand eine Weile still, dann sah er mich wieder streng an, und sagte: „Jetzt weiß ich schon wer du bist! Du bist ein Spion, der im Krieg in der Sowjetunion spioniert hat. Darum kannst du auch fritzisch und russisch!" (Die Russen nannten dort die Deutschen oft Fritz, weil es unter ihnen viele Fritzen gibt).

Ich war erschrocken, protestierte und beteuerte, dass ich die Sowjetunion vor meiner Deportation von zu Hause nie gesehen habe. Aber der Kapitän glaubte mir nicht. Nach seiner Logik beherrschten nur die Spione diese Sprache. Wenn es nicht so wäre, würden auch die anderen Ungarn deutsch und russisch sprechen. Ich versuchte ihm zu erklären, dass die Mitgefangenen fast alle wesentlich älter sind als ich und die meisten einfache Arbeiter sind. Ich bin aber ein Schüler, meine Arbeit ist das Studium. Es ist selbstverständlich, dass ich auch hier, in der Gefangenschaft, lernen will. Die Mitgefangenen, die nur die Elementarschule besuchten und jetzt schon viel älter sind, können nur schwer etwas Neues lernen. Aber ich konnte ihn nicht überzeugen. Erzürnt legte er ein Papier vor mich und befahl mir zu schreiben, was er diktieren wird. Dann diktierte er diesen russischen Satz; „Da zdrastvujet sowjetskaja – vengerskaja druschba" (Es lebe die sowjetisch-ungarische Freundschaft.) Mit zitternder Hand habe ich den diktierten Satz geschrieben. Er nahm dann das Papier wieder in die Hand und kontrollierte, wie ich den Satz geschrieben hatte. Aber bei der Kontrolle meiner Schrift wurde er noch mehr erzürnt. Er war darum so sehr erzürnt, weil ich in meiner Aufgeregtheit das Wort „sovjetskaja" mit kleinem „s", und das Wort „vengerskaja" mit großem „V" geschrieben hatte. Wütend fragte er mich, warum ich den beiden Wörtern nicht gleich, entweder mit großem, oder mit kleinem Buchstaben geschrieben habe? Mit meiner Schrift habe ich ausgedrückt, dass ich die Sowjeten gering und die Ungarn hochschätze. Er sah darin eine Bestätigung seiner Theorie, dass ich ein böser Spion sei, der die Sowjetunion auch als Gefangener gering schätzt. In seinem wütenden Gebrüll war er so aufgeregt, dass er aufsprang und den Stuhl aufhob worauf er vorher gesessen hat, um mich damit totzuschlagen. In meinem Entsetzen beugte ich instinktiv meinen Kopf zurück, unter die obere Pritsche. Den Schwung des aufgehobenen Stuhls fing das Ende der oberen Pritsche auf, und so kam es, dass der Stuhl zerbrach und mein Kopf heil blieb. So wunderlich kann die lebensrettende Gnade Gottes sein.

Aber die Gefahr war dadurch noch nicht behoben. Der Kapitän rief die Wache. In einigen Sekunden waren zwei bewaffnete Soldaten hier, denen er befahl, mich wegzubringen und in den Karzer zu werfen. Der Karzer war eine Grube in der Erde, welche die Russen vorbereitet hatten, um die Gefangenen zu strafen. Als mich die Wache in den Karzer begleitete, rief mir der Kapitän noch ärgerlich nach: „Morgen bekommst du deine Strafe, die du verdient hast!" Als ich mich schon im geschlossenen Karzer befand, war ich sehr aufgewühlt. Im Kopfe wirbelten allerlei schreckliche Gedanken. Was für eine Strafe will mir der umbarmherzige Wille, der über mich Macht hat, auferlegen? Ich habe zu Gott gerufen, der auch über meinen Machthaber mächtig ist. Mein Herzschlag und mein Puls sind stiller geworden, ich versöhnte mich mit meinem Schicksal.

Ich verbrachte im Karzer etwa zwei Stunden, als ich in der großen Stille das Knarren des Schlosses der Karzertür hörte. Was wollen sie mit mir jetzt in der Nacht machen? Da öffnete sich die Tür, und ich hörte den Ruf der Wache: „Komm heraus und geh in die Baracke." Ich war etwas erleichtert. Obwohl ich nicht wusste, was noch kommen würde, konnte ich mich jetzt auf der harten Pritsche niederlegen. In jener Nacht habe ich aber kaum etwas geschlafen. Wieder und wieder spielten sich in mir die Geschehnisse des Abends ab. Wieder hörte ich die Worte, sah die Bewegungen des wütenden Kapitäns, und spürte den von Wodka stinkenden Hauch des Kapitäns. Er rief mir nach, als die Wache mich schon in den Karzer begleitete: „Morgen bekommst du deine Strafe, die du verdient hast."

Kommandant des Lagers

Morgens standen wir wieder zu fünft angetreten auf dem Hofe des Lagers und warteten auf die Zählung. Vor uns stand der Kapitän. Ich zitterte an allen Gliedern. Der Kapitän kam zu unserer Brigade, blickte mich wieder streng an und winkte mit der Hand, dass ich aus der Reihe heraustreten und mich vor die Brigaden hinstellen sollte. Dann kehrte er sich zu mir und sagte: „Du sollst alles, was ich jetzt sagen werde, den Ungarn und den Deutschen übersetzen." Dann stand er eine Weile still, als wenn er sich überlege, wie er sagen sollte, was er sagen wollte, und dann sagte er; „Der Kriegsgefangenenkommandant des Lagers ist von heute ab euer Mitgefangener, B. P. der hier neben mir steht." Ich war überrascht, und wagte es nicht zu glauben, was ich eben hörte. In mir tauchte der Gedanke auf, dass der Kapitän mit mir groben Scherz treibt. Aber dem Befehl musste ich Folge leisten, und so verdolmetschte ich für die beiden Gruppen den gehörten Satz. In unserer Brigade ist ein Beifallssturm ausgebrochen. Der Kapitän sagte noch einige Sätze von den Pflichten des gefangenen Lagerkommandanten und dass den Anordnungen des gefangenen Kommandanten jeder nachkommen soll.

Als ich es mir vergegenwärtigte, dass das, was hier geschah, kein Scherz war, habe ich gemischte Gedanken gehabt. Am liebsten hätte ich dagegen protestieren wollen. Ich hätte gern die Last der Pflichten, die mir aufgebürdet wurden, abgelehnt. Aber ich dachte auch, dass mein eventueller Protest ebenso erfolglos oder vielleicht auch gefährlich gewesen wäre, wie mein Protest gegen die Strafe, die mir gestern Abend der Kapitän in Aussicht gestellt hatte. Ich dankte Gott für diese unerwartete Wendung der Lage und bat Ihn, mir genügende körperliche und geistige Kraft zu geben, um meine Pflichten leisten zu können.

* * *

In den Kriegsgefangenen-Lagern der Sowjetunion (wenigstens in Kiew) bekamen die Kriegsgefangenenkommandanten einen großen Wirkungskreis. Sie organisierten die Arbeitsgruppen und ordneten den Arbeitsplatz für die Gruppen an. Die Arbeitsleiter der verschiedenen Organisationen meldeten ihren Arbeiteranspruch dem Gefangenenkommandanten. Der Kommandant also hat Macht über die Menschen, und er sollte befehlen können. Aber ich kann nicht befehlen. Meine organisatorischen Fähigkeiten sind auch schwach. Diese schwachen Seiten meiner Eigenschaften zeigten sich auch schon in meiner Jugend. Ich versuchte, lieber mit den Menschen zu besprechen, wie wir unsere gemeinsamen Dinge ordnen sollten auch wenn ich oft konstatieren musste, das man mit dieser Methode das erwünschte oder nötige Ziel schwieriger erreichen kann, als mit Befehlen. Leider, protestieren die Menschen oft auch gegen den Bau der eigenen Zukunft, wenn sie dafür schon heute etwas Opfer bringen sollten. Nach vielen solchen Erfahrungen kam ich auch dazu, dass ich die angstvollen Gefühle und bremsenden Kräfte nicht gelten ließ und das notwendige Gute trotz der Proteste durchführte. Das geschah aber später, bei den Bauarbeiten in der Kirche. Die kleingläubigen ängstlichen Menschen, die als zögernde Kräfte funktionieren, weil sie für die Zukunft kein Opfer bringen wollen, werden einmal erkennen, dass sie mit ihrem Protest die eigene Zukunft beschränken wollten.

Nachdem ich in unserem Gefangenenlager widerwillig eine leitende Position bekommen hatte, beschloss ich, für die Verbesserung der Lebensmöglichkeiten in unserem Lager zu kämpfen. Ich will mich anstrengen, das Leben in unserem Lager erträglich zu machen. Die Verhältnisse in Lagern waren überall hart, aber vielerorts hat eben die

Grobheit und Unmenschlichkeit des Gefangenenkommandanten das Leben noch schwerer gemacht. Die nahe Vergangenheit unseres Lagers Num. 32 gab uns ein Beispiel dafür. Ich erwähnte schon, dass im Lager vor unserer Ankunft sich nur 60 deutsche und 30 ungarische Gefangene befanden. Das Lager hatte einen deutschen Gefangenenkommandanten gehabt. Dieser Kommandant ordnete mit konsequenter Böswilligkeit die Arbeitszuteilung. Für die Arbeitsplätze, wo die Gefangenen arbeiteten, war es bezeichnend, dass sie vielerorts den Zustand der Menschen nicht merkten und nicht wohlwollend die Arbeit der Gefangenen schätzten. Es gab überall Arbeitsnormen. Der Gefangene, der die festgelegte Norm leistete, bekam 100%. Der Gefangene, der weniger leistete, bekam weniger, oft nur 50 – 60%. Die Quantität und Qualität der Speise der Gefangenen hing davon ab, auf wieviel % sie die festgelegte Norm auf ihren Arbeitsplätzen leisteten. Die Gefangenen bekamen sonst für ihre Arbeit keinen Pfennig Belohnung. Ich verbrachte in der Sowjetunion beinahe 3 Jahre, und in dieser Zeit habe ich kein Geld in der Hand gehabt. Diese Nichtbelohnung begründeten sie damit, dass die Länder der Gefangenen der Sowjetunion viel Schaden angerichtet haben, und die Schäden müssen die Gefangenen abarbeiten. Die Kriegsgefangenen sind also verpflichtet, ohne Lohn zu arbeiten. Die Last der Versorgung der Gefangenen trägt teilweise der Staat und teilweise die Arbeitgeber. Die Arbeitgeber wieder bezahlten den Lohn der Gefangenen in die Kasse der russischen Lagerkommandos nach der Arbeitsnorm. Das bedeutete, dass wenn eine Brigade die festgestellte Arbeitsnorm nur auf 50% leistete, für die Arbeit dieser Brigade der Arbeitgeber in die Kasse des Lager-Kommandos nur 50% des Lohnes bezahlt. Und so hat das Lager für weniger Geld weniger Lebensmittelgrundstoffe und Brot bekommen. So erhielten die Brigaden, die die Norm nicht leisteten, weniger Brot und dünnere Suppe. So kam es, das die Menschen hungerten, immer schwächer und kraftloser wurden. Es war dabei aber auch klar, dass die Schätzung der Arbeitsleistung nicht so sehr von dem Normenbuch, sondern von der

Gutwilligkeit oder Böswilligkeit der Arbeitgeber abhing. Die böswilligen Arbeitgeber haben regelmäßig wenig Prozente gegeben.

Weil vor unserer Ankunft in das Lager Num. 32 zwei Brigaden immer den Arbeitsplatz, wo der Arbeitsgeber gutwillig war und der die Arbeit der Gefangenen mit gutem Prozent honorierte, eine Brigade aber den Arbeitsplatz wo der % immer niedrig war bekam, waren die Menschen dieser Brigade hungrig und schwach geworden. Diese baten den Kommandanten, ihnen den Arbeitsplatz auszutauschen. Nachdem der Kommandant ihre Bitte nicht erfüllen wollte, schlugen sie ihn in ihrer Erbitterung eines Abends so grob, dass er Beinbruch und Rippenbruch erlitt und in ein Lazarett gebracht wurde. Das geschah am Tag vor unserer Ankunft und in der Zeit unseres Ankommens hatte das Lager keinen Gefangenenkommandanten gehabt. Ich nehme an, dass auch dieser Umstand einer von den Gründen dafür war, das mich der Kapitän, der mich abends noch so grob behandelt hatte, mit einem Stuhl wütend totschlagen wollte, am Morgen zum Kommandanten ernannte.

Eine der täglichen Aufgaben des Kommandanten war die Zusammenstellung der Speisekarte für die Lagerküche. Er gab der Küche täglich die Produkte und das Brot, die er im zentralen Magazin auf Grund der Prozente der Brigade erhalten konnte. Die Lebensmittelgrundstoffe für die Küche, das Mehl, die Kleie, das Kraut, die Bohnen, das Öl, eventuell etwas gesalzener Fisch und etwas Fleischkonserven in die Suppe bekam er auf eine Woche oder für eine Dekade.

Am Tag nach meiner Ernennung zum Kommandanten beorderte mich der Kapitän auf eine Audienz zu sich. Er drückte seine Freude aus, dass ich in dem Ordnen der Angelegenheiten des Lagers sein Helfer und ein verbindendes Glied zwischen ihm und den Nationalitäten des Lagers sein würde. Mit Bedauern sprach er von seiner Härte vorgestern Abend und sagte, dass er sich irrte. Nie mehr beschuldigte er mich mit dem Vorwurf der Spionage. Er dachte sich wahrscheinlich nach, dass ich im Krieg kein Spion in der Sowjetunion sein konnte, weil ich damals eigentlich noch ein Kind war. Dann befahl er mir streng, dass ich aus der Speisekammer der Küche nichts herausholen oder jemandem etwas geben soll. Wenn ich gegen diesen Befehl versündige, werde ich nach Sibirien verbannt.

In meiner neuen Position musste ich also nicht mehr hungern, aber ich habe oft das Gefühl gehabt, dass ich die Aufgaben nicht bewältigen könne. Weihnachten nahte. Es ist schon das dritte Weihnachten das ich in der Gefangenschaft verbringen muß. Drei Tage vor Weihnachten sind auch in dieses Lager Rotkreuz-Postkarten gekommen. Ich habe wieder nichts bekommen. Ich wurde im November 1944 von zu Hause weggeschleppt, seitdem hatte ich von zu Hause keine Nachricht, kein Lebenszeichen bekommen. Im Sovhoz-Lager ist es mir gelungen zwei Rotkreuzpostkarten zu beschaffen. Es freute mich, dass ich nicht nur an das Elternhaus, sondern auch an die liebe verwandte Etelka schreiben konnte. Ich weiß aber nicht, ob sie meine 25 Worte bekommen haben.

Normen-Kampf

Vor Weihnachten begannen die Probleme mit den Arbeitgebern. Unser Lager hat an 26 – 27 Arbeitgebern Arbeiter gegeben. Nach 5 – 6 Tagen wurde mir klar, welche Arbeitsplätze, also welche Arbeitgeber unseren Menschen niedrige Prozente geben. Die Arbeiternachfrage war größer als unsere Möglichkeiten. Wir konnten nicht jedem Arbeitgeber soviel Arbeiter geben, wie sie wollten. Dieser Umstand gab mir die Möglichkeit, den Arbeitgebern, die 3 – 4 Tage nacheinander niedrige Prozente gaben, keinen Arbeiter zu zuteilen. Nach einigen Tagen fing eine Lawine an zu rollen. Es kamen die ergrimmten Arbeitgeber, Arbeiter zu fordern. Ich habe ihnen eindeutig gesagt, dass, wenn sie unseren Menschen mehr Prozente geben, bekämen sie weiterhin Arbeiter, wenn sie es nicht tun, bekommen sie von unserem Lager keinen Arbeiter mehr.

Ich erklärte ihnen, dass, wenn sie niedrige Prozente geben, unsere Arbeiter kleinere Brotportion bekommen. Sie werden schwächer und werden noch weniger arbeiten können. Nach dieser Erfolglosigkeit sind fünf ergrimmte Arbeitgeber zum Kapitän gegangen, um gegen mich Klage zu erheben. Ihre Klage haben sie dem Kapitän vorgelegt, wie es ihnen paßte. Sie sagten, dass der Gefangen-Kommandant mit seinem Benehmen, dass er ihnen keine Arbeiter geben will, das Vorwärtsgehen des Bauplans an ihren Arbeitsstellen sabotiert. Mit dieser Demagogie ergrimmten sie auch den Kapitän gegen mich, der mich gleich zu sich rief. Er schalt mich, dass ich mit meinen radikalen Anordnungen meinen Wirkungskreis mißbrauche. Ich versuchte ihm zu erklären, dass meine Anordnungen zu Gunsten der Menschen seines

Lagers sind, dessen verantwortlicher Führer er sei. Ich habe ihm gesagt, dass die Arbeitgeber die Arbeit der Gefangenen gratis haben wollen. Sie beuten die Arbeiter nicht nur so aus, das sie ihnen kein Geld geben, sondern auch so, daß sie ihnen aus dem Munde das etwas größere Brotstück nehmen, das ihnen genügende Kraft gäbe, mehr arbeiten zu können. Diese Arbeitgeber machen auf solche drastische Weise dasselbe, wofür Marx die Kapitalisten schilt. Der Kapitän hat Gegenargumente gehabt, war aufgewühlt, aber nach meinem letzten Satz, als ich die Aussage Marx erwähnte und das Benehmen der Kapitalisten und der sowjetischen Arbeitgeber auf gleiche Stufe stellte, ist er stiller geworden, und dann sagte er leise: „Du hast eigentlich recht." Auf den Arbeitsplätzen ist ruchbar geworden, dass es erfolglos ist, beim Kapitän Klage zu erheben, und dass von unserem Lager nur die Arbeitgeber Arbeiter bekommen, die den Zustand der Gefangenen berücksichtigen und normale Prozente geben. Das war ein harter Kampf, aber meine Freude und die Freude der Mitgefangenen war groß, als auf den Arbeitsplätzen alle Brigaden gute Prozente bekamen. Etliche Brigaden bekamen oft auch über 100%. In Folge dessen bekamen wir für die Küche etwas mehr Mehl und Kleie, die Suppe war dicker und hatte Nährkraft. Auch die tägliche Brotportion wurde größer und jeder bekam auf seine Pritsche einen Strohsack. Ich habe nicht umsonst gekämpft. Sonst bin ich kompromißbereit, wenn es nötig ist und Sinn hat, aber hier ging es um das Leben.

Am Christabend haben wir auch in diesem Lager eine Feier gehabt. Im Lager gab es keinen Saal, und wir konnten zwischen den Pritschen nicht so gut beisammen sein, aber ich las das Weihnachtsevangelium und sprach von der Liebe Gottes, die uns und unsere Lieben, die zu Hause sind, umarmt. Dann haben wir, jeder in seiner Muttersprache, Weihnachtslieder gesungen. In meiner Seele tauchten wieder liebe Erinnerungen an die Weihnachten zu Hause und in der Gefangenschaft auf. Vor einem Jahr, als ich im Briansker Walde im Krankenhaus war, hat mich Gottes rettende Liebe aus einer schweren Krankheit herausgeholt. Und vor diesem Weihnachten, als mich der Kapitän mit dem Stuhl totschlagen wollte, bewahrte er wieder mein Leben. Ich wollte mir immer Zeit nehmen, auch wenn ich viel zu tun hatte, mit den Mitgefangenen etwas zu diskutieren, und in den vorweihnachtlichen Tagen hielt ich diese Gespräche für besonders nötig. An solchen Festtagen war die Seele der Menschen, die mit dem Sturm des Kriegs in die Ferne gerissen wurden, sehr empfindlich. Im Geiste waren wir auch an diesem Christabend alle zu Hause.

* * *

Die russische Führung des Lagers hat auch auf die politische „Erziehung" der Gefangenen großes Gewicht gelegt. Unser Kapitän las jeden Tag fleißig die zentrale Parteizeitung, die „Moskovskaja Pravda" = Moskauer Wahrheit, und die Aufsätze, die ihm sehr gefielen oder mißfielen, wollte er auch den Gefangenen mitteilen. Ich habe jeden Abend viel zu tun gehabt, weil ich für den nächsten Tag die Speisekarte zusammenstellen und die Speiserohstoffe den Köchen übergeben musste Aber der Kapitän wollte mir gewöhnlich eben in diesen Spätnachtstunden aus der Zeitung etwas mitteilen. In den Abendstunden unterhielt er sich mit der Ärztin des Lagers, auch die Zeitung haben sie zusammen gelesen, und dann berieten sie sich, was der Kapitän von den Aufsätzen den Gefangenen bekannt machen sollte.

Eines Abends habe ich meine Arbeit nach Mitternacht beendet. Doch, kaum hatte ich mich niedergelegt und zu schlafen begonnen, hat mich jemand mit hartem Schütteln aufgeweckt. Dieser jemand war der Kapitän, der die Zeitung in der Hand hielt. Ärgerlich rief er zu mir: „Nagy Ferenc utjikal" = Nagy Ferenc ist weggelaufen. Ich wusste nicht, wer dieser Nagy Ferenc war. Er hat mir dann die großgedruckten Zeilen eines Aufsatzes vorgelesen, und so erfuhr ich, dass Nagy Ferenc der damalige Außenminister Ungarns illegal nach Amerika geflogen war. Ich war noch schläfrig, und ohne Überlegung, sagte ich: „Er hat es also schon gut." Und dann lachend sagte ich noch: „Ich möchte von hier auch weglaufen, aber nicht nach Amerika, sondern nach Hause." Zum Glück nahm er meine Aussage als Spaß und hat sich daraus nichts gemacht. Am nächsten Abend versammelte er die Gefangenen, und auf Grund des Zeitungsaufsatzes hielt er einen politischen Vortrag. Und ich musste seine Sätze übersetzen. Oft genug hielt er solche Vorträge.

Der Inhalt eines anderen Vortrags war eine Episode aus der Zeitung, die sich in Ungarn, in Miskolc abgespielt hatte. In dieser Großstadt haben feindlich gesinnte Studenten einen sowjetischen Offizier schwer verletzt. Er wollte damit sagen, wie undankbar die Ungarn seien, die für die „Befreiung des Landes" so „bezahlen." Als er vorige Nacht mit diesem Zeitungsartikel zu mir gekommen war und die Geschichte mir bekannt machte, – eben weil er wußte, dass ich auch ein Student bin-, fragte er mich: Würdest du auch so handeln? Nie, ohne schwerwiegende Gründe, würde ich so etwas tun. Aber ich bin sicher, dass auch die Studenten in Miskolc so etwas nicht getan hätten, wenn der sowjetische Offizier ihnen, oder einem Familienmitglied nicht etwas sehr Schlimmes angetan hätte. Das steht aber nicht in der Zeitung.

Ein Mann der russischen Wache suchte oft die Möglichkeit mit mir zu sprechen. Als Soldat der sowjetischen Roten Armee weilte er einige Monate in Ungarn. Begeistert sprach er von seinen Erlebnissen in Ungarn, besonders von dem großen ungarischen Brot, von dem er in der ungarischen Tiefebene bei einer Bauerfamilie soviel essen durfte, wie er wollte und zwar mit Butter. Träumend sprach er von den guten Speisen, die er bei dieser Familie bekommen hatte, aber besonders seufzend sprach er von dem Mädchen der Familie, um deren willen er sich von der Armee trennen und in Ungarn bleiben wollte. Die Trennung von der Armee sei mißlungen, und es habe ihm fast das Leben gekostet. Aber die schönen Erinnerungen blieben, sagte er oft.

Das Magazin der Lebensmittelgrundstoffe, wo ich die nötigen Dinge für die Küche wöchentlich übernahm, war in der Nähe des Lagers. Der Chef des Magazins war ein gescheiter, aufrichtiger Mann, der etwa 55 Jahre alt war. Gegenseitig freuten wir uns auf die Begegnungen, weil er mir immer etwas zu sagen wusste. Er erzählte mir Dinge von der sowjetischen Wirklichkeit, die er seinen Mitbürgern nicht zu sagen wagte. Mit harter Kritik sprach er z. B. über Stalins schreckliche Taten. Sagte, dass er uns beneide, weil unser Gefangenen-Los, zwar schwer sei und viele von uns nicht mehr heimkehren werden, aber diejenigen, die sich in dieser Lage durchbeißen und heimkehren können, werden ein anderes Leben haben, auch wenn uns etliche sowjetische Methoden aufgezwungen werden. Aber sie müssen zu Hause bleiben und weiter leiden. Und sie, die in den osteuropäischen Ländern „Befreier" genannt werden, sind Sklaven im eigenen Lande.

Wir waren in Kiew, das Volk hatte im Krieg die deutsche Okkupation durchlebt. Auf meine Frage, wie das Volk die Zeit der deutschen Okkupation von Hitler und seiner Armee beurteilte, antwortete er: „Stalin und Hitler sind gleichmäßig böse Menschen. Die deutsche Armee okkupierte unser Land, als feindliche Macht, und hat hier auch schreckliche Dinge gemacht. Aber es gab Dinge, die das Volk zum Nachdenken veranlaßte. Vor der deutschen Okkupation war die Verpflegung, Verproviantierung der Bevölkerung sehr schlimm. Die sowjetischen Behörden konnten die Versorgung mit Lebensmitteln nur sehr lückenhaft ordnen. Einige Tage nach der deutschen Okkupation, ist die Verpflegung normal geworden. Das Volk musste keine Not leiden. Die Menschen fragten sich: Wieso hat sich unsere Behörde, die die heimischen Kraftquellen kennt, so träg und unvermögend benommen und sich auf den Krieg berufend das eigene Volk Hunger leiden lassen. Dagegen konnte die feindliche fremde Armee das Volk in einigen Tagen gut verpflegen. Der Magazinchef beendete seine Erzählung mit dem Satz: Als dann die Deutschen vor der sowjetischen Armee ausrücken mussten und die Lage unsere Armee und unsere Behörden beherrschten, wurde die Verpflegung wieder lückenhaft.

Gehorsam mit Fragezeichen

Im Lager war ich eines Abends wieder in eine heikle Lage geraten. Der russische Kommandant, der Kapitän, kam diesmal nicht mit der Zeitung zu mir, sondern mit einer Forderung. Er wollte aus der Vorratskammer der Küche etwas Proviant haben, weil er hungrig sei. Zuerst habe ich gedacht, dass der Kapitän mit mir Scherz treibt, aber als er seine Forderung immer strenger wiederholte, sah ich, dass es hier nicht um einen Scherz geht. Dann kam mir der Gedanke, dass der „Chef" mich auf die Probe stellen will, denn eben erst hatte er mir das strenge Verbot gegeben, aus der Vorratskammer der Küche Niemandem etwas zu geben. .Eben erst hatte er gesagt, wenn ich gegen dieses Verbot sündige, werde ich nach Sibirien deportiert. Nachdem er seine Forderung nochmals wiederholte, sagte ich zu ihm: „Ich bin verpflichtet ihr Verbot zu erfüllen, und ich darf aus der Speisekammer nichts herausholen." Er wurde ergrimmt, aber dann fing er an milder zu erklären, dass er bei der Erfüllung einer wichtigen Aufgabe Hilfe von der Ärztin bekomme, die Arbeit lange dauert, und sie hungrig geworden seien. Er möchte die Ärztin zum Dank für ihre Hilfe etwas bewirten. Ich war in eine schwere Situation geraten. Ich habe nachgedacht und erkannt, dass die Erfüllung oder die Ablehnung der Forderung gleichermaßen gefährlich sein konnte. Endlich bat ich ihn um Entschuldigung und sagte ihm, dass es mir Leid tut, aber auf Grund seines Befehls dürfe ich seine jetzige Forderung nicht erfüllen. Ärgerlich schlug er die Tür hinter sich zu.

Eines Abends nach einigen Tagen wiederholte sich diese Episode. Der Kapitän besuchte mich wieder, und seine Rede fing mit Loben an.

Er lobte mich, daß ich seinen Befehl so gewissenhaft erfülle. Dann sagte er, daß sie heute Abend wieder arbeiten müssen und wieder hungrig wären. Er und die Ärztin würden sich freuen, wenn ich sie etwas bewirten würde. Diese Rede klang etwas anders als die vorherige, aber ich war in Verlegenheit. Ich habe nicht den Mut gehabt „ja" zu sagen. Der Kapitän gab sein Offizier-Ehrenwort, dass ich nicht bestraft werde, wenn ich ihn und die Ärztin ab und zu bewirte. Das Verbot sei für sie zwei aufgehoben, ich soll also keine Angst haben. Sein Ehrenwort und Versprechen klangen schön, aber ich habe doch Angst gehabt. Die Worte verklingen, und wenn sie mich später argwillig zur Verantwortung ziehen wollen, kann ich nicht bestätigen, dass diese Worte gesagt worden waren. In dem Moment trat auch die Ärztin ein. Ich habe das Gefühl gehabt, dass sie mit ihrer Gegenwart den Wunsch des Kapitäns schweigend unterstreichen und mich ermutigen wollte, den Wunsch ohne Angst zu erfüllen.

So habe ich Mut gefaßt, der Forderung nachzugeben. Dieser Wunsch wiederholte sich dann wöchentlich.

Geburtstag

An meinem Geburtstag bereiteten mir meine Mitgefangenen eine unerwartete Überraschung. Es war für mich eine große Freude, da es im Lager mit den Mitgefangenen zu einem guten freundlichen Kontakt gekommen war. Sie wussten alle, wie ich mit den Arbeitgebern kämpfen musste, um bessere Prozente zu erreichen. Sie freuten sich, dass die Suppe dicker und die Brotportion größer geworden waren. Sie waren dafür dankbar und erwiesen mir ihre Ehre. Besonders die deutschen Mitgefangenen verstanden es, ihrer Hochachtung Ausdruck zu geben. Mein Geburtsdatum hat jemand wahrscheinlich bemerkt, als ich gegen Ende des vorigen Jahres den Ausweis mit den persönlichen Angaben schrieb. Aus anderer Quelle konnte niemand mein Geburtstagdatum wissen. In meiner Abwesenheit, als ich eben irgendwo draußen war, legten sie drei Fliedersträuße auf meinen Tisch. Später verrieten sie mir, dass sie die Fliederblumen nicht so leicht beschaffen konnten. Geld hat niemand gehabt. Sie grübelten, wie sie mir für meine Anstrengungen, dass ich unser Gefangenenlos erträglicher gemacht hatte, danken könnten. Gegen Abend, als sie nach der Arbeit in das Lager unterwegs waren, am Rande der Stadt, gingen sie an einer langen Reihe von Fliederbüschen vorüber und baten die Wache um die Erlaubnis Fliederblumen zu pflücken. Es ist ihnen gelungen, der Wache zu erklären, dass der Gefangenenkommandant heute Geburtstag habe, und dass sie ihm Blumen schenken möchten. So kam es, dass solange zwei Gefangene die Fliederblumen pflückten, die Wache sie „überwachte“. So gelangten die Sträuße und die auf kleine Papierstück geschriebenen Segenswünsche auf meinen Tisch. Das alles war eine unerwartete Überraschung für mich. Es freute mich, und ich dankte meinen Mitgefangenen für ihre Anständigkeit. So erlebte ich meinen 21. Geburtstag in einem Lager Rußlands. Und das war mein erster Geburtstag, den Menschen ohne mein Wissen veranstalteten. Zu Hause veranstalteten wir keine besonderen Geburtstage. Ich habe schon im Elternhaus gelernt, dass das Leben, die Zeit, Gottes Gaben sind. Wenn sich unsere Jahre mehren, das ist nicht unser Verdienst, also kein Grund, uns selbst zu feiern. Das ist eher Anlaß dafür, dem Dank sagen, der uns Tage und Jahre gibt, um schaffen zu können und unter unseren Mitmenschen ein Segen zu werden. In diesem Sinne feierten wir in aller Stille im Elternhaus die Geburtstage.

* * *

Wie die Tage und Jahre vorübergingen, so wurde in mir das Verlangen nach der Befreiung, nach der Heimat immer stärker. Ich zählte die Tage, und mir wurde bewusst, dass ich immer noch nur ein Gymnasialschüler bin. Wegen des ungarischen Minderheitsloses und der Deportation sind mir schon fünf Schuljahre verloren gegangen. Meine Mitschüler, die nicht mit dem Sturm des Krieges und durch Deportation weggerissen waren, bekamen schon vor drei Jahren ihr Maturitätszeugnis, und ich brauche zur Maturität noch zwei Schuljahre. Schon als Kind stellte ich mir meine Zukunft so vor, dass ich Geistlicher, und wenn es möglich wäre, auch Arzt werden wollte. Sehr tief erlebte ich die lebensvernichtenden Entsetzlichkeiten der Deportation und Gefangenschaft. Erlebte, wie schrecklich der Hunger, und wie lebensgefährlich die Unterernährung ist. Dazu kommt noch die traurige Tatsache, dass oft auch die schwachen Menschen in schwere Arbeit gejagt werden. Die Gefahr ist besonders dort groß, wo der Mensch nicht nur die körperliche, sondern auch die seelische Kraft, den Glauben verliert. Ich erfuhr in den verschiedenen Lagern, dass die müden, erschöpften Menschen nach der Arbeit in kleinen Gruppen Gespräche führten und seufzten nach der Heimat und Familie. In diesen Gruppen gab es immer Menschen, die in ihrer Verbitterung so sprachen: „Nie werden wir von hier nach Hause gehen.“ Solche Rede war gefährlich, weil sie auch auf die anderen destruktiv wirkte. Aber die hoffnungsvolle Rede gab neue Kraft. Nie werden wir erfahren, wie viele Mitbürger in der Gefangenschaft starben, weil sie nicht nur die körperliche, sondern auch die seelische Kraft, die Hoffnung, verloren hatten.

Auf der Flucht

Eines Abends kam eine der Brigaden nach der Arbeit mit der Nachricht in das Lager, dass die Gefangenen bald nach Hause gehen werden. Angeblich verriet ihnen diese Nachricht ein russischer Gruppenführer am Arbeitsplatz. Es kam oft vor, dass am Arbeitsplatz ein Russe, wenn er die traurigen Gefangenen sah, sie mit diesem Satz tröstete: „Skoro domoj" = Ihr geht bald nach Hause. Das war oft nur leerer Trost. Aber es kam auch vor, dass solche geheime Nachrichten etwas Wirklichkeitsinhalt hatten. Diese Entlassungen applizierten die Russen so, dass sie von Zeit zu Zeit aus den verschiedenen Lagern die schwachen Menschen freigaben.

Zwei Tage später bekam ich den Befehl des Kapitäns, in sein Büro zu kommen. Als ich dort hinging, fand ich dort auch die Ärztin. Auf dem Tisch vor ihnen lagen Papiere. Wie ich dann erfuhr, haben sie das ärztliche Register vor sich gehabt, und haben daraus 22 Namen herausgeschrieben. Diese Namenliste gab mir der Kapitän mit der Anweisung, dass ich aus dem Schrank die Personalbogen der Gefangenen herausnehmen, und von diesen die Bogen derjenigen auserwählen soll, deren Name sie mir aufgeschrieben hatten. Jeder Gefangene hat einen Personalbogen gehabt, mit vielen Personalangaben, aber auch mit leeren Rubriken. Der Kapitän bereitete gleichzeitig einen Text vor, den er mir übergab mit der Anordnung, dass ich diesen Text in die letzte breite Rubrik jedes auserwählten Bogens einfügen soll. Als Erklärung zum geschriebenen Text teilte mir der Kapitän mit, dass am Morgen eine Gruppe von Gefangenen nach Hause aufbrechen und ich die Gruppe in das Sammellager, also in das Bunkerlager begleiten soll. Nachdem er mir diese Anordnungen mitgeteilt hatte, zogen er und die Ärztin sich in die Ecke des Zimmers zum kleinen Tisch zurück. Dort betrachteten sie eine Weile noch die Papiere und fingen dann an zu rauchen, und ihre Gläser auf des Vaterlands Wohl zu leeren.

Zuerst las ich den Text, den ich in die breite letzte Rubrik des Bogens einfügen sollte. Der Text enthielt die Nummer und Entlassungsbewilligung der Heeresverwaltung. Diesen Text habe ich aber nicht in die letzte breite Rubrik von 22 Bogen, sondern in die letzte Rubrik von 23 Bögen eingefügt. Der 23. Bogen gehörte mir. Dann meldete ich dem Kapitän, dass der Text in die Rubriken eingefügt sei und bat, diese zu unterschreiben und zu stempeln. Sie saßen am kleinen Ecktisch in dicken Zigarettenrauch gehüllt, und es sah so aus, dass auch die Gläser, die sie zum Wohl des Vaterlands leerten, nicht ohne Wirkung geblieben waren. Doch war mein Puls schneller, als ich die Bögen nacheinander dem Kapitän vorlegte. Der Kapitän war zerstreut, sie unterhielten sich auch in der Zeit, als er die Bögen unterzeichnete. Dann gab er mir den Befehl, die Bögen zu stempeln. Er ahnte nicht, daß er auch meinen Bogen unterzeichnet hatte. Die Personalbögen von denen, die dort blieben, sollte ich in den Schrank zurücklegen, den der Kapitän zuschloß.

Am nächsten Tag morgens standen die Entlassenen schon vor den angetretenen Brigaden. Der Kapitän sagte ihnen ein paar Entlassungsworte. Ich brachte ihre Personalbögen mit und sollte sie in das Sammellager begleiten. Vor dem Aufbruch sagte mir der Kapitän noch, dass ich erst nach der Abfahrt des Gefangenenzuges zurückkehren solle, um ihm die Geschehnisse des Tages zu melden. Im Büro des Sammellagers habe ich die Personalbögen an die Abteilung der Entlassenen abgegeben. Auf Grund dieser Bögen bereiten sie dort im Laufe des Tages eine einfache Namensliste vor. Die Menschen, die aus verschiedenen Lagern kamen, sollten sich baden und reine Unterwäsche empfangen. Das sogenannte „Baden" war ein sich waschen aus einem Lavoir mit 3-4 Litern Wasser. Ich habe an diesem Prozeß nicht teilgenommen. Ich wollte mich dort unseren Leuten nicht zeigen, weil ich nicht wusste, wie es mit mir weitergehen wird. Ich riskierte viel und habe Angst gehabt. Ich habe mir allerlei Gedanken gemacht. Zum Beispiel solche, dass das Büro des Sammellagers eine Telefonmeldung aus unsrem Lager bekommen kann, dass unser Lager 22 Menschen entließ. Aber gleichzeitig tröstete ich mich damit, dass im Büro aus unserem Lager 23 unterzeichnete und mit Stempel verifizierte Personalbögen abgegeben sind. Als nachmittags die Gruppen anfingen sich vor der Ausgangsschranke zu sammeln, bin auch ich zu unserer Gruppe gegangen. In meiner Seele wechselten Angst und Hoffnung. Unseren Menschen habe ich nur soviel gesagt, dass ich gern mit ihnen nach Hause gehen möchte, aber wenn es nicht möglich wäre, will ich von Ihnen nochmals Abschied nehmen. Dabei wartete ich gespannt auf die Öffnung der Schranken.

Unsere Gruppe war die fünfte vor der Schranke. Die Namen vor der Schranke las man einzeln, und auf die andere Seite durfte nur gehen, wer seinen Namen hörte. Endlich gelangte unsere Gruppe zur Schranke. Wird man meinen Namen lesen? ..... Ja, ich habe meinen Namen gehört. Ich atmete auf und ging auf die andere Seite.

Auf dem Bahnhof standen schon die Wagen. Das Einsteigen dauerte nicht lange, und in einer Stunde waren wir unterwegs nach Westen. Eine Weile war ich ruhig, weil ich wusste, dass man mich in unserem Lager in Kiew noch nicht suchte. Am Morgen aber beunruhigte mich schon der Gedanke, dass meine Abwesenheit im Lager schon bekannt war. Die Arbeitsplatzeinteilung der Brigade war für die ganze Woche festgelegt, dort sollte es also keine Verzögerung geben. Aber der Kapitän verkündete jeden Morgen irgendeine Anordnung, und ich musste immer neben ihm stehen. Da kamen wieder die beunruhigenden Fragen. Was wird er tun, wenn er entdeckt dass ich nicht im Lager bin. Auch er wird sich allerlei Gedanken machen. Aber daran wird er hoffentlich nicht denken, dass ich mit den Entlassenen unterwegs bin. Denn er weiß, daß es ohne offizielle Dokumente nicht möglich ist.

Daran aber denkt er nicht, dass er mein Entlassungsdokument mit seiner Unterschrift und Stempel eben erst verifiziert hatte. Und wenn er es später vielleicht entdeckt, wird er es nicht melden, weil er sich damit selber schaden würde. Mit solchen Gedanken beruhigte ich mich, aber ich war nicht ruhig.

Die Folge des Beneš Dekrets

Am nächsten Tag sind wir in Foksany angekommen. Das Lager war mir schon bekannt, weil man uns nach Kiew über Foksany deportiert hatte und wir in diesem großen Sammellager einige Tage weilten. Auch jetzt mussten wir aus den Waggons aussteigen und eine russische Wache begleitete uns in das Lager. Vor der Eingangsschranke mussten wir stehen bleiben und warten. Nach einigen Minuten öffnete sich die Schranke, und aus dem Lager kam eine Gruppe von etwa 20 Menschen mit einer russischen Wache heraus. Die Leute, die herauskamen, waren auffallend traurig. Sie sind neben uns nur eine Weile stehen geblieben, und wir konnten mit ihnen nur ganz wenig sprechen. So erfuhren wir, dass sie auch Ungarn sind, aus der Tschechoslowakei. Sie waren schon unterwegs nach Hause, aber in diesem Lager bei der Kontrolle der persönlichen Daten kam heraus, dass ihr Wohnort zu Hause wieder zur Tschechoslowakei gehört. Aber Präsident Beneš hatte vor kurzem deklariert, dass die Tschechoslowakei in der Sowjetunion keine Gefangenen habe. Sie durften also nicht nach Hause gehen und mussten in die Sowjetunion zurückkehren. Deswegen waren sie so traurig. Als ich es hörte, war ich erschüttert. Wenn die Grenzen von Trianon wiederhergestellt sind, gehört auch mein Heim zur Tschechoslowakei. Wehe mich, wenn man auch mich in die Sowjetunion zurückbringt.

Am dritten Tag machte man im Lager bekannt, dass das russische Kommando für die Vorbereitung des nächsten Transports nach Ungarn Menschen braucht, die russisch schreiben, und bei der Administration der Vorbereitung helfen können. Ich meldete mich gleich. Außer mir meldete sich noch ein Mitgefangener. Man führte uns in einen ziemlich großen Büroraum, wo auf einem langen Tisch in kleinen Haufen die Personalbögen, der vorgestern gekommenen Gruppen lagen. Die Personalbögen waren mir schon bekannt. Man erklärte uns, dass es unsere Aufgabe sei, die Rubriken ausführlich durchzuschauen, und wenn wir irgendeine Dissonanz oder Undeutlichkeit fänden, sollen wir es dem Bürochef melden. Wenn alles stimme, sollen wir aufgrund der Personaldaten für jede Gruppe eine einfache Namensliste schreiben.

Ich bat einen Angestellten, mir die Personalbögen der Gruppen aus Kiew zu geben, weil ich auch aus Kiew komme, und eine Gruppe der Menschen von dort, mir auch persönlich bekannt sei. Der Beamte hat die Bogen der Gruppen aus Kiew auf dem Tische schnell gefunden, und ich konnte die Kontrolle dort anfangen. Bald habe ich meinen Personalbogen wieder in der Hand gehabt. In der Rubrik des Wohnortes war dort Vengrija, also Ungarn eingeführt. Es war ganz richtig, weil wir vor dem Krieg zu Ungarn gehörten, und weil ich von dort verschleppt worden war. Aber nach dem Wort Vengrija hat jemand (wahrscheinlich später) mit Bleistift ein Fragezeichen gesetzt und geschrieben Tschechoslowakija, aber auch mit Fragezeichen. Nach dem Wort Vengrija strich ich das Fragezeichen zusammen mit dem Wort Tschechoslowakija. So blieb die originelle Einführung unversehrt, und so war eindeutig, dass ich aus Ungarn kam. Die einfache Namensliste war ganz problemlos. Die Gefahr, die mich im Seihelager in Foksany bedrohte, war behoben. Ich konnte mit dem Transport nach Ungarn aufbrechen.

Wieder in Ungarn

Die Reise von Foksany dauerte fast zwei Tage. Groß war unsere Freude, als wir in Debrecen ankamen. Auf dem Bahnhof veranstaltete man für uns einen feierlichen Empfang. Die heimkommenden Gefangenen wurden feierlich bewirtet. Den Empfang veranstalteten das Komitee der heimkehrenden Gefangenen und der Frauenbund in Debrecen. Es war wunderbar nach so langer Zeit in Ungarn zu sein und aus Frauenlippen unsere Muttersprache zu hören. Das Komitee der heimkehrenden Gefangenen gab jedem Heimkehrten eine Legitimation, die den Weiterreisenden auch als Fahrkarte diente. Das Komitee in Debrecen teilte mir mit, dass meine Heimat jetzt wieder zur Tschechoslowakei gehöre und riet mir nach Budapest, auf die tschechoslowakische Botschaft zu reisen. Dort solle ich mich mit der Legitimation, die ich in Debrecen bekommen hatte, legitimieren, und sie um Reisedokumente bitten, um nach Hause fahren zu können.

In der tschechoslowakischen Botschaft in Budapest wartete eine unangenehme Überraschung auf mich. Sie sagten, dass in der Tschechoslowakei keine Ungarn mehr lebten. Diese Aussage versuchte ich zu widerlegen, indem ich mich auf unsere Familie und vielhunderttausend Ungarn berief, die dort ihre Heimat haben. Ja, -sagten sie-, es lebte dort eine kleine Gruppe ungarisierter Slowaken, aber sie sind nicht mehr dort. Diejenigen, die sich als Ungarn erklärten, übersiedelten nach Ungarn. Also wenn meine Familienmitglieder sich als Ungarn erklärten, sind sie nach Ungarn übersiedelt und sind nicht mehr in der Tschechoslowakei. Ich wurde über diese Lage bestürzt, denn ich hatte vom Vater und von den Brüdern drei Jahre kein Lebenszeichen bekommen. Sie gaben mir die Adresse des Regierungskomitees der Übersiedlungs-Angelegenheiten, das sich in Budapest befand. Wenn meine Familienmitglieder Ungarn sind, sind sie irgendwo in Ungarn, und ihre Adresse bekomme ich von dem Komitee. Ich fand das angegebene Büro. Sie durchsuchten ihre Register und sagten, dass meine Familienmitglieder nicht nach Ungarn übergesiedelt sind.

Ich kehrte zurück zur tschechoslowakischen Botschaft und teilte ihnen mit, dass unsere Familie sich nicht in Ungarn befinde, sie sind also in unserer Heimat in der Tschechoslowakei. Ich bat sie höflich, mir Reisedokumente zu geben, damit ich nach Hause reisen könne. Sie benahmen sich sehr grob, und ihre unhöfliche Antwort lautete: „Sie können nur Reisedokumente bekommen, wenn sie sich als Slowake deklarieren." Das konnte ich nicht tun. Ich sagte ihnen, dass, wie jedem Menschen, so auch mir das geistige und sprachliche Erbe unserer Väter lieb sei. Dieser ererbte Schatz ist kein Marktartikel, den man verkaufen kann. Das Ergebnis dieser Verhandlung war, dass sie mir keine Reisedokumente gaben. Meine letzte Bitte an die Botschaft war, die Legitimation der Heimkehrenden Gefangenen, die ich in Debrecen bekommen hatte, zu stempeln. Ich wollte versuchen mit der so gestempelten Legitimation durch die Grenze nach Hause zu gehen. Sie haben aber auch diese Bitte mit den Worten abgewiesen: „Wenn Sie Ungar sind, haben sie in der Tschechoslowakei nichts zu suchen."

Dieses Benehmen hat mich sehr traurig gemacht. Mit der Flucht aus der Gefangenschaft riskierte ich viel, vielleicht auch das Leben. Ich habe mich durch viele Hindernisse durchgekämpft. Ich bin in Ungarn, aber von der Heimat trennt mich wieder eine Grenze. Und nun, wie ich schon in der Nähe meiner Heimat bin, ist mir verboten nach Hause zu gehen. Ich habe keine andere Wahl gehabt, als mir zu einem Grenzenübertritt ohne Dokumente Mut zu fassen. Aber unterwegs wollte in noch in meiner letzten Schulstadt, in Sarospatak aussteigen. Sie ist von der Grenze nur 12 km weit entfernt. Obschon meine Klassenkameraden, die die Maturität schon vor zwei Jahren abgelegt haben, nicht mehr dort sind, wollte ich wenigstens einem ehemaligen Professor oder dortigen Freunden begegnen. Ich wollte mich orientieren, wie es in der Nähe der Grenze aussieht. Mit dem Zug fuhr ich dann nach Sátoraljaújhely, also in die Grenzstadt. Obwohl die tschechoslowakische Botschaft meine Gefangenenlegitimation nicht gestempelt hatte, wollte ich versuchen, zuerst mit dieser Legitimation die Grenze zu überschreiten, mit der Absicht, dass ich, wenn sie mich zurückweisen, in der Nacht, durch den Grenzbach „Ronyva" die Grenze überschreiten versuchen würde. Von diesem Bach beteuerte Eduard Beneš, als sie diese Grenzlinie ziehen wollten, dass dieser ein schiffbarer Fluß sei.

Beklommenen Herzens ging ich zur Grenzschranke. Über die Grenze gab es keinen Verkehr, sie war praktisch geschlossen. An der Grenzschranke stand ein ungarischer Soldat, der mich legitimierte. Ich gab ihm meine Legitimation, die ich in Debrecen bekommen hatte, aber er konnte mit der Legitimation und mit mir nichts anfangen. Er war ratlos und rief einen anderen Mann, der auch in Uniform war, zur Schranke. Der Mann blickte auf die Legitimation, dann sah er mich forschend an, und fragte: „Bist du das, Berti (Bartholomäus)? Das war für mich nach den vielen Spannungen und Schrecken eine angenehme Überraschung. Er war ein Freund meines älteren Bruders, aus einem der Nachbardörfer (Bély), der den Militärdienst mit dem Bruder zusammen geleistet hatte. Nach dem Militärdienst besuchten sie einander ein paarmal, und als er bei uns war, sind auch wir uns begegnet. Aber ich war damals noch ein junger Schüler. Als unser Gebiet im J. 1938 wieder zum Mutterland gehörte, heiratete er in Sátoraljaújhely, und nach dem zweiten Weltkrieg ist er dort, also in Ungarn geblieben. Und als die Stadt wieder Grenzstadt wurde, bekam er dort die Dienststelle als Finanzwache. So begegneten wir uns an der Grenzschranke. Er hat mich dort zu seinen slowakischen Kollegen geführt, hat mich ihnen als seinen Freund vorgestellt, erzählte ihnen, dass ich ein heimkehrender Kriegsgefangener sei, zeigte ihnen meine Legitimation von Debrecen, und bat sie, mich über die Grenze gehen zu lassen.

So wunderbar sind Gottes Wege.

Mein Heimatdorf ist von der Grenze noch 40 km entfernt. Ich habe kein Geld gehabt. Das Dorf liegt nicht an der Eisenbahnlinie, aber ich wollte, um schneller zu Hause zu sein, mit dem Zug in die Nähe fahren.. Auch der slowakische Teil der getrennten Stadt hat seinen Bahnhof. Ich musste dort fast zwei Stunden warten. In der Wartezeit sprach ich mit dem Stationschef und sagte ihm, dass ich als heimkehrender Gefangener keine Fahrkarte kaufen könne. Als der Zug ankam, machte er meine Lage dem Kondukteur bekannt, und so konnte ich ohne Fahrkarte fahren. Ich konnte mit dem Zug 30 km fahren, die letzten 10 km konnte ich nur zu Fuß gehen. Ich ging zu Fuß, aber ich flog. Mich haben das lang nicht gesehene Elternhaus und meine Lieben gezogen. Den Vater und die Brüder fand ich zu Hause. Dieses Wiedersehen werde ich nie vergessen.

Im Elternhaus

Nach meiner Heimkehr habe ich viele Besuche bekommen. Im Rausch der Freude fühlte ich mich so, wie wenn alles, was mit mir und um mich geschah, ein Traum wäre. Traum ist, dass ich zu Hause bin. Traum ist, dass mich meine Lieben umgeben. Traum ist, dass ich hier mit jedem in unserer lieben Muttersprache sprechen kann, und ich nicht in das mit Stacheldrahtzaun umgebene Lager zurückkehren muß, wo in den Wachttürmen immer bewaffnete Wachen stehen, um jeden Fluchtversuch, jede Heimkehr zu verhindern.

Aber diese ungestörte Freude konnte nicht lange dauern. Nach zwei Tage besuchte mich ein unbekannter junger Mann, der sich als Kommissar meines Heimatdorfes vorstellte. So erfuhr ich, dass der Staat in jedes Dorf einen leitenden Beamten gestellt hatte, dessen wichtigste Aufgabe es war, die Bewohner des ungarischen Dorfes zu überzeugen, sich als Slowake zu deklarieren. Diesen Prozeß haben sie Reslowakisation genannt. Der Kommissar gab seinem Besuch den Anschein, als wenn er mich zu Hause nur begrüßen wollte. Aber im Laufe des Gesprächs ist es eindeutig geworden, dass er etwas ganz anderes will. Meine Lebenslage war ihm schon bekannt. Er wußte, daß ich als Gymnasiast von zu Hause verschleppt worden war, und es war also klar, dass ich das Studium fortsetzen wolle. Er wusste auch, dass ich in Ungarn, in Sárospatak das Gymnasium nicht beendet hatte. Auch darauf hat er mich aufmerksam gemacht, dass in der Tschechoslowakei keine ungarischen Schulen mehr existieren. Die Grenzen sind geschlossen. Einen Reisepaß, außer den Diplomaten, kann niemand bekommen. Das Studium kann ich also nur zu Hause fortsetzen. Aber dann hat er mich diplomatisch aufmerksam gemacht, dass diese Fortsetzung zu Hause auch nicht ohne weiteres möglich sei. Wir leben ja in der Tschechoslowakei, und wer hier zur Geltung kommen will, muß zur staatbildenden Nation gehören. Er wolle mir helfen, dass ich das Studium fortsetzen könne, darum habe er einen Fragebogen mitgebracht, den wir jetzt zusammen ausfüllen und unterschreiben sollten. Nur so würde meine Sache in Ordnung kommen. Der letzte Teil des Fragebogens war eine Deklaration, in der ich mich als Slowake erklären sollte. Aber ich kenne die Geschichte, und mit Schmerz mußte ich konstatieren, daß der Fragebogen die alte, auf Verleumdung gegründete Theorie suggerieren wollte, die Theorie, welche E. Beneš und einige tschechische nationalistische Emigranten des ersten Weltkrieges in den U.S.A. und Westeuropa, vor allem in Frankreich, vom historischen Ungarn verbreiteten. Mit Aufwand von Zeit und Geld organisierten sie in diesen Ländern Informationszentren, wo sie in ihren Drucksachen mit suggestiver Kraft betonten, dass die Großmächte das historische Ungarn zerreißen sollen, weil die Nationalitäten dort unterdrückt seien. Das ist aber eine grobe Verfälschung der geschichtlichen Wahrheit. Die Nationalitäten im historischen Ungarn lebten durch Jahrhunderte hindurch in musterhaftem Einklang zusammen. Erst in der zweiten Hälfte des 19. Jahrhunderts begannen die Spannungen. Die Quelle der Spannung war die Anordnung des Kaisers Josef II. der gegen Ende des 18. Jahrhunderts verfügt hatte, dass statt der lateinischen Sprache, in der ganzen Monarchie in den Büros und Hochschulen, die deutsche Sprache einzuführen sei. Die Nationen auch in Ungarn protestierten dagegen. Im Freiheitskampf von Kossuth Lajos (1848 – 49) war der Einklang der Nationen noch gut. Aber nachher kam es zu Spannungen, weil die ungarische Regierung in Ungarn statt der lateinischen nicht die deutsche, sondern die ungarische Sprache einführen wollte. In den Schulen lernten die Schüler überall in der Muttersprache, aber in den Schulen der Minderheiten sollten dabei die Schüler auch etwas ungarisch lernen. Das war die Quelle der Spannungen. Zu kleineren

Konflikten kam es nur zwei-dreimal eben im slowakischen Sprachgebiet. Aber es gab keine ethnische Reinigung, keine Deportation und keine grobe Diskkriminierung der Nationalitäten. Die Benachrichtigungen der westeuropäischen und amerikanischen Informationszentren durch E. Beneš und seine nationalistische Gruppe waren also verlogen. Im historischen Ungarn musste sich niemand, also auch kein Slowake als Ungar deklarieren.

Darum sagte ich dem Kommissar, dass mich diese Verfälschung der historischen Wahrheit sehr traurig mache und ich keine Reslowakisations-Deklaration unterschreiben könne, weil unsere Väter durch Jahrhunderte hindurch Ungarn waren. Wie in Budapest in der Tschechoslowakischen Botschaft, so sagte ich auch dem Kommissar, dass ich mein geistiges und ethnisches Erbe, das mir sehr lieb ist, bewahren wolle. Weil ich die Deklaration nicht unterschrieb, nahm der Kommissar von mir Abschied mit den Worten: „In der Tschechoslowakei hast du keine Zukunft".

Nach einigen Tagen, als ich unsere Lage zu Hause etwas besser kennen gelernt hatte, musste ich mit Leid konstatieren, dass der Kommissar in dieser Sache Recht hatte, dass ich in der Slowakei jetzt keine Zukunft haben konnte. Ich habe aber die Hoffnung gehabt, dass es nicht immer so bleiben wird. Meine Lage erschwerte auch die Tatsache, dass meine slowakischen Sprachkenntnisse damals schwach waren. Nach Trianon, in der ersten Tschechoslowakischen Republik, sind die ungarischen Grundschulen deshalb geblieben, weil meine Heimat und Umgebung völlig ungarisch war, und in der plötzlichen Grenzänderung es sehr wenige slowakische Pädagogen gab. In den ungarischen Grundschulen war zwar die slowakische Sprache obligatorisch, aber in unseren Dörfern beherrschten die Pädagogen die slowakische Sprache nicht. Sie mussten die Sprache erst lernen. Die Mittelschule, eben weil es in der Umgebung keine ungarische Mittelschule gab, konnte ich erst im J. 1938 anfangen, als wir wieder zum Mutterland gehören durften. Die slowakische Sprache brauchte ich damals nicht. In der Gefangenschaft auch unter schweren Umständen wollte ich meine Sprachkenntnisse erweitern mit den dort nötigen Sprachen, aber die slowakische Sprache brauchte ich auch dort nicht. Ich war bereit, meine slowakischen Sprachkenntnisse in schnellem Tempo zu erweitern, aber wegen meiner ungarischen Nationalität durfte ich in der Slowakei nicht weiterstudieren. Die einzige Wahl für mich war es, trotz der verschlossenen Grenze nach Sárospatak, also nach Ungarn, zurückzukehren. Viele anderen Jungen mussten diesen schweren Weg wählen. Das war ein Weg mit viel Risiko, vielen körperlichen und geistigen Anstrengungen und Kämpfen. Das erste Hindernis war die Grenze, die auch verschlossen war. Aber in Ungarn, das damals auch ein kommunistisches Land war, konnte ich keine finanzielle Hilfe bekommen. Geldwechsel gab es auch nicht. Eine Lage, die menschlich gesehen unlösbar war. Es war Ende September. Das Schuljahr hatte schon vor einem Monat angefangen. Ich musste dringend über die Grenze gehen. Aber dem lieben Verwandtenmädchen, Etelka, in Bacska war ich noch nicht begegnet. In der Seele fühlte ich mich mit ihr verbunden. Auch von ihr habe ich kein Lebenszeichen bekommen. Auch in der Gefangenschaft habe ich oft an sie gedacht. Es war mir bange um sie, und ich fragte mich, ob sie wohl schon verheiratet sei. Vom Vater und den Brüdern wusste ich schon soviel, dass nicht sie, sondern ihre ältere Schwester geheiratet hatte. Und jetzt musste sie sich um den Haushalt kümmern, was mit vielen Sorgen verbunden war. In der Nachkriegszeit waren auch die notwendigsten Dinge schwer erhältlich. Auch Kleidung und Schuhe konnte man nur auf „Zettel" bekommen. Es tat mir leid, aber gleichzeitig freute ich mich, dass sie nicht so plötzlich heiraten konnte.

Zu meinem Besuch kam es, – wie vor drei Jahren – auch jetzt unter gespannten Umständen. Es war Sonntagnachmittag, und in der folgenden Nacht mußte ich schon über die Grenze gehen.

Als ich bei ihnen ankam, hatten sie grade Gäste. Die Gäste waren drei Verwandte vom Dorf. Alle haben mich freundlich empfangen und äußerten ihre Freude, dass ich zu Hause war. Sie wollten alles wissen, was ich in der Gefangenschaft durchgemacht hatte. Aber unter diesen Umständen konnte ich mit ihr allein kein Wort sprechen. Die Zeit war knapp, ich musste mich beeilen, um nach Hause zu kommen. Bald ist Nacht, und mir stand ein schwerer Weg bevor, „Schwarzübergang“ über die Grenze.

Nach Mitternacht

Von Bacska heimkommend nahm ich die notwendigste Kleidung, packte auch die persönlichen Dinge ein, und nach Mitternacht ging ich mit meinem Bruder, der mir das Gepäck tragen half, über die Grenze. Es war eine dunkle Nacht, und wir hatten Glück. Ich konnte in Kisrozvágy (Ungarn) bei den Verwandten etwas schlafen, aber der Bruder wollte solange es noch dunkel war, zurückkehren. Am Morgen fuhr ich mit dem Autobus nach Sárospatak. Das Schuljahr hatte schon vor fünf Wochen angefangen, aber ich konnte mich in die VII. Klasse einschreiben lassen. Die Studentenhäuser waren auch voll, aber man machte mir auch dort Platz. Es freute mich sehr, wieder studieren zu können. In der Klasse war ich 4 – 5 Jahre älter als die Mitschüler und Mitschülerinnen.

Als ich meine Dinge auch im Studentenheim in Ordnung gebracht hatte, wollte ich nachholen, dass ich in Bacska mit Etelka nicht hatte sprechen können. Ich schrieb ihr einen Brief, dessen Inhalt ein Liebesbekenntnis war. Ich schrieb ihr, dass ich sie seit unserem unvergeßlichen Kinderspiel im Herzen trage, und mit liebevoller Hoffnung an unsere gemeinsame Zukunft denke. Mit dem Antwortbrief ließ sie mich warten. Etwa nach drei Wochen erhielt ich ihren Antwortbrief, in dem sie mir mit einfachen Worten für meine Zeilen dankte, die sie sehr freuten. Vom Inhalt meines Briefes schrieb sie kein Wort. Stattdessen legte sie in einen Umschlag 2 schöne Fotos von sich und in diesem Zusammenhang schrieb sie: Weil du uns schwer erreichen kannst und wir uns nur selten begegnen können, um doch mit dir zusammen zu sein, lege ich zwei Fotos bei. Du kannst davon eins für dich wählen und das andere an mich zurücksenden. Obgleich sie von Liebe kein Wort schrieb, hielt ich ihren Brief für eine liebe und kluge Antwort auf meinen Brief. Die Antwort war weiblich geschickt, weil ich in der Bitte der Zurücksendung der Fotografie ein Zeichen sah, daß sie unsere Briefkontakte aufrecht halten wolle. Dieser Kontakt ist dann wirklich geblieben. Wir schrieben einander nicht sehr oft, weil ich lernen musste und sie viel zu tun hatte, aber unser Briefwechsel war fortlaufend. Auf ihren Brief antwortete ich, dass ich sie schon vor vielen Jahren gewählt hätte, und weil sie auf beiden Fotografien dargestellt ist, muss ich beide Fotos behalten. Ich konnte nur so hofieren.

Meine Freude, dass ich nach so langer Notpause wieder studieren konnte, war oft mit schwerer Sorge gemischt. Obwohl der illegale Grenzenübertritt gefährlich war, musste ich von Zeit zu Zeit nach Hause gehen, weil ich finanzielle Probleme hatte. Für mich war eine große Hilfe, dass ich auf beide Seiten der Grenze Verwandte hatte. In der Slowakei in Nagygéres, auf der ungarischen Seite in Kisrozvágy hatte ich Tanten, Onkels und Cousinen. Beim Überschreiten der Grenze hat mich oft die umherstreifende Grenzwache erwischt, und ich wurde auf einige Stunden in Haft genommen, und bestraft, leider nicht nur in der Slowakei, sondern auch in Ungarn. Diese Vorfälle blieben mir in Erinnerung. Aber sie sind keine lieben Erinnerungen.

Ich erwähne etwas von diesen Episoden:

Vor dem Pfingstfest im J 1948 wollten wir mit Jakab István, der aus Nagyráska stammt, und auch in Sárospatak studiert, in den Nachtstunden nach Hause gehen. Auf der slowakischen Seite der Grenze war die Getreidesaat schon groß. Zwischen den Wolken erschien plötzlich der Mond und im Mondschein schimmerten einige Schritte vor uns etwas auf. Gleichzeitig hörten wir diesen slowakischen Satz: „Stoj, vidim ta.“ Halt, ich sehe dich. Wir legten uns gleich auf die Erde, und so verschwanden wir in der Getreidesaat. Es wurde still, aber nach einigen

Minuten hörten wir wieder den Satz: Ich sehe dich und hörten die sich nähernden Schritte. Wir mussten darauf so antworten, dass wir in die gegenseitige Richtung gingen, und sagten leise einander: Die Finanzwache mit ihren glänzenden Dienstgradsternen sagt nicht die Wahrheit. Sie können uns nicht sehen, weil wir liegen und die Saat hoch ist: Dieses Hin und Her dauerte etwa zwei Stunden, und dann wurde alles still. Die Finanzwache ist müde geworden, sagten wir einander. Aber wir sind auch müde geworden, und in der Stille in der Getreidesaat schliefen wir ein. Als wir aufwachten, sah man schon das Morgenrot. Um uns war alles still. Wir standen vorsichtig auf, und in der morgendlichen Dämmerung erreichten wir ohne Zwischenfall das Dorf.

* * *

Im Januar 1948 führte man in Ungarn eine Volkszählung durch.. Um etwas zu verdienen, nahm ich in einem Teil der Stadt Sárospatak die Administration der Volkszählung auf mich. Aber Weihnachten wollte ich zu Hause verbringen. Etliche Mitschüler hatten mich gebeten, ihnen in der Slowakei billige Sportpantoffeln zu kaufen. Ich wollte es tun, weil ich meine Rechnungen regelmäßig bezahlen musste, und die Mitschüler wollten für die Pantoffeln mit Forint bezahlen. In den Abendstunden des 31. Dezember übertrat ich die Grenze, um die Administration der Volkszählung am 1. Januar anfangen zu können. Es ist alles gut gelungen, und ich saß schon ruhig am Tisch bei meinen Verwandten, als in das Zimmer zwei Grenzwachesoldaten traten und mir befahlen, gleich aufzustehen und mit meinem Koffer mit ihnen zu gehen. Ich mußte das vorbereitete Abendessen dort lassen, und dem Soldaten in das nächste Dorf folgen, wo sie ihr Kommando hatten. Die Nacht verbrachte ich in einem ungeheizten Saal. Am nächsten Tag verhandelten die Offiziere mit mir, sie waren ganz grob und wollten mich nach Miskolc (120 km) zum Strafverfahren transportieren. Nach langem Hin und Her ließen sie mich doch frei, aber die Sportpantoffeln haben sie mir weggenommen.

* * *

Eines Nachts war ich wieder unterwegs nach Hause. In der Stille hörte ich Tritte, und es schien mir, ich würde einen sich nähernden Menschen sehen. In solcher Lage wirft man sich automatisch zur Erde. Ich habe es also auch so getan. Es ist still geworden, und ich sah nichts. Einige Minuten blieb ich so stillschweigend liegen, aber dann versuchte ich langsam aufzustehen um weiter zu gehen. Aber in diesem Moment zeigten sich im Dunkel die Umrisse eines Menschen. Das hat mich erschreckt, aber ich hatte keine andere Wahl mehr, als weiter zu gehen. Einige Sekunden sind wir nebeneinander wortlos vorgegangen. Er war auch ein vom Schicksal heimgesuchter Mensch, wie ich.

* * *

Es näherte sich die Maturität. Ich hatte keinen festlichen Anzug, musste mir also einen neuen Anzug beschaffen. Außerdem musste ich meine Rechnungen für die Wohnung und Speise begleichen. Als werdender Theologiestudent durfte ich in den Kirchgemeinden an den großen Festtagen, (Weihnacht, Ostern und Pfingsten) schon als Gesandter, man sagte bei uns Legat der Schule, dienen. Ich habe diesen Dienst in meinem Heimatdorf und in der Umgebung gemacht. Viele ahnten, dass ich vor der Maturität finanzielle Probleme hatte und deshalb haben sie mich für meine Dienste rührend beschenkt. Es freute mich sehr, und ich hoffte den nötigen Anzug kaufen, und die Rechnungen begleichen zu können. . Nach meinem Dienst habe ich dafür schon Geld gehabt. Aber in solchen Fällen war es immer so, dass es auf dem Wege der Verwirklichung des Plans Hindernisse gab. Ein Hindernis war vor allem, dass man das tschechoslowakische Geld in Ungarn nicht wechseln konnte. Der Geldwechsel war damals in den Osteuropäischen Ländern unmöglich. Das war für mich eine schwere Notlage. Notgedrungen musste ich in der Slowakei etwas kaufen, um dafür in Ungarn ungarisches Geld bekommen zu können. Zum Glück habe ich in Ungarn Freunde, Mitschüler und Bekannte gehabt, die mir helfen wollten. Die Hilfe bestand darin, dass, wenn sie etwas brauchten, dieses durch mich aus der Slowakei besorgen ließen. So wollten etliche Mitschüler die billigen Sportschuhe und ein Advokat eine Menge dünnes Papier haben, um mit Karbonpapier seine amtlichen Schriften vervielfältigen zu können. So habe ich diese „bestellten" Dinge gekauft. Aber vor mir stand noch die größte Gefahr; die Grenze. Diesmal habe ich zwei große und schwere Gepäckstücke gehabt. Das Papier ist schwer. Einer von meinen Brüdern nahm das Risiko wieder auf sich mir zu helfen. Der Übergang über die Grenze in der dunklen Nacht ohne Zwischenfall gelang. Im Dorf warteten die Verwandten, wo ich übernachtete, auf mich, und der Bruder kehrte sogleich nach Hause zurück. Auf ihn warteten wieder ein Grenzübergang, und ein Fußmarsch von 14 km. Am nächsten Morgen fuhr ich mit dem Autobus nach Sárospatak, in meine Schulstadt. Als wir schon in der Stadt waren, hatte ich die Hoffnung, daß meine Dinge jetzt schon in Ordnung sein würden. Aber an der Haltestelle, auf dem Bahnhof, wo ich ausstieg, stiegen auch zwei Herren aus, die mich legitimierten. Ich musste meine Pakete öffnen. Sie durchsuchten und protokollierten alles, dann nahmen sie mir alles weg. Das Protokoll stempelten sie mit dem Stempel der „Finanzwache in Sátoraljaújhely". Umsonst erklärte ich ihnen, wie von Not gezwungen ich den Inhalt der Pakete in meiner Heimat erkaufen, und über die Grenze bringen musste. Sie aber ließen meine Rede außer Acht. Ich war für sie ein Schmuggler, den sie streng strafen müssen. Und ich musste wieder erbittert konstatieren, was für ein trauriges Los wir, in Minderheit gezwungene Ungarn, in der Tschechoslowakei haben. Wir sind heimatlos geworden in unserer Heimat, und werden als Fremde behandelt und schikaniert auch in unserem Mutterland, in Ungarn.

Die Wegnahme meiner Pakete brachte mich in eine katastrophale Lage. Ich konnte meine Schulden, meine Rechnungen nicht bezahlen. Den Stoff zum Anzug konnte ich nicht kaufen. Ich reiste nach Budapest in der Hoffnung, dass es dort irgendein Ministerium eine Abteilung gäbe, wo man mir in meiner Notlage helfen könnte. Ich habe an mehreren Türen angeklopft, wo ich entweder abgewiesen, oder in ein anderes Amt geschickt wurde. Aber ich erfuhr überall kalte Gleichgültigkeit. Ich fand nirgends etwas Wohlwollen oder Brüderlichkeit. Dabei ist mir auch ganz klar geworden, dass eine eventuelle Hilfsbereitschaft auch dadurch erschwert wurde, dass ich ein Student einer (damals noch nicht weggenommenen) kirchlichen Schule war. Das war schon in der Epoche von Rákosi. Eine Zeitlang ertrug ich mit hoffender Geduld amtliche Kälte und das Fehlen des Mitgefühls, aber dann brach es aus mir heraus. Ich habe harte, bittere Worte gesagt. Und das hat geholfen, Der Beamte stand auf und ist eine Weile still geworden. Ich wußte nicht, ob er auf mich losgehen oder mir helfen will. Dieser Mann ließ sich erweichen, und dann wollte er mir helfen. Er suchte nach Wegen und Möglichkeiten, wie er es tun könnte. Aus seinen Worten spürte ich, dass er mit seiner Hilfsbereitschaft ein großes Risiko auf sich nahm. Endlich fand er eine Lösung. Er verordnete mir eine Strafgebühr von 10 Forint, die ich per Post, auf das Konto der Finanzwache bezahlen sollte. Der Finanzwache gab er einen schriftlichen Befehl, dass, wenn ich mit dem Aufgabezettel die Bezahlung der Strafgebühr bestätige, sie mir die weggenommenen Dinge unverzüglich zurückgeben sollten.

Als ich mich am nächsten Tag in Sátoraljaújhely bei der Finanzwache meldete, übergab ich ihnen den schriftlichen Befehl vom Ministerium und die Aufgabezettel der Strafgebühr. Die dortigen Beamten waren in Verlegenheit aber endlich gaben sie mir meine beschlagnahmten Dinge zurück. Sie sagten, dass es in ihrer Praxis noch nie vorkommen sei, dass sie die amtlich weggebrachten Dinge auf Befehl des Ministeriums zurückgeben müßten. Ich glaubte es ihnen, weil es schwer gewesen war, diese Rückgabe zu erreichen.

Meine notwendigsten finanziellen Angelegenheiten konnte ich also in Ordnung bringen. Der große Tag der Maturität ging auch gut vorbei und schon sollte in der Sache des weiteren Studiums eine definitive Entscheidung fallen. Ich wollte vor allem Theologie studieren. Gleichzeitig wollte ich aber auch das Medizinstudium versuchen. Es zeigte sich später, dass dies aber aus mehreren Gründen unmöglich war. Das Theologiestudium wollte ich am liebsten in Sárospatak anfangen, weil ich dort schon fast zu Hause war, und die Wohnung könnte ich dort gratis bekommen. Aber ich spürte die gegenkirchliche politische Spannung schon sehr stark. Die Absicht der Verstaatlichung des kirchlichen Gymnasiums, und Liquidierung der Theologie hing schon in der Luft.

* * *

Als ich in der Sache meiner weggenommenen Dinge in Budapest war, begegnete ich einem ehemaligen Mitschüler in Sárospatak, Tolvaj Bertalan, der auch aus der Tschechoslowakei stammend heimatlos war und schon an der volkswirtschaftlichen Universität in Budapest studierte. Die Zeit war damals knapp, aber weil er mir in der Sache des weiteren Studiums helfen wollte, bat er mich, nach der Maturität wieder nach Budapest zu reisen. Nach der Maturität habe ich diese Bitte erfüllt. Er gab mir den Rat, das Studium an seiner Fakultät aufzunehmen. Er wollte einen Freund von zu Hause bei sich haben. Er hat mich dem Dekan seiner Fakultät vorgestellt, der auch Professor der russischen Sprache war, und erwähnte, dass ich vor zwei Jahren aus der sowjetischen Gefangenschaft heimgekommen sei und er also mit mir auch russisch sprechen könne. Damals war mir die russische Sprache noch sehr geläufig. Der Dekan fing an, mit mir russisch zu sprechen und nach einigen Minuten sagte er zu mir: „Nehmen sie bitte dieses Gespräch als Prüfung der russischen Sprache für die ersten zwei Semester. Sie können das Studium bei uns mit dem dritten Semester anfangen.“ Es war lieb von diesem Dekan, aber ich nahm an, dass die Sache nicht ganz spontan war, dahinter stand mein Freund. Für mich wäre es sehr günstig gewesen, von den fünf verlorenen Schuljahren ein

Jahr zuruckzubekommen, aber ich konnte dieses Angebot nicht annehmen. Ich habe dem Dekan und dem Freund Dank gesagt und bin nach Sárospatak zurückgekehrt, wo ich meine sämtlichen „Güter“ einpackte und im Dunkel der Nacht nach Hause aufbrach. Mein Studentenheim in Sárospatak habe ich endgültig verlassen.

Die tschechoslowakische Grenzwache war schon vorbereitet auf meinen „Empfang“. Sie begleiteten mich in der Morgenröte in ihre Kaserne, und den ganzen Tag widmeten sie meinem Verhör. Ihr Benehmen und ihre „Predigten“ waren für mich traurig und lächerlich. Meine „Güter“ hatte ich zum Glück im ungarischen Grenzdorf bei den Verwandten zurückgelassen. Bei mir hatte ich nur eine kleine Handtasche mit zwei Büchern und etwas Brot und Käse. Ich mußte immer damit rechnen, dass ich nicht ohne weiteres mein Ziel erreichen würde, und deshalb musste ich immer etwas zum Essen mitnehmen. Wenn ich unterwegs aufgehalten war, gaben mir meine „Gastgeber“ nichts zu essen.

Es war eben Getreideerntezeit, und ich habe mit meinen Verwandten, wo ich meine „Güter“ abgelegt hatte abgemacht, daß sie meine Dinge im Laufe des Tages mitnehmen und bei der Arbeit an der Grenze den Verwandten auf der slowakischen Seite übergeben sollten. Sie haben es auch getan. Und sie konnten es bei ihrer Arbeit ganz ungestört tun, weil die gesamte Grenzwache sich den ganzen Tag mit mir beschäftigte. Sie lösten sich bei meinem Verhör ab. Die nächste Nacht verbrachte ich auch noch in ihrem Arrestlokal. Am nächsten Tag haben sie mir nach langer Verhandlung eine Geldstrafe gegeben, die ich unter meinen Umständen nicht bezahlen konnte, und endlich entließen sie mich. So beendete ich das einst abgebrochene Studium in Ungarn.

* * *

In der Zeit meiner Abwesenheit hatte es auch in der Tschechoslowakei eine Änderung gegeben. Im J. 1948 ergriff die kommunistische Partei die Macht. Das war keine gute Änderung, aber für die Minderheiten hat es doch etwas Milderung mitgebracht. Die Übersiedlungen und Deportationen hörten auf. Aber durch lange Zeit hindurch blieb die Rechtlosigkeit und Heimatlosigkeit. Das Problem mit meinem Theologiestudium zu Hause war, dass unsere Kirche, die damals noch fast völlig ungarisch war, kein Theologiestudium angeboten hat. Die Theologie des Ostgebiets war seit Jahrhunderten eben Sárospatak. Aber das Studium wegen der verschlossenen Grenze war illegal und schwierig. Darum haben zwei, drei Studenten das Studium in Pressburg-Bratislava, an der Evangelischen Theologischen Fakultät oder an der Theologischen Fakultät der Tschechischen Brüder zu Prag angefangen. In beiden Fällen gab es Schwierigkeiten und Hindernisse.

Ich wollte mich nach Prag orientieren.

Besuche bei Etelkas

Als ich nach der Maturität aus Sárospatak heimkam, waren die Umstände schon ruhiger, und es war leichter, Etelka zu besuchen. Am zweiten Sonntagnachmittag erfuhr ich von ihr, daß die nächsten Verwandten, besonders eine Tante, die Etelka als Muttervertreterin ehrte, meine Annäherung zu ihr mit Vorbehalten betrachteten und ihr den Rat gegeben hatten, den Kontakt mit mir abzubrechen. Sie war ein fleißiges und schönes Mädchen, und mehrere Männer suchten mit ihr eine Kontaktmöglichkeit. In den letzten Monaten als es ruchbar wurde, dass auch ich am Horizont aufgetaucht sei, suchten zwei Jungen Ihre Nähe besonders. Beide waren reife Männer, verhältnismäßig gut situiert, mit stabilem Arbeitsplatz oder guter Funktion. Sie waren also Männer, die zur Ehe den nötigen materiellen Grund hatten, und ihrer Familie Brot geben konnten. Die Ratgeber betonten ihr diesen Tatbestand, wie auch, dass ich erst jetzt die Maturität abgelegt hatte. Die Jahre seien vergangen, und erst jetzt wolle ich ein Studium, das fünf Jahre dauert, anfangen. Für eine Ehe hätte ich keinen materiellen Grund.

Etelkas Ratgeber haben Recht gehabt. Auch ich machte mir diese Gedanken. Auch ich fragte mich: Darf ich von Etelka ein langdauerndes Warten erhoffen? Diese Probleme waren groß und schwer, aber ich hatte die Hoffnung sie mit Gottes Hilfe lösen zu können. Aber die Verwandten betonten und vergrößerten diese Probleme, und ich hatte das Gefühl, dass Etelka in Verlegenheit geraten war. Oft sah es so aus, dass sie treu zu mir halten wolle, oft wieder so, dass sie nicht stark genug sei, den abratenden Verwandten „nein“ zu sagen. Aber ich wollte das

Theologiestudium im Bewußtsein anfangen, daß meine Geliebte im Geiste zu mir gehört und wenn die Zeit dafür reif wird, werden wir in inniger Liebesgemeinschaft zusammenleben in dieser harten und kalten Welt. Ich habe geplant, dass ich in der Studienzeit auch arbeiten und alles tun werde, um noch in der Studienzeit heiraten zu können. Ich habe also Pläne und Hoffnungen gehabt, aber einen festen materiellen Grund hatte ich nicht. Aber von diesen Hoffnungen habe ich nur mit Etelka gesprochen, ich wollte diese Pläne ihren Verwandten nicht sagen. Etelka hatte mir ein Geheimnis verraten, als sie mir die Absicht der Verwandten mitteilte. Die Verwandten wussten also nicht, dass ich ihren Rat kannte, und eben darum konnte ich mit ihnen von meinen Plänen nicht sprechen.

Die Pläne hatten wir schon mit Etelka gemeinsam geschmiedet, aber sie hat mir auf meine schriftliche Frage, die ich aus Sárospatak schrieb, ob sie meine Frau sein will, noch keine Antwort gegeben. An einem Sonntagnachmittag bat ich sie, auf diese Frage am nächsten Sonntag Antwort zu geben.

Am nächsten Sonntag ging ich zu ihr in der Hoffnung, dass ich das erwartete „Jawort" bekäme. Sie grüßte mich ganz lieb, aber schien traurig zu sein. Ich erzählte ihr froh, dass ich im Laufe der Woche in Prag gewesen war und an der theologischen Fakultät mit einem Professor gesprochen hätte, der sehr freundlich war und der mir helfen wollte, die Studienmöglichkeit an der Fakultät vorzubereiten. Er würde mir helfen, auch im Studentenheim einen Platz zu bekommen. Es würde aber eine schwere Angelegenheit sein, weil meiner Aufnahme viele Hindernisse entgegenstehen. Das erste Hindernis war, dass ich heimatlos bin, weil ich als Ungar, in der Tschechoslowakei kein Bürgerrecht hatte. Meine Maturität in Ungarn soll man in der Tschechoslowakei nostrifizieren, d.h. auch in der Tschechoslowakei gültig machen, Vorbedingung ist aber die Kenntnis der tschechischen Sprache. Diese ist für mich eine neue Fremdsprache, die man lernen muss und wofür man Zeit braucht. Und noch ein Schuljahr verlieren möchte ich nicht. Das sind also schwer überbrückbare Probleme, aber Professor Hromadka, der auch Dekan der Fakultät war, wollte mir helfen. Zur Ausfertigung der notwendigen Grunddokumente brauchte er die Bestätigungen, dass nicht nur meine Eltern, sondern auch schon die Großeltern auf dem Territorium der jetzigen Tschechoslowakei gelebt hatten. Mein Großvater ist in Bacska geboren, deshalb muss ich übermorgen wieder kommen, um die Dokumentation zu beschaffen, und am Mittwoch muss ich damit nach Prag reisen. Etelka hörte aufmerksam zu, aber war auffallend schweigsam. Auf meine Frage vom letzten Sonntag hat sie gar nichts gesagt. Früher war es so gut, stundenlang zusammen zu sein und unsere Alltagsfreuden und Sorgen zu bereden. Die Sorgen sind weniger, die Freuden intensiver geworden. Aber Ihre Schweigsamkeit jetzt bewegte mich zur Verkürzung meiner Besuchszeit. Ich hoffte, dass, wenn sie mich aufbrechen sieht, wird sie mir eine Antwort auf meine Frage geben. Aber sie schwieg. Als ich meine Hand schon auf der Klinke hatte, fragte ich, ob sie an unsere gemeinsame Zukunft denkt. Auch nach meiner Frage schwieg sie noch einige Sekunden, dann sagte sie leise: Leider, kann ich nicht deine Frau werden. Dieser Satz war für mich, wie ein Erdbeben. Ich musste mich setzen, um nicht zu fallen. Nach einem langen Schweigen fragte ich: „Du liebst mich also nicht?" „Doch," -sagte sie – „aber ...." Nach langem Schweigen sagte sie noch leise: „Du sollst mich nicht mehr besuchen."

Ich brach das lange Schweigen. In diesem seelischen Zustand war es für mich schwer, meine Gedanken zu ordnen und auszudrücken, aber ich wollte stark sein und sagte zu ihr: „Ich habe es nicht so gedacht, nicht so gewollt: Ich habe dich sehr lieb. (Leider, habe ich es ihr erst jetzt zum erstenmal gesagt. In den Briefen habe ich es ihr oft geschrieben, und dummerweise dachte ich, es sei genug) Schon mehrere Mädchen hatten meine Nähe gesucht. Es gab auch solche, die ganz offen sagten, dass sie mich gern empfangen würden. Aber ich fühlte mich von Kindheit an im Geiste mit dir so sehr verbunden, dass ich keine andere Verbundenheit haben wollte. Es tut mir weh, dass du nicht meine Frau werden kannst, aber ich werde immer mit Liebe an dich denken. Vielleicht wird Gott mir einst eine liebende Gattin schenken, und wir werden in gegenseitiger Liebe leben. Aber auch in der Zukunft wird es für mich eine Freude sein, wenn ich von dir gute Nachrichten höre, wenn ich vernehme, dass es dir gut geht und dass ihr liebe Kinder habt. Und wenn wir uns einst irgendwo begegnen werden, werde ich daran denken, dass ich von dir als Mutter lieber Kinder und als meine werdende Gattin geträumt habe." Dann stand ich auf und nahm von ihr Abschied mit diesen Worten: „Ich wünsche von Herzen Gottes Segen für dein Leben, und für deine werdende Ehe. Gott möge dir einen liebenden und treuen Gatten geben." Als ich es sagte, war meine Hand schon wieder an der Klinke. Sie hat für die Segenswünsche leise „danke" gesagt, und ich trat aus dem Zimmer. Früher kam sie mit mir hinaus auf den Hof, oder hatte mich bis zur Straße begleitet. Jetzt schloß sie die Tür hinter mir zu.

Glückseligkeit unter Tränen

Zwei Tage später, am Dienstag, musste ich nach Bacska gehen, um das Geburtsdokument meines Großvaters zu beschaffen. Die Traurigkeit von Sonntag war noch tief in meinem Herzen. Ich fuhr mit dem Fahrrad. Unterwegs zum Büro musste ich vor Etelkas Haus vorbeifahren. In mir war die Sehnsucht sie zu sehen, doch wollte ich nicht auf ihren Hof blicken, um die frische Wunde nicht schmerzlicher zu machen. Aber als ich ihrem Haus schon nahe war, hörte ich von der rechten Seite her meinen Namen rufen. Das war ihre Stimme. Sie hat mich beim Namen gerufen. Ich fuhr ganz langsam. Es war nicht so leicht vor diesem Haus nur so vorbeizufahren. Ihr Haus und ihre Stimme hat für mich eine Anziehungskraft gehabt. Doch wollte ich nicht dorthin blicken, um sie zu sehen und dort stehen zu bleiben. Aber als ich langsam vorbeifuhr, rief sie zweimal nacheinander meinen Namen und dann noch stärker: „Du willst hier nicht stehen bleiben?" Ich konnte nicht weiter fahren und blieb stehen. Sie stand am Tor, und wir grüßten einander. Sie sagte;

Es freut mich, dass du gekommen bist, ich wartete auf dich.

– Du machst Spaß, denn eben vorgestern hast du gesagt, dass ich dich nicht mehr besuchen soll. Und ich werde es so halten.
– Erinnere mich bitte nicht daran, komm zu uns.
– Du weißt, dass ich heute ins Büro gehen muß, um die Geburtsdokumentation des Großvaters zu beschaffen.
– Bitte, bleibe doch eine Weile, ich möchte dir etwas sagen. (Sie lächelte, aber ihre Augen waren voller Tränen.)
– Gut, dann gehe ich doch mit dir. (Im Zimmer bot sie mir einen

– Diwan Platz an, dann setzte sie sich neben mich und von ihren Augen fielen die Tränen, als sie mir sagte:
– Verzeihe mir bitte alles, was ich dir vorgestern sagte.
– Du weißt, daß ich dir nicht zürne. Aus meinen Worten vorgestern hast du gespürt, dass ich dir nicht böse sein kann. Du sollst dich nicht entschuldigen.
– Ich danke dir, dass du zu mir so gut bist. Ich ... ich... will dir sagen, dass ich deine Frau werden möchte. Willst du das?
– Ja, wenn du es in aufrichtiger Liebe sagst.

Sie umarmte mich, und wir haben einander geküßt. Das war der erste Kuß in unserem Leben. Ich wollte sie schon früher küssen, aber sie beugte sich ab und sagte, dass sie sich erst von ihrem Bräutigam küssen lassen wird. Es tat mir damals leid, ich hielt es für ein Fiasko, aber nahm es zur Kenntnis. Ich wollte zuerst diese Niederlage mit Humor überwinden, und ihr sagen: Gut, ich bin dein werdender Bräutigam, du kannst dich schon als meine Braut fühlen. Aber ich habe nicht den Mut gehabt, ohne einen existentiellen Grund und ohne irgendeine finanzielle Stütze solche selbstsichere Aussage zu tun. Darum habe ich ihr damals nur soviel gesagt: Schade, weil ich Angst habe, dass wir uns nicht so bald verloben können. Und ich versuchte sie nicht mehr zu küssen oder von ihr einen Kuß zu erwarten. Aber meine Rede, mein ganzes Benehmen verriet ihr immer, was sie schon von meinen Briefen wusste, dass sie mir sehr lieb ist. Ich scheute mich immer vor irgendeiner Gewalttätigkeit. Besonders seitdem ich in der Gefangenschaft soviel Gewalttätigkeit hatte erleiden müssen, wollte ich nichts mit Gewalt erreichen. Ich wollte über mich nicht mehr sagen, als ich bin und nicht mehr versprechen, als ich zu leisten imstande sein kann. Ich wollte nicht mit meinem Hofieren falsche Illusionen erwecken in meiner Geliebten. Ich glaubte, wenn im Herzen derer, die ich liebe, auch Liebe ist, dann wird sich diese Liebe von selbst einen Weg bahnen. Ich bin mir bewußt, daß der Mensch, der sein Ziel gerecht und gewaltlos erreichen will, den schwersten Weg wählt. Man bekommt auf diesem Wege vielleicht Wunden, oder man muss Absagen und Selbstüberwindung lernen, aber wer diesen schwereren Weg wählt, wird größere Freude haben, wenn er das gewünschte Ziel, die ersehnte Glückseligkeit doch erreicht.

Jetzt, der ich seit Sonntag die Hoffnung dieser Glückseligkeit aufgegeben hatte, bin nun glücklich, und wir sind endlich beide glückselig, sagte ich zu ihr.

* * *

Ich wollte Etelka nicht betrüben und fragte nicht, warum sie mich am Sonntag abgewiesen hatte. Aber Hand in Hand wollte sie mir erzählen, was sie alles am Sonntagnachmittag erlebte. Um auf meine Frage vom vorigen Sonntag antworten zu können, wollte sie sich mit den Verwandten beraten. Aber nach ihrem Rat fühlte sie sich sehr unwohl. Sie wollte mir „ja" sagen, aber die Verwandten malten vor Ihr ein erschreckendes Bild ihrer Zukunft, für den Fall, wenn sie mich wählt. Sie wiederholten ihre Argumente und befahlen ihr, die Verbindung mit mir abzubrechen. Sie könne nicht auf mich fünf Jahre warten. Ihr Bruder will schon heiraten, den Haushalt kann die Frau des Bruders übernehmen und sie, (Etelka) kann in kurzer Zeit heiraten. Etelkas Argument, dass sie mich liebhabe, schien unter diesen Umständen eine schwache Kleinigkeit zu sein.

Nach dieser Beratung kam es am Sonntagnachmittag zu meiner Begegnung mit ihr. Darum war sie so traurig und schweigsam. Am Dienstag, als sie mich am Tor erwartete und mich zum Besuch einlud, erzählte sie mir, wie es am Sonntag war. Als sie die Worte sagte, dass ich sie nicht mehr besuchen solle, brach sie in ihrer Seele in Weinen aus. Aber sie wollte es vor mir verbergen. Sie wollte ihre Worte zurückziehen, aber sie hat dazu keine Kraft gehabt. Es tat ihr weh. dass sie den geliebten und liebenden Mann wegschickte. Und als ich schon gehen wollte und meine Hand schon an der Klinke war und für ihr Leben und für ihre werdende Ehe Gottes Segen bat, ist sie völlig kraftlos geworden. Sie konnte nicht mit mir aus dem Zimmer kommen, mich herausbegleiten, sondern schloß die Tür schnell zu und warf sich auf den großen Tisch im Zimmer, um sich auszuweinen. Dort legte sie unter Tränen das Gelübde ab, dass sie mich irgendwie zurückrufen wird. Sie will keinem Rat und Abschrecken mehr gehorchen, sie will nur meine Frau werden. Sie wusste, dass ich am Dienstag nach Bacska, in das Dorfbüro gehen muß. Sie bereitete sich einen „strategischen Plan" vor. In diesen Plan hat sie auch eine 14 jährige Schülerin, eine Nachbarin eingeweiht. Sie haben abgemacht, dass am Dienstag, in den Vormittagsstunden beide die Straße beobachten werden, und wer mich an der Straße früher auftauchen sieht, benachrichtigt die andere. Nach dieser Absprache kam es am Tor zu unserer Wiederbegegnung. Und dieser Tag wird für uns ein unvergeßlich schöner Tag bleiben.

Wir verabschiedeten uns dann voneinander mit ihrem Gelübde, dass sie auf mich warten wird, auch wenn ich noch fünf Jahre in Prag studieren will und sie, als meine liebende Frau mit mir leben wird, solange uns Gott Zeit gibt, auch wenn das Leben einer Pfarrerfamilie ein schwerer Kampf sein wird.

* * *

Am nächsten Tag reiste ich mit den Dokumenten der Geburtsangaben meines Großvaters nach Prag. Mit Hilfe Prof. Hromadkas wurden die Hindernisse meiner Aufnahme in die theologische Fakultät überwunden. Diesem Professor habe ich viel zu verdanken. Später, in den ersten Wochen des ersten Semesters widmete er mir nach jedem Vortrag eine Viertelstunde, um den Inhalt seines Vortrags deutsch zusammenzufassen. Das war eine gute Hilfe, weil ich die tschechische Sprache damals noch nicht beherrschte. Ich habe mir bei dieser Zusammenfassung nur die Schlagworte aufgeschrieben, aber im meinem Zimmer registrierte ich alles, was der Professor gesagt hatte. So bereitete ich mich zur ersten Semesterprüfung vor.

* * *

Sonntagnachmittag ging ich zu Etelka mit der Freudenbotschaft, dass ich in die theologische Fakultät zu Prag aufgenommen worden sei. Aber auch sie hatte mir eine liebe Überraschung vorbereitet. Sie schenkte mir ein selbstgesticktes Brauttuch. Und damit haben wir uns in aller Stille verlobt. Einen Brautring konnte ich ihr damals nicht geben, aber das haben wir unter unseren damaligen Lebensumständen für natürlich gehalten. Diese Not tat unserer Freude keinen Abbruch. Ein Jahr später konnte ich meiner Braut auch einen Brautring geben. In den folgenden Sommerwochen habe ich die Hilfe meines ältesten Bruders in Anspruch genommen. Bei Kaschau war eine Magnesitfabrik im Bau. Mein Bruder war der Bauleiter eines Teils dieser Bauarbeit. Dort habe ich für die Ferienzeit Hilfsarbeit bekommen. Mit meiner Arbeit wollte ich etwas Geld verdienen für den Anfang des Studiums in Prag.

So ist der Sommer vorübergegangen. Die Woche verbrachte ich 100 km weiter auf dem Arbeitsplatz. Sonntagvormittag sind wir mit dem Vater und den Brüdern in unserem Heimatdorf in die Kirche gegangen, und nachmittags besuchte ich meine Braut in Bacska. Diese Sonntagnachmittage, diese Schäferstunden blieben uns unvergeßlich. Wir sprachen von den Ereignissen unseres Lebens in der vergangenen Woche, von den alltäglichen kleinen Freuden oder Sorgen. Aber die Zauberkraft der Liebe hat die kleinen Freuden wunderbar schön und glänzend, die Sorgen wieder milder .gemacht. Nach diesem Zustand hatte ich mich von meiner Kindheit an gesehnt. Von so etwas hatte ich besonders nach dem Tode meiner geliebten Mutter, die mir sehr fehlte, geträumt, da ich mich nach ihrem Tode sehr verwaist fühlte. Nach einem solchen Zustand hatte ich mich in den blutigen Stürmen des schrecklichen Krieges, in den Schrecken und tödlichen Gefahren der Kriegsgefangenschaft gesehnt. Auch auf den harten Pritsch- Bretten liegend war der Traum süß, wenn ich in Gedanken zu Hause war. Oft war ich im Traume zu Hause auch in der Kirche. Ich träumte, dass ich auf der Kanzel stehe und in der feierlichen Stille eine schöne große Gemeinde auf das tröstende, ermutigende, ermahnende oder warnende Wort Gottes lauscht. Schöne Traumbilder sah ich von den lieblichen Schäferstunden mit Etelka. Nach dem Aufwachen war oft mein Brett-Kissen von Tränen naß. Oft haben wir in den wirklichen Schäferstunden einander gesagt: Wie groß ist Gottes Geschenk, dass die schrecklichen Ereignisse, die wir durchgemacht haben, jetzt wie ein schlimmer Traum zu sein scheinen, und der einstige Traum, die Glückseligkeit des liebevollen Beisammenseins Wirklichkeit ist. Es war uns lieb, den Herzschlag einander zuhörend vor Gott still zu bleiben und Ihm Dank sagen, dass er unser Leben inmitten so vieler Gefahren behütet und uns inmitten so vieler Hindernisse und erschwerenden Umstände zueinander geführt hatte. Wir beteten auch dafür, dass er die noch bestehenden Hindernisse wegräumen und mit seinem Segen und seiner Fürsorge mit uns bleiben möchte.

Studium in Prag

Dieser erste, teilweise schon gemeinsame Sommer unseres Lebens ist schnell vorbeigegangen. Die schönen Tage gehen immer schnell vorbei. An der theologischen Fakultät zu Prag fingen die Vorträge gegen Ende September an. Für mich war das eine fremde Welt, eine fremde Umgebung. Aber diese Fremden sind christliche Brüder, und als solche, sind wir einander nahe. Sie haben mich aufgenommen, und wir haben einander gut verstanden.

Etelka und ich machten ab, dass statt der sonntäglichen Begegnungen wir einander jeden Sonntag einen Brief und mitten in der Woche eine Ansichtskarte schreiben werden. Diese Verbundenheit war für mich ein Segen. Ich brauchte keine Unterhaltungslokale und suchte nicht die Gemeinschaft der Mädchen. Ich habe in dieser Hinsicht schon ein fertiges Zukunftsbild gehabt. Mit seelischem Gleichgewicht und ruhig fing ich das Theologiestudium an. Ich fing es an mit der Absicht, die Zeit, als Gabe Gottes, dem großen Geber, der mir nach meinem bisherigen prüfungsvollen Leben genügende geistige und körperliche Kraft und Verstand gab, so zu danken, dass ich diese für kein unnützes Ding vergeuden werde. Ich will die Zeit vor allem der vertieften Forschung des Wortes Gottes und der Seele des Menschen widmen. Unter diesen Gedanken und Empfindungen begann mein Studium. Dabei fühlte ich auch ein wenig Unzufriedenheit mit mir selber. Gegen die Anderen wollte ich immer Nachsicht üben, aber gegen mich war ich streng. Ich fragte mich, warum kann ich nicht mit jugendlicher Leichtigkeit und Oberflächlichkeit die kleinen und großen Dingen des Alltagslebens behandeln, wie die große Mehrheit meiner Zeitgenossen?

Warum suche ich immer in meiner inneren Welt und in den Geschehnissen der umgebenden Welt die Triebkraft und den Zusammenhang? Wie kam es, dass ich, als 5 – 6 jähriger Knabe im Geiste mich so mit einem lächelnden Mädchen vereinigte, das 1 Jahr jünger war als ich, dass auch die blutigen unbarmherzigen Geschehnisse unserer Umwelt das Gefühl der geistigen Nähe in mir nicht änderten? Für mich war in dieser Verbundenheit in den schweren gefährlichen Zeiten kraftgebende Hoffnung, aber auch beunruhigende Unsicherheit und Angst vor einer eventuellen Täuschung.

Bei der Erforschung meiner Seele und der Vergangenheit habe ich gefunden, wo in meinem Leben die Wurzeln dieser Gesinnung sind, die schon als Kind unerschüttert lieben und sich nach der Liebe sehnen konnte. Ich erwähnte schon, dass ich ein spätgeborenes Kind meiner Eltern war. So kam es, dass meine wesentlich älteren Brüder nicht meine Spielgenossen, sondern meine Aufpasser waren. Ich habe keine Schwester gehabt. Oft beschäftigte ich mich mit dem Gedanke, wie gut es wäre, wenn ich mit einer kleinen Schwester spielen könnte. Aber die Mädchen kannte ich nur von weitem. Ich hatte niemanden, mit dem ich spielen konnte. Einen Kindergarten gab es damals noch nicht. Ein kleines Mädchen war unter diesen Umständen für mich ein Traumbild. Darum war meine Freude so groß, als uns eines Tages ein Ehepaar besuchte mit ihrer schönen kleinen Tochter. Von den Eltern erfuhr ich, dass der Mann ein fernerer Verwandter ist. Ihre schöne Tochter hat mich bezaubert. Ich bat sie, gleich mit mir zu spielen. Und sie hat es gern getan. Wir haben zuerst Ball und dann Versteckspiel gespielt. Auf dem Hof, in dem buschigen Garten, und in der großen Scheuer hat man viel Versteck gefunden. Wir konnten uns gut verstekken, und den anderen zu finden war oft keine leichte Aufgabe. Umso größer war die Freude, wenn wir einander gefunden hatten. Ich fühlte mich glücklich, wenn ich die kleine, lächelnde Etelka finden konnte. Und ich wurde sehr traurig, als meine frohe Spielgefährtin, mit den Eltern nach Hause ging. Lange Zeit danach bin ich auf die Plätze gegangen, wo wir einander gefunden haben. Und dann in der Zeit meiner Kindheit, und in der Jugendzeit suchte ich sie unablässig, trotzdem, daß wir einander jahrelang nicht gesehen haben. Aber nach vielen Gefahren und Prüfungen haben wir einander endlich für das ganze Leben gefunden.

* * *

Das Schuljahr in Prag hatte gut angefangen. Meine Briefkontakte mit meiner Braut waren sehr gut. Jeder Brief von ihr war für mich eine Freudenquelle und gab mir Mut zum intensiven Studium. Aber nach einigen Monaten bekam ich aus meinem Heimatdorf und seiner Umgebung beunruhigende Nachrichten. Das Leben des Dorfvolks wurde immer schwerer. Die Wunden, die der Krieg verursacht hatte, waren noch schmerzend. In jedem Dorf fehlten viele Väter, Brüder oder Söhne. Viele sind im Krieg gestorben. Tausende von Deportierten starben in der Sowjetunion. Von den meisten weiß niemand, wo sie begraben sind. Auch nach Tschechien wurden viele ungarische Familien deportiert. Unter diesen Umständen fehlten die Arbeiter für die landwirtschaftliche Arbeit. Die technischen Errungenschaften und die Motorisierung in der Landwirtschaft fehlten damals noch fast völlig. Die alten Männer, die zu Hause blieben und die Frauen waren nicht imstande, die Arbeit ordentlich auszuführen. Infolgedessen war auch der Ertrag der Ernte gering. Die Landwirtschaftsbetriebe hatten auch weniger Tiere, weil das Futter fehlte. Trotzdem mußte der Landwirt von jedem Feld den vorgeschriebenen Ertrag abliefern. Es war vorgeschrieben, wer wieviel Getreide und Tiere abliefern musste. Wer diese Verpflichtung nicht erfüllen konnte, wurde streng bestraft. Oft kamen die Menschen der neuen politischen Macht, die „Burschen mit dem Besen“ und leerten die Kammern mit der Begründung, dass die Bauern ihre Ablieferungsverpflichtung „sabotierten“. Vielerorts ordneten sie Geldstrafe an, und wenn man nicht bezahlen konnte, nahmen die „Burschen mit dem Besen“ die Möbel aus dem Zimmer, luden sie auf ein Lastwagen und brachten sie weg.. Aber diese Strafe erhielt auch, wer seine Bäume im Garten von den Raupen nicht säubern konnte. Das erschrockene Volk versuchte gegen diese Lage ein Rechtsmittel zu ergreifen. Aber sie mussten zur Kenntnis nehmen, dass sie kein Recht hatten und keine rechtliche Hilfe in Anspruch nehmen konnten. In meiner Heimat und ihrer Umgebung wurde herumgesprochen, dass die Behörden in der Slowakei nicht gewillt seien, die Proteste zu empfangen, oder mit den Erniedrigten zu verhandeln, aber in Tschechien gebe es irgendeine Chance, die Beeinträchtigungen zu lösen. Aufgrund dieser Nachricht brachen viele, die Schaden erlitten hatten, nach Prag auf. Die ersten, die ihre Klagen nach Prag brachten, kamen aus dem Heimatdorf meiner Braut. Dort wusste schon jeder, dass ich in Prag war. Sie baten Etelka um meine Adresse, und trotz der 800 km Entfernung, kamen sie zu mir. Der erste, der klagte, dass ihm Unrecht geschehen war, war ein Mann, in dessen Haus die „Burschen mit dem Besen“ nicht nur die Kammer rein gekehrt, sondern auch die Möbel weggebracht hatten.

Meine erste Arbeit war es, als diese Menschen mich in Prag aufsuchten, nachzuforschen, welches Ministerium eine solche Abteilung hatte, wo diese Beschwerden vorgebracht werden konnten. Aber ich musste auch mit meinen Besuchern mitgehen, weil sie Dolmetscher brauchten. Ich sprach damals mit etwas russischem Akzent, aber gut genug tschechisch. Doch im Ministerium habe ich gleich am Anfang Probleme gehabt. Beim Eingang muss man die Bürgerlegitimation abgeben. Aber ich habe keine solche Legitimation gehabt, weil ich als Ungar heimatlos war. Sie riefen gleich den Polizisten, der mich legitimierte und zur Verantwortung zog, warum ich keine Bürgerlegitimation habe. Da mußte ich mit Leid konstatieren, dass die offiziellen Organe des Staats die Lage der Minderheit im eigenen Land nicht kennen. Nach langer Debatte haben wir endlich abgemacht, dass ich mich mit meinem „Index lektiorum“ also mit der Legitimation der Fakultät legitimieren kann. Aber diese hatte ich auch nicht bei mir, und ich musste mit der elektrischen Bahn in das Studentenheim fahren, um die Legitimation zu holen.

Später, als viele andere kamen, konnte ich mich mit meiner Index-Legitimation ausweisen. In Prag hat man die Beschwerden zwar angenommen, aber die Probleme haben sie nicht lösen können, und nur in wenigen Fällen kam es zur Milderung der Strafe.

Unsere Landsleute besuchten mich oft auch mit allerlei anderen Problemen in Prag, und wenn es möglich war, half ich ihnen. Oft kamen Kranke, die zu Hause keine Genesung fanden. Eine junge Mutter aus Kaponya brachte ihre fünfjährige Tochter mit Hüftgelenk Problemen nach Prag. Es gelang mir, einen bekannten Chirurgen zu konsultieren. Er nahm das Mädchen auf und führte die Operation durch. Die Eltern konnten ihre Tochter wegen der großen Entfernung nicht besuchen, aber ich besuchte die Patientin zweimal wöchentlich, immer in den Abendstunden. Sie freute sich, umarmte mich und hat mich „Vati" genannt. Die Beschäftigung mit den Angelegenheiten der Besucher hat mir aber viel Zeit genommen. Oft musste ich die Vorträge versäumen, und dann musste ich den Inhalt der Vorträge von einem tschechischen Freund beschaffen und notieren, um mich auf die Prüfung gewissenhaft vorbereiten zu können.

Auf die Festtage freute ich mich immer im Voraus, weil ich nach Hause reisen, meinen Lieben begegnen und in etlichen Kirchgemeinden als Legat, Gesandter der Fakultät, Predigtdienst verrichten konnte. Diese Dienste hat man mir auch schon in Sárospatak ermöglicht. Die Kirchgemeinde beschenkt in solchen Fällen den Studenten, um ihn im Studium zu unterstützen.

* * *

In den Sommerferien war meine Zeiteinteilung die gleiche, wie vor einem Jahr. An den Werktagen arbeitete ich als Hilfsarbeiter bei dem Fabrikbau, sonntags gingen wir in die Kirche, und die Nachmittage verbrachte ich bei meiner Braut. Mein Vater war damals schon schwerkrank. Aber er konnte noch gehen. Am ersten Sonntag wollte er mit mir nach Bacska kommen, um unsere werdende Ehe väterlich zu segnen. Wir freuten uns sehr, dass er unseren Plan, unsere werdende Ehe, trotz alle Hindernisse und erschwerender Umstände für richtig hielt.

In den sonntagnachmittäglichen Schäferstunden, die für uns immer so freudvoll waren, fing ich an besorgt zu sein, weil ich sah, dass meine Braut immer mehr abgehetzt und müde war. Die Gesetze wurden immer strenger, die Machthaber immer härter, und die Arbeitskraft war auch in ihrer Familie immer geringer. An eine Ferienruhe mit schönen Ausflügen konnten wir auch in diesem Sommer nicht denken.

Ende Oktober starb der Vater. Ich kehrte heim aus Prag, und die letzte Woche seines Lebens verbrachte ich mit ihm.

Studium und Arbeit

Im neuen Schuljahr nahm ich mitten im Studium eine permanente Arbeit an. Die tschechische Sprache beherrschte ich nun schon gut genug. Einer der Professoren unserer Fakultät, Professor Řičan, der den kirchengeschichtlichen Lehrstuhl innehatte, begann eine Forschung, die auch mich interessierte. Im J. 1781 hatte Josef II. das Toleranzedikt herausgegeben, das die Unterdrückung der protestantischen Kirchen milderte. Diese Unterdrückung war in Böhmen so hart, dass die protestantischen Gottesdienste jahrzehntelang verboten waren. Mit dem Toleranzedikt wurden die Gottesdienste ermöglicht, aber die tschechischen Protestanten hatten damals schon keine Pfarrer mehr. Eine Gruppe von reformierten Pfarrern in Ungarn brachte das Opfer, dass sie das Vaterland verließen, um die Restitution des Glaubenslebens in Tschechien durchzuführen. Diese Pfarrer gaben sich Mühe die tschechische Sprache zu erlernen, aber mit ihrem Dekan korrespondierten und die Jahresberichte verfassten sie in Ungarisch. Professor Řičan hatte diese Berichte und Briefe in den Archiven der Kirchgemeinden gesammelt und wollte diese in die tschechische Sprache übersetzen lassen, um die Geschichte dieser schweren Epoche verarbeiten zu können. Für diese Arbeit bat er mich um Hilfe. Meine Vergangenheit, familiäre und finanzielle Lage waren ihm bekannt, und er hat mir für meine Arbeit eine solide Belohnung angeboten. Ich nahm dieses Angebot mit Freude an, und mitten im Studium wollte ich alle mögliche freie Zeit dieser Arbeit widmen. Durch diese Arbeit öffnete sich vor mir nicht nur das persönliche und familiäre Los zweier ungarischer Pfarrergenerationen in Tschechien, sondern auch eine geschichtliche Epoche, die in

Tschechien nur wenig verarbeitet war. Oft war ich tief berührt, wenn ich die Berichte über das Leben der Pfarrer und ihrer Familien las. Sie verließen ihre Heimat, um ihren Brüdern in einem fremden Land zu dienen. Sie mussten eine fremde Sprache erlernen, um dem tschechischen Volk tschechisch predigen zu können. Sie haben eine Armut und Not auf sich genommen, die viel schwerer war, als die Armut zu Hause, um den tschechischen Brüdern mit opfernder Liebe geistige Nahrung geben zu können. Und dieser selbstlose Dienst wurde nicht überall mit Liebe erwidert. Die Pfarrhäuser hatten nur geflochtene Wände und zur Zeit ihrer Ankunft befanden sich diese in desolatem Zustand. Ein Pfarrer beschreibt den Zustand des Pfarrhauses so: „Wir haben keine Betten. Unser Ruheplatz ist der Fußboden, mit etwas Stroh bedeckt. Der untere Teil der Wände ist löchrig, und nachts kommen die Frösche durch die Löcher. Ich kann diesen Zustand noch irgendwie ertragen, aber meine Frau hat Angst vor den Fröschen, die über uns klettern und deshalb kann sie kaum schlafen. Diese Armut hat sie schon sehr erschöpft."

Einige der heutigen protestantischen Pfarrer sind Nachkommen der Pfarrer aus der Zeit des Toleranzediktes. Die Sprache der Voreltern haben die früheren Generationen schon verloren, aber auch die heutigen wissen von ihrer ungarischen Herkunft, und die meisten behielten den ursprünglichen Familiennamen.

Die Übersetzung der erwähnten Berichte setzte ich auch nach meinem Studium in Prag eine Zeitlang fort. Professor Řičan drückte seine Hoffnung aus, dass ich an der Fakultät bleibe als sein Assistent und dann Nachfolger an seinem Lehrstuhl werde.

Im J.1951 ließ die kommunistische Macht die berühmte theologische Fakultät in Sárospatak schließen. Wir haben in der Slowakei keine theologische Schule gehabt. Professor Hromádka erwiderte die einstige ungarische Hilfe so, dass er unseren Studenten das Theologiestudium in Prag fortzusetzen verhalf.

Deportierte Ungarn in Tschechien

Eines Tages besuchte mich im Studentenheim ein junger Mann aus Klašteřec nad Ohři. Er gehörte zu einer Gruppe von deportierten Ungarn. Sein Besuch war ein Hilferuf nach geistiger Nahrung. Er erzählte, dass ihre Gruppe aus 45 Menschen bestehe und dass sie in einer staatlichen Landwirtschaft arbeiten. Unter ihnen seien auch junge Familien und Kinder. Sie möchten von der Kirche seelsorgerliche Dienste bekommen. Die zerstreuten deportierten ungarischen Gemeinschaften benötigten einen organisierten Dienst der Kirche. Sie nähmen an den tschechischen Gottesdiensten teil, aber sie würden davon nichts verstehen. Sie möchten Gottesdienste in der Muttersprache haben. Ihre Kinder würden Christenlehre, kirchliche Erziehung brauchen, um ihr ethnisches Erbe, ihre Identität bewahren zu können, um nicht im Meer der fremden Umgebung untergehen zu müssen.

Ich wusste, dass in Tschechien viele Ungarn sind, die aufgrund des Beneš-Dekrets von zuhause verschleppt worden sind und in Güterwaggon nach Tschechien deportiert worden waren. Ich hatte viel zu tun, aber ich wollte mit einer solchen Gruppe in Kontakt treten, doch habe ich keine konkrete Adresse gehabt. Darum freute ich mich, daß ich jetzt mit einer solchen Gruppe in Kontakt treten konnte. Ich bin dann zu ihnen gegangen, besuchte den tschechischen Pfarrer und bat ihn um die Bewilligung, in ihrem Bethaus ungarische Gottesdienste halten zu können. Er gab mir die Bewilligung, und dann fuhr ich regelmäßig jeden zweiten Sonntag hin, um Gottesdienst zu halten. Später habe ich mit unserem Bischof gesprochen und bat ihn um einen offiziellen Auftrag zu diesem Dienst, doch er wies meine Bitte ab. Ich führte die Arbeit fort, aber mein Dienst war vor dem Staat illegal. Ich sollte durch die kirchliche Leitung vom Staat eine Bewilligung bekommen. Der Bischof sagte bei einem Besuch in Prag zu mir: „Berti, du verrichtest einen guten Dienst, richte die Sache nach deinem Wohlgefallen, aber ich weiß davon nichts." Das bedeutete, dass wenn mein selbstloser Dienst einmal als gegengesetzliche Tätigkeit angeschaut wird, ich wehrlos bliebe.

* * *

Auch in der Familie mehrten sich die Probleme. Nach dem Tode des Vaters zog einer meiner Brüder mit seiner Familie nach Királyhelmec, wo die Eltern seiner Frau wohnten. Im Heimatdorf blieb nur der älteste Bruder mit seiner Familie. Jeder von ihnen hatte seine eigenen Sorgen. Obschon sie sehr gute Brüder waren, hatte ich das Gefühl, dass ich nirgendwo zu Hause sei. Auch meine Braut trug immer schwerer ihre aufgebürdete Last. Mit ihren lieben Briefen wollte sie mich stärken, damit ich die Last des Studiums und der Arbeit tragen konnte, aber ich konnte auch zwischen ihren Zeilen lesen und spüren, dass sie selber auf die Stärkung mehr angewiesen war als ich. Unter diesen Umständen reifte in mir der Gedanke, dass ich mit ganzer Kraft einen Nestbau anstreben sollte. Und weil ich bis zum Abschluß des Studiums noch drei Jahre brauchte, müßte ich es in Prag versuchen. Aber in Prag eine Wohnung zu beschaffen, schien in diesen Jahren ein hoffnungsloses Unternehmen zu sein. Die Nachfrage war so groß, dass in der Halle des Wohnungsbüros über 4000 Namen derer registriert waren, die auf eine Wohnung warteten. Aber auch im Elternhaus meiner Braut herrschten Umstände, die die Verwirklichung meiner Bestrebung erschwerten. In ihrer Familie war sie die Stütze der Familie. Seit dem Tode ihrer Mutter, und Heirat ihrer Schwester musste sie über ihre Möglichkeiten auch in der Landwirtschaft arbeiten, und den Haushalt, kochen, waschen und die andere Hausarbeiten leisten. Ihr Vater war schon ein müder alter Mann, und der Großvater war fast 94 Jahre alt. Den Schlüssel meines Nestbauplans hatte ihr Bruder in der Hand, aber er befand sich damals selber in einem seelischen Zustand, dass er diesen Plan nicht unterstützen wollte. Es war menschlich gesehen begreiflich, weil er eine Brautkandidatin hatte, die ihn aber kurz vor der geplanten Hochzeit unerwartet verlassen hatte. Die ratgebenden Verwandten meiner Braut hatten sie von mir mit der Begründung abgeraten, weil ihr Bruder bald heiraten werde, und sie könne nicht noch fünf Jahre auf mich warten. Die Frau des Bruders könne dann den Haushalt übernehmen und Etelka könne auch heiraten. Aber nachdem die Hochzeit des Bruders nicht stattfand, wollte er seine Schwester zu Hause haben. Ich habe seine Lage gut verstanden, aber unter dem Druck der oben genannten Umstände, musste ich ihn bitten, zu heiraten. Ich habe es in der Hoffnung getan, wenn wir die Hindernisse gemeinsam aus dem Weg räumten, können wir beide ein geordnetes Familienleben führen. Meine Bitte mißfiel ihm zuerst, aber später zeigte er Bereitschaft, die ersten Schritte in dieser Richtung zu tun.

* * *

Zu den bestehenden Problemen kam als neues Problem, dass ich vom Militärkreiskommando (vom Kreis meines Heimatdorfes) einen Aufruf bekam, dass ich mich am angegebenen Tag zur Assentierung melden soll. Obschon ich als 18 jähriger Schüler von zuhause weggeschleppt worden war und fast drei Jahre in Gefangenschaft verbracht hatte, machten sie mir Vorwürfe, dass ich mich in den vergangenen Jahren nicht zur Musterung gemeldet hatte. Schon in den letzten Jahren adressierten sie an meine Heimatdorfadresse einen solchen Aufruf. Diesen könnte aber niemand übernehmen, weil ich in den ersten zwei Jahren in Ungarn und dann in Prag war. Sie spürten meine Adresse auf, und als ich diesen Aufruf in Prag erhielt, war ich 25 Jahre alt, und zum Abschluß des Studiums brauchte ich noch drei Jahre. Nach fünfjährigem Zeitverlust jetzt noch weitere 2 Jahre zu verlieren, wäre schrecklich für mich gewesen. Der Militärdienst dauerte noch 2 Jahre. Darüber hinaus hielt ich den Aufruf zur Musterung für ungesetzlich. Den Aufruf habe ich an das Kreiskommando zurückgeschickt, und in dem beigelegten Brief schrieb ich, dass der Staat nur die Bürger des Landes zum Militärdienst einberufen kann. Wenn ich in meinem Heimatland kein Staatsbürger sein könne, wollte ich auch keinen Militärdienst leisten. Gespannt wartete ich, was für Folgen mein Protest haben würde. Ich war vorbereitet, dass, wenn man mich dafür strafen wollte, ich mich an die internationalen Organe wenden würde. Ich habe die Hoffnung gehabt, dass, wenn es dazu käme, ich dort die Möglichkeit hätte, auch von anderen Erniedrigungen und Gesetzlosigkeiten zu sprechen, die wir in unserem Heimatland erleiden müssen. Aber ich habe keine Antwort bekommen, es ist still geworden. Die kompetenten Organe waren sich wahrscheinlich bewußt, dass nicht mein, sondern ihr Benehmen gesetzlos war.

Ein Jahr später, als ich nach vielem Anklopfen und Gesuchen endlich die Staatsbürgerschaft zurückbekam, hörte ich eine Bemerkung, aus der ich folgerte, dass zur Zurückgabe der Staatsbürgerschaft auch mein Brief vor einem Jahre mitgeholfen hatte.

Das hat mich gefreut, aber bald kam auch eine negative Folge der Staatsbürgerschaft. Ich habe vom Militärkreiskommando wieder einen Aufruf zur Musterung bekommen. Aber es wurde mir gestattet an der Musterung in Prag teilzunehmen. Ein Offizier des Militärkomitees war dort ein wohlwollender Mensch. Sie erforschten den Grund meiner Verspätung, warum ich erst jetzt zur Musterung käme. Ich skizzierte ihnen den Wirrwarr der Ereignisse in meinem Heimatdorf in der Vorkriegs und Kriegszeit und bat sie, die Zeit, die ich in der Gefangenschaft verbracht hatte, für Militärdienstzeit zu erklären. Sie berieten sich, und weil sie wohlwollend verstanden haben, dass ein zweijähriger Militärdienst unter meinen Umständen für mich katastrophal wäre, sind sie meiner Bitte nachgekommen. Das war für mich sehr beruhigend, aber diese wohlwollende Hilfe hatte in den neunziger Jahren die Folge, dass ich die Entschädigung, die diejenigen bekamen, die in die Sowjetunion deportiert waren, nicht bekam. Begründung der Abweisung der Entschädigung war außer der Militärdienstsache, eine angebliche Nachforschung des slowakischen Justizministeriums nach meinen persönlichen Angaben in der Sowjetunion. Bei dieser hat das Justizministerium angeblich festgestellt, dass ich mich dort im März 1947 für einen Staatsbürger des Staates Israel deklarierte. Als ich die Ablehnung meiner Entschädigung vom Justizministerium bekam und sah, dass eine Begründung der Ablehnung meine, im März 1947 deklarierte Staatsbürgerschaft im Staat Israel war, musste ich auf diese schriftliche Mitteilung des slowakischen Justizministeriums und zu seinen geschichtlichen Kenntnissen schriftlich gratulieren. Wie bekannt, existierte Israel als Staat fast 2000 Jahre nicht und wurde erst im Mai 1948 gegründet. Ich war also Staatsbürger eines nicht existierenden Staates. Und in meiner Heimat war ich heimatlos.

Nestbau

Während des Schuljahres schien der gewünschte Nestbau ein Traum zu sein. Gegen Ende des Sommersemesters, in den Wochen der Semesterprüfungen, ließ ich ein Inserat in der evangelischen Zeitung: „Kostnické Jiskry" mit folgendem Text veröffentlichen: „Student der Theologie, der im Sommer heiraten möchte, sucht ein einfaches, möbliertes Zimmer, ab September." Ich war gespannt, ob sich jemand meldet, und groß war meine Freude, als mich im Studentenheim ein altes Ehepaar besuchte. Sie waren bereit, ihr Zimmer in Untermiete zu geben, aber vor allem wollten sie mich kennen lernen und die Sache der Untermietung besprechen. Beim Gespräch drückten sie aus, dass sie uns ihr bescheidenes Zimmer gern zur Verfügung stellten. Sie wollten sich mit dem zweiten Teil der Wohnung, mit der Küche begnügen, wo man auch wohnen konnte. Aber in das Zimmer konnte man nur durch die Küche gehen. Diese Möglichkeiten waren also wirklich sehr bescheiden, aber das alte Ehepaar war mir ganz sympathisch und ich freute mich, dass wir in der fremden Großstadt Wohnung fanden, also Nestbau anfangen konnten. Aber meine Zeit war begrenzt. Ich habe auch die letzte Semesterprüfung bestanden und die Fahrkarte gekauft, um mit dem Nachtzug heimzufahren. Ich habe das Angebot des Ehepaars, ohne die Wohnung zu besichtigen, angenommen. Ich musste mich beeilen die angefangene Übersetzung für Professor Řičan noch fertigzumachen, um mit dem Nachtzug reisen zu können.

Zu Hause besprach ich mit dem älteren Bruder die sommerliche Arbeitsmöglichkeit beim Fabrikbau, und eilte nach Bacska zu meiner

Braut. Sie war froh, dass wir in Prag eine Wohnung bekommen konnten. Aber sie war auch besorgt, weil ihr Bruder noch keine Brautkandidatin suchte. Ich war aber noch mehr besorgt, weil sie abgehetzt, mager, blaß und schwach war. Das waren für mich dringende Zeichen, daß ich meine Braut nicht länger zu Hause lassen durfte. An einem Sonntagabend luden wir die nächsten Verwandten zu einer familiären Begegnung ein, und dort habe ich ihnen mitgeteilt, dass wir im August heiraten und nach der Hochzeit nach Prag fahren würden. Ich bat sie, dass sie nach unserer Abfahrt die Arbeit im „verwaisten" Haushalt untereinander teilen und die Familie nicht allein lassen möchten. Die Verwandten versprachen ihre Hilfe, und sie haben es auch gehalten. Unter diesen Umständen fühlte sich der Bruder meiner Braut verpflichtet, jemanden zu suchen, um mit ihr eine eigene Familie zu gründen. Der Schwager war mir für diese Methode etwas böse, aber später dankte er mir dafür. Nach einem Jahr hatte er seine Frau auch gefunden. Sie haben ein schönes Eheleben geführt und drei Kinder erzogen.

Unsere Hochzeit war eine stille Familienfeier. Wir freuten uns, dass unsere Brüder, Cousine und Onkel mit uns zusammen feierten. Onkel Lajos sprach am Abendbrot-Tisch von meinem harten Lebensweg und meinen Kämpfen und hat mich lächelnd gefragt, ob ich rechnen kann. Er wollte mich damit darauf aufmerksam machen, – was ich sowieso wusste – dass ich den Kampf noch mit vollem Elan fortsetzen müsse. Ich hatte noch keinen Beruf. Permanent arbeiten konnte ich nicht, weil ich studieren musste. Mit einer Unterstützung von den Eltern konnten wir auch nicht rechnen, weil meine Eltern schon gestorben waren. Die Mutter meiner Frau ist schon lange tot und ihr Vater als müder alter Mensch kämpfte mit der schweren wirtschaftlichen Lage unserer Nachkriegszeit: An diese Dinge dachte der Onkel, als er fragte, ob ich rechnen könne. Er wollte mich aber nicht erschrekken und mir den Mut nehmen, sondern ermuntern zum Ausharren in einem guten Kampf, wenn ich unter meinen Umständen eine eigene Familie und Wohnung haben wollte. Ich antwortete auch lächelnd dem Onkel, dass ich kein Mathematiker sei, aber mein Rechnen habe auch in meinem bisherigen Leben einen festen Grund gehabt: Gott. Meine feste Burg und fester Grund ist Gott. Er hat sich immer als fester Grund erwiesen. Er gab mir schon zweimal Genesung, als mein Zustand auch die Ärzte für hoffnungslos hielten. Er gab mir Glauben, Hoffnung und genügend Kraft zum Kampf auch inmitten solcher Umstände, die menschlich gesehen unlösbar aussahen. Er befreite mich aus der Gefangenschaft, er schenkte mir meine Frau, meine Etelka, obschon sie vor zwei Jahren eine Zeitlang selber die Hoffnung aufgegeben hatte, meine Frau werden zu können. Auch jetzt rechnete ich mit seiner Hilfe, darum konnten wir mit Hoffnung ein gemeinsames Leben beginnen.

Wie ich jetzt, nach einem halben Jahrhundert auf unseren Lebensweg zurückblicke, kann ich mit dankbarem Herzen sagen; ich habe gut gerechnet. Vieles ist seitdem mit mir, mit uns, geschehen. Wir haben heitere, freudevolle Zeiten gehabt, aber auch schwere Kreuze und Trauer. Aber wir erfuhren in allen schweren Lagen und Bitterkeiten auch die fürsorgende und Tränen trocknende Liebe Gottes.

* * *

Nach der Hochzeit brachte ich meine Frau mit Freude nach Prag. Unser Zimmer befand sich in einem 300 jährigen alten Haus, in Praha-Žižkov. Das tschechische Ehepaar bereitete uns einen freundlichen Empfang. Sie führten uns in unser Zimmer und zogen sich zurück in ihre Küche-Wohnung. Wir waren mit dem Nachtzug nach Prag gefahren und als wir in das Zimmer eintraten, – wie wenn es für unseren Empfang vorbereitet wäre – schlug die alte Wanduhr eben neun Uhr. Ihre weiche, schöne Melodie erfüllte das puritanisch einfache Zimmer. Neben der Wanduhr hing aber etwas an der Wand, das für uns keine gute Überraschung war. Es war ein schöngerahmtes Bild, auf dem uns der vorherige Präsident der Tschechoslowakischen Republik, E. Beneš anlächelte. Meine Frau und ich steckten unsere Köpfe zusammen, ich hängte das Bild wortlos vom Nagel ab und stellte es hinter den Schrank mit dem Gesicht zur Wand. Als am nächsten Abend das Ehepaar aus der Küche uns besuchte, blickten sie überrascht auf die Wand. Sie haben kein Wort gesagt, aber ihre Frage war an ihrem Gesichtsausdruck abzulesen: Wo ist das Bild? Ich musste auf ihre wortlose Frage antworten und beruhigte sie, dass das Bild nicht verloren sei, wir hatten es unversehrt auf einen anderen Platz gestellt. Ich zeigte ihnen den neuen Platz hinter dem Schrank. Dann erklärte ich ihnen freundlich, dass wir begreifen, wenn sie, als gute tschechische Patrioten, ihren früheren Präsidenten ehrten. (Den damaligen, den kommunistischen Präsidenten ehrte die große Mehrheit der Tschechen nicht.) aber uns, Ungarn, die in diesem Land leben, habe ihr Präsident sehr gedemütigt. Nach dem ersten Weltkrieg, als er den siegenden Großmächten die Zersplitterung des historischen Ungarn riet, wollte er auch unser, von Ungarn bewohntes Territorium, ohne das ungarische Volk zu fragen, zu der neuformierte Tschechoslowakei schlagen. Die Forderung des Volkes, eine Volksabstimmung durchzuführen, wurde abgelehnt. Und jetzt, nach dem zweiten Weltkrieg hat er unserem Volk viel Leid verursacht mit seiner verlogenen Politik. Seine Dekrete stempeln nicht nur die Sudetendeutschen, sondern auch die Ungarn in der Slowakei zu kollektiven Sündern. Aufgrund dieser Theorie wurden Tausende Ungarn in der Slowakei, nur weil sie Ungarn sind, in der kalten Winterzeit in Viehwaggons nach Tschechien deportiert. So sind wir in unserem Heimatland heimatlos geworden. Uns hat ihr Präsident viel Leid gebracht und wenn wir in diesem Zimmer immer sein Bild sehen müssten, würden die Wunden des Leides, das er uns angetan hat, täglich aufgefrischt. Darum können wir das Bild nicht an der Wand lassen. Unsere Hausherren schauten mich zuerst streng, dann milder an, und am Ende trockneten sie ihre Tränen. Sie kannten unsere wirkliche Lage nicht. Ihr Präsident hat ihnen die durchgeführten ethnischen

Reinigungen und Deportationen begründet als gerechte Strafe der gefährlichen fremden Eindringlinge.

Wir freuten uns, dass das Ehepaar uns verstanden hatte, und dass sie uns für die Wegnahme des Bildes nicht böse waren. Unsere menschlichen Kontakte wurden dann immer wärmer und brüderlicher. Als wir einige Jahre später, als wir schon in der Ostslowakei lebten, dieses Ehepaar in Prag besuchten, war das Bild von Beneš nicht an der Wand. Sie wollten mit uns solidarisch bleiben.

Meine Frau war aber so schwach, dass ich sie gleich in den ersten Tagen zu einer ärztlichen Untersuchung bringen musste. Die Diagnose war: Asthenia gravis, schwer geschwächt. Sie mußte gleich im Krankenhaus bleiben, wo sie vor allem Roboranzen, Stärkungsmittel bekam. Nach dreiwöchiger intensiver Behandlung nahm sie etwas zu, war etwas stärker geworden und konnte heimkommen. Nach drei Monaten fühlte sie sich schon wesentlich besser und wollte schon Mutter werden. Es hat mich gefreut, aber ich wusste, dass es uns weitere Probleme bringen würde. Ich wollte damit lieber bis nach der Promotion warten, doch bin ich ihrem Wunsche gefolgt. Auch diese Monate, das Warten auf das neue Leben bleibt eine unvergeßliche Zeit unseres Lebens. Aber wir mussten überlegen, wo wir im Zimmer für den Babywagen Platz finden konnten. Es tauchte auch die Frage auf, ob das alte Ehepaar das Weinen des Kindes ertragen würde? Von ihnen trennte uns nur eine dünne Tür. Wir wussten, dass die einzige Lösung für uns eine eigene Mietwohnung wäre, aber die Verwirklichung dieser Idee schien undurchführbar zu sein. Ich habe trotz meiner vielen Verpflichtungen etwas Zeit der Wohnungssuche gewidmet. Als die Lage schon völlig hoffnungslos war, gab mir ein Referent des Wohnungsbüros einen guten Rat. Wie überall im Lande, so auch in Prag, fing in jenen Wochen die kommunistische Macht an, die privaten Unternehmungen zu liquidieren. Den privaten Geschäftsinhabern und Gewerbeleuten haben sie die Gewerbebewilligung entzogen.

Auch in Prag vermehrten sich die gezogenen Rolläden und geschlossenen Werkstätten.

Dem Beamten des Wohnungsbüros war ich darum so bekannt, weil ich ihr Büro oft besucht hatte und sie bat, uns zu helfen. Die Beamten zeigten mir nicht nur die langen Namenregister deren, die auf eine Wohnung warteten, sondern auch, welches Gesuch an jenem Tag günstig ausgerichtet war. So konnte ich mich überzeugen, dass die Lage sehr schwer war, wenn die Bewerber mehr als drei Jahre warten mussten. Wir wollen nicht mehr so lange in Prag bleiben und eine Wohnung möchten wir dringend, möglichst vor der Geburt unseres Kindes, bekommen. So machte mich ein Referent aufmerksam, dass es noch eine Möglichkeit gäbe: Aus den geschlossenen Geschäften oder Werkstätten Wohnungen zu machen. Diese Möglichkeit könnten diejenigen ergreifen, die die Arbeit des Umbaus selber unternahmen. Das notwendige Baumaterial musste der Bewerber beschaffen und die Arbeit durchführen. Nach der Beendigung des Umbaus komme ein Koladationskomitee, und wenn es alles in Ordnung fünde, könne der Bewerber dort wohnen. Die Rechnung des Baumaterials würde dann von dem Wohnungsbüro zurückbezahlt. In jener Zeit gab es aber einen allgemeinen Baumaterial–Mangel und die Beschaffung der meisten Baumaterialen war sehr schwer. Aber um schnell eine Wohnung zu bekommen, übernahm ich diese Aufgabe. So bekamen wir die Bewilligung zum Umbau einer liquidierten Drogerie. Meine Frau und ich machten von der durchzuführenden Arbeit eine Skizze und rechneten aus, was und wieviel Material wir dazu brauchen würden. Dann brachen wir auf, um dieses zu beschaffen. Das war keine leichte Aufgabe, aber wir mussten uns anstrengen. Zum Glück, brauchten wir nicht viel Baumaterial und obwohl wir Hindernisse ausräumen mussten (Korruption), ist es uns gelungen, die notwendigen Dinge; Sand, Zement, Ziegel, Kalk, und ein passendes fertiges Fenster zu beschaffen. Wir mussten zuerst die Eingangstür der ehemaligen Drogerie demontieren und die so entstandene Öffnung zumauern. Neben der Tür war die Auslage mit Rolladen. Diese musste man auch herausnehmen, die Öffnung teilweise untermauern und das Fenster einlegen und zumauern. Zur Facharbeit fand ich einen alten Maurer, und ich war der Hilfsarbeiter. Das Streichen der Zimmer haben wir zusammen mit meiner Frau gemacht. Das hoffnungslose Wohnungsproblem wurde so für uns gelöst.

Groß war unsere Freude. Dieses gemeinsame Nest war ein gutes Ergebnis unserer gemeinsamen Arbeit. Aber wir hatten noch weitere ungelöste Probleme. Die Wohnung war leer. In der Wohnung befanden sich drei Lokale. Der größte Raum war der Raum der ehemaligen Drogerie von 6x6 m. Die zwei anderen Lokale machten zusammen 20 m^2 aus. Alle drei Lokale konnten wir nicht einrichten. Vor dem Möbelkauf merkten wir uns die einfachen Inserate in etlichen Fenstern. So fanden wir Möbel, die wir teilweise lebenslang gebrauchen können. Diese Möbel verkauften alte Ehepaare, deren Kinder schon „ausgeflogen waren" und die deshalb nicht mehr die große Wohnung bewohnen konnten und in eine kleinere Wohnung gehen mussten. Einen Teil ihrer Möbel mussten sie also verkaufen. So konnten wir alte, aber schöne und billige Möbel kaufen.

* * *

An der Fakultät wurde uns mitgeteilt, dass am nächsten Montag leitende kirchliche Persönlichkeiten aus Ungarn unsere Fakultät besuchen würden. Einer von ihnen, der Bischof von Budapest, bekäme von unserer Fakultät den Titel, Dr. honoris causa. Wir hörten diese Nachricht mit Freude und auch unsere kleine ungarische Gruppe wartete auf die Ankunft der ungarischen Gäste. Die Liquidation der theologischen Fakultät in Sárospatak lag den Theologen, die aus Sárospatak kamen, sehr am Herzen. Nach einem Vortrag an der Fakultät fragten sie den Bischof, warum sie unsere Fakultät in Sárospatak liquidieren ließen. Die Antwort des Bischofs, dass das Niveau der theologischen Fakultät in Sárospatak niedrig war, hat uns sehr traurig gemacht. Die

Wahrheit ist, dass diese Fakultät durch Jahrhunderte hindurch auch im Ausland eine anerkannte, hochgeschätzte Schule war. Wir ehemaligen Studenten aus Sárospatak antworteten auf diese Beleidigung so, dass wir am nächsten Tag nicht am Vortrag des Bischofs teilnehmen wollten. Dasselbe haben aus Solidarität auch viele tschechischen Studenten getan. Die Leitung unserer Kirche in der Slowakei bestrafte uns für diese Tat so, dass sie uns die Legation verboten hat. Diese Strafe hat uns sehr empfindlich berührt, weil die Legation uns wichtig war. Bei diesen Anlässen konnten wir uns mit unseren Gemeinden treffen, und mit unseren Leuten persönliche Kontakte pflegen. Das war für uns nötig, weil unsere Kirchgemeinden von Prag etwa 500 – 850 km entfernt sind, und wir nur selten zuhause sein und ihnen dienen konnten. Auch das Geschenk der Gemeinden für die Dienste hatten wir alle nötig, ich besonders, weil ich mit keiner elterlichen Unterstützung rechnen konnte und verheiratet war. Mein Nestbau ist auch dadurch motiviert, dass wir ein Heim haben wollten. Das aufrechterhalten, ist für uns nicht leicht, aber die Theologie verlassen, um bessere finanzielle Möglichkeiten zu haben, wollte ich nicht, weil ich mich für diesen Dienst berufen fühlte. Das Verbot unserer Kirchenleitung vermehrte die Hindernisse auf unserem Lebenswege. Die Pfarrer der Kirchgemeinden durften den Legationsdienst der Theologen nicht empfangen, wenn sie für diesen Dienst keine Bewilligung von den staatlichen Behörden bekamen. Aber diese Dienstbewilligungen sollten die Theologen (und Pfarrer) durch die kirchliche Leitung bekommen. Und stattdessen gaben sie uns Verbote.

Ich überlegte mir lange, wie ich trotz dieses Verbotes in den Kirchgemeinden als Legat, Gesandter dienen konnte. Ich versuchte dann, einen von den Professoren um Hilfe zu bitten. Professor Novotný, der das bekannte biblische Wörterbuch herausgab und der den Lehrstuhl der praktischen Theologie innehatte, war ein sehr seriöser Mensch. Zu ihm bin ich gegangen, erzählte ihm mein Problem und bat ihn, dass er mir, als Professor der praktischen Theologie, ex Cathedra ein Aussendungs-Befehl geben möge. Inhalt dieses Befehls sollte sein, dass ich im Rahmen der praktischen Theologie verpflichtet bin, in der Ostslowakei Predigtdienste zu absolvieren. Der Professor hat sich gefreut, dass ich in meiner Bedrängnis diese Notlösung fand, gab mir den gewünschten Befehl und gab darauf den Stempel der Fakultät. Mit diesem „halblegalen Dokument" diente ich dann in unseren Gemeinden.

* * *

Eines Tages bekamen wir eine Freudenbotschaft vom Bruder meiner Frau. Er hatte seine zukünftige Frau gefunden und lud uns zu ihrer Hochzeit ein. Wir freuten uns und wollten dorthin fahren, aber waren nicht sicher, ob meine Frau auf eine so lange Reise noch aufbrechen durfte. Wir haben ihren Arzt, der ihren Zustand regelmäßig kontrollierte, gefragt, ob sie noch reisen könne. Der Arzt schaute ihre Papiere an und sagte, dass wir noch ruhig reisen könnten, es wäre noch 1 Monat bis zur Geburt. Wir brachen also auf. Für uns war es gut mit den Familienmitgliedern und Verwandten zusammenzusein. Aber ich war doch etwas unruhig, und nach der Hochzeit beeilten wir uns nach Prag zurück zu kommen, wo wir unsere Wohnung hatten. Am nächsten Tag bekam meine Frau Geburtswehen und einige Stunden später ist unsere Tochter geboren. Sie bekam dann den Namen nach der Mutter Etelka. Der Arzt hat sich also geirrt.

An der Fakultät waren die Dinge in Ordnung und abends, oft auch in den Spätnachtstunden machte ich die Übersetzungen der ungarischen Dokumente. Auch die Sommerferien verbrachten wir in Prag. Es war mir gelungen, für die ganze Ferienzeit Arbeit auf dem Bahnhof-Praha-Smíchov zu bekommen, wo man damals eben einen großzügigen Umbau begann. Meine Arbeit war schwer genug, aber ich – jetzt schon auch als Familienvater – habe diese gern gemacht. Nach dieser Tageschicht habe ich immer etwas Pause gemacht und in den Abendstunden konnte ich auch an den Übersetzungen weiter arbeiten.

Es schien uns, dass meine Studienzeit immer schneller vorbeiging. Wir freuten uns, dass unsere Tochter sich entwickelte. Unsere ersten Wohnungsgeber, das alte tschechische Ehepaar, besuchte uns oft. Und als unsere kleine Tochter schon zu sprechen anfing, haben sie sich gewünscht, dass unsere Tochter sie babička und dědeček, also Großmutti und Großvati nennen sollte. Ihre Freude war groß, wenn unsere kleine Etelka sie so anredete.

Unsere Wohnung wurde zeitweise auch Begegnungsort meiner ungarischen Thelog-Freunde. . Meine Frau bereitete ihnen ein ganz einfaches Gastmahl, geröstetes Brot und Tee, und nachher diskutierten wir immer unsere Probleme.

Sehr lieb waren mir auch die regelmäßigen Begegnungen mit den deportierten Ungarn in Klašteřec nad Ohři. Sie freuten sich, dass sie ungarische Gottesdienste besuchen konnten. Für die Kinder habe ich Sonntagschule gehalten, sie waren sehr brav. Auch den Unterricht der Konfirmanden habe ich angefangen, aber für mich war es eine beunruhigende Frage, ob diese Arbeit fortgesetzt werden konnte, wenn ich das Studium in Prag beenden und in der Slowakei dienen werde.

Meine Frau konnte sich nicht gut genug ausruhen nach der Ermüdung und Abhetzung im Vaterhaus, Es zeigten sich unangenehme Nachwirkungen, und der Arzt hat ihr eine Heilbadekur in Karlové Vary – Karlsbad angeordnet. Eben in jenen Wochen absolvierte ich die letzten Prüfungen. Es war eine gespannte Zeit, weil ich überaus viel zu tun hatte und meine Frau auch nicht zu Hause war. Aber die tschechische „Großmutti“ und eine ungarische alte Frau trugen Sorge um unsere kleine Etelka. Sie haben uns diese Hilfe ganz freiwillig und sehr gern gegeben. Die Badekur für meine Frau dauerte sechs Wochen und so konnte sie an der Abschlußfeier nicht teilnehmen.

Gegen Ende des Studiums tauchte immer häufiger bei uns die Frage auf, welchen Arbeitsplatz, welche Gemeinden uns unsere Kirchenleitung geben wird. Ich wollte nicht permanent in Prag bleiben, und darum nahm ich das Angebot von Professor Ričan nicht an, sein Assistent zu bleiben und dann als sein Nachfolger an seinem Lehrstuhl seine Arbeit fortzusetzen. Aber als ich den miserablen Zustand unserer deportierten, in Tschechien zerstreuten Brüder sah, beschäftigte mich der Gedanke immer mehr, dass wir eine Zeitlang doch in Prag bleiben sollten, und von dort aus würde ich als reisender Hirte der zerstreuten Herde den Seelsorgerdienst ausüben. Meiner Meinung nach, muss der Dienst an den zerstreuten Gruppen unserer Brüder und Schwestern, eine der wichtigsten Aufgaben unserer Kirchenleitung sein, und zu diesem Dienst möchte ich ihre Unterstützung bekommen. Unsere Wohnung in Prag, die wir sehr schwer beschafft hatten, wäre ein guter Ausgangspunkt zu diesem Dienst. Gleich nach der Deportationen der großen ungarischen Gruppen hat ein Pfarrer diesen Dienst angefangen, aber das war eine „halblegale," fast private Unternehmung, und dieser Dienst war ihm nach einigen Monaten verboten worden. Hinter dem Verbot stand die kommunistische politische Macht, aber wahrscheinlich nicht unmittelbar, sondern durch die kirchliche Leitung. Ich habe diesen Dienst mit Liebe gemacht, aber weil ich dafür keine Bewilligung von unserem Bischof erhalten hatte, war die Lage für mich gefährlich.

Ich habe gleich meinen deportierten Freunden gesagt, dass ich ihnen nur in meiner Prager Studienzeit dienen könne, aber nachdem ich in Prag Wohnung bekam und die Studienzeit schon sehr kurz war, sagte ich dem Bischof, dass ich für den Seelsorgedienst an den Deportierten noch eine Zeitlang bleiben würde, aber er hat diese Idee verworfen. Sein Amt war von der politischen Macht abhängig und wir lebten unter doppelter Unterdrückung. Wir waren unterdrückt als Kirche, aber auch als Ungarn. Diese ungarische Mission in Tschechien zu verlangen, könnte sein Bischofsamt kosten. Das Amt wollte er aber behalten, und die Seelsorge der zerstreuten kleinen ungarischen Gemeinden blieb ungeordnet. So kam es, das diese zerstreuten Gruppen ohne Pastor, ohne Seelsorge geblieben sind, und deshalb mussten sie sich in den kommunistischen Jahrzehnten so geistig, wie auch sprachlich mit dem Fluß der Mehrheit mitreißen lassen.

Die ersten Dienststellen

Nach dem Absolutorium des Studiums an der Fakultät mussten wir noch 6 Monate in Prag bleiben, weil mir das Prüfungskomitee unserer Kirche erst nach 6 Monaten die Kaplansprüfung anordnete, und ohne diese Prüfung konnte ich den Dienst nicht anfangen. Unter diesen Umständen spürten wir wieder, was es für ein großer Segen war, dass wir in Prag eine Wohnung hatten und ich auch Arbeit bekam. Sonst hätten wir wieder unlösbare Probleme gehabt. Professor Ričan hat sich gefreut, dass wir noch in Prag bleiben mußten, weil er in den Archiven der Pfarrämter neue ungarische Dokumente fand, deren Übersetzung er noch für sehr nötig hielt.

Als ich dann die Prüfung absolvierte, bekam ich die Anordnung, den Dienst in Kistárkány und Umgebung zu beginnen. Es freute mich, dass ich den Dienst anfangen konnte, aber es hat mir Leid getan, dass ich es in den genannten Gemeinden tun sollte. Selbstverständlich wollte ich gehorsam sein, aber diese Gemeinden waren Dienststellen des Bezirksdekans. Den Dekan aber hatte die kommunistische Macht vor einigen Wochen abgeholt, und bis dahin in Untersuchungshaft gehalten. Seine große Familie war selbstverständlich im Pfarrhaus geblieben. Ich kannte den Dekan und hoffte, dass er nach der Untersuchungshaft freigelassen wird. Darum bat ich so sehr unseren Bischof, mich nicht in die Gemeinde des Dekans zu schicken, denn seine Familie wartet mit Hoffnung auf seine Heimkehr. Ich war schon verheiratet, wir hatten eine zweijährige Tochter, und unsere gute Wohnung in Prag wollte ich nur aufgeben, wenn ich anschließend eine Dienstwohnung bekommen könne. In unserer Kirche gab es damals eine Menge von Gemeinden ohne Pfarrer, wo die Pfarrhäuser leer waren und die Gemeinden einen Pfarrer haben wollten. Wenn ich unsere schwer erkämpfte Wohnung in Prag aufgebe, muss ich diese leer machen und die Möbel muss ich 800 km transportieren lassen. Ich wollte aber nicht in eine Dienststelle gehen, wo die Dienstwohnung besetzt war. Meine Bitte wurde aber außer Acht gelassen. Diese Umsiedlung war für uns auch finanziell über unseren Möglichkeiten. Die Kirchgemeinde hatte neben dem Pfarrhaus ein anderes Haus, das einst Wohnung des Kantors war. Dieses Haus war aber auch besetzt. Als wir mit unseren Möbeln ankamen, waren wir obdachlos. Die Kirchgemeinde sollte uns einen Platz geben, aber sie konnte schwer im alten Kantorhaus ein Zimmer freimachen, wo wir unsere Möbel abladen konnten. In diesem Zimmer konnten wir unsere Möbel nur so unterbringen, dass wir dieselben aufstapeln mussten. Aber wir blieben ohne Wohnung. Ich habe den Dienst angefangen, aber um Unterkunft mussten wir unsere Verwandten in der Umgebung bitten. In Királyhelmec wohnte mein Bruder Géza mit seiner Familie, und in Bacska der Vater und Bruder meiner Frau. Diese Ortschaften waren von meinen Dienststellen 9 – 14 km weit entfernt. Meine Frau und Tochter blieben bei den Verwandten und ich überbrückte die Entfernung täglich zu Fuß oder mit einem geliehenen Fahrrad.

Nach drei Wochen hat man den Dekan freigelassen und er konnte heimkommen. Man brauchte mich dort nicht mehr. Wir hatten die Hoffnung, dass ich jetzt schon eine Gemeinde bekomme, wo auch das Pfarrhaus leer ist und wir Wohnung haben werden. Aber es geschah etwas anderes. Die Möglichkeit, eine Dienstwohnung zu bekommen war uns nicht vergönnt. Ich bekam den Befehl, meine Dienste in zwei anderen Gemeinden fortzusetzen, die von meiner ersten Dienststelle 110 km weit entfernt waren (Magyarböd und Petöszinye). Dorthin konnte ich mit dem Zug und Autobus fahren. Zu Fuß mußte ich nur 5 – 6 km gehen. In diesen Gemeinden diente schon ein junger Pfarrer, der dort als Kaplan den Dienst anfing. Aber nach der letzten Prüfung ist er wählbar geworden, und in den Wochen des Wahlprozesses darf der Pfarrer nicht in der Gemeinde sein, um die Wahl nicht beeinflussen zu können. Liturgische Sprache in der ersten Gemeinde war die ungarische und in der zweiten Gemeinde die slowakische Sprache. Drei Tage in der Woche verbrachte ich in diesen Gemeinden, weil man den Konfirmanden in den Wochen vor der Konfirmation mehr Zeit widmen muß. Ich bekam dort Unterkunft bei einer Familie, wo der Sohn der verwitweten Mutter in Ungarn mein Mitschüler war. Die anderen Tage der Woche verbrachte ich in den Gemeinden meiner ersten Dienststelle, weil der heimgekommene Dekan nach der Untersuchungshaft schwach war, und den Unterricht der Konfirmanden sollte ich auch dort fortsetzen.

Dieser Zustand dauerte 5 Monate. Dann bekam ich den Befehl in Legenye und Umgebung, also etwa 60 km westlich, den Dienst anzufangen. Die Gemeinde empfing uns mit Freude und Liebe. Sie freuten sich, einen Geistlichen haben zu können. Auch wir freuten uns, dass wir endlich Wohnung, und selbstständige Dienstmöglichkeit bekamen. Neben der Stammgemeinde sollte ich noch in vier weiteren Gemeinden dienen. Das Pfarrhaus war ein jahrelang nicht bewohntes sehr altes Haus, aber die Menschen waren durstig nach dem Wort Gottes. Wir fühlten uns unter ihnen wohl und haben uns angestrengt, unsere Sendung gewissenhaft zu erfüllen. Auch mit den älteren Pfarrern der Umgebung haben wir liebevolle freundliche Kontakte gehabt.

Auf mich wartete noch eine letzte Prüfung, um wählbar zu werden. Nach zweijähriger Dienstzeit habe ich diese Prüfung abgelegt. Wir sollten entscheiden, ob wir dort bleiben und mich wählen lassen wollen, oder wir empfangen die Einladung von einer anderen Gemeinde. Es war für uns eine schwere Entscheidung. Wir haben unsere Gemeinden lieb gehabt und sie uns auch. Die Gemeinden haben ihre Liebe oft in berührender Weise ausgedrückt. Unsere Gläubigen in den Gemeinden, wo ich diente, waren Ungarn, aber die Mehrheit der Bevölkerung waren dort überall Slowaken. Auch in unserem Dorf gab es nur eine slowakische Schule. Wir wollten unsere geistige und ethnische Erbschaft unseren Kindern weitergeben, und dazu brauchen die Kinder eine Grundschule, wo sie das elementare Wissen in der Muttersprache erlernen können. In jenem Dorf ist unser zweites Kind, der Sohn geboren, der den Namen Árpád – Bertalan bekam. Nach der Tochter die in Prag geboren ist, erbat meine Frau von Gott einen Sohn. Wir haben von ihm auch dieses Geschenk bekommen.

Dienststationen nach der Wahl

Wir wollten unsere Kinder nicht von dem reichen, geistigen und literarischen Schatz unseres Volkes trennen und wollten die Einladung nur von einer Gemeinde empfangen, wo sie das Fundament der Kenntnisse in der Schule in der Muttersprache bekommen konnten. So ließ ich mich in die Kirchgemeinde Csicser wählen. Wir nahmen Abschied von Legenye und Umgebung, und im Juni 1957 begann ich den Dienst in dieser, und zwei anderen Gemeinden. Mein dortiger Vorgänger starb vor drei Jahren. Er war ein liebenswürdiger, warmherziger, treuer Pfarrer, aber sein Herz war krank und er lebte dort nur drei Jahre. Die Gemeinde musste mehr als zwei Jahre auf unsere Ankunft warten. Das Pfarrhaus war ein sehr altes Haus, mit nassen, Salpeterkristallen "geschmückten" Wänden. Die Wohnung war also ungesund. Die Mauer der Kirche trug noch die Spuren des Mienenfeuers der Kriegsjahre in sich. Das alte Gemeindehaus im Kirchengarten befand sich in einem ganz schlimmen Zutand. In diesem Haus wohnte am Anfang des 20. Jahrhunderts der Kaplan des Bischofs Dr. S. Magda, der in Csicser diente. Alles wartete auf eine Erneuerung. Die Menschen waren auch dort freundlich, aber viel kühler als in unseren vorigen Gemeinden. Der Pfarrermangel wurde in den Kirchgemeinden immer größer, darum musste ich außer der Stammgemeinde auch in zwei anderen Kirchgemeinden dienen.

In Cicser begannen wir die äußere und innere Restaurierung der Kirche. Das Tragen der finanziellen Lasten war sehr schwierig. Es fehlte die Aktivität der Gemeindevorgesetzten. Man musste auch mit der Firma kämpfen, die die Durchführung der Restauration übernahm, weil sie das Projekt und den finanziellen Vertrag oft außer Acht ließ. Wegen dieses Umstandes dauerte die Restauration fast zwei Jahre.

Die Arbeit mit der Jugend freute uns sehr. Es ist uns gelungen, die zerstreuten Jungen zu sammeln. Wir haben an den Bibelabenden mit den Jungen interessante und tiefgreifende Gespräche geführt. Später konnten wir auch einen Jugendchor zustande bringen. Aber die politische Macht hat meine seelsorgerliche und besonders die Jugend und Kinderarbeit übel genommen. Immer öfter bekam ich „Besuche" von den politischen Behörden. Mehrmals sagten sie mir, wenn ich die Zukunft unserer Kinder nicht gefährden will, soll ich die kirchlichen Aktivitäten reduzieren und die Kinder und Jugendarbeit allmählich weglassen. Sie sagten, dass ich die Kinder und Jugend gegen den Staat erziehe und dass das für mich schwere Folgen haben würde. Sie sagten, dass der Staat die junge Generation in atheistischem Geiste erziehen wolle. Über der Eingangstür der Schule auch in unserem Dorf war ein Transparent mit dem Text: „Wir erziehen eine kommunistische Jugend".

Bei so einem Besuch benahmen sich die politischen „Gesandten" besonders grob und gaben mir den Befehl, meine kirchliche Aktivität grundsätzlich zu ändern, sonst nähmen sie meine Dienstbewilligung weg. Da nahm ich die „Verfassung der Tschechoslowakischen Republik," und las ihnen den Artikel von der völligen Gewissens und Religionsfreiheit vor und fragte sie: „Im Geiste dieser Paragraphen kommen sie mich bedrohen? Sie sind die Wächter der Gesetze, und eben sie benehmen sich gesetzwidrig!" Auf ihren Befehl, dass ich die Jugendarbeit definitiv weglassen sollte, sagte ich ihnen: „Das ist nicht in Einklang mit der Staatsverfassung. Ich mache meinen Dienst auf Grund der kirchlichen Gesetze, die vom Staat bewilligt sind und auf Grund meines Gewissens. Aber wenn sie neue Gesetze konzipieren, geben sie es mir bitte schriftlich. Ich werde ihre Anordnungen in der Kirche vorlesen und so wird unser Volk zur Kenntnis nehmen, wie es in der Tschechoslowakei mit der Gewissens -und Religionsfreiheit steht". Selbstverständlich haben sie mir kein schriftliches Verbot gegeben.

Ich wollte nicht die Behörden provozieren und sie gegen mich stimmen, aber in der gegebenen Lage musste ich meinem Herzen folgen. So bin ich in den Augen der Parteiführung immer mehr unzuverlässig geworden.

Unsere Jugendabende beobachteten sie immer strenger. Oft haben wir wahrgenommen, dass jemand draußen am Fenster lauschte. Eines Abends war es zwei Jungen gelungen, aus dem Saal blitzschnell herauszutreten, und den lauschenden Mann zu ergreifen. Ich ging auch heraus und bat ganz höflich den gegriffenen Mann, in den Saal zu kommen. Ich habe ihm gesagt, dass er nicht draußen frieren müsse, wenn er neugierig ist, was der Pfarrer im Saal mit den Jungen bespricht. Er kann es im geheizten Saal mit den Jungen zusammen hören. Er könne zusammen mit den Jungen singen. Die zwei Jungen haben dann den Mann in den Saal geführt und ihm Platz angeboten. Den staatlichen Behörden war ich nicht bequem. Mir warfen sie vor, dass meine Kollegen in der Umgebung sich diplomatischer benehmen und sich den gesellschaftlichen Forderungen besser anpassen können als ich. Aber diese Behauptung bedeutete keine bewiesene Wahrheit. Diese Menschen waren bestrebt, die Pfarrer gegeneinander auszuspielen. Um ihr Ziel zu erreichen, haben sie ihre psychologisch bewährte Methode gehabt. Sie haben sich kundig gemacht über die familiäre Lage, die persönliche Begabtheit und die finanzielle Knappheit des Pfarrers. Die protestantischen Pfarrer, deren Kinder sich zu einem Hochschulstudium vorbereiteten, haben sie darauf aufmerksam gemacht, wenn sie auf den Zukunftsweg ihrer Jungen keine Hindernisse legen wollen, sie in ihrer kirchlichen Arbeit den „gut gemeinten Rat“ der staatlichen Organe ernstnehmen sollen.

Mein Rat den Eltern in der Sache der Schulung

In den ungarischen Siedlungen der Slowakei hat man schon in den fünfzigen Jahren des zwanzigsten Jahrhundert die Gründung der slowakischen Schulen angefangen. Das Verbot der ungarischen Schule war zwar aufgehoben, aber man wollte die ungarischen Eltern überzeugen, dass sie ihre Kinder in die slowakische Schule einschreiben lassen sollten. In den ersten Jahren war aber diese Sache sehr schwierig. Die Hauptparole bei der Organisierung der slowakischen Schulen war es: „Die Eltern, die ihre Kinder in der Slowakei zur Geltung verhelfen wollen, werden ihre Kinder in slowakische Schulen schicken." Bei dieser Kampagne wollten sie eben die protestantischen Pfarrer zu Hilfe rufen, die schulpflichtige Kinder hatten. Sie rechneten damit, dass das Beispiel des Pfarrers in den Dörfern in dieser Sache eine Anziehungskraft auf die Anderen ausüben könne. Weil wir auch schulpflichtige Kinder hatten, versuchte man auch mich zu „bearbeiten".

Eben in jenen Wochen erschienen viele Aufsätze in den Zeitschriften und Zeitungen über den berühmten tschechischen Pädagogen des 17. Jahrhunderts, A.J. Comenius –Komenský. Davon hatten wohl die Medien nicht gesprochen und nicht geschrieben, dass dieser bekannte Wissenschaftler ein Theologe war, aber sie rühmten sich mit diesem Pädagogen zu Recht. Seine psychologisch durchdachte, erfolgreiche Methode wollten viele in den verschiedenen Ländern kennen lernen, dass sie ihn in ihr Lehrinstitut einluden, um dort zu wirken. So verbrachte Comenius einige Jahre auch in Sárospatak, in Ungarn.

Als mich die staatlichen Organe in der Sache der slowakischen Schule besuchten, malten sie vor mir ein verlockendes Bild von einer

Zukunft, in der wir sorgloser leben und unsere Kinder zur Geltung kommen werden, wenn wir die Gründung der slowakischen Schule so unterstützen, dass wir unsere Kinder in die zu gründende slowakische Schule einschreiben lassen. Ich antwortete ihnen so, dass ich vor ihnen ein anderes Zukunftsbild projizierte von den Kindern, denen die Möglichkeit nicht gegeben wäre, die elementaren Kenntnisse in der Muttersprache zu erlernen. Das war eben das Zukunftsbild von A. J. Comenius – Komenský, der in seinen pädagogischen Erörterungen als Grundthese vorausschickte, dass die Eltern, die der Verletzung der Seele ihrer Kinder vorbeugen wollen, Sorge tragen müssen, dass ihre Kinder die Grundkenntnisse in der Muttersprache bekommen. Wenn die Eltern anders handeln, versündigen sie sich gegen ihre Kinder. Jede Sprache trägt eine tiefverwurzelte, geistige Erbschaft in sich. Mit der Muttersprache bekommt das Kind die geistige Erbschaft der Eltern. In solchem Sinne sagt man: „Die Sprache ist Geist" Das Kind, das sich die Grundkenntnisse vom Leben und der Welt in einer fremdsprachigen Schule beschaffen muß, ist losgelöst vom Boden seiner geistigen Erbschaft, die sein ganzes Wesen erfüllt. In einer fremdsprachigen Schule sind ihm am Anfang die Worte unverständlich, durch die es die Dinge, Begriffe und Gegenstände der Umwelt kennenlernen will. Das Kind also versteht nicht, was es lernen soll. Deshalb ist sein Kontakt mit seinem Lehrer unvollkommen, aber auch mit dem fremdsprachigen Mitschüler gestört. Dieser Zustand führt dann zur Isolation, zum Gefühl der Vereinsamung. Das Kind wird dadurch auf einen labilen Boden geraten und vielen negativen Entwicklungsmöglichkeiten unterworfen. Es ist wohl wahr, dass das Kind leichter lernt, als die Erwachsenen. Aber viel Unbekanntes in einer fremden Sprache kennenzulernen, braucht viel Zeit. Zuerst muß es die Bedeutung der Worte lernen, sonst kann es die Zusammenhänge der Dinge nicht in Einklang bringen. Und solange dieser Einklang fehlt, ist sein Wissen auf einen labilen Grund gebaut. Es fehlt der notwendigste Grund; die Sachkenntnis. Und den Abgrund dieser Fehler können auch die begabtesten Schüler nur schwer überbrücken. Die Sprache lernen sie, aber die Sachkenntnis ist lückenhaft. Darum muß man die Sachkenntnisse auf den festen Boden der Muttersprache bauen.

Dann erklärte ich noch diesen staatlichen Organen: Wir wissen, dass unsere Kinder die slowakische Sprache erlernen müssen. Wenn wir betonen, dass unsere Kinder die elementaren Kenntnisse in der Muttersprache bekommen sollen, wollen wir die Sprachkenntnisse unserer Kinder auf stabilen Grund legen. Ich berief mich auf meine Erfahrungen. Ich bekam einen festen Grund der Kenntnisse in der Muttersprache, und darauf kann ich auch fremdsprachige Kenntnisse bauen. Dann erzählte ich ihnen, dass wir nach der Epoche von Beneš unsere ungarischen Grundschulen schwer zurückbekommen haben, aber jetzt haben wir schon unsere eigenen Schulen, und in diesen Schulen lernen unsere Kinder obligatorisch auch slowakisch. Die Schüler in der Mittelschule können die slowakische Sprache in den meisten Fällen gut erlernen. Die ungarischen Studenten, die mit stabilen Sachkenntnissen an den Hochschulen weiterstudieren, beherrschen schon gut genug die slowakische Sprache, und diese können sie dort erfolgsreich aktivieren. Es ist statistisch bezeugt, dass diese Studenten an den Fakultäten wesentlich besser vorwärts kommen können, als diejenigen Studenten, welche die Sachkenntnisse in der slowakischen Grundschule bekamen.

Für meine Argumente habe ich kein Lob bekommen.

Diese Argumente sind auch im Dorf ruchbar geworden. Ich musste sie dann auch den Eltern wiederholen, die in Verlegenheit waren, denen es um die Zukunft und Geltung ihrer Kinder bange war. Darüber hinaus habe ich die Eltern darauf aufmerksam gemacht, dass unsere Kinder in der slowakischen Schule keine objektive geschichtliche und keine wirklichkeitstreue literarischen Kenntnisse bekommen. Wenn der Pädagoge nicht unparteilich unterrichten kann – die meisten können es nicht, – werden unsere Kinder eben durch diese Unterrichtsgegenstände von den – uns sehr lieben – geistigen und ethnischen Werten abgelenkt und so eigentlich gegen die Eltern erzogen. Ich habe den Eltern gesagt, dass wenn sie auf meinen Rat hören, werden sie dasselbe tun, was ich tue. Sie werden also ihre Kinder in die ungarische Schule einschreiben lassen. Sie haben es wirklich so getan, und bis heute gibt es im Dorf keine slowakische Schule.

Die politische Macht hat für diese Sache Rache genommen. Als endlich die Restauration unserer Kirche fertig wurde, haben sie die schon gegebene Bewilligung zum festlichen Dankgottesdienst zurückgenommen. Solche Veranstaltungen konnte die Kirche nur mit der Bewilligung der staatlichen Behörden verwirklichen. Auf mein schriftliches Gesuch bekamen wir die schriftliche Bewilligung, aber zwei Tage vor der geplanten Veranstaltung fuhren die Bezirks und Kreiskirchensekretäre zu uns ins Dorf, um die schon bewilligte Veranstaltung zu verbieten. Ich musste in der Anwesenheit der Kirchensekretäre den eingeladenen Kirchgemeinden in unserem Kreis telefonisch mitteilen, dass der geplante Dankgottesdienst „aus technischen Gründen" ausfällt.

Das geschah im J. 1959. Nach dem Kriege, als die Kriegswunden noch frisch und schmerzlich waren, gab es in unserer Kirche eine Erweckungsbewegung. Das Wort Gottes wirkte in diesem Zustand als heilender Balsam in vielen Familien, wo die Männer im Kriege oder in der Gefangenschaft starben oder die Familienmitglieder und Verwandten deportiert waren. Im J. 1948, als die Kommunisten im Lande die Macht ergriffen, wurden die Evangelisationsversammlungen verboten. Die einzige Versammlungsmöglichkeit, wo sich die Leute aus vielen Gemeinden versammeln konnten, war der Dankgottesdienst nach einer Restauration von kirchlichen Objekten. Darum waren diese Veranstaltungen von großer Bedeutung. Aber die Bewilligung dazu war unsicher. Diesen Dankgottesdienst hielt die politische Macht in meiner Gemeinde für unerwünscht.

Die politische Macht hat alles Mögliche getan, um die aktiven Pfarrer stiller zu machen, ihre Arbeit zu bremsen. Dieses Ziel zu erreichen, zeigte sich als geeignetes Mittel vor allem das Geld. Die große Mehrheit der Pfarrer war in jenen Jahren sehr niedrig belohnt. Man hatte finanzielle Sorgen. Nach dem zweiten Weltkrieg hat der Staat den kirchlichen Boden weggenommen, verstaatlicht mit der Begründung, dass der Staat alle finanzielle Last der Kirche auf sich nimmt, auch die Besoldung der Pfarrer. Das war ein taktischer Zug. Unsere Kirche hat wohl keine Latifundien, sondern nur ein wenig Boden gehabt, aber eben dieser wenige Boden sicherte – wenigstens teilweise – das Auskommen des Pfarrers und seiner Familie. Die Besoldung des Pfarrers vom Staat waren etwa 30 – 40% des Normallohnes. Und sich auf diese Besoldung berufend, betonten sie, dass die Gläubigen keine kirchliche Last tragen sollen, weil auch die Pfarrer vom Staat belohnt sind. Sie verbreiteten den Gedanken, dass die Gläubigen von ihrem Lohn leben und nicht die Kirche unterstützen sollten. Infolge dieser Propaganda kam es vielerorts dazu, dass die Mitglieder der Kirche die gemeinsame Last nicht tragen halfen. Die Schulen hat der Staat auch weggenommen, und die verstaatlichten Schulen sind Hauptzentren der atheistischen Erziehung geworden. Diese Erziehung hat tiefgreifenden geistigen Schaden angerichtet, deren Folgen auch heute noch kaum heilbar sind.

Die Pfarrer haben existentielle Sorgen gehabt, und um sich und ihre Familien zu versorgen, mussten sie noch zusätzlich arbeiten. Diese Arbeit, – meistens Gemüsepflanzung im Garten – hat die Zeit und Kraft des Pfarrers oft äußerst viel in Anspruch genommen, und die kirchliche Arbeit musste dadurch zu kurz kommen. Mich wollten sie von dem kirchlichen Dienst mit dem Angebot abziehen, dass sie mir einen hohen Lohn geben, wenn ich meine Sprachkenntnisse im staatlichen Sektor anwende. All diese Methoden und Mittel hat man in Anspruch genommen, um die Kirche zu ruinieren. Menschlich gesehen kann man sich nicht wundern, dass es viele nicht lange durchhalten konnten und den Kampf aufgaben. Es kam leider auch vor, dass sich Etliche für persönliche Vorteile oder um zur Macht zu kommen, sich der herrschenden Gesellschaftsordnung unterwarfen.

Der Kollektivierung der Landwirtschaft konnte die neue Macht nur mit Anwendung von groben Methoden zum Sieg verhelfen. Die Landwirte, die die Lieferung der vorgeschriebenen Menge der verschiedenen landwirtschaftlichen Produkte für den Staat nicht leisten konnten, wurden unbarmherzig bestraft. Die Strafe war oft unerträglich. Aber wenn der Landwirt die Eintrittserklärung in die kollektive Landwirtschaft unterzeichnete, wurde ihm die Strafe erlassen. Dorthin kamen auch die „Kerle mit dem Besen" nicht, um die Kammer leer zu machen. Auch den Menschen in meinem Dorf waren die Bodenerbschaft, die Parzellen, wo einst die Urväter und Eltern arbeiteten, durch deren Bau sie von Gott das alltägliche Brot bekamen, sehr lieb. Sie wollten diese nicht aus der Hand geben. Aber es herrschte eine allgemeine grobe Gewalttätigkeit. In dieser Zeit waren die Menschen besonders auf Trost angewiesen. Als zentrale Botschaft verkündigte ich in jenen Tagen das Wort Gottes: „Fürchte dich nicht, glaube nur" Ich sagte ihnen: „Die Zeiten ändern sich, es ändert sich alles um uns, auch die Staatsgrenzen, auch wir ändern uns, aber Jesus Christus bleibt derselbe. In ihm ist Gott zu uns gekommen, und was er sagte, das gilt auch heute: „Ich bin bei euch alle Tage, bis an der Welt Ende." Er gab jeder Generation unserer Vorfahren das Brot durch den ererbten Boden, und er wird es uns auch jetzt und in der Zukunft geben. Er wird uns nie verlassen, er wird um uns weiterhin Sorge tragen. Die jetzigen Ereignisse machen uns traurig, weil uns die politische Macht den Boden, den wir für sicheren Lebensgrund hielten, unter den Füßen weggezogen hat. Er zeigt uns jetzt, dass alles unsicher ist. Der einzige feste Grund ist er, der auch diese Zeit wenden wird und der uns nicht nur das tägliche Brot, sondern auch das Brot des ewigen Lebens gibt.

In der Zeit dieser Ereignisse diente ich in drei Kirchgemeinden. Die Zeit teilte ich nach festem Zeitplan ein, um nach den Gottesdiensten genügend Zeit für die Konfirmanden und die Kindergruppen zu haben. Die Entfernung zwischen meinem Wohnort und den administrierten Gemeinden war 12 – 14 km. Damals habe ich schon ein kleines Motorrad gehabt. Das bedeutete für mich eine große Hilfe bei der Überwindung der Entfernungen. Früher habe ich ein Fahrrad gehabt und zwischen den damaligen Gemeinden waren auch Hügel, wo ich nur zu Fuß weitergehen konnte. Das Motorrad war also für mich viel besser als das Fahrrad, aber in der Winterzeit kam es vor, dass ich im Schneegewitter das Motorrad am Straßenrand lassen und zu Fuß weitergehen musste. Nach meinen Diensten kamen mit mir einige Männer mit Schaufel bis zur Stelle, wo mein Motorrad blieb, um es aus dem Schnee zu befreien, und für mich die Fahrt in die andere Gemeinde zu ermöglichen. Oft war ich vor Kälte zitternd in der nächsten Kirche angekommen, um in einer anderen ungeheizten Kirche meine Dienste fortzusetzen.

Im Sommer war die Überbrückung der Entfernungen viel angenehmer. Aber oft haben mir die sommerlichen Platzregen die Fahrt „interessant" gemacht. Eine solche Fahrt ist mir besonders tief in Erinnerung geblieben. Unterwegs überraschte mich ein solcher Wolkenbruch, dass meine Kleider, auch mein Hemd, trotz des Regenmantels, durch und durch naß waren. An jenem Sonntag haben wir Gäste gehabt, die wir vorher, aber auch nachher nie gesehen haben. Es war eine Frau mit ihrer Tochter, die in den USA lebten und deren Eltern-Großeltern aus der Heimat meiner Frau, aus Bacska stammten. Sie besuchten die Verwandten in Bacska, und dort haben sie gehört, dass in Csicser eine Frau lebe, deren Mann Pfarrer sei und diese Frau auch zur Verwandtschaft gehöre. So wollten sie auch diese Verwandte besuchen und kamen zu uns. Und eben damals war ich nach dem Wolkenbruch in tropfenden Kleidern nach Hause gekommen, als diese Gäste dort waren. Die Zeit war knapp, ich musste schnell die Kleidung wechseln und in die Kirche gehen, um zu predigen. Aber den Wolkenbruch an jenem Tage hat mir Gott als Segen geschenkt. Die amerikanischen Gäste kehrten heim, und nach einigen Wochen bekamen wir von der Firma Tuzex eine Mitteilung, dass Frau A. Cseh für uns in ihrer Bank in den USA ein kleines Fiat 600 Auto bezahlt hat. Wir sollen das Automobil übernehmen. Mit Freude haben wir uns gesagt; es gibt noch Wunder.

Schwierigkeiten nach dem Krieg

Wie ich es schon in etlichen Aufsätzen dieses Buches erwähnte, war unser ungarisches Volk in der Tschechoslowakei nach dem zweiten Weltkrieg durch zwei Gefahren bedroht. Die erste war die Deportation in die Sowjetunion und nach Tschechien und die mit Gewalt durchgeführte sogenannte Übersiedlung nach Ungarn. Die Gläubigen unserer Kirche waren damals über 90 % Ungarn. Nach dem ersten Weltkrieg, als Ungarn zerteilt war und die Tschechoslowakei zustande kam, war diese Kirche nicht gesetzlich anerkannt. Diese Sache hat eine lange und mehrschichtige Geschichte, die ich hier nicht erörtern kann, aber im Anhang dieses Buches werde ich noch davon kurz schreiben. Die Nichtanerkennung der Kirche führte dazu, dass die große Mehrheit der Pfarrer in eine schwere wirtschaftliche Lage geraten ist. Im Jahre 1938, nach der 2. Entscheidung in Wien, wurde der größte Teil des von Ungarn bewohnten Territoriums zum Mutterland, zu Ungarn zurückgegeben. Dadurch waren viele alte Wunden geheilt worden. So ist die erste selbständige Slowakei zustande gekommen, wo die ungarischen Mitglieder unserer Kirche nur etwa 4 % ausmachten. Dieser Teil der Kirche wurde durch das „Organisationskomitee" geleitet. Als man nach dem zweiten Weltkrieg die trianonischen Grenzen wiederhergestellt und die hiesigen Ungarn wieder zur Slowakei gehören, ist die Mehrheit unserer Ev. Ref. Kirche in der Slowakei wieder mehrwiegend ungarisch geworden. Die Leitung der Kirche hat aber weiterhin das Organisationskomitee aus der Zeit der selbständigen Slowakei in der Hand behalten. Das nationalistisch motivierte Organisationskomitee fand einen guten Nährboden in den damals deklarierten gleichsinnig motivierten Dekreten von E. Beneš. Unter diesen Umständen hatte das Komitee eine Anordnung herausgegeben, dass die Liturgie in allen Kirchgemeinden slowakisch durchgeführt werden sollte. Diese Anordnung hat das Kirchenvolk in etwa 300 Gemeinden übelgenommen, weil weder das Volk, noch die Pfarrer die slowakische Sprache beherrschten. Also die Anordnung, dass die ungarischen Pfarrer in den ungarischen Gemeinden slowakisch predigen sollen, war praktisch undurchführbar. Aber um in den Kirchgemeinden keine ungarische Predigt hören zu lassen, übersandte das Organisationskomitee an die ungarischen Gemeinden liturgische Texte (Predigten, Gebete, und Segensworte) in der tschechischen Sprache, mit dem Befehl, dass diese jeder Pfarrer in seiner Gemeinde vorlesen müsse. Dieser Zustand aber zeigt auch, dass es in unserer Kirche in der Slowakei so wenige slowakischen Pfarrer gab, dass sie zu diesem Zwecke keine slowakische Predigten übersenden konnten. Etliche eingeschüchterten Pfarrer versuchten dem Befehl Genüge zu tun, aber das Unternehmen endete im Fiasko, weil die Gemeinden die Vorlesungen nicht verstanden, und die Kirchen sind leer geblieben. In der Zeit dieser traurigen Zustände verließen etliche Pfarrer die Slowakei, und übersiedelten nach Ungarn.

Die zweite Welle, die die Kirche bedrohte, war die politische Wende im Jahre 1948, als die atheistische Ideologie zur Herrschaft gelangte. In dieser Zeit hat man wohl die Deportationen eingestellt, man hat sogar mit den Kirchen einen Vertrag geschlossen, aber – wie wir es in den vorigen Aufsätzen sahen, wollten sie das Leben in der Kirche mit allen denkbaren Mittel unterdrücken. In dem Vertrag mit der Kirche ist ein Zitat aus der Staatsverfassung übernommen worden, wo es heißt, dass im Lande alle Bürger Gewissensfreiheit und Religionsfreiheit haben und die Nationalitäten gleichberechtigt sind. Auf diesen Artikel berief sich eine Gruppe der werdenden Kirchenleitung, als sie in der Kirche die Durchführung einer neuen Wahl verlangte, um in der Kirchenleitung hinsichtlich der Nationalität eine zahlenmäßige Gerechtigkeit zu erreichen. So ist nach der Wahl der Bischof Ungar und einer von den zwei Stellvertretern (Vizebischof) Slowake und einer Ungar geworden. Die Anordnung der slowakischen liturgischen Sprache in den ungarischen Gemeinden hat damit die Geltung auch offiziell verloren. Die organisatorischen Dinge der Kirche sind also durch die Wahl theoretisch in Ordnung gekommen. Aber praktisch lebte die Kirche auch weiterhin zwischen zwei Feuern. Die slowakische Minderheit hat sich angestrengt, um in der Leitung der Kirche zu einer verhältnismäßigen Mehrheit zu kommen. Auch die politische Macht war weiterhin bestrebt, in der Kirche, die christliche Gesinnung zurückzudrängen. Die Bestrebung der Kirche, bei der Bewahrung der geistigen und ethnischen Erbschaft ihrer Mitglieder Hilfe zu leisten, um diese teuren Werte für die nächsten Generationen weitergeben zu können, ergaben sich immer mehr Hindernisse und in diesem Kampf hat die Kirche große Verluste erlitten. Die Leitung der Kirche wagte nicht immer gegen die Gewalttätigkeiten der Machthaber konsequent zu kämpfen, und oft war sie mehr kompromißbereit, als es unbedingt nötig war. Das hing damit zusammen, daß sie die schwer beschaffene Leitung unbedingt behalten wollte. So wurden die Evangelisationsversammlungen und Konferenzen der inneren Mission aufgegeben. Unter diesen Umständen ist die Diasporamission der deportierten Ungarn in Tschechien unmöglich geworden.

* * *

Wenn die Kirchgemeinden etwas bauen oder reparieren wollten, brauchten sie dazu die Bewilligung des Staates. Diese Bewilligung sollte der Bezirkskirchensekretär geben. Die Glocke in unserem Turm bekam einen Riß und konnte nicht mehr geläutet werden. Wir waren damals drei Tage nicht zu Hause, und als wir heimkamen und man vor dem Abendsgottesdienst läuten wollte, war die Glocke unbrauchbar. Ich versuchte zu klären, wie es zum Riß in der Glocke gekommen war. So erfuhr ich, dass die Ursache ein Blitzschlag während eines Gewitters war. Mit der Versicherungsanstalt haben wir Probleme gehabt, aber nach einer Information des meteorologischen Instituts haben sie den Blitzschaden anerkannt. Das Umgießen der Glocke bestellten wir in der Tschechei, in Brodek bei Přerov, weil es in der Slowakei damals keinen Glockengießer gab. Aber der Kirchensekretär hat auf unser Gesuch für die Umgießung der Glocke keine Antwort gegeben. Er hat auch unsere Reklamation außer Acht gelassen. Telefonisch konnte ich mit ihm nicht in Kontakt treten, wenn er meinen Namen hörte, hat er den Hörer aufgelegt. Meine wiederholten Besuche in seinem Amt blieben erfolglos, weil er an der Tür immer die Anschrift hatte: „Dienstlich verreist“. Endlich, als unser Gesuch bei ihm mehr als ein Jahr verweilte, ist es mir gelungen, ihn in seinem Amt zu finden. Aber er hat mich weggeschickt mit der Begründung, dass er die Sache in der Kirchgemeinde erforschen, alles kontrollieren müsse, und erst nachher könne er uns di Bewilligung geben. Aber er versprach, dass er uns in einigen Tagen besucht. Er kam aber nicht. Nach weiteren fünf Monaten Wartezeit musste ich eine radikale harte Lösung finden. Ich habe den Kirchgemeinderat zusammengerufen. In der Sitzung habe ich ihnen in einer amtlichen Meldung vorgelegt, mit welchen Methoden der Staat, personifiziert im Kirchensekretär, die Umgießung unserer Glocke unmöglich machen will. Einige vom Rat reagierten auf meine Situationsmeldung mit ernsten und harten Bemerkungen. Das alles protokollierten und übersandten wir an den Kirchensekretär. In einem beigelegten Brief teilten wir mit ihm, wenn wir die Bewilligung in 15 Tagen nicht bekommen, legen wir die Sache der kirchlichen Abteilung des Ministeriums vor. Das half. In einigen Tagen bekamen wir die Bewilligung. Aber die Sache dauerte beinahe zwei Jahre. Auch später haben wir mit den politischen Behörden ähnliche Erfahrungen gemacht. Dabei mussten wir erfahren, dass es auch eine andere Möglichkeit gibt, diese Probleme schneller auszurichten: Die Korruption, das Geld.

Der Dankgottesdienst bei der Glockeneinweihung war für die Gemeinde und die Umgebung ein lieber Anlaß.

Pfarrhausbau in Csicser

Nach der Erneuerung der Kirche und der Umgießung der Glokke wartete auf uns in Csicser eine neue dringende Aufgabe: der Umbau des Pfarrhauses. Die Wände waren so naß und salpetersäurig, dass sich nach der Demontierung einer Mauer, die am meisten salpetersäurig war, die Feuchtigkeit in allen Wänden ausbreitete. Die Kleider in den Schränken sind von Salpetersäure weiß geworden. Es zeigte sich, dass man das ganze Haus demontieren und umbauen muß. Aber für diese Arbeit war die kleine Gemeinde zu schwach. Die Verwirklichung des Bauplans schien für lange Zeit hoffnungslos zu sein.

Das Pfarrhaus befindet sich östlich neben der Kirche. Auf der anderen Seite der Kirche befand sich unsere ehemalige Schule. Der Lehrer war auch Organist der Kirchgemeinde. Diese drei kirchlichen Objekte befanden sich fast in allen Gemeinden nebeneinander. Das Schulhaus war aber nicht überall unter einem Dach mit dem Haus des Lehrers: Als der totalitäre Staat die Schule von der Kirche wegnahm, wollte er überall auch die Wohnung des Lehrers wegnehmen. Die Kirchen mussten das Wegnehmen der Schule, – auch wenn es ihr wehtat – zur Kenntnis nehmen. Daran konnte man nichts ändern. Aber für das Haus des Lehrers führte man vielerorts einen Kampf. Das Gesetz hat endlich die Sache so angeordnet, dass nur die Lehrerhäuser kirchliches Eigentum bleiben konnten, die separat gebaut, also nicht unter einem Dach mit der Schule sind. In unserer Gemeinde war die Wohnung des Lehrers unter einem Dach mit der Schule, der Staat hat also alles weggenommen.

Aber das Pfarrhaus befand sich in einem solchen Zustand, dass die Gesundheit der dort Wohnenden, also unserer Familie, wegen der Feuchtigkeit und Salpetersäure immer mehr bedroht war. Weil sich die kleine Gemeinde für den Bau eines neuen Hauses nicht in der Lage fühlte, versuchte ich eine Lösung zu finden, um das neue Haus doch bauen zu können. Ich versuchte vor allem die alte eigentumsrechtliche Lage der enteigneten Schule, des Lehrerhauses und der ganzen Parzelle zu klären. Ich bin zum Grundbuchamt gegangen, um aufgrund der alten Grundbuchführungen die ursprüngliche Lage besser kennenzulernen, aber die Beamten gestatteten mir nur nach meinen vielmal wiederholten Besuchen den Einblick in die Grundbuchführung. So konnte ich entdecken, dass das Territorium, wo die Schule und Lehrerhaus gebaut war, eigentlich zwei Parzellen sind. Die Parzelle von drei Aren, wo die Schule gebaut war, ist unter anderer Nummer aufgeführt als das Haus des Lehrers und der Garten, also die Parzelle von 28 Aren. Als ich das Dokument der weggenommenen Parzellen kontrollierte, konnte ich feststellen, dass, als der Staat den Boden unserer Kirche wegnahm, die Parzellen der Schule und des Lehrerhauses Eigentum der Kirche blieben. Ich entdeckte also, dass im Grundbuch das Wegnehmen der Schule und des Lehrerhauses nicht eingetragen ist. Nach einer ausführlichen Forschung erfuhr ich auch, dass der Termin der Buchung der weggenommenen Immobilitäten bereits abgelaufen ist, nachträglich kann also keine Buchung mehr durchgeführt werden. Als ich das alles schon wusste, habe ich Mut gefaßt, um mit den Behörden in solchem Sinne zu verhandeln, dass die Kirche mit der Parzelle und mit dem Haus, das sich an der Parzelle befindet, als mit ihrem Eigentum verfügen kann. Als ich mit den Behörden in dieser Sache verhandelte, betonte ich meine Überzeugung, dass die Wegnahme der Parzelle sicher darum nicht in das Grundbuch eingetragen ist, weil diese Arbeit in jener Zeit ein solch ehrlicher Mensch machte, der die eigentumsrechtliche Verhältnisse der kirchlichen Immobilitäten der Vergangenheit gründlich durchforscht hatte. Bei dieser Forschung konnte er feststellen, dass diese zwei Parzellen im Sinne des Verstaatlichungsgesetzes, kirchliches Eigentum bleiben können. Die Wegnahme aller anderen Parzellen führte er in das Grundbuch ein, nur die Parzelle des Hauses und des Gartens ist kirchliches Eigentum geblieben. Meine Argumente konnten die Beamten, mit denen ich verhandelte weder widerlegen noch bestätigen. Sie waren junge Menschen, die von den Dingen der Grundbuchführung vor 15 Jahren nichts wussten.

Ich hatte also lange und schwierige Verhandlungen mit den Behörden, aber sie sind zum Schluß endlich nicht erfolglos geblieben. Der Auszug vom Grundbuch bestätigte als Ergebnis meiner Verhandlungen, dass die erwähnten Immobilitäten kirchliches Eigentum sind. Die einstige Schule und das alte Haus des einstigen Lehrers befanden sich in schlechtem Zustand, aber zusammen mit der Parzelle bedeuteten sie einen wesentlichen Wert. Ich freute mich in der Hoffnung, dass wir durch den Verkauf der zurückbekommenen Immobilitäten, ein Grundkapital zum Pfarrhausbau beschaffen konnten.

* * *

Die Gemeinde freute sich, als ich ihr mitteilte, dass sie wieder Eigentümer der weggenommenen Schule, Wohnung und Garten sei. Die gesamtkirchliche Versammlung bewilligte auch den Verkauf dieser Immobilitäten. Bald meldeten sich zwei Menschen, die diese Immobilitäten kaufen wollten. Aber die Sache machte uns Sorge, weil beide Interessenten Anspruch erhoben, privilegisiert zu sein. Einer der Kandidaten war der Kantor und Organist der Kirchgemeinde, dessen Dienst die Gemeinde immer braucht. Der zweite Kandidat war der Vizepräsident des Kirchgemeinderates, der als Baumeister oft an den Reparaturen der alten, verfallenen kirchlichen Objekte arbeitete. Seinen Dienst brauchten wir also auch. In der Gemeinde ist jeder Dienst wichtig, und Jemandem Vorteilrecht zu geben, ist eine heikle Sache. Endlich ist die Entscheidung gefallen, dass die Immobilitäten jener Bewerber bekommt, der dafür mehr bezahlt. Diese Lösung schien zuerst eine gute Lösung zu sein, aber bald gelangte sie zum toten Punkt, weil ein paarmal beide Bewerber den Preis erhöhten, den sie zu bezahlen bereit waren, aber an einem Punkt sind sie beide stehen geblieben, mit der Aussage, dass sie keinen Pfennig mehr geben wollen. Nach einigen Wochen meldete sich der Organist, dass er dafür doch etwas mehr geben will. So hat er die Immobilitäten gekauft.

In unseren Versammlungen fingen wir erst nach der Einnahme des Verkaufpreises an, vom Pfarrhausbau zu sprechen. Aufgrund einer vorläufigen Kalkulation mussten wir aber konstatieren, dass der Verkaufpreis nur ein Bruchteil des Betrages ist, der zum Pfarrhausbau nötig wäre.(Umgerechnet etwa 2000 Euro). Dieses Ergebnis der Kalkulation wirkte negativ auf die Mitglieder der Gemeinde, und viele sagten, dass man unter diesen Umständen die Bauarbeit nicht anfangen kann. Die Opferwilligkeit der Gläubigen war sehr gering. Sie wollten nur die vorderen Wände demontieren, die voll von Salpetersäure waren. Aber weil auch die weiteren Wände naß waren, konnte ich diese Lösung nicht akzeptieren. Ich erklärte ihnen in der Gemeindeversammlung, dass das Pfarrhaus ein gemeinschaftliches Gebäude ist, und wenn man baut, soll man mit Hoffnung an bessere Zeiten denken und die zukünftigen Möglichkeiten der Gemeindeentwicklung in Betracht ziehen. Darüber hinaus sollte man bedenken, dass auch der Pfarrer und seine Familie eine gesunde Wohnung braucht und auch die Gemeinde einen Saal braucht, wo man die Bibelabende, Versammlungen, Chorabende, Unterricht der Konfirmanden, und die verschiedenen Veranstaltungen für die Kinder halten kann. Wenn die Gemeinde auch in der Zeit der Unterdrückung an ihre Zukunft denkt, soll sich jetzt im Pfarrhausbau ihr Glaube zeigen. Halbe Lösungen kann ich nicht akzeptieren. Ich habe mich sehr angestrengt, um für den Bauanfang Geld zu beschaffen. Wenn die Kirchgemeinde eine gesunde Wohnung und einen solide eingerichteten Gemeindesaal haben wird, wird auch in der Zukunft die Wahl des Pfarrers leichter, und die Kontinuität des Gemeindeaufbaus hoffentlich gesichert werden.

Wenn die Gemeinde anders denkt, werde ich Niemanden mit Gewalt drängen, aber ich verspreche auch nicht, daß ich noch lange in dieser Gemeinde bleibe.

In dieser Vollversammlung hat man allerlei ausschweifende unkluge Reden gehört, aber dann stand ein Mann auf, Köblös Béla und sagte, dass die Gemeinde das Projekt des Pfarrers akzeptieren sollte. Das war eben die Epoche, als jeder, der etwas Geld sparen konnte, auch in den Dörfern sein Haus erneuern, schöner und gesunder machen wollte. In den Menschen vollzog sich eine Anschauungsänderung. Wenn in den früheren Jahren ein Landwirt etwas Geld ersparen konnte, wollte er Boden kaufen. Den Boden hielt er für sicheren Lebensgrund. Aber als man die Landwirtschaft mit Gewalt kollektivisierte und man ihm den Boden, den er für sicheren Lebensgrund hielt unter den Füßen wegzog, wollte er keinen Boden mehr kaufen. In der kollektiven Landwirtschaft sind sie alle Lohnarbeiter geworden. Darum wollte er jetzt sein Geld ins Haus investieren. In diesem Milieu hatte die Rede des Mannes Gewicht, der das Projekt des Pfarrers zur Geltung kommen lassen wollte. Er sagte: Heute will jeder sein Haus modernisieren und schön machen. Es gereicht uns zur Schande, wenn es jetzt darum geht, auch für unseren Pfarrer und seine Familie eine gesunde Wohnung und für die zukünftige Entwicklung der Gemeinde Vorbedingungen zu schaffen, sagen wir „nein“.

Diese nüchterne und kluge Rede hat die Zurückgeschrockenen und Protestierenden stiller gemacht. So kam es zur Vorbereitung der Projektdokumentation, die mein Bruder, der Baumeister war, gratis fertigmachte. Die Bauvorbereitung fing so an, dass ein Teil des alten Pfarrhauses abgerissen wurde, um für das werdende Haus Platz zu schaffen. Das neue Haus sollte nur teilweise am Platze des alten Hauses gebaut werden. Man hat damit gerechnet, dass die Bauarbeiten jahrelang dauern werden. In dem nicht abgebrochenen Teil des Hauses lebte unsere Familie. Am Platze des abgebrochenen Teils und dort, wo der Hof war, hat man den Grund des neuen Pfarrhauses gelegt. Das war ein ungeordnetes Leben zwischen den Wänden voll von Salpetersäure, aber etwas Neues fing an.

Stipendiumsangebot aus der Schweiz

Nicht nur mit dem Bau des Pfarrhauses in meiner Gemeinde, sondern auch in den zwischenkirchlichen Verbindungen fing etwas Neues an. Das Verbot der größeren Gemeindeversammlungen und Konferenzen hat es mit sich gebracht, dass Menschen, die einander im Glauben nahe standen, sich nicht, oder nur sehr selten, begegnen konnten. Die Gemeinschaft der Pfarrer ist kühler geworden. Die hinterlistigen Anschläge der politischen Macht sind auch in ihrem Leben nicht erfolglos geblieben. Die politische Macht wollte das Leben der Kirche immer mehr auf die Kirchenwände beschränken. Darum war es etwas Außerordentliches für uns, als wir eine Mitteilung vom Präsidium unserer Synode bekamen, in der sie uns den Besuch eines Gastes aus der Schweiz zur Kenntnis gaben. Der Gast wollte auch eine organisierte Begegnung mit den Pfarrern haben. Dieser Gast war Dr. Hellstern, Generalsekretär des HEKS in der Schweiz. Unser Bischof hat uns auch mitgeteilt, dass die Begegnung für die Pfarrer der Ostslowakei in unserer Kirche zu Košice stattfinden wird. In der angegebenen Zeit kam es dann wirklich zu dieser Begegnung. Ich war auch dabei. Der Gast aus der Schweiz hat deutsch gesprochen. Er hielt uns einen sehr ergreifenden Vortrag vom Brückenbau in der Kirche. Er betonte, dass die Sendung der Kirche Jesu Christi in dieser vielfach zerrissenen Welt sei; die Brücke der Liebe und Brüderlichkeit über die Abgründe zu bauen. Der Dolmetscher war unser Bischof. Nach seinem Vortrag äußerte unser Gast seinen Wunsch, diese Begegnung mit ihm als Anfang des Brückenbaus zu betrachten. Den ersten Schritt dieses Brückenbaus hat er mit seinem Besuch bei uns getan, aber diese „Bauarbeit" sollen auch wir von unserem Ufer anfangen. Das sollten wir so deklarieren, dass wir jetzt nach seinem Vortrag einen Dialog beginnen, ihm Frage stellen und ihm in dieser Sache unsere Gedanken äußern. Aber zu diesem Dialog fehlte uns der Mut, das Wagnis. Wir waren wie ein Vogel im Käfig, der sich noch nicht traut, die geöffnete Tür des Käfigs zu verlassen. In unseren Pfarrversammlungen habe ich mich nur sehr selten zu Wort gemeldet. Auch wenn ich etwas zu sagen hatte, musste ich mich bremsen, weil die politische Kontrolle in unseren Versammlungen immer präsent war, und ich bei ihnen als schwarzes Schaf bekannt war. Ich habe schon mit diesen Menschen Erfahrungen gehabt, und es war für mich ratsam das alte Sprichwort zu beherzigen; Schweigen ist Gold. Aber gleichzeitig musste ich mich schämen, dass wir keinen Dialog anfangen konnten.

Ich meldete mich zu Wort, aber als ich anfing zu sprechen, war ich erschrocken vor meiner Stimme. Ich hatte das letzte Mal vor 16 Jahren deutsch gesprochen. Wenn jemand eine Sprache so lange nicht praktiziert und dann sprechen will, muss er die Worte suchen. Aber der gehörte Vortrag in der deutschen Sprache hat mir etwas geholfen. Ich habe für den Vortrag Dank gesagt und sprach davon, dass die Abgründe, die uns von allen Seiten umgeben, unser Leben deprimieren. Es tat uns weh, dass wir jahrelang keinen Reisepaß bekamen, um unseren nächsten Brüdern, Verwandten oder Freunden begegnen zu können. Ich habe von den Schrecken des Kriegs gesprochen, der bei uns enorm großen Schaden angerichtet hat, Millionen starben, und die Bombenangriffe haben viele Häuser und Brücken vernichtet. Jetzt sind die meisten zerbombten Brücken schon aufgebaut worden, die Abgründe zwischen den Ufern sind überbrückt, aber der ideologische Krieg dauert weiter, und in diesem Krieg sind die Brücken der Liebe fortlaufend vernichtet. Wir würden uns freuen, über diese Abgründe Brücken bauen zu können.

Unser Gast hat meine Worte dankbar empfangen, deren Inhalt ich auf Bitte der Kollegen auch in der ungarischen und slowakischen

Sprache wiederholte. Nach der Versammlung, draußen vor der Kirche, wollte unser Gast mit mir noch ein wenig sprechen. Er gab mir seinen Fotoapparat in die Hand und bat mich, ihn, seine Frau und auch die Teilnehmer der Konferenz zu fotografieren. Nach der Konferenz ging der Bischof mit den Gästen und Vorsteherschaft der Kirchenkreise in ein Gasthaus zum Mittagessen, aber ich durfte nicht mitgehen. Der Gast aus der Schweiz bat mich mit ihnen zu gehen, um beim Mittagstisch außer dem Bischof noch einen Dolmetscher zu haben um Gespräche führen zu können, aber der Bischof hat mich etwas beiseite genommen und mir still, aber streng befohlen, am Mittagstisch nicht teilzunehmen. Ich war selbstverständlich gehorsam, denn ich war keine leitende Persönlichkeit. Nach diesem stillen Zwischenspiel hat aber der hohe Gast aus der Schweiz unseren Bischof gebeten, für mich ein Jahr Studienferien zu bewilligen, weil er mir als Generalsekretär des HEKS, Stipendium geben wolle. In der Tschechoslowakei entfaltete sich eben damals die kurze Epoche von Dubček, der sog. Prager Frühling, und es gab schon etwas Möglichkeiten, Stipendium aus Westeuropa zu empfangen.

Als die kurze Epoche von Dubček, dem Prager Frühling in der Tschechoslowakei beendet wurde, weil die Panzer der Sowjetunion und der „verbündeten Länder" die Tschechoslowakei besetzten, sah es so aus, dass ich meine Studienreise in die Schweiz nicht verwirklichen könnte. Die zuständigen kirchlichen Behörden bereiteten auf diplomatischem Wege meine Ausreise vor, aber ich habe Angst gehabt um meine Frau und die Kinder. Ich wollte sie in den Wirren nach der Besetzung nicht allein lassen. Auch meine Frau hat Angst vor den verschiedenen Gemeindearbeiten, die sie für den Fall meiner Ausreise auf sich nehmen sollte. Aber sie wusste, dass es von Jugend an, mein Traum war, die Möglichkeit eines Postgradualstudiums in Westeuropa bekommen zu können. Darum freute sie sich, als ich das Stipendiumsangebot aus der Schweiz so unerwartet bekommen hatte. Sie hat wirklich eine schwere Last auf sich genommen. Die Arbeit in dem riesengroßen Garten, die Erziehung der Kinder im Pubertätsalter waren keine leichten Aufgaben. Unsere Tochter war 16, unser Sohn 13 Jahre alt. Darüber hinaus war auch das Pfarrhaus teilweise demontiert und das neue Haus war im Bau. Meine Frau hatte keine offizielle theologische Ausbildung, doch sie hat – mit Hilfe der schriftlich vorbereiteten Bibelauslegungen – auch den Dienst am Wort auf sich genommen. Sie hat immer in 14 Tagen einen Gottesdienst gehalten, um die Reisekosten der Gemeinde, die sie sonst einem dorthin fahrenden Pfarrer bezahlen sollte, zu ersparen. Die meisten Baumaterialen waren auch damals nicht zu bekommen. Vor meiner Abreise suchte ich wochenlang die nötigen Dinge, um die Bauarbeit auch in meiner Abwesenheit fortsetzen zu können. Meine Frau hat auch die Vorbereitung der Konfirmanden auf sich genommen. Nach solchen Vorbereitungen hat sich die Gemeinde mit meiner Abreise zufrieden gegeben. Meine Familie hat von mir mit großer Liebe Abschied genommen und ich brach mit gemischten Gefühlen in den Westen auf.

In der Schweiz sollte ich das Postgradualstudium an der Universität zu Bern absolvieren. In Wabern in einem Pfarrhaus bekam ich eine kleine Stube, aber die vorgeschriebene Mietgebühr mußte ich ordentlich bezahlen, damit jeder Stipendiat von seinem Stipendium unter gleichen Umständen lebe. An der theologischen Fakultät studierte ich vor allem die Seelsorge und zwar jenes Teilgebiet der Seelsorge, wo man die Möglichkeiten der medizinischen Psychologie und der theologischen Seelsorge untersucht. Diese Vorträge fanden an der medizinischen Fakultät statt und wurden teils von Professoren der Medizin, teils von Professoren der Theologie gehalten. Bei diesem Studium öffneten sich vor uns die Geheimnisse der Seele, der Seelsorge, und der medizinischen Heilkunde. So kam es auch zur Seelendeutung der verschiedenen fernliegenden Kulturen. Dieses Studium ist bewegende Kraft geworden zur Konzipierung meines Buches: „Seelenwanderung". Aber wegen allerlei Schwierigkeiten gelangte erst nach 31 Jahren die Verwirklichung des Schreibens.

Die Professoren der Fakultät waren alle hochqualifizierten Menschen in ihrem Fach. Ich merkte aber auch, dass sie keine homogene Korporation bildeten, sondern Repräsentanten verschiedener theologischer Richtungen waren. Die Richtung der biblischen Theologie besaß aber nicht das Übergewicht. Die Richtung von R. Bultmann, dessen Theologie Gedanken der existentiellen Philosophie in sich hatte, und die Richtung der liberalen Theologie waren stark vertreten.

Mit einem von den Professoren, mit Professor Dürr, der die Lehrstühle der verschiedenen Gebiete der praktischen Theologie innehatte, kam es zum innigen freundschaftlichen Kontakt. Wir waren gleich- gesinnte Menschen. Einer seiner Unterrichtsgegenstände war die „Christliche Mission in Indien". Er arbeitete jahrelang in Indien auf diesem Gebiet. Aber im ersten Semester war ich der einzige Reflektant, der sich für diese Vortragsserie gemeldet hatte. Darum fanden die Vorträge nicht im Auditorium statt, sondern in der Kantine der Fakultät. Der Professor behandelte mich dort wie seinen Gast. Wir setzten uns an einen kleinen Konferenztisch, er bestellte uns eine warme Ovomaltine und sprach von seiner Missionsarbeit in Indien, von dem Glauben der Urbewohner an die Reinkarnation, aber auch von der Angst dieses Volks, die aus diesem Reinkarnationsglauben stammt. Dabei bat er mich, ihm Fragen zu stellen. So führten seine Vorträge immer zu freundlichen Diskussionen. Es kam auch vor, dass er mich bat, den nächsten Vortrag zu halten. Das bedeutete praktisch, dass er der Fragesteller war und ich auf seine Fragen antwortete. Auf diese Weise wollte er Informationen bekommen, wie die Kirche in der Tschechoslowakei lebt, wo der Atheismus die herrschende Ideologie ist.

* * *

In der Schweiz stand damals die Tschechoslowakei nach dem Einmarsch der sowjetischen Panzer im Zentrum des Interesses. Viele deklarierten ihre Solidarität mit diesem Land so, dass sie ihre Autos mit kleinen tschechoslowakischen Fahnen schmückten. Auch die Zeitungen schrieben lange Aufsätze von dem „Normalisationsprozess“ in der Tschechoslowakei. Ich habe dem Professor viel erzählt von der Vergangenheit und Gegenwart der Ev. Ref. Kirche in der Slowakei und von der unkorrekten Behandlung, Deportation und Rechtlosigkeit der Minderheiten. Er bat mich, vom Leben unserer Kirche eine ausführlichere Schrift vorzubereiten. Diese Aufgabe freute mich, weil ich sah, dass unsere Brüder und Schwestern in Westeuropa kaum etwas von der Vergangenheit und Gegenwart unserer Kirche wissen. Aber die Durchführung dieser Absicht war für mich problematisch. Ich habe wenig Zeit gehabt. Ich musste auch andere Seminaraufgaben schreiben und auch vor dem Publikum der Universität predigen. Das sollte man zuerst schriftlich vorbereiten und dem Professor vorlegen. Für eine gründlichere schriftliche Arbeit genügt nicht das Wissen, was man im Kopf behalten kann. Dazu braucht man auch genaue Daten und statistische Angaben Um das alles schaffen zu können ist nötig, „Quellen“ und genügend Zeit zu haben. Mein Professor wollte mich zusammen mit dem Professor der Kirchengeschichte diese Arbeit als Dissertation schreiben lassen, aber dann sollte ich mindestens noch ein Jahr dort bleiben. Ich konnte nicht so lange bleiben, auf mich warteten meine Familie und meine Gemeinden. Unter diesen Umständen konnte ich nicht bleiben, obwohl das Stipendium für das nächste Jahr schon versprochen war.

Die schriftliche Aufgabe habe ich dann später, gegen Ende meiner dortigen Aufenthalstzeit aufgrund meiner erreichbaren Angaben in 40 Seiten, dem Professor abgegeben.

An der theologischen Fakultät der Universität geriet ich bald in den Vordergrund der Aufmerksamkeit. Nicht wegen meiner Person, sondern weil ich aus der Tschechoslowakei kam und die Sympathie wegen der vor kurzem besetzten Tschechoslowakei zeigte sich mir, weil ich der einzige Student aus diesem Land war. Diese Sympathie ist auch dann geblieben, als sie erfuhren, dass ich ein Ungar aus der Tschechoslowakei sei. Es hat sich herausgestellt, dass seit der ungarischen

Revolution im Jahre 1956, wo in den Kämpfen viele starben, viele Schweizer die Ungarn verehrten.

Ich war an unserer Fakultät schon ziemlich bekannt, als durch die Wandzeitungs-Werbung an den verschiedenen Fakultäten der Universität eine ökumenische Bibelstudiumsgruppe zustande kam. Als die Werbung – an der auch ich teilnahm- abgeschlossen war, erfuhren wir mit Freude, dass an diesem Bibelstudium nicht nur Theologen, sondern auch Studenten der verschiedenen Fakultäten teilnehmen wollen. Wenn ich mich gut erinnere, meldeten sich 38 Studenten. Davon waren etwa 40 % Protestanten, die anderen gehörten der römischkatholischen, griechischkatholischen, altkatholischen und orthodoxen Kirche an. Gleich bei der ersten Zusammenkunft haben wir das Arbeitsprogramm für das ganze Jahr fertiggestellt. Es war erwünscht im Voraus festzustellen, mit welchen Themen wir uns beschäftigen werden. Am Ende dieser ersten Zusammenkunft hat die Gruppe meinen Plan angenommen und gleichzeitig wurde ich als einer der zwei Studiumsleiter gewählt. Der zweite Leiter war ein junger römischkatholischer Priester, der Seelsorger der römischkatholischen Theologen war. Im Laufe der Zusammenarbeit zeigte es sich, und es freute mich sehr, dass ich in diesem jungen Priester einen offenen, biblisch denkenden Mitarbeiter fand. Die zwei festgesetzten Themen waren:

1. Dienende oder herrschende Kirche?

2. Eucharistie – Heiliges Abendmahl. Das erste Thema wurde im Spiegel einer Reihe von konkreten kirchengeschichtlichen Tatsachen analysiert. So gelangten wir zum Ergebnis, dass die Kirche Jesu Christi keine herrschende Kirche sein darf, sie muß unter allen Umständen dienende Kirche sein, weil uns das Beispiel unseres Herrn auf diesen Weg führt. Die Aufgabe der Kirche auf Erden ist die Verkündigung des Reiches Gottes, sie darf also nicht herrschen wollen. Wegen des Herrschens oder der Zusammenarbeit mit einer herrschenden Macht ist die Kirche im Laufe der Geschichte schon mehrmals unglaubwürdig geworden.

Grund des zweiten Themas konnte nur die Heilige Schrift sein. Sie ist die einzige beglaubigte Grundverfassung, unter welchen Umständen und aus welchem Grund der Herr Jesus Christus das Heilige Abendmahl, die Eucharistie, angeordnet hat. Aber um den grundlegenden Bibeltext und dessen protestantische und katholische Auslegung gründlicher kennen zu lernen, studierten wir ein theologisches Werk von einem katholischen und einem protestantischen Theologen. Von katholischer Seite war das ein Büchlein unter dem Titel; „Die heilige Messe", von protestantischer Seite war das die „Homiletik" von Karl Barth, deren Aufsätze wir von dem Sakrament des Heiligen Abendmahls gemeinsam in der Gruppe durchstudierten. Es gab Teile, wo wir längere Zeit verweilten. Ein solcher Teil war zum Beispiel von der „Heilige Messe" die Lehre von der Transsubstantation. Am Ende des zweiten Semesters beendete unsere Gruppe das gemeinsame Bibelstudium so, das wir im Berner Münster, in der Kathedrale der Ev. Ref. Kirche, das Heilige Abendmahl gemeinsam feierten, mit Brot und Wein. Nach dem gemeinsamen Bibelstudium wollten auch die katholischen und orthodoxen Studenten so das Heilige Abendmahl, die Eucharistie, zu sich nehmen. Seit dieser gemeinsamen Feiern der Eucharistie denke ich oft an jenen Abend, und in der Tiefe meiner Seele summt die Frage: Wann gelangen die großen Theologen der Kirchen zu dieser brüderlichen Gemeinschaft, in der in allen christlichen Kirchen das Heilige Abendmahl so gemeinsam und ohne Vorbehalt gefeiert werden kann, wie damals in unserer Studentengruppe an der Berner Universität? Es ist eine traurige Tatsache, dass die Kirchen durch das allerheiligste Sakrament voneinander am schärfsten getrennt sind, daß doch die Mitglieder der christlichen Kirchen, die Nachfolger Christi am engsten in eine brüderliche Einheit zusammenfassen sollte. Viele Millionen Menschen sehnen sich nach dieser brüderlichen und schwesterlichen Gemeinschaft, die sich in der Interkommunion manifestieren sollte.

* * *

Etliche Professoren der theologischen Fakultät in Bern luden mich zum Abendessen und zur Diskussion ein. Sie stellten mir oft Fragen, und ich wollte auf ihre Fragen hinsichtlich des Kirchenlebens in unserem atheistisch regierten Land immer eine wirklichkeitsgetreue Antwort geben.

Es näherte sich Weihnachten. Der Briefkontakt mit meiner Familie war sehr gut. Meine Frau teilte mir immer die alltäglichen Sorgen und Freuden in der Familie und in der Kirchgemeinde mit. Auch die Kinder schrieben oft von ihren Erlebnissen in der Schule. Von etlichen Familien der Gemeinde bekam ich auch ein Zeugnis, dass sie an ihren Pfarrer dachten. Sie alle warteten auf mich in der Hoffnung dass wir Weihnachten zu Hause gemeinsam feiern werden. Aber ich war immer mehr besorgt. Auch ich sehnte mich nach zu Hause. Aber meine Bekannten rieten mir immer öfter, die Festtage in der Schweiz zu verbringen. Sie zeigten mir die Zeitungsartikel, die täglich von dem groben Prozeß der sogenannten „Normalisierung“ in der Tschechoslowakei schrieben und davon, dass nach der hoffnungsvollen kurzen Epoche von Dubček, eine harte Parteidiktatur in meiner Heimat kommt. Auch das HEKS, mein Stipendiumsgeber bat mich, in dieser gespannten Lage in der Schweiz zu bleiben und versprach mir, meiner Frau schon jetzt eine offizielle Einladung zu schicken, in der Hoffnung, dass sie mich so im Frühling in der Schweiz besuchen kann.

Weihnachten in Casa Locarno

Nachdem sich in die Reihe meiner wohlwollenden Ratgeber auch das HEKS eingliedert hat, gab ich mit schwerem Herzen meinen Reiseplan nach Hause auf, und meldete der HEKS-Leitung, dass ich aufgrund ihres Rates in den Weihnachtsferien in der Schweiz bleibe. Ihr Versprechen, dass sie meine Frau zu einem Besuch in der Schweiz verhelfen werden, hat mich sehr gefreut und ich habe ihnen dafür Dank gesagt. Nach einigen Tagen habe ich von ihnen einen Antwortbrief bekommen, in dem sie ihre Freude ausgedrückt haben, dass ich auch in den Festtagen in der Schweiz bleibe und gleichzeitig luden sie mich zu der Begegnung der Stipendiaten ein, die in Zürich stattfinden wird. In dieser Begegnung setzten sie das Ferienprogramm für die Stipendiaten fest, die die Weihnachtsferien in der Schweiz verbringen werden. Demgemäß haben wir dann die Weihnachtsferien in Locarno, in einer wunderschönen Kleinstadt in der Südschweiz, in dem sogenannten Casa Locarno (Locarno-Haus) in einem kirchlichen Erholungsort verbracht. Das Locarno-Haus befindet sich am Berghang, wo sich über und um das Haus die schneebedeckten Gipfel der Südschweizer Gebirgsketten erheben. Aber unten im Tale, am Ufer der See grünen die Palmen. In diesem Haus verbrachten wir, 26 Stipendiaten aus 19 Ländern, das Christfest. Am Christabend waren wir beisammen im Saal an einem geschmückten Weihnachtsbaum. In drei Sprachen hat man das Weinachtevangelium gelesen. Die Herzen waren erfüllt von der Freudenbotschaft, dass Christus, der Retter der Welt, der Heiland der Gläubigen gekommen ist, um uns durch Freuden und Leiden, durch Leben und Tod, in sein ewiges Reich zu führen. Bevor wir zu Tisch saßen, hat jeder in seiner Mutersprache ein Weihnachtlied gesungen. An diesem Christabend im Locarno-Haus in 16 Sprachen haben die Studenten aus allen Weltteilen in 16 Sprachen die lieben Weihnachtsgesänge und Hymnen gesungen. Dann bekam jeder von uns ein kleines schönes Weihnachtpaket.

Nach dem festlichen Abendessen hat sich jeder vorgestellt und sprach von seinem Land, seiner Kirche und seinem eigenen Leben. Bei diesen Erzählungen erfuhren wir, dass es zum Beispiel in Afrika Negerstämme gibt, deren Sprachgebiet ganz klein ist. Es gab unter ihnen auch solche, die zu Hause nur durch einen Fluß voneinander getrennt waren, aber sie haben eine andere Muttersprache gesprochen und ihre Sprachkultur ist noch unterentwickelt. Es waren unter ihnen auch solche, die erzählten, dass sie in ihrer Kindheit zu Kannibalen gehörten, die Blutrache praktizierten, aber durch die christliche Mission Gott unter ihnen Wunder getan hat. In der Anfangszeit der Mission haben sie nur schwer verstanden, dass diese Welt einen Schöpfergott hat, und dass dieser Gott allmächtig ist, der uns liebt und statt der verdienten Strafe uns vergeben will. Sehr schwer verstanden sie die rettende Liebe Jesu Christi, aber als sie diese verstanden und Nachfolger Christi wurden, haben sie ein völlig anderes Leben begonnen. Das Evangelium ist für sie wirklich Freudenbotschaft geworden, die ihr ganzes Wesen erfüllt und aus ihnen hocherfreute und dankbare Menschen gemacht hat. Diese Nachkommen der einstigen Kannibalen ehren so sehr das Leben, dass, wenn sie auf einem Pfad oder Fußweg gehen wo Ameisen durchziehen, mit einem kleinen Besen, den sie immer mitnehmen, die Ameisen wegkehren, um diese nicht zu zertreten.

Schön war dieser Christabend, den ich wieder in einem fremden Land verbrachte und der seine sonderliche Eigenart hatte, aber auch inmitten des Festprogramms und besonders nachher, war ich im Geiste zu Hause mit meinen Geliebten, mit der Familie und den Gemeinden. Im Geiste erlebte ich wieder die Christabende meiner Kindheit im Elternhaus, die Schrecken des Krieges, die Weihnachten in der sowjetischen Gefangenschaft im Waldspital und in Kiew. Durch die Brücke der Liebe war ich von überall verbunden mit meiner Heimat, mit meinen Geliebten, die jetzt zu Hause feiern und mit ihren Sorgen kämpfen. Durch diese Verbindung vergegenwärtigte ich mir, dass es auf dieser Erde wo soviel Tränen fließen und soviel Blutvergießen stattfand, auch über Abgründen und Entfernungen die verbindende Liebe gibt, weil Gott, als er in jener Christnacht Fleisch ward, mit rettender Liebe den Abgrund zwischen dem Himmel und der Erde überbrückte.

Im Locarno-Haus haben wir jeden Abend Gottesdienst gehalten, wo wir zusammen gesungen, gebetet haben, die Bibel lasen und Bibelauslegungen zuhörten. So verbrachten wir auch den letzten Abend des Jahres 1968 zusammen. Am Neujahrstag, am 1. Januar 1969 organisierte man ökumenische Gottesdienste in der Kirche in Locarno und in Lugano, wo die ausländischen Stipendiat- Pfarrer dienten, in deutscher, englischer, und französischer Sprache. Der deutschsprachige Dienst war in beiden Kirchen meine Aufgabe.

Am nächsten Tag organisierten unsere Gastgeber für uns einen Ausflug in das Gebirge südlich von Locarno entlang der italienischen Grenze. Wir besuchten solche kleinen Dörfer, wo damals niemand wohnte. Die kleinen Häuser sind von Stein gebaut, und zwar nicht nur die Mauer, sondern auch das Dach. Die Häuser sind so gebaut, das an jeder Seite eines Viereckes ein kleines Haus ist, und die Bewohner der Häuser haben einen kleinen gemeinsamen Hof. Jedes Haus ist etwa 1.5 m. über der Erde gebaut und die Treppe zum Haus ist so gestaltet, dass sie dort in der Sommerzeit jeden morgen sitzen, wo sie sich beraten, was sie im Walde arbeiten werden. Die Treppen dienen also auch als Tribune, wo die Männer der vier Häuser einander nahe sind und miteinander Worte wechseln können. In diesen Häusern wohnen nur ältere Menschen und auch nur in der Sommerzeit, wenn sie im Wald arbeiten. Aber wenn der Winter kommt, verlassen sie diese Häuser und verbringen den Winter anderswo bei ihren jungen Familienmitgliedern. Ihre Häuser lassen sie offen. Die Türe haben kein Schloß, nur lange Holzklinken, die nur den Dienst leisten, dass sich die Tür nicht breit öffnen kann. Niemand ist besorgt um seine einfachen Möbel oder Küchengeräte, obwohl sie wissen, dass ihre geöffneten Häuser im Winter von Touristen besucht werden. Von Locarno habe ich einige Ansichtskarten mitgebracht mit der Absicht, dass ich diese unterwegs irgendwo in den Postkasten werfe. Ich bin zu einem Postkasten gegangen, um die Postkarten aufzugeben, aber zum Glück wollte ich zuerst sehen, wann man den Postkasten leeren wird. Dort habe ich diesen Satz gefunden: Nächste Leerung am 1. April. Und ich war da am 2. Januar.

Die Semesterferien der Berner Universität dauern 1 Monat. Ein Presbyter der Kirchgemeinde, der auch Regierungsrat war, hat die Sache des Einreisevisums meiner Frau in die Schweiz in die Hand genommen zusammen mit dem HEKS. Ich hatte wenig Zeit in die Stadt zu gehen, und wenn ich zuweilen hinausging, schaute ich mit Bewunderung die luxuriösen, glänzenden Auslagen und den Warenüberfluß an. Mit Hoffnung wartete ich auf die Ankunft meiner Frau, aber ich habe mir Sorgen gemacht, wie ich etwas von diesen schönen Dingen für meine hoffentlich bald ankommende Frau und für unsere zu Hause gebliebenen Kinder kaufen könnte. Das Stipendium war so berechnet, dass der Stipendiat davon die Wohnung, die Speise, einige Bücher, Fahrkarten für die elektrische Bahn in der Stadt und die notwendigen kleinen Dinge bezahlen kann. Ich war sehr sparsam, und so ist es mir gelungen ein wenig von dem Stipendium beiseite zu legen, aber das war wenig, um davon etwas Wertvolles für meine Frau und die Kinder zu beschaffen. Darum wollte ich in den Semesterferien etwas in der Pharmafabrik Fy Wander verdienen. Ich habe dort eine ganz einfache Arbeit im Pharmamagazin bekommen, wo ich die bestellten Medikamente aufgrund der Bestellungen von den Regalen nahm und für die Apotheken einpackte. Für diese Arbeit wurde ich nicht hochbelohnt, aber ich freute mich, wenn ich an die Bedürfnisse meiner Geliebten dachte.

Die diplomatische Hilfe in der Sache des Aus- und Einreisevisums war nicht erfolglos, und einige Tage vor Ostern war meine Frau angekommen. Ich wartete auf sie am Flughafen in Zürich. Unsere Freude war groß, wir waren glückselig.

In der Kirchgemeinde meines Kollegen, in dessen Pfarrhaus ich wohnte, hatte die Pfarrfamilie in dem mir gegebenen Zimmer auch für meine Frau Platz gemacht. Von der Ankunft meiner Frau wussten auch einige andere Familien in der Kirchgemeinde. Diese hatten mich schon näher kennengelernt, weil ich auch in ihrer Kirche predigte und sie mich nach dem Gottesdienst zum Mittagessen einluden. Das waren schöne Anlässe zu Diskussionen. Als meine Frau ankam, luden uns diese Familien auch gemeinsam zu einem Gastmahl ein. Etliche wollten ihre Aufmerksamkeit so ausdrücken, dass sie uns Bahnfahrkarten schenkten, und ich konnte etwas von den Naturschönheiten und anderen Sehenswürdigkeiten der Schweiz auch meiner Frau zeigen. So besuchten wir vor allem Locarno, wo ich in Casa Locarno die Weihnachtsferien verbrachte. Die Leiterin des Hauses stellte uns gern ein kleines Zimmer für zwei Tage zur Verfügung und in dieser Zeit wollte sie unsere Gastgeberin sein. Sie sagte, dass sie sich freut, meine Dolmetscherdienste in den Weihnachtsferien auf diese Weise erwidern zu können.

Meine Frau verbrachte einen Monat in der Schweiz. Weil ich damals auch Studienverpflichtungen hatte, musste ich sie zeitweise allein zu Hause lassen, aber sie hielt es für selbstverständlich, und die gemeinsam dort verbrachte Zeit blieb uns unvergeßlich. Bei den Gesprächen in den Familien, die uns einluden, hat ein Ehepaar mit feinem Gefühl gespürt, dass ich vor Weinachten mein Heimweh noch irgendwie überwand, aber jetzt würde ich gern meine Frau nach Hause begleiten, wenn ihre Besuchszeit zu Ende geht. In zwei Tagen bekamen wir beide von diesem Ehepaar Flugbillets von Zürich bis Prag. So flog ich zusammen mit meiner Frau nach Prag und dann noch 800 Km mit dem Zug nach Hause. Die Freude unserer Jungen darüber, dass wir unerwartet zusammen heimkamen, war groß. Am nächsten Sonntag diente ich schon zuhause in meinen Gemeinden.

Nach drei Tagen musste ich zurückkehren, aber bei der Rückkehr wartete auf mich eine unangenehme Überraschung. Ich wollte mit dem Zug über Ungarn und Wien nach Bern zurückkehren. An der Grenze zwischen Slowakei und Ungarn aber ließ mich die slowakische Grenzpolizei aussteigen mit der Begründung, dass mein Passport und Visum nach den neuen slowakischen Gesetzen ungültig geworden sei, ich darf also nicht in die Schweiz zurückkehren. Es traf also die Lage ein, wovor mich meine Bekannten und das HEKS vor Weihnachten hüten wollten. Ich wollte sehr gern mein angefangenes Postgradualstudium in der Schweiz beenden, aber die Rückkehrmöglichkeit schien hoffnungslos zu sein. Die Polizisten an der Grenze sagten mir, dass ich ein neues Gesuch einreichen müsse. Ich habe das Gesuch gleich geschrieben und in der Kreisstadt, Košice. eingereicht, aber die zuständigen Beamten haben es lächelnd abgewiesen. Ich sah, dass ich in der Slowakei keinen Paß und Visum bekommen kann. Mein Dilemma war es; heimzukehren und alles fallen zu lassen oder noch einen Versuch in Prag zu probieren. Ich wählte die zweite Möglichkeit, und fuhr nach Prag. Die Schwester eines tschechischen Freundes arbeitete als Juristin am Innenministerium zu Prag. Dieser Freund, S. Pavlinec verließ in den Tagen der Besetzung des Landes durch sowjetische Panzer, mit seiner Familie Prag und als Pfarrer, der gut deutsch spricht, bekam er gleich in Bern eine Dienststelle und Wohnung. Wir besuchten dort einander und von ihm erfuhr ich, dass seine Schwester als Juristin im Innenministerium arbeitet. Aufgrund der Freundschaft mit ihrem Bruder, versuchte ich in Prag diese Frau in ihrem Amt zu finden, und sie um Hilfe zu bitten. Und sie wollte und konnte mir helfen. So bekam ich ein neues Visum und einen neuen Paß und konnte nach Bern zurückkehren.

Kirchlindach

In Bern wartete auf mich Professor Dürr mit der Nachricht, dass in einer Kirchgemeinde bei Bern, in Kirchlindach der Pfarrer krank geworden war und ins Sanatorium geschickt wurde, wo er mindestens 6 Monate bleiben müsse. Der Professor habe in dieser Kirchgemeinde Freunde, die ihn baten, ihnen einen Pfarrer zu suchen, der in der Kirchgemeinde alle Dienste verrichten würde, solange ihr Pfarrer im Sanatorium bleiben muß. Der Professor dachte an mich, und im Namen der Kirchlindaner bat er mich, den Dienst in dieser Kirchgemeinde anzunehmen. Die Bitte war für mich eine Überraschung, und ich konnte dem Professor keine Antwort geben. Ich musste ihn um Bedenkzeit bitten... Ich wollte die Sache vor allem mit meiner Familie besprechen. Das Sommersemester der Universität geht im Juni zu Ende, also nach 6 – 7 Wochen kann ich nach Hause fahren, wo meine Familie und meine Gemeinden auf mich warten. Der Pfarrhausbau in Csicser ist noch nicht beendet. Aber nach dieser Bitte und dem Angebot wollte ich auch in der Schweiz Gemeindedienst leisten. Der Professor betonte, dass die Gemeinde auf meine Hilfe angewiesen ist und er als Freund erwartet von mir, dass ich diese Bitte nicht abweisen werde. Er betonte auch, dass dieser Dienst für mich eine bedeutende finanzielle Hilfe sein würde, denn er wolle dafür Sorge Tragen, dass ich für meine Dienste eine ordentliche Besoldung bekomme.

Abends versuchte ich eine telefonische Verbindung mit meiner Familie zustande zu bringen. Die Telefonleitungen waren bei uns damals so schlecht, dass die Verbindung oft tagelang nicht gelingen wollte. An jenem Abend konnte ich nach zweistündiger Wartezeit telefonieren. Ich habe meiner Familie die Bitte des Professors mitgeteilt. Diese Bitte war auch für sie eine Überraschung, und meine Frau sagte, dass sie nicht länger allein bleiben möchte, also sollte ich nach dem Sommersemester nach Hause kommen. Am nächsten Abend ist es aber meiner Frau gelungen, mit mir in Verbindung zu treten und so erfuhr ich von ihr, dass sie die Sache meines eventuellen Gemeindedienstes von allen Seiten bedacht habe und wenn ich diesen für mich nicht einfachen Dienst annehmen wolle, sei sie auch bereit, die Last zu Hause noch einige Monate weiterzutragen.

Am nächsten Tag begegnete ich an der Universität dem Professor, der mir die Gedanken des Kirchgemeinderates in Kirchlindach übermittelte. Sie wollten mich kennenlernen und luden mich zur Begegnung mit ihnen am Sonntag-Abend ein. Diese Bitte wollte ich gern erfüllen und am Sonntagabend hatten wir eine brüderliche Begegnung mit dem Kirchgemeinderat. Nach der brüderlichen Diskussion lud mich der Kirchgemeinderat auch offiziell ein, die Gemeindedienste, solange ihr Pfarrer in Sanatorium bleiben muß, anzunehmen. Ich dankte ihnen für ihr Vertrauen und nahm den Dienst an.

Am nächsten Sonntag fing ich den Predigtdienst an, und nach der Predigt habe ich den nächsten Bibelabend und Jugendabend angekündigt. Am Anfang des Gottesdienstes stellte mich Professor Dürr der Gemeinde mit netten Worten vor und bat sie, mich mit Liebe zu empfangen. Sie haben mich wirklich mit freundlicher Liebe empfangen und wir haben gleich den Plan der Kinderarbeit, und des Konfirmandenunterrichtes besprochen. Nach dem Sommersemester siedelte ich nach Kirchlindach über, wo ich bei einer Familie eine Stube bekam, um die Administration des Pfarramtes verrichten zu können.

Mein neues Visum, das ich in Prag bekam, war bis 1. Dezember des Jahres (1969) gültig. Nachdem ich den Dienst in der Gemeinde annahm, versprach ich ihnen, bis Ende November bei ihnen zu bleiben. Zu Hause hat meine Frau die Kinderarbeit, Unterricht der Konfirmanden, und auch die Lesepredigtdienste auf sich genommen.

Meine Gemeinden zu Hause sind also nicht ohne Seelsorge geblieben.

* * *

Unser Bischof hat mir nach meiner Ankunft in der Schweiz angeordnet, ihm jeden Monat einen Bericht zu schicken. Er schrieb, dass die Staatsorgane verlangen, dass ich ihm jeden Monat mitteilen solle, in welcher Richtung ich meine Kenntnisse vertiefe und mit welchen Menschen ich in der Schweiz Kontakt habe. Gleichzeitig gab er mir die Anweisung, dass ich die Studienzeit in der Schweiz so ausnützen solle, dass es zu Gunsten der Kirche und auch mir zum Vorteil sei.

Am Ende des Sommersemesters sollte ich also meinen letzten Bericht schreiben. Der Bischof hat mir das Datum meiner Heimfahrt nicht angegeben. Ursprünglich habe ich auch nicht gedacht, dass ich nach dem Sommersemester nicht gleich nach Hause fahre. Ich rechnete nicht mit der Lage, die sich gegen Ende des Semesters entwickelte. Aber weil ich mit Zustimmung meiner Familie die Bitte der Kirchgemeinde in Kirchlindach nach langen Erwägungen nicht abgewiesen habe, musste ich meine Aufenthaltzeit in der Schweiz verlängern.

Aber ich habe noch eine nicht beendete Aufgabe gehabt. Für Professor Dürr konnte ich den angefangenen kurzgefaßten Bericht über unsere Kirche noch nicht fertigmachen. Es fehlten mir noch einige notwendigen Angaben und ein Protokoll. Weil ich diese Dinge dort nicht beschaffen konnte, bat ich brieflich mit aller Ehrwürdigung unseren Bischof, die nötigen Angaben an mich zu schicken. Ich habe aber keine Antwort bekommen. Unter diesen Umständen fühlte ich mich nicht verpflichtet für die Verlängerung der Aufenthaltzeit um eine separate Bewilligung zu bitten. Ich habe meinen letzten Studienbericht fertiggemacht und gleichzeitig teilte ich ihm mit, dass ich meine Aufgabe für Professor Dürr ohne die Angaben, die ich von ihm zu bekommen hoffte, nicht beenden konnte. Am Ende des Berichtes habe ich ihm gemeldet, dass eine Kirchgemeinde bei Bern mich durch Professor

Dürr für die Krankheitszeit ihres Pfarrers um Gemeindedienst gebeten hatte, und ich diese Bitte nicht abweisen konnte. Diesen Bericht beendete ich mit dem Satz: „Mit meiner Entscheidung, dass ich die Bitte einer Kirchgemeinde annahm, habe ich auch Ihrer Anordnung genüge getan, dass ich die Studienzeit in der Schweiz so ausnützen soll, das es zu Gunsten der Kirche und auch mir zum Vorteil sei."

In dieser Gemeindedienstzeit habe ich endlich die nötigen Angaben und das Protokoll von einem Kollegen in der Ostslowakei bekommen, (Csontos Z.) um die schriftliche Arbeit über unsere Kirche für Professor Dürr fertigmachen zu können.

Meine Dienste hat man in Kirchlindach mit Liebe empfangen. Auch zwei Professoren aus Bern kamen zum Gottesdienst nach Kirchlindach. Die Mehrheit der Gemeinde bestand aus hochgebildeten Menschen,. Ärzten, Juristen, Pädagogen und Politikern. Fast jeden Abend war ich eingeladen zum Familienbesuch. Bei diesen Anlässen hat der Gastgeber oft ein Teilgebiet seines Faches zur Sprache gebracht, etwas, was ihn persönlich beschäftigte, was ihm Probleme machte, und bat mich, für das Problem im Lichte der Heiligen Schrift eine Antwort zu suchen. Dieses Suchen, diese Gespräche waren oft sehr interessant und ich musste mich auch anstrengen, um für das Problem im Lichte der Heiligen Schrift Antwort zu finden. Aber es freute mich sehr, dass diese hochgebildeten Menschen auf die Probleme ihres Fachgebietes theologische Antwort suchten. Es war für mich sehr gut zu wissen, was für Probleme, Sorgen, Hoffnungen oder Zweifel im Herzen dieser Menschen sind. Bei der Vorbereitung der Predigt wollte ich diese inneren Kämpfe und Probleme beachten, und auf die öfter vorkommenden Fragen versuchte ich, auch in der Predigt seelsorgerliche, biblische Antwort zu geben. Diese Methode haben in der Gemeinde viele wahrgenommen und freuten sich darüber.

Einladung nach Bern

Die regelmäßigen Gottesdienstbesucher in Kirchlindach waren mir schon ziemlich bekannt, als eines Sonntags fünf unbekannte Männer in der Kirche auftauchten, die in einer Bank nebeneinander saßen. Diese Männer hörten auffallend aufmerksam der Predigt zu, und einer unter ihnen hat auch Notizen gemacht. Nach dem Gottesdienst, als die Gemeinde aus der Kirche ging, kamen sie in gegengesetzter Richtung, und als ich auch hinausgehen wollte, begegneten wir uns am Tische des Herrn. Sie baten mich, eine Weile dort zu bleiben und sagten, dass sie mit mir sprechen möchten. Sie stellten sich vor als Gesandte der Johannesgemeinde in Bern. Sie erzählten, dass einer von den zwei Pfarrern ihrer großen Kirchgemeinde in Ruhestand getreten sei und baten mich die leergewordene Pfarrstelle in ihrer Gemeinde anzunehmen. Sie sagten, dass mich einige von ihrem Kirchgemeinderat in Bern schon kennengelernt haben und einige waren auch hier in Kirchlindach zum Gottesdienst, um mich kennen zu lernen. Sie berieten sich in der Kirchgemeinde und so kamen sie jetzt, als Gesandte der Kirchgemeinde, mich einzuladen. Diese Einladung war für mich eine unerwartete Überraschung, aber es war mir klar, dass ich diese Einladung nicht annehmen konnte. Ich bedankte mich für ihre herzliche Einladung und sagte ihnen, dass für mich, als Pfarrer aus einem osteuropäischen kommunistischen Land, das Postgradualstudium in der Schweiz ein großes Geschenk war, aber ich nicht hier bleiben könne. Ich habe Familie und Kirchgemeinden, die auf mich warten, ich könne sie nicht verlassen. Ich erzählte ihnen, dass sich die Kirche in meiner Heimat in bedrohtem Zustand befinde, weil die atheistische Ideologie die Kirche liquidieren möchte und der Pfarrermangel immer größer würde. Man brauche mich zu Hause. Aber die Gesandten aus Bern wollten ihre Einladung nicht aufgeben. Sie fragten mich, wie groß meine Gemeinden sind. Ich habe ihnen gesagt, dass wir in meinen drei Gemeinden zusammen kaum 500 Seelen haben. Sie sagten, dass ich, – wenn ich ihre Einladung annehme – Pfarrer einer Gemeinde von 5000 Seelen sein könne, in einer der schönsten europäischen Hauptstädte. Sie sahen und hörten, dass mein kirchliches Amt für mich nicht nur Arbeitstelle, sondern auch mein Beruf sei und ich durch das Wort Gottes die Seelen der Menschen erreichen wolle. Für mich kann also gar nicht gleichgültig sein, ob ich das Wort Gottes nur in kleinen Gemeinden oder immer in einer großen Gemeinde verkündigen könne. Dann sagten sie, dass ich, als Berner Pfarrer meine Familie nicht verlassen würde, weil sie meine Familie auf diplomatischem Wege in kurzer Zeit nach Bern holen würden. Einer der Berner Gesandten betonte, dass er dieses Versprechen auch als Regierungsrat gibt. Gleichzeitig haben sie mir 700 CHFr angeboten, welches sie als monatliches Geschenk geben würden, um für meine Dienstfahrten, (Abendmahl für Kranke, Krankenhausbesuche, verschiedene Versammlungen, Büro-Angelegenheiten) ohne Sorge Benzin kaufen zu können. Als ich nach ihrem Angebot eine Weile schwieg, besserten sie ihr Angebot auf 1000 CHFr. Es war für mich berührend, dass eine Kirchgemeinde so opferwillig sein kann, um einen Pfarrer zu bekommen. Obwohl unsere finanzielle Belohnung nur ein Bruchteil dessen ist, was mir nur als Benzingeld-Geschenk diese Brüder angeboten haben, konnte ich nicht dort bleiben. Ich habe für die Herzlichkeit der Gesandten der Johannesgemeinde nochmals Dank gesagt, und wir haben voneinander Abschied genommen.

* * *

Als sich die Gültigkeit meines Visums dem Ende näherte und meine Familie und Gemeinden schon ungeduldig auf mich warteten, habe ich auch von der Kirchgemeinde in Kirchlindach Abschied genommen.

Zum Schlußgottesdienst habe ich aus dem Buch der Apostelgeschichte 8. Teil die Geschichte des Finanzverwalters der Ätiopischen Königin gelesen. Ich sagte ihnen, dass ich für eine kurze Wegstrecke so auf den Wagen ihrer Gemeinde aufgestiegen bin, wie einst Philippus der Evangelist auf den Wagen des reichen Finanzverwalters der Ätiopischen Königin. Wie eins Philippus dem Finanzverwalter, so verkündigte ich hier dieser Gemeinde Jesus Christus, der sich selbst opferte, um uns zu retten. Jetzt muß ich vom Wagen der Gemeinde absteigen in der Hoffnung, dass ich nicht umsonst in der Gemeinde war, und dass auch wir im Glauben vertiefter Freude auf unserem Lebensweg weitergehen können. An jenem Sonntagsabend bereitete der Kirchgemeinderat im Namen der Gemeinde ein Abschiedsgastmahl, und wir haben voneinander mit herzlichen Segenswünschen Abschied genommen.

Ende November bin ich heimgekommen. Es war für mich eine Freude, in der Schweiz zu studieren und in einer Kirchgemeinde dienen zu können, aber es war auch eine Freude heimzukommen, mit meinen Geliebten zusammen zu sein und in meinen Gemeinden meine Dienste fortsetzen zu können. Das neue Pfarrhaus war noch nicht fertig, und wir haben uns angestrengt, um den Winter nicht im teilweise demontierten alten Haus verbringen zu müssen. Im neuen Haus beendeten wir die notwendigsten Arbeiten, um dorthin einziehen zu können. Die Mauer war draußen noch unverputzt, aber zwei Zimmer waren schon bewohnbar. Im nächsten Sommer waren auch die äußeren Mauern verputzt, aber man musste in der Wohnung viele Dinge in Ordnung bringen. Der Gemeindesaal ist aber nicht gebaut worden, obwohl die Vorbereitungen, das Tor und der Bürgersteig schon vor meiner Abreise angefangen wurden. Der Gemeindesaal war dann 17 Jahre später zugebaut worden, aber auch damals mit großen Problemen. Und jetzt nach 15 Jahren, mit einer gesunden Wohnung und gut eingerichtetem Gemeindesaal kann unsere dort lebende Gemeinde auf einen jungen Pfarrer warten.

* * *

Unsere Freunde in der Schweiz haben nach meiner Heimkehr in die Heimat nicht nur an mich und meine Familie, sondern auch an meine bauende Gemeinde gedacht. Sogar viel mehr an die Gemeinde als an mich, weil ich bei den Familienbesuchen mehr von der Gemeinde, als von mir und meiner Familie sprach. Ihre Geschenke übergaben sie bei persönlichen Besuchen. Als unsere Gäste aus der Schweiz bei ihren Besuchen bei uns Umschau hielten, merkten sie, dass wir außer den Bausorgen auch in anderen Dingen auf ihre Hilfe angewiesen sind. Und sie halfen. Bis dahin haben wir in der Kirche keine Heizung gehabt. Es gab strenge Winter, als wir die Gottesdienste bei –10, – 20, oder mehr Grad hielten. Erst unsere Freunde aus der Schweiz haben uns eine Heizung in der Kirche ermöglicht. Durch die Heizung konnten wir etwa 15 Grad Temperaturunterschied erreichen. Also wenn es draußen –10 Grad war, in der Kirche war es 5 Grad. Und das ist schon in Mantel erträglich. Die Heizung im Pfarrhaus war auch sehr schlecht, aber mit Hilfe der Schweizer Freunde ist das auch besser geworden. Die Gaben hat immer der Kirchgemeindepräsident übernommen in Anwesenheit zwei anderen Vorsteher, die die Empfangbestätigung auch unterzeichneten. So wollte ich vorbeugen gegen alle eventuellen späteren Vorwürfe.

In meiner Aufenthaltszeit in der Schweiz kam es mit einigen Familien zu näherem Kontakt. Unter ihnen war auch ein Chemiker-Ingenieur – Pädagogin Ehepaar. Sie waren auch sehr aufmerksame Hörer der Predigten, die sie –wie sie erzählten- auch zu Hause analysierten und freuten sich, wenn sie auf ihre Probleme Antwort bekamen. Beide waren Chorsänger im großen Kirchenchor, und bei ihren Auftritten haben sie zuweilen auch mich mitgenommen. Einen Abend verbrachten wir im Heimatdorf der Frau-Pädagogin, wo ich einen Vortrag über das Leben unserer Kirche halten sollte.

Einen besonders guten Dienst hat unserer Kirchgemeinde ein Buchdrucker Ehepaar, F.K. gemacht, die uns zweimal besuchten als Gesandten ihrer Gemeinde und hat die Gabe ihrer Gemeinde mitgebracht. Der Mann war damals schon im Ruhestand, aber vorher arbeitete er in einer kirchlichen Druckerei und hat viel von der Menschlichkeit und der sozialen Empfindlichkeit seiner Arbeitgeber gesprochen. Bei ihrem ersten Besuch haben sie allerlei Erlebnisse gehabt. Sie fuhren mit dem Zug. In der Ostslowakei, in Košice, war das alte Bahnhofgebäude im Umbau. Es herrschte dort eine allgemeine Unordnung. Es fehlten die Informationstafeln. Die Informationsmöglichkeit der Reisenden war völlig ungenügend. Für unsere Gäste, die zu uns unterwegs waren, erschwerte dieser Zustand Ihre Orientierung, weil sie die slowakische oder ungarische Sprache nicht beherrschten. Sogar an der Seite der Eisenbahnwagen fehlten die Tafeln, wohin der Zug fährt. Mit dem slowakischen Fahrplan in der Hand suchten sie „ihren Zug", wo an der Seite des Wagens der Name der Endstation: Čierna nad Tisou steht. Aber solche Tafel fanden sie nirgends. Aber sie fanden eineTafel mit der Anschrift: fajčiari und nefajčiari. Solchen Stationsname aber fanden sie im Fahrplan nicht. Das konnten sie auch nicht finden, weil diese Worte bedeuten: Raucher, Nichtraucher. In der Hand mit dem Fahrplan zeigten sie den Namen der Endstation, wo sie hinfahren wollen und endlich fanden sie den richtigen Zug. Aber sie blieben auch im Zug nicht ohne Probleme. In der Kabine waren frohe ungarische Männer, die Bier tranken. Als diese hörten, dass die zwei zu letzt gekommenen Fahrgäste eine fremde Sprache sprechen, haben sie ihnen mit unbehinderter Fröhlichkeit Bier angeboten. Sie wollten es aber nicht annehmen, weil sie zu Hause Mitglieder der Blaukreuz-Liga waren. Aber sie konnten diesen Männern nicht erklären, warum sie nicht trinken wollen. Weil die ungarischen Männer das Bier immer fröhlicher und immer lauter anbaten, fühlten sie sich gezwungen, es zu nehmen. Sie haben also den „Kampf" aufgegeben und mussten versuchen, Bier zu trinken, und zwar ohne Glas, weil ihre Gastgeber auch aus der Flasche tranken

Ich wartete auf sie am Bahnhof in Perbenyik. Lächelnd erzählten sie mir ihre Erlebnisse, aber waren auch unruhig, weil sie Gelübdebruch begangen haben, und zu Hause müssen sie von dem Fall Bericht erstatten und das Gelübde neu ablegen.

In jenen Jahren bekamen wir zeitweise Besuche aus der Schweiz. Ein Pädagoge-Organistin Ehepaar und ein Kollege (H. G. und R. W.) haben uns sehr viel geholfen. Ohne ihren Beistand würden wir heute, wo wir im Ruhestand sind, ohne Obdach sein. Von ihnen habe ich auch etwas sprachliche Korrektur bekommen.

Auch der ehemalige Leiter des „Nüchterns" in Kirchlindach hat uns mit seiner Frau mehrmals besucht. Viele ehemalige Alkoholiker können ihnen für ihre nüchterne Lebensführung danken. Er hat mit seinen psychologischen und pädagogischen Methoden vielen Menschen geholfen.

Wahl – Verwicklungen

Im Jahre 1971 hat auch in unserem Kirchenbezirk eine allgemeine Wahl, Ämtererneuerung stattgefunden. Gemäß einer Vereinbarung nach dem 2. Weltkrieg sollten sich in unserem Kirchenbezirk die slowakischen und ungarischen Vorsteher, vor allem die Dekane ablösen. Weil in der vorigen Periode der Dekan ein Ungar war, sollte man jetzt einen Slowaken wählen. Die Amtkandidaten sollten aufgrund der Wahl der Bezirksversammlung und der Gemeinden gewählt werden. Aber Kandidaten für die Ämter sollten nur solche Personen sein, die dafür die Zustimmung der politischen Behörden bekamen. So ist bei dieser Wahl ein solcher slowakischer Pfarrer gewählt worden, der in der vorigen Periode an den Pfarrversammlungen, denen auch die politischen Kirchensekretäre beiwohnten, „Linientreue", also für die Kommunistische Partei empfangbare Äußerungen getan hatte. Der neue Dekan sprach nicht ungarisch, darum musste man den Jahresbericht des Dekans in den Bezirksversammlungen übersetzen. Die Mehrheit der damaligen Pfarrergeneration hat schon die slowakische Sprache ziemlich gut verstanden, aber weil an den Bezirksversammlungen auch die Gesandten der Gemeinden teilnahmen, die von dem slowakischen Bericht des Dekans kaum etwas verstanden hätten, war die Übersetzung die Aufgabe des Dekanstellvertreters. Aber weil seine slowakische Sprache auch sehr schlecht war, musste ich die Übersetzung machen. So kam es, dass ich als Dolmetscher ungewollt solche Dinge sagen musste, die ich vom Herzen nie gesagt hätte. Der Dekan war ein treuer Kolaborant der politischen Macht. Um es zu illustrieren zitiere ich etwas von einem seiner Berichte: „Der Sieg der Kommunisten im J. 1948 ist der bedeutendeste Meilenstein der Geschichte der Arbeiterklasse und des arbeitenden Volkes, den sie im Kampf gegen die kapitalistischen Ausbeutung mit der Führung der Kommunistischen Partei erreicht haben. Dadurch öffnete sich der Weg zum Bau des Sozialismus, und so ist die Möglichkeit der unzerreißbaren Freundschaft zwischen der Tschechoslowakischen Sozialistischen Republik und der Sowjetunion zustande gekommen. Mit den Arbeitern unserer lieben Sozialistischen Republik erscheinen also auch wir vor den Urnen, um die neuen Organe der Staatsmacht zu wählen und mit unseren Stimmen unsere Zustimmung mit der Politik der Kommunistischen Partei der Tschechoslowakei auszudrücken." Seine Berichte waren voll mit den Ausdrücken: Die heldenhafte Sowjetunion und glorreiche Sowjetische Rote Armee.

* * *

Man hat mich bei der Wahl als Missionsreferent des Bezirks gewählt, und als solcher musste ich in den Jahresversammlungen eine Meldung vorlegen. Aber diese meine Funktion ist in der kommunistischen Zeit ein Titel ohne Mittel geworden. Die Funktion haben sie gelassen, den Inhalt der Funktion haben sie geraubt. Darum brauchte man für diese Funktion keine Zustimmung der politischen Macht. Die Aufgabe des Missionsreferenten unter normalen Umständen war die Organisierung der Evangelisationsversammlungen und Konferenzen. Von dieser Arbeit soll auf den Bezirksversammlungen der Missionsreferent Bericht erstatten. Aber die Evangelisationen und Konferenzen hat der Staat verboten, an den Versammlungen konnte ich also von einer solchen Arbeit keine Meldung geben. Das Behalten dieser Funktion war also Täuschung, mit der die Politische Macht den Anschein deklarieren wollte, dass es in der Kirche keine Arbeitsbegrenzung gibt. Unter diesen Umständen konnte meine „Meldung" nur eine allgemeine Adhortation, eine Erweckungsrede, eventuell eine Meldung von der Missionsarbeit in anderen Ländern sein. In meinen Erweckungsreden, habe ich die verschiedenen Gruppen der Versammlung angeredet, (die Pfarrer, die Presbyter und die anderen Gesandten der Gemeinden) mit der Bitte; im Glaubensleben fest, und treu zu bleiben und in den Wellenschlägen der Zeit, welche das Glaubensleben erschweren oder unmöglich machen wollen, nicht wankelmütig zu werden. Aber die politische Macht hat auch diese meine Tätigkeit übelgenommen. In meiner Kaderakte mehrten sich die schwarzen Punkte.

In meiner ersten Meldung habe ich unter anderem gesagt: „.... Theodor Beza, der in einer Epoche lebte, wo für die treue Erfüllung der christlichen Mission in der Kirche viele mit dem Leben bezahlten, charakterisierte den Lebensweg der Kirche so: „Die Kirche ist wie ein Amboß, der schon mit vielerlei Hammer geschlagen wurde. Die Hämmer zerschellten, aber der Amboß ist geblieben. Das Volk Christi darf die Worte seines Herrn nie vergessen. Und er hat an die Seinen nicht nur von den kommenden Bedrängnissen gesprochen, sondern hat auch gesagt: Seid guten Mutes, ich habe die Welt besiegt (Jn. 16, 33)."

In einer anderen Meldung habe ich gesagt: ..„Den Weg der Bedrängnisse will die Kirche an manchen Orten so leichter machen, dass sie sich der Welt anpaßt. Diese Anpassung ist im Laufe der Geschichte irgendwo soweit gegangen, dass die Kirche den feurigen Wein des Evangeliums mit dem Wasser des Zeitgeistes verdünnt hat, sogar auch die Ideologie ihrer Umgebung theologisch gutzuheißen versucht. In dieser Weise kann vielleicht die Kirche das Leiden vermeiden, und jemand kann so für sich eine leitende Position beschaffen, aber die Kirche ist dadurch ihrer Sendung untreu geworden, sie konnte nicht Salz und Licht sein. Wo sich die Kirche in dem Zeitgeist oder in der eben bestehenden Gesellschaftsordnung anpaßt, wird sie dort nach einer politischen oder ideologischen Wende auf die Bank der Schuldigen geraten."

Der Dekan konnte meine so gesinnten Meldungen nicht ertragen und vor einer Bezirksversammlung hat er mich angerufen, und hat mir mitgeteilt, dass ich meine Meldung in der Versammlung nur vorlesen darf, wenn ich sie ihm zuerst zur Kontrolle vorlege. Ich protestierte dagegen. Ich habe mich darauf berufen, dass es in unserer Kirchenverfassung keinen § gibt, der den Dekan zu solcher Kontrolle bevollmächtigt. Das bedeutet, dass der Dekan die Meldung des Missionsreferenten nicht kontrollieren oder zensieren kann. Die Meldung hatte ich in der Versammlung trotz des Verbotes des Dekans gelesen.

Vor der nächsten Bezirksversammlung änderte der Dekan seine Methode. Als schon die Gesandten der Gemeinden und die Pfarrer zusammen im Saal waren, hat er mich in eine Nebenstube gerufen und befahl mir, ihm meine Meldung zu vorlegen. Ich protestierte wieder dagegen und sagte ihm, dass er diese bald hören könne, wenn ich sie in der Versammlung lesen werde. Dann rief er den politischen Kirchensekretär und beschuldigte mich, dass ich ihm meine Meldung nicht zur Kontrolle vorlegen will. Unter diesem Druck musste ich ihm die Meldung vorlegen. Und als er diese las, strich er mit einem Bleistift die Zeilen, deren Lesen er verbieten wollte. Meine Meldung übergab er dann dem politischen Kirchensekretär und bat ihn, diese zu lesen. Nach der Lesung hat mir der Kirchensekretär gesagt: „Ich weiß nicht, warum der Dekan hier etliche Zeilen gestrichen hat, aber sie müssen ihm gehorchen. Ich versuchte dem Sekretär zu erklären, dass ich den Text aus einer ostdeutschen Kirchenzeitung zitiere. Inhalt des Aufsatzes ist Mitteilung von einer Missionskonferenz in Princeton. Ich berief mich darauf; wenn eine Kirchenzeitung in einem „sozialistischen Land," die in zehntausend Exemplaren gedruckt wird, diese Dinge publizieren kann, warum darf man diese in der Tschechoslowakei in einer geschlossenen Gemeinschaft der Bezirksversammlung nicht bekanntmachen. Statt einer Antwort zuckte der Kirchensekretär seine Achseln, und der Dekan gab mir den Befehl, dass ich die gestrichenen Zeilen nicht lesen darf.

Die Sitzung der Versammlung fing an. Ich sagte dem Dekan, dass ich meine Meldung nur ohne Zensur vorlesen will, darum gab er diese seinem Stellvertreter, der bereit war, dem Befehl zu gehorchen, und die gestrichenen Zeilen auszulassen. Aber bevor es dazu kam, stand ich auf und verließ den Saal.

Der Dekan wollte diese Zeilen von dem Text der Missionskonferenz von Princeton nicht lesen lassen: „Die Wirtschaftsfachmänner sollen sich anstrengen, eine solche internationale Weltwirtschaft zu schaffen, in der keine wirtschaftliche oder politische Abhängigkeit Platz bekommen wird. Das so vermehrte Kapital soll man zur Milderung des Elends der armen Völker verwenden. Man muß in jedem Land konsequent kämpfen für die Verwirklichung der Menschenrechte. Man muß allerlei religiöse, Gewissens oder Rassendiskriminierung folgerichtig bekämpfen, und zwar nicht nur die grobe Unterdrückung, sondern auch die raffinierten taktischen Methoden, welche die Religions- und Gewissensfreiheit begrenzen wollen.

Die Kirchen sollen ihre Aufmerksamkeit mehr auf die Erziehung der Kinder und Jugend lenken, weil ein wesentlicher Teil der Jugend schon bodenlos geworden ist und nirgends hingehörend lebt sie ihr egoistisches und extremes Leben. Durch gläubige Erziehung soll man die friedenschaffenden versöhnenden Kräfte stärken. Die Kirche Christi und andere religiöse Gemeinschaften sollen solche Kanäle werden, durch welche lebensheilende geistige Kräfte in die Welt strömen“ ...

* * *

Ich habe wahrgenommen, dass die Atmosphäre sich allmählich um mich veränderte. In meinen kirchlichen Diensten, wie auch in den Dingen des Alltagslebens spürte ich immer mehr einen unerklärbaren Druck und das Gefühl, dass ich beobachtet werde. Ich habe schon lange gewusst, dass in der Kirche, wenn wir Gottesdienste haben, immer jemand ist, der von der Predigt den politischen Behörden Meldung gibt.. Seit einiger Zeit tauchte in der Kirche ein Mann auf, den ich dort schon jahrelang nicht sah. Es war in der Gemeinde allgemein bekannt, dass dieser Mann schon seit Jahren ein Mitglied der Kommunistischen Partei ist. Ich suchte die Möglichkeit, mit diesem Menschen unter vier Augen sprechen zu können Als die Begegnung zustande kam, drückte ich meine Freude darüber aus, dass er so fleißig in die Kirche kommt. Der Mann hat sein Herz ausgeschüttet und sagte zu mir, daß es ihm weh tat, dass er so lange nicht in die Kirche kommen durfte. Unter dem Druck seiner finanziellen Lage ist er Parteimitglied geworden, und als solcher konnte er nicht mehr in die Kirche kommen. Aber dann verriet er auch, dass er jetzt von der Partei den Befehl bekommen hatte, als Beobachter in die Kirche zu gehen und ihnen nach jedem Sonntag zu melden, was der Pfarrer predigte. Seine ernste Rede war für mich ein Zeichen dafür, dass ich vor diesem Beobachter keine Angst haben muß. Er, wie wenn er gespürt hätte, was für Gedanken in mir auftauchen, sagte mir, dass ich vor seiner Meldungen keine Angst haben soll, seine Meldungen werden mir nicht schaden. Es war sicher so, aber die Lage war nicht so einfach, weil ich wusste, dass ich in der Gemeinde auch andere Beobachter habe. Vor seinem Tode sagte mir dieser Mann, dass er seiner Familie verbat, eine Partei-Beerdigung zu veranstalten, er will eine gottesdienstliche, also kirchliche Beerdigung haben.

Unter strenger Beobachtung

An einem Tage habe ich eine schriftliche Aufforderung vom Kirchensekretär bekommen, mich in dem angegebenen Zeitpunkt in seinem Büro zu melden. Ich habe beunruhigende Ahnungen gehabt, was der Kirchensekretär von mir wolle. In der angegebenen Zeit war ich pünktlich bei ihm. Aber er hat mich, obwohl niemand bei ihm war, hinausgeschickt mit der Anweisung, dass ich draußen warten solle. Draußen vor der Tür stehend, hörte ich, dass der Kirchensekretär mit jemandem telefonisch sprach. Durch die isolierte Tür habe ich nur ganz leise Stimmen gehört, ohne etwas davon zu verstehen, aber ich habe die Ahnung gehabt, dass das Telefongespräch mit meiner Anwesenheit zusammenhängt. In einigen Minuten zeigte es sich, dass ich mich nicht irrte. Auf dem Korridor kamen drei elegantgekleidete Männer auf mich zu und fragten mich, wie ich heiße. Als sie meinen Namen hörten, kehrten sie sich um, und befahlen mir, ihnen zu folgen. Auf der Straße steckten sie mich in einen „Volga" Wagen. Sie fuhren mit mir etwa eine viertel Stunde durch die Stadt, und am Hofe eines großen Blockhauses blieben sie stehen. Sie befahlen mir auszusteigen und begleiteten mich durch Treppen und Korridore in eine Bürostube. Ich wußte nicht, wo ich bin, aber soviel wusste ich schon, dass ich in die Hände des Geheimdienstes geraten war. Einer der Männer nahm aus dem Schrank eine Aktenmappe heraus, legte sie auf den Tisch und fing an, in den Akten zu blättern. Das dauerte etwa 3 – 4 Minuten. Ich war zuerst sehr gespannt, aber als ich schon eine Weile dort saß, ging meine Spannung vorbei und bin ruhig geworden. Der Mann der in den Akten blätterte, sah mich drohend an und sagte zu mir:

In diesen Akten sind ihre Sünden fixiert.

Für die Fixierung meiner Sünden genügt ein Stück Papier, und man kann sie in einem Satz zusammenfassen.

Sie denken es so?

Ja, ich denke es so.

Und wie hört sich dieser Satz an, in dem man ihre sämtliche Sünden zusammenfassen könnte?

Pfarrer und Ungar.

Das ist nicht wahr, rief der Mann laut.

Warum bin ich dann hier, warum haben sie mich hierher geschleppt?

Von ihren Übertretungen bekamen wir Meldungen, diese wollen wir erforschen.

Diese Meldungen stammen von meinem kirchlichen Vorgesetzten. Sie haben ihm den Auftrag gegeben, von mir Meldungen vorzulegen. Er ist ihr Mann.

Wie wagen sie jemanden zu beschuldigen?

Das ist keine Beschuldigung, das ist Faktum. Als sie die Aktenmappe öffneten, sah ich auf dem ersten Blatt die bekannte Unterzeichnung.

Sie irren sich.

Nein, ich irre mich nicht. Können wir es zusammen kontrollieren?

Auf diese Frage habe ich keine Antwort bekommen. Statt der Antwort stellten sich neben mich die anderen zwei Männer, und mit strengem Winken bedeuteten sie mir, dass ich mich mit meinem Stuhl nach hinten setzen soll. Ich durfte die Papiere auf dem Tisch nicht mehr von Nahem sehen.

So fing meine Beschuldigung dort an. Aber diese Beschuldigungen verrieten mir, dass ihr Autor ein „Kirchenmann“ ist.

Diese Beschuldigungen waren dort registriert: In meinen Gemeinden haben wir zu viel Gottesdienste. Eine Woche vor dem Abendmahl habe ich jeden Morgen und jeden Abend Gottesdienste, mit Predigt.

Die Eltern versuche ich zu beeinflussen, dass sie ihre Kinder für den Religionsunterricht einschreiben lassen. Ich widme zu viel Zeit der Jugenderziehung. Ich halte separate Bibelabende und Chorabende. Für die Kinder bereite ich immer einen Aushang vor, den ich am Eingang der Kirche aufhänge, um die Eltern zu orientieren, wie fleißig ihre Kinder sind und wie sie sich benehmen. Die staatlichen Stellen haben sich großes Problem gemacht mit dem Erinnerungsblatt für die Konfirmanden. In jenen Jahren konnte unsere Kirche keine solchen Erinnerungsblätter herausgeben, und ich habe diese Sache so gelöst, dass ich diese Erinnerungsblätter selbst fertigte. Ein altes Erinnerungsblatt diente dazu als Vorlage, die ich mit einem alten Fotoapparat fotografierte. Dann fotografierte ich auch die Kirche, und so ist es mir gelungen mit Hilfe der Fotomontage schöne Erinnerungsblätter vorzubereiten, die den Kindern und den Eltern Freude machten. Diese Methode ist in unserer Umgebung bekannt geworden, und ich sollte auch für die Konfirmanden in anderen Gemeinden solche Erinnerungsblätter vorbereiten. Auch diese Sache wurde dem Geheimdienst gemeldet, und zwar war die Beschuldigung so, dass ich mit diesen Erinnerungsblättern, die ich ohne staatliche Bewilligung vorbereite, gegen den Staat arbeitete.

Mein Verhör dauerte schon mehr als vier Stunden, als ich auf Toilette gehen musste. Einer der Männer begleitete mich zum WC. Als ich zurückging, sagte ich mit etwas bitterem Humor zu den Geheimdienst-Männern: „Meine Herrn, seit langem habe ich schon den Verdacht, dass alle meine Schritte, auch wenn ich auf das WC gehe, vom Geheimdienst beobachtet werden. Ich danke ihnen, dass sie diesen meinen Verdacht bestätigen.“ Von diesem Moment an verhörten mich diese Männer nicht mehr so grob. Ihre vielen Fragen, auch die oft wiederholten Fragen; Warum? waren milder.

Sie wussten auch von meiner Visumsverlängerung die ich in Prag, und nicht in der Slowakei bekam. Sie wussten auch von meinem kirchlichen Dienst in Kirchlindach und von meinen verschiedenen Vorträgen in der Schweiz, und hielten auch diese für antistaatliche Tätigkeit. Sie haben sogar auch solche Informationen bekommen, dass ich in meiner Aufenthaltszeit in der Schweiz Mitarbeiter des „Radio Freies Europa" war. Das war aber völlig falsch. Ich sagte ihnen: wenn sie „Meister ihres Faches sind, werden sie feststellen, dass diese Information gelogen ist.

Mein Verhör dauerte etwa 7 Stunden. Dann haben sie mich hinausgeschickt, um in einer Vorhalle zu warten. Sie wollten sich beraten, was sie mit mir tun sollten. Nach der Ankunft in dem Haus, wo mein Verhör stattfand, hatte ich das Gefühl, dass man mich deshalb so lange kreuz und quer transportierte, damit ich nicht weiß, wo man mich hingebracht hat. Daraus schloß ich, dass man mich verhaften will. Nach 20 Minuten öffnete sich die Tür, ich sollte wieder in ihr Büro treten, um zu hören, was sie mit mir tun wollen. Ihr „Hauptmann", der mich verhörte, sagte zu mir, dass sie mich arretieren sollten, aber jetzt lassen sie mich doch frei, ich kann also nach Hause gehen. Aber in zwei Tagen kommen sie nach Csicser, weil sie sich in meinem Pfarramt umschauen wollen. Mein Verhör werden sie dort fortsetzen.

Als ich aus dem Haus hinausging über den Hof und durch eine enge Strasse die Hauptstrasse erreichte, konnte ich feststellen, dass zwischen dem großen Gebäude des Bezirksamtes, wo das Amt des Kirchensekretärs ist und dem großen Haus, wo man mich verhörte, die Entfernung nicht mehr als 300 Meter sind. Und der Geheimdienst fuhr mit mir etwa eine viertel Stunde. Sie rechneten mit meiner Verhaftung, und ich sollte nicht wissen, wo ich bin.

Ich bin abends heimgekommen. Meine Frau war schon sehr unruhig. In liebevoller Gemeinschaft dankten wir Gott, dass ich heimgehen konnte.

In zwei Tagen kam der Geheimdienst wirklich an. Jetzt waren sie aber nur zwei. Auch meine Frau wusste, dass diese Menschen kommen werden, aber als sie ankamen, war meine Frau sehr erschrocken. Sie hatte vor diesen Menschen Angst. Sie hatte das Gefühl, dass unsere Zukunft, und vielleicht auch unser Leben durch diese Menschen bedroht sind. Als ich mit ihr nach der Ankunft dieser Menschen einige Sekunden im Korridor unter vier Augen blieb, bat sie mich unter Tränen, mit diesen Menschen vorsichtig zu sprechen, um sie nicht zornig zu machen. Es wäre schrecklich, wenn sie mich in Haft nehmen und wegführen würden, und sie mit unseren Kindern in völliger Unsicherheit allein bleiben müßte.

Mein Verhör fingen sie wieder sehr streng an. Sie wollten meine Vorträge und meinen Gemeindedienst in der Schweiz ausführlich analysieren. Sie behaupteten, dass ich mit dieser Tätigkeit die tschechoslowakischen Gesetze übertrat und man mich dafür streng bestrafen müsse. Ich durfte vor keiner Öffentlichkeit reden und außer der Universität keine Gemeinschaft suchen. Ich sagte ihnen, dass die Kirche in der Schweiz durch ihr Hilfswerk mir gut getan hat, als sie mir Stipendium gab, weil ich dort meine Kenntnisse in einem neuen wissenschaftlichen Fach vertiefen konnte. Es freute mich sehr, und ich war ihnen dafür dankbar. Sie haben mir also geholfen, und so kam es, dass mich eine Kirchgemeinde durch einen Professor der Universität, der dort mein Freund wurde, um Hilfe bat, und ich mich verpflichtet fühlte, meine Dankbarkeit so auszudrucken, dass ich ihren Ruf um Hilfe nicht abwies. Ich habe mich benommen wie ein freier Bürger eines freien Staates Trotzdem behaupten sie, das mein Benehmen staatsgefährdend war? Im Gegenteil, ich habe ihnen damit gute Reklame gemacht, die sie, wie es sich jetzt zeigt, nicht verdienen.

In dieser Lage hielt ich es für nötig ihnen zu erzählen, dass mich eine große Kirchgemeinde in Bern einlud und mich bat, das Pfarramt in ihrer Kirchgemeinde zu übernehmen. Unter den Delegierten der Kirchgemeinde, die mich einluden, war auch ein Regierungsrat, der mir garantierte, wenn ich ihre Einladung annehme, werden sie meine Familie in kurzer Zeit in die Schweiz holen. Und ich bin doch heimgekommen, weil ich meine Heimat liebe. Auch unsere Kirche ist mir lieb, obwohl sie sich in schwieriger Lage befindet und ich meinen

Dienst hier fortsetzen will, auch wenn hier Pfarrer zu sein eine schwere Aufgabe ist. Ich habe meine Rede an den Geheimdienst so beendet: „Wenn sie mich jetzt verhaften wollen, weil ich als Staatsbürger der Tschechoslowakei, das dort bekommene Gute mit Gutem erwidere, ich, oder wenn es mir nicht mehr möglich wäre, meine Familie oder Verwandten unseren besten Freunden in der Schweiz die Tatsache meiner Verhaftung mitteilen werden. Ich bin gewiß, dass der Regierungsrat, der mir die Übersiedlung meiner Familie in die Schweiz im Namen der Regierung so freundlich anbot, in der Sache die nötigen diplomatischen Vorkehrungen treffen wird. Eine solche Angelegenheit würde in der neutralen Schweiz, wo es wirklich eine freie Presse gibt, große Wellen schlagen. Und das würde für die Tschechoslowakei ungünstige Auswirkungen haben, besonders wenn auch all jene Dinge zum Vorschein kämen, wofür sie mich vorgestern mit strenger Strafe bedroht haben.

Die Menschen des Geheimdienstes hörten meine Rede bis zu Ende stillschweigend an. Sie haben mir kein Wort gesagt. Dann wollten sie meine Bücher sehen. Sie zogen vom Bücherregal drei Bücher heraus und fragten, was für einen Inhalt diese Bücher haben. Nachher blätterten sie in diesen Büchern und befahlen mir, die Zeilen, die sie zeigten, zu übersetzen. So wollten sie sich überzeugen, ob einige von meinen Büchern nicht „antisozialistischen" Inhalt haben. Aber die übersetzten Zeilen waren biblisch- theologische Auslegungen. Jetzt waren sie schon nicht mehr so wild, wie nach ihrem Ankommen. Sie haben kein Wort davon gesprochen, was sie vorgestern so laut betonten, dass auf mich eine strenge Strafe wartet. Als sie mich in der Bezirksstadt verhörten, machte einer von ihnen Notizen. In meinem Amtszimmer haben sie keine Notizen gemacht. Vielleicht holten sie das im Wagen nach oder in ihrem Büro. Sie haben sich von mir mit diesem rätselhaften Satz verabschiedet: „Wir werden uns noch begegnen." Dieser Satz freute mich nicht, doch freute mich die Tatsache, dass sie sanftmütiger weggingen, als sie gekommen waren.

Mit meiner Frau wurden wir still vor Gott in der Hoffnung, dass uns in diesem Moment keine unmittelbare Gefahr drohte.

Freuden und Sorgen in der Familie

In jener Zeit mehrten sich auch in unserem Familienleben die Freuden und die Sorgen. Es war eine große Freude für uns, dass unsere Kinder sich körperlich und geistig gut entwickelten und zunahmen. Beide waren gute Schüler. Unsere geheime Hoffnung war es, wenn die Zeit der Berufswahl kommt, beide den Beruf des Vaters wählen werden, aber als die Zeit kam, wollten beide einen anderen Beruf ergreifen. Wir wunderten uns nicht darüber. Sie haben von Nahem gesehen und zusammen mit uns die Diskriminierung erlebt, den politischen Druck, die das Leben unserer Familie schwer machten. Wir beklagten uns nie, aber sie fühlten die Bedrohung, die existentielle Unsicherheit, welche zum Leben eines Pfarrers gehörte. Sie spürten auch die Geborgenheit, den inneren Frieden und die Freude, deren Grund der Glaube an Gott ist. Ihre Berufswahl aber beeinflußten mehr die negativen Erlebnisse.

In der Milderung der drückenden finanziellen Sorgen war die Hilfe einiger Bekannten aus der Schweiz nicht unbedeutend, aber in jenen Jahren, als wir unsere Kinder zum selbstständigen Lebensweg verhelfen wollten, spielte diese Hilfe solche Rolle, wie eine schmerzlindernde Injektion für einen schmerzgebeugten Menschen. Eine Weile lindert sie die Qual, aber sie kehrt zurück, wenn die Injektion nicht mehr wirkt. Wir haben uns angestrengt, um uns aufrecht halten zu können. Unser Pfarrhaus hatte einen großen Garten. Wir versuchten Gemüse, vor allem Gurken zu produzieren. Dafür brauchte man viel Zeit und Kraft. Ich bin körperlich nie kräftig gewesen, und meine Frau musste ich in unserer Jugendzeit eben deswegen aus ihrem Elternhaus dringend wegholen, weil sie auch eine schwache körperliche Kondition hatte und die schwere Arbeit für sie damals schon lebensgefährlich war. Unter diesen Umständen fing unser Nestbau in Prag an. Aber jetzt befanden wir uns wieder in solcher Lage, dass wir alle unsere körperlichen und geistigen Kräfte zusammennehmen mussten, um unseren elterlichen, geistlichen und pfarramtlichen Aufgaben gerecht zu werden.

Die schwerste Arbeit bei der Gemüsepflanzung war für mich das Hacken. Wie immer ich mich beeilte, ich blieb immer hinten. Meine Frau, obwohl sie noch schwächer als ich war, konnte schneller, und erfolgsreicher hacken. Als sie ihre Reihe fertigmachte, fing sie an meine Reihe zu hacken und so ging sie auf mich zu. Wir begegneten uns in meiner Reihe, und so fingen wir beide an eine neue Reihe zu hacken. Ich schämte mich, dass ich weniger leisten konnte als meine Frau. Das Resultat meiner Anstrengungen war jeden Tag eine Temperaturerhöhung, wodurch meine Leistungsfähigkeit noch geringer wurde. Diese Lage war für mich sehr peinlich. In meinen Jugendjahren als ich mich auf meinen Beruf vorbereitete und inmitten des Studiums auch arbeiten musste, war es mein Traum, ein solcher Geistlicher zu werden, der die Zeit seinem Beruf widmen und sich in den theologischen Wissenschaften vertiefen kann.

In der Zeit der Gemüsepflanzung mussten wir die Produkte jede Woche 2x oder 3x ernten, um diese dann in einem Magazin – welches von uns 6 Km weit entfernt war – zu verkaufen. In den ersten 2 Wochen der Erntezeit konnten wir unsere Produkte dort verkaufen, aber dann wollte man im Magazin nur die Produkte der sozialistischen Organisationen einkaufen. Von privaten Produzenten kauften sie nichts mehr. Dieser Zustand verursachte uns im ersten Jahr eine große Bestürzung. Waren unsere Anstrengungen umsonst? Die Transportierung der Produkte war meine Aufgabe. Als man von mir, als privaten Produzenten das Gemüse, vor allem die Gurken nicht übernahm, brach ich auf, um irgendwo eine Verkaufstelle zu suchen. Endlich nach

60 km Fahrt fand ich in Humenne eine Einkaufstelle, deren Chef ein Jude war. Er hat meine Lage von wenigen Worten verstanden, und versprach mir, dass er meine Gurken immer übernehmen wollte. Er hat es auch getan. Das bedeutete für uns viel mehr Mühe, lange Fahrten und mehr Benzinkosten. Unser kleiner Wagen (Fiat 600) war also für mich nicht nur Dienstwagen, sondern auch ein Gemüsetransporter.

Der Wagen bedeutete für uns damals nicht nur in dieser Form eine große Hilfe. In jenen Jahren (1960 – 1985) konnte man sehr schwer ein Auto beschaffen. Man musste zuerst das Auto schriftlich bestellen und einen Teil des Kaufpreises in einer Bank bezahlen. Nach drei Jahren konnte man dann hoffen, dass seine Bestellung realisiert wird. Ohne Wartezeit konnte man nur Autoinhaber werden, wenn jemand im kapitalistischen Ausland das Geld (harte Valuta) für die Firma „Tuzex" überwies. Als wir unser Auto unerwartet auf diese Weise bekamen, meldeten sich gleich bei uns Interessanten, die von uns das Auto um jeden Preis kaufen wollten. Wir wollten es nicht verkaufen, weil es für uns wirklich sehr nötig war. Aber die Geschäftsfachmänner rieten uns ein neues Auto zu bestellen und nach drei Jahren, wenn das Auto ankommt, bekämen wir für das dreijährige Auto den Preis eines neuen. Mit Hilfe unserer Verwandten haben wir das getan, und das war für uns eine günstige Lösung. Dann zwanzig Jahre später, als unser Wagen durchgerostet und kaum „mobil" war, bekamen wir noch ein Auto von unseren Freunden in der Schweiz.

Notgedrungen haben wir jedes Jahr mit der Gemüsepflanzung sehr viel Arbeit gehabt, und ich habe alles Mögliche getan, um diese notwendigen Gärtnerarbeiten nicht auf Kosten meiner Gemeindearbeit zu machen. In meinen Kirchgemeinden hatten wir dreimal in der Woche Werkstagsgottesdienste oder Bibelabende. So war fast jeder Abend besetzt. Es kam oft vor, als ich unser Gemüse in der geplanten Zeit nach Homonna transportierte, daß auf dem Hofe des Magazins eine Reihe von Lastkraftwagen der staatlichen Landwirtschaft stand. In der Reihe stand dann auch ich in der Hoffnung, dass ich unser Gemüse rechtzeitig auf die Waage legen, also abgeben kann. Es kam aber mehrmals vor, dass ich erst dann in die Nähe der Waage gelangte, dass es schon so spät war, dass in einer Stunde in meiner Gemeinde der Gottesdienst anfangen sollte. Ich konnte das Gemüse nicht auf die Waage legen und die damit zusammenhängende Arbeit verrichten. Zur Rückfahrt brauchte man 1 Stunde. In solchen Fällen kehrte ich mit dem Wagen um, und fuhr mit den Früchten unserer Arbeit wieder nach Hause, um den Gottesdienst nicht ausfallen zu lassen. Das zurückgebrachte Gemüse konnte man nicht mehr verkaufen.

Wir freuten uns und gingen ruhig zu Bett, wenn in der Kirche eine ziemlich große Gemeinde dem Wort Gottes zuhörte. Aber wir waren traurig, wenn die Kirche nach einer solchen Rückfahrt fast leer war.

* * *

Ich kehre zurück zu den familiären Dingen. Unsere Tochter Etelka meinte Gott so dienen zu können, dass sie Kinderärztin werden wollte. Ihre Aufnahmechance war aber in der Ostslowakei sehr gering, obwohl sie ein ausgezeichnetes Maturitätszeugnis hatte. An den Universitäten in der Tschechei war der politische Druck in jenen Jahren nicht so groß wie in der Slowakei, darum wollte sie sich in Prag melden. Sie wollte also in ihrer Geburtsstadt studieren. Die Aufnahmeprüfung hat sie sehr gut bestanden, aber bald ist ihr klargeworden, dass die anatomischen Experimente sie sehr erschöpften. Darum änderte sie ihre erste Entscheidung und wollte Theologie studieren. In jenem Jahr gab es besonders wenig Studenten an der theologischen Fakultät in Prag, und nachdem sie die Aufnahmeprüfung auch dort gut bestanden hat, konnte sie das Theologiestudium schon in den ersten Semesterwochen dort anfangen.

Unser Sohn, Arpad-Bertalan wollte drei Jahre später auch in Prag Kernchemie studieren. Sein Maturitätszeugnis war auch ausgezeichnet, aber über ihn hat der Direktor des Gymnasiums eine solche politische „Beurteilung“ an die Fakultät geschickt, in der es hieß; „Kind klassenfeindlichen Eltern, seine Aufnahme empfehlen wir nicht." In jener Zeit wußte jeder, dass mit einer solchen „Empfehlung" es keinen Sinn hat zur Aufnahmeprüfung zu gehen. Unser Sohn wollte es trotzdem versuchen. Ich wollte auch mit ihm nach Prag reisen, um den Dekan der Universität zu fragen, ob es einen Sinn habe, mit solcher politischen „Auswertung" die Prüfung zu versuchen. Der Dekan hat die politische Auswertung des Sohnes in seinem Amt gefunden und als er diese las, fragte er mich:

Warum versündigten sie sich gegen die sozialistische Gesellschaft?

Ich arbeitete immer zu Gunsten der Gesellschaft.

Hat man sie bei der Normalisation aus der Partei herausgeworfen?

Herr Dekan, man wird mich niemals aus der Partei herauswerfen!

Wissen sie es so sicher?

Ja, weil ich dorthin nie eintreten werde.

So? Diese Gefahr ist dann für sie wirklich gegenstandlos.

Aber was ist das Problem mit ihnen?

Ich bin Pfarrer.

Jetzt verstehe ich schon alles.

Ihr Sohn soll sich zur Prüfung melden !

Er hat sich gemeldet und wurde aufgenommen. Aber gegen Ende des zweiten Semesters erging es ihm, wie vor vier Jahren der Tochter. Er mußte auch konstatieren, dass seine erste Wahl nicht richtig war. Die praktische Arbeit eines Kernchemikers war nicht im Einklang mit seiner Mentalität. Er hat die Fakultät verlassen und wollte lieber auch Theologie studieren und Pfarrer werden. Aber die Verwirklichung dieses Plans war voller Probleme. Die Aufnahmeprüfung an der Theologischen Fakultät hat er gut bestanden, und das hat man ihm gleich nach der Prüfung gesagt. Nach einigen Tagen bekam er jedoch eine schriftliche Mitteilung, dass er nicht allen Anforderungen der Aufnahme genügt habe. Es ist mir gelungen zu erfahren, mit welchen Anforderungen es Probleme gab. Seine politische „Auswertung" hat man von der Fakultät der Kernchemie an die Theologische Fakultät mit der

Anordnung geschickt, dass sie mit solcher politischen Auswertung ihn nicht aufnehmen dürfen. Aber er bekam noch die Möglichkeit, eine Berufungsschrift an das Ministerium des Schulwesens einzureichen. Er hat es getan und hat sich darauf berufen, dass das politisch begründete Verbot seines Studiums bedeutet, dass aus unserer Kirche in jenem Semester kein Student Theologie studieren darf. Die Berufungsschrift war notwendigerweise etwas hart, aber der Sohn durfte das Studium anfangen. Unsere Kinder mussten also solche Umwege absolvieren, um selbstständig entscheiden zu können, dass sie Theologie studieren und Pfarrer werden wollen.

Holländische Verbindungen

In den siebziger Jahren besuchten uns fremde Männer, die sich als Holländer vorstellten. Sie redeten davon, da sie die historische ungarisch-holländischen Verbindungen pflegen wollen, weil in den letzten Jahrzehnten die Kontinuität dieser kirchengeschichtlichen Verbindung fast verloren gegangen war. Die totalitäre atheistische Staatsordnung erschwerte die Kontinuität unserer normalen Verbindungen. Von unseren Besuchern erfuhren wir, dass sie uns vor allem mit kirchlicher Literatur helfen möchten. Sie haben uns erzählt, dass sie für uns in unserer ungarischen, aber auch slowakischen Sprache Bibeln, und andere alte und neue kirchliche Literatur drucken ließen, die man bei uns kaum oder überhaupt nicht erhalten kann. Sie wollen auch in der Zukunft dafür Opfer bringen, diese Literatur für uns herzustellen, eventuell auch alte geliebte theologische Schriften, Katechismen, Gesangbücher und Gebetsbücher in Holland drucken zu lassen. Sie nehmen auch das Transportrisiko durch die Grenze auf sich, aber um diesen Plan durchführen zu können, ist auch unsere Hilfe nötig. Jemand muß auch unter uns das Risiko auf sich nehmen, dass er die gelieferte Literatur übernimmt, weitergibt und verteilt. Das war damals wirklich eine gefährliche Aktion. Als wir mit unseren holländischen Freunden über diese Dinge diskutierten, beschäftigte mich der Gedanke, – was ich vor kurzem bei meinem ersten Verhör dem tschechoslowakischen Geheimdienst sagte – dass ich mich permanent beobachtet fühle und meine Schritte vor den Augen des Geheimdienstes tue. Ich war unter dem Druck dieser Gedanken, weil ich die Realität dieser Beobachtung fortlaufend spürte. Und als ich eben diese Gedanken hatte, sagten mir die holländischen Gäste ganz offen, dass sie bei der Durchführung ihres Plans mit mir rechnen und mich als ihren Vertrauensmann, Übernehmer, Verteiler und Dolmetscher in Anspruch nehmen wollen. Ich bin aber kein Held, ich habe vor dieser Aufgabe Angst gehabt und wollte diese Beauftragung abwehren. Die Holländer aber sagten, dass ihrem Besuch bei uns eine ausführliche Forschung vorausging und ich in unserer Umgebung der einzige brauchbare Mensch für diese Aufgabe bin. Wenn ich nicht bereit bin, diesen Missionsdienst zu übernehmen, dann müssen sie das Projekt fallen lassen. So ist diese Sache für mich zur Gewissensfrage geworden. Nach langem Gewissenskampf versprach ich ihnen den Beginn dieses Dienstes. Mit dieser Entscheidung war für mich eine lange und später auch verzweigte Aufgabe in Gang gesetzt worden. Die meisten Produkte der theologischen und populären religiösen Literatur waren in einer fremden Sprache, vor allem deutsch geschrieben. Man sollte diese Literatur in die ungarische, und später auch in die slowakische Sprache übersetzen. Sie haben diese kirchliche Literatur bei persönlichen Besuchen mitgebracht, und man sollte sie übersetzen. Zuhause in Holland ließen sie diese drucken, und haben die übersetzte Literatur zurückgebracht. Aber dabei musste ich aufpassen, meinen Namen zu verheimlichen. Die Veröffentlichung des Namens hätte für mich und meine Familie eine große Gefahr bedeuten.

In den späteren Jahren, nach der politischen Wende bei uns, haben die Menschen der holländischen Kindermission in meinem Bezirk auch Schulungen gehalten, wo sie uns die bildliche Darstellung der biblischen Episoden lehrten. Bei dieser Arbeit habe ich auf beiden Sprachgebieten den Dolmetscherdienst getan. Anschließend habe ich den Text der gezeichneten biblischen Darstellungen ungarisch und slowakisch übersetzt, den übersetzten Text mit der Fotomontage über, unter oder neben die Zeichnungen gelegt. Das war eine anspruchsvolle schöne Aufgabe, die sehr viel Zeit kostete. ich habe daran mit Freude gearbeitet, aber ich konnte das meistens nur in den Nachtstunden tun.

Auch diese Blätter haben dann die Holländer in tausenden Exemplaren gedruckt und auf unser Sprachgebiet zurückgebracht.

Nach der politischen Wende war es auch schon für die Holländer einfacher, aber in den früheren Jahren war der Transport der kirchlichen Literatur wirklich gefährlich. Sie haben für den Transport dieser Literatur spezielle Minibusse gebaut, und wenn sie an der Grenze nicht ertappt wurden, kamen sie bei uns mit der Literatur in den späten Abend oder Nachtstunden an. Ich weiß von zwei Fällen, wo die kirchliche Literatur an der Grenze entdeckt und weggenommen wurde und der Chauffeur mit seinem Begleiter verhaftet worden ist. In jenen Nächten warteten wir auf ihre Ankunft umsonst.

Für mich war die Lage besonders ernst, als nach dem oben erwähnten ersten Besuch der Holländer am nächsten Tag bei uns der Geheimdienst angeklopfte. Das waren dieselben zwei Männer, die nach meinem zweiten Verhör mit dem rätselhaften Satz von uns weggingen: „Wir werden uns noch begegnen." So zeigte es sich, dass der Geheimdienst im Dorf nicht nur einen Spitzel hatte. Der Geheimdienst wollte ausführliche Erklärung haben, was die Ausländer bei mir suchten, was sie mitbrachten, was sie sagten und was ich ihnen sagte. Ich verwies den Geheimdienst auf alte ungarisch-holländischen Verbindungen in der Kirchengeschichte und sprach davon, dass diese holländischen Brüder seit der Zeit der Gegenreformation mit uns solidarisch sind und sie mit ihren Besuchen demonstrieren wollen, dass sie auch heute unsere guten Brüder sind. In der Zeit der Gegenreformation befreite ein holländischer Admiral die ungarischen Pfarrer und Lehrer aus dem Galeerensklavenjoch.

Die Geheimdienstleute fragten etwas sarkastisch, ob ich nicht Angst habe solche Ausländer zu empfangen und ob es nicht klüger wäre, ihnen zu sagen: Bitte, stören sie uns nicht mehr. In meiner Antwort sagte ich zu ihnen, dass ich keinen Grund habe, vor solchen Brüdern Angst zu haben, die uns im Laufe der Geschichte immer beistanden, und die ihre Solidarität mit uns auch heute zeigen wollen. Ich kann also vor solchen Menschen die Tür nicht zumachen oder ihnen sagen, dass sie uns nicht mehr stören sollen. Im Gegenteil, ich kann diesen Menschen mit Freude sagen, dass sie bei uns herzlich willkommen sind. Denn die tschechoslowakische Botschaft hat diesen Menschen ja auch ein Einreisevisum gegeben. Und die Botschaft gibt das Einreisevisum aufgrund der Feststellung, dass die Menschen, die in unser Land kommen wollen, zuverlässige und ehrliche Menschen sind. Und solchen Menschen gibt die tschechoslowakische Botschaft das Einreisevisum gern, weil unser Staat die harte Valuta braucht. Darum gab unser Staat die Anordnung, dass hier jeder Ausländer pro Tag wenigstens 30 USA Dollar wechseln muß. Wenn ich diese Menschen nicht empfangen würde, würden dadurch unserer Staatskasse viele wertvolle Devisen entgehen. Und dadurch, dass ich diese Gäste gern empfange, leiste ich einen guten Dienst der Tschechoslowakei, weil die Gäste darüber hinaus, dass sie dem Staat harte Valuta mitbrachten, mit der guten Nachricht heimgehen können, dass sie in der Tschechoslowakei herzlich willkommen waren. Der Geheimdienst hat die Richtigkeit meiner Argumente anerkannt, drückte aber aus, dass sie diese Kirchenmenschen hier nicht gern sehen.

Diese Besuche wiederholten sich mehrmals im Jahr. Mit der kirchlichen Literatur haben sie zeitweise auch gute Kleidungstücke mitgebracht, die wir in der Gemeinde verteilten. Auf meine Bitte haben sie auch Audiokazetten mitgebracht, um von unseren Gottesdiensten Tonaufnahmen zu machen für die Kranken, die nicht in die Kirche kommen können. Auf diese Weise konnten sie unsere Gottesdienste zu Hause hören.

Nach den Besuchen der Ausländer kam immer der Geheimdienst mit seinen ewigen Fragen; was für Ausländer bei uns waren, was sie wollten und was sie sagten. Von diesen Besuchen haben sie oft Protokolle geschrieben.

Eines Abends, als holländische Gäste eben neue Literatur brachten, waren wir sehr erschrocken. Unser Schrecken war deshalb so groß, weil ein Teil der mitgebachten Literatur ein Buch war, das ich übersetzte, und der Nachdruck meiner Gesangsammlung von 103 Seiten, in der sich auch meine Gesangübersetzungen befinden. Nach dem Ausladen der Literatur, saßen wir etwa um halb zwölf am gedeckten Tisch, als auf unseren Hof ein Auto mit grellem Reflektorlicht einrollte. Wir alle meinten, dass der Geheimdienst gekommen sei. Groß war unsere Freude nach dem Erschrecken, als wir merkten, dass es nicht die Geheimpolizei ist, sondern unser Sohn mit seiner Familie. Sie waren unterwegs und sahen, dass in unserem Haus noch Licht brannte. Trotz der Nachtszeit, kehrten sie auf einen kurzen Besuch noch ein.

Heimbaupläne

Als unsere Tochter und unser Sohn das Studium beendeten, beschäftigte uns immer mehr der Gedanke, – wie einst in den Jahren unserer Jugend, – dass wir irgendwie ein eigenes Heim schaffen sollten. Impuls zu diesen Gedanken gab uns der Umstand, dass unsere Kinder auch Pfarrer sind und sie auch in einer Dienstwohnung wohnen. Wir fragten uns: Wenn die Zeit kommt, dass ich nicht mehr weiter arbeiten kann, in Ruhestand gehen, und die Dienstwohnung verlassen muß, wo werden wir wohnen? Wenn die Rente niedrig wird, werden unsere Wohnmöglichkeiten sehr gering sein. Dieses Problem lösen die meisten Kollegen so, dass sie bei ihren erwachsenen Kindern, die nicht Pfarrer sind und ein eigenes Familienhaus haben, Wohnung finden. Aber wir können mit solcher Lösung nicht rechnen, weil unsere Kinder kein Haus haben, sie leben auch in einer Dienstwohnung und in einer solchen Wohnung den müde gewordenen oder kranken Eltern ein Heim zu geben wäre sehr problematisch, auch wenn sie es sehr gern tun würden. Aber dann haben wir auch daran gedacht, wenn einst auch unsere Kinder das Amt ablegen müssen und sie in der Dienstzeit das Wohnungsproblem für die Rentnerzeit nicht lösen können, werden sie in ihrem Alter auch vor einem schweren Problem stehen.

In dieser Beziehung bleibt uns das Los der Witwe des vorigen Pfarrers meiner Kirchgemeinde in Erinnerung.. Der Kollege war ein liebenswürdiger Mensch und hochgeehrter Pfarrer. Nach seinem unerwarteten Tode lebte seine verwitwete Frau im Pfarrhaus. Sie war eine stille liebenswürdige Frau, die wir auch verehrten. Nach dem Tode des Kollegen hat die Kirchgemeinde mich für ihren Pfarrer gewählt. Als die Kirchgemeinde schon auf uns wartete, hat die verwitwete Frau Pfarrer an uns einen schönen Brief geschrieben und bat uns, sie im Pfarrhaus bleiben zu lassen. Wir wußten, daß sie dort wohnt, und noch vor dem Brief habe ich mit meiner Frau davon gesprochen, dass wir in Liebe mit der verwitweten Frau Pfarrer handeln werden und sie das Zimmer, wo sie leben will, wählen lassen. Sie freute sich sehr, und wir lebten in dem nicht großen und feuchten Pfarrhaus in schönem Einverständnis. Sie hat es oft ausgedrückt, dass sie unsere schöne Gemeinschaft freut. Sie fühlte sich nicht allein und verlassen. Auch für uns war die Gemeinschaft mit ihr lieb. Aber die menschliche Schwäche zeigt sich überall, auch in der Kirchgemeinde. Ein Mann aus der Kirchgemeinde hat in einer größeren Gesellschaft mit groben Worten davon gesprochen, dass die alte Pfarrfrau noch immer im Pfarrhaus wohne. Die Sache ist ruchbar geworden, gelangte auch zur verwitweten Pfarrfrau und hat sie sehr traurig gemacht. Von da ab hat sie keine innere Ruhe mehr gehabt. Unter Tränen sagte sie uns täglich, dass es gut ist mit uns zusammen zu sein, aber sie müsse woanders hingehen. Nach vielen Lösungsversuchen und nach vielen traurigen Tagen ging sie nach Ungarn, wo sie dann in einem Altersheim starb.

Die Erinnerung an ihr Schicksal motivierte am stärksten unsere Bestrebungen, dass wir für uns und unsere Kinder ein Haus bauen sollten. Aber unsere finanzielle Situation war sehr schwach. Etwas Hilfe bedeuteten uns die Früchte unserer Arbeit im Garten. Die vorweihnachtlichen Geschenke der Freunde aus der Schweiz waren auch nicht bedeutungslos, und die Prämien für meine Übersetzungen den holländischen Freunden haben auch etwas geholfen. Und das alles zusammen reichte für einen Parzellenkauf für das Haus. Die entscheidende Hilfe leistete für uns aus der Schweiz ein uns befreundetes Ehepaar, H. u. M. G. und ein Kollege, R. W. Das erwähnte ich auch schon in einem vorigen Kapitel. Die Hilfe haben wir in Teilen bekommen und die grobe Bauarbeit dauerte 6 Jahre. Aber wir haben die Hoffnung, dass in diesem Haus einst auch unsere Kinder heim finden werden.

Meine Frau ist dazwischen krank geworden. In den ersten drei Jahren ihrer Krankheit half sie uns in der Bauarbeit, und bewirtete unsere Arbeiter.

Kirchliche Angelegenheiten

In unserer Kirche näherte sich wieder die gesamtkirchliche Wahl, die im Jahre 1983 stattfinden sollte. Der Dekan unseres Bezirks war aufgrund der erwähnten Übereinkunft Slowake. Für unseren Bezirk war eine separate Übereinkunft nötig, weil in unserer Gesamtkirche dieser Bezirk der einzige ist in dem die Proportion der slowakischen und ungarischen Nationalitäten 50 – 50% sind. Die anderen Bezirke sind zum größten Teil oder völlig von Ungarn vertreten. Der erste Dekan nach dem Kriege war Slowake, nach ihm kamen ein ungarischer und dann wieder ein slowakischer Dekan. Aufgrund der Übereinkunft sollte man in 1983. einen ungarischen Dekan (Senior) wählen. Auf dem Zettel der Kandidaten war mein Name der erste. Diese Kandidatur bedeutete mir und meiner Familie ein großes Problem. Ich fühlte mich nicht geeignet für das Amt des Dekans. Ich kann nicht die Leute mit offizieller Härte und Kühle behandeln. Aber nach dem Kriege ist die offizielle Härte auch für unsere Kirche kennzeichnend geworden. Dazu kam noch der Umstand; dass zur Funktion des Dekans der Kandidat Zustimmung der staatlichen Behörden benötigte. Ich war den politischen Behörden unerwünscht. Meine Aktivitäten in der Gemeindearbeit hat ihnen viel Ärger gemacht. Besonders für meine Kinder und Jugendarbeit machten sie mir Vorwürfe. Die Tatsache, dass eben mein Dekan hat den politischen Behörden, die seine Freunde waren, eine Anklageschrift gegen mich vorgelegt hat, ein Vorzeihen dafür war, dass ich zum Dekanat von den politischen Behörden keine Bewilligung bekommen würde. Aber weil die Kandidatur vor allem aus den Kirchgemeinden kam, musste ich Antwort geben auf die Frage, ob ich diese Kandidatur annehme, oder nicht. Meine erste Antwort auf diese Frage war eine negative Antwort. Aber dann kamen etliche Kollegen, die mich baten, die Kandidatur nicht zurückzuweisen. Und auch meine Frau äußerte diese Bitte. Sie war eine stille sanfte Seele, ohne irgendein Strebertum. Als solche war sie in der Kinderarbeit und im Konfirmandenunterricht meine gesegnete treue Helferin. In der Zeit meines Studienaufenthaltes in der Schweiz, hat sie diesen Dienst freiwillig auf sich genommen. Sie wollte –zusammen mit mir – immer und überall, wo es möglich war, dienen und helfen und nicht herrschen. Dass sie mir jetzt doch zur Annahme der Kandidatur riet, begründete sie damit, dass in unserem Kirchenbezirk niemand so viele kirchliche und außerkirchliche Dienste hatte, wie ich. Die langen Jahresberichte und oft auch andere Schriften des slowakischen Dekans musste ich immer übersetzen. Diese Aufgabe gehörte dem Stellvertreter des Dekans, aber auf seine lückenhafte slowakische Sprache berufend, bat er mich zur Durchführung dieser Arbeit. Ich war fast immer zu viel belastet, diese Arbeit fiel mir oft schwer, aber die Bitte konnte ich nicht zurückweisen. Auf den Versammlungen wurde dann für diese Arbeit dem gedankt, der sie vorlas. Der Übersetzer blieb namenlos im Hintergrund. Meine Frau hat also Recht gehabt, als sie sich auf diese Dinge berufend mir riet, die Kandidatur nicht abzuweisen, auch wenn die politischen Behörden dagegen sind.

* * *

Unsere Kirche bekam in dieser Zeit die Möglichkeit, dass Pfarrehepaare, die von unserer Kirchenleitung die Bewilligung dazu bekommen, zwei Wochen in der Deutschen Demokratischen Republik, in Bukow, in einem kirchlichen Rehabilitationszentrum verbringen können. Wir haben auch diese Möglichkeit nicht bekommen, trotz dem, dass meine Frau damals schon krank war, und auf so eine Möglichkeit wirklich angewiesen war. Wir haben diesen Umstand stillschweigend zur Kenntnis genommen, auch wenn es uns Leid tat.

Aber dann gab es doch auch Momente, dass wir nicht mehr schweigen konnten.

Schon in unserer Jugendzeit, in der Stille der sonntagnachmittäglichen Schäferstunden, sagte ich meiner Verlobten, dass ich nie durch Beleidigung und Verleumdung der Mitmenschen zur Macht streben werde, dass wir im Laufe unseres Lebens nicht herrschen, sondern dienen, helfen, Seelenwunden heilen sollen. Oft zitierten wir das Gedicht von S. Petöfi :

„Ich bin geboren auf der Ebene
Im Leben will gehen gerade Wege
Was ich fühle, das sage ich
Höher streben durch Verdammnis
Erträgt nicht meine Seele."

Oft zitierten wir auch das Gedicht von M. Vörösmarty:

Was kann den Menschen glückselig machen?
Schatz? Rang? Lüste, die in uns wallen?
Der Habgierige wird dadurch überschwemmt
Aber was nützt es dem, der keine Herzensfreude
kennt!

Einladung aus Niederland

Einer von unseren holländischen Gästen, der uns mehrmals besuchte, sagte uns, dass wir sie in Holland besuchen sollten. Aufgrund dieser Einladungen, – nachdem uns unsere Gäste auch das Bezahlen der Reisekosten versprachen, – reichten wir unser Gesuch um Ausreisevisum ein. Seit meinem Studienaufenthalt in der Schweiz konnten wir keinen Besuch in Westeuropa verwirklichen. Die Ausreisebewilligung haben wir aber nicht bekommen. Nächstes Jahr haben wir wieder ein Gesuch eingereicht und nach langen Hin und Her haben wir die Antwort bekommen, dass ich das Ausreisevisum erhalte, aber meine Frau nicht mitkommen kann Ich bedankte mich dafür, und teilte ihnen mit; wenn meine Frau die Ausreisebewilligung nicht bekommt, auch ich zu Hause bleibe. Aber in jenem Brief habe ich diesen Behörden auch geschrieben, dass wir unseren ausländischen Freunden nicht erklären können, warum sie uns hier in einen Käfig schließen, deren Tür man nicht aufmachen darf. Nach diesem Brief haben wir das Visum beide bekommen. Einige Stunden vor unserer geplanten Abreise tauchten bei uns die bekannten Geheimpolizisten auf. Sie legten auf meinen Arbeitstisch ein Papier und sagten uns, daß wir nur ausreisen können, wenn wir das Papier unterzeichnen. Dabei beteuerten sie, dass sie von ihrem Chef Rüge bekommen werden, weil sie den originalen Text verändert hatten. Sie kannten mich, und wussten, dass ich jenen Text nicht unterzeichnen würde. Der Inhalt des vor uns liegenden Textes war eine Deklaration, dass wir im Ausland keine staatsfeindliche Tätigkeit tun werden. Diesen Text konnte ich ruhig unterzeichnen. Wir haben keine politische Absicht gehabt.

Wir reisten mit dem Zug und in Košice musste man umsteigen. Beim Umsteigen suchten wir eine Kabine, die nicht ganz so voll war und wir Platz bekommen könnten. Bei diesem Suchen war uns aufgefallen, dass eine junge Dame uns überall beobachtete und folgte. In Prag musste man nicht nur umsteigen, sondern vom Hauptbahnhof nach Smichov gehen um die Reise von dort fortzusetzen. Am Bahnhof in Smichov sahen wir wieder „unsere Dame" Als wir in Amsterdam ausstiegen, tauchte die schon bekannte Dame wieder auf. Dort ist es uns klar geworden, dass die Dame unsere Beobachterin war. In der Stadt in der elektrischen Bahn tauchte sie wieder auf. Dann sahen wir sie einige Tage nicht. Unterwegs nach Hause sahen wir sie wieder in Berlin. An der DDR-ČSR Grenze haben wir ein unangenehmes Erlebnis gehabt. Als die tschechische Paßkontrolle unseren Paß in die Hand nahm, behielt er diesen bei sich, schickte aus der vollen Kabine alle Mitreisenden hinaus, dann ging er auch hinaus, und nach einer Weile kehrte er mit dem Zollbeamten zurück. Dieser ließ alle unsere Gepäckstücke öffnen, hat alles ausführlich durchgeschaut, auch die Taschen der Kleider: Dann musste meine Frau den Inhalt ihrer Handtasche auf die Bank der Kabine legen. Er wollte alles ausführlich kontrollieren, auch die kleinen Postaufnahmezettel. Er hat aber nichts Anstößiges gefunden. Als diese grob durchgeführte Kontrolle beendet war, atmeten wir auf, in der Hoffnung, dass wir nun ruhig nach Hause fahren können. Der Zollmann hatte schon die Tür der Kabine aufgemacht, als an der Hand meiner Frau die Digitaluhr klingelte. Als der Zollmann es hörte, kehrte er mit lautem Geschrei zurück und zog uns zur Verantwortung, warum wir ihm nicht meldeten, dass wir vom Ausland eine Digitaluhr einführen. Die Uhr, die sonst eine ganz billige Digitaluhr war, haben wir in Holland als Geschenk bekommen. Aber wir mussten dafür an der Grenze 300 Čk Zoll bezahlen.

Die Durchführung der neuen Wahl

Im April 1983 ging die Mandatzeit der kirchlichen Amtsträger zu Ende. Die offizielle Durchführung der neuen Wahl begann mit einer Bezirks-Vollversammlung, wo das Namensregister der Kandidaten, die Gesandten der Gemeinden mitgebracht haben. Aber auch diese Versammlung geschah in der Anwesenheit der politischen Bezirks und Kreiskirchensekretäre. So kam es, dass die Kandidatenlisten der Kirchgemeinde nichts nützten. Als die Sekretäre meinen Name hörten, stand der Kreiskirchensekretär auf, und teilte der Vollversammlung mit, dass der Staat meine Kandidatur für das Dekanat nicht annehmen kann, weil ich politisch unzuverlässig sei. Diese Äußerung hat in der Versammlung einen heftigen Protest ausgelöst. Der Protest ist noch heftiger geworden, als der Kirchensekretär meldete, dass sie einen guten, politisch zuverlässigen Kandidaten haben, G. J. den auch die Kirchgemeinden empfangen können. Nie vorher kam es vor, dass auf einer Vollversammlung, wo auch die politischen Behörden dabei waren, jemand zu protestieren wagte. Dieser außerordentlich heftige Protest hat zwei Gründe gehabt: Der erste Grund war, dass den Kandidaten der Gemeinden die politischen Behörden verworfen hatten, und der zweite Grund war, dass sie außer Acht ließen, dass man aufgrund der Vereinbarung jetzt einen ungarischen Dekan wählen sollte. Der neue Kandidat war nämlich auch Slowake. Und gegen diese Gewalttat protestierten eben die Vertreter der slowakischen Gemeinden. Unter den viel erniedrigten und unterdrückten Ungarn kommt es sehr selten vor, dass jemand wegen der Ungerechtigkeit der slowakischen Machthaber zu protestieren wagt. Unsere slowakischen Freunde benahmen sich dort wirklich brüderlich. Auf der Versammlung ist klar geworden, dass die Kandidatur die politischen Behörden mit dem damaligen Dekan vorbereitet hatten. Der Protest der Gemeindegesandten konnte aber an der Lage nichts ändern.

Nach einigen Tagen bekamen wir vom Dekanat die Anordnung, dass die Kirchgemeinden die neue Wahl durchführen sollen. Als Beilage zur Anordnung sandte er auch die Namensliste der Kandidaten. Demgemäß konnte man mich nicht zum Dekan wählen. Man durfte mich als Protokollführer wählen. Nachdem der Protest nichts nützte, führten die Kirchgemeinden die Wahl so durch, wie sie angeordnet war. Einzige Ausnahme war eine slowakische Kirchgemeinde, die trotz dem Verbot, mich wählte. Diese Gemeinde war die Heimatgemeinde des Dekans, die die politische Richtung „ihres Sohnes" übelnahm. Er ist als Vizebischof gewählt worden.

Nach dieser Wahlprozedur war im Rahmen einer Bezirksversammlung die feierliche Installation der neuen Amtsträger durchgeführt. Die Leiterin der Abteilung der kirchlichen Angelegenheiten des Ministeriums, eine Juristin, hatte bei ihrer Grußrede an die neuen Amtsträger besonders die Arbeit des bisherigen Dekans hoch geschätzt, der Vizebischof ward. Sie betonte, dass der bisherige Dekan, der neue Vizebischof, nicht nur Vertreter unserer Kirche, sondern auch Vertreter der Sozialistischen Tschechoslowakei sei. Er wird auch in Vancouver in Kanada auf dem Welttreffen der Kirchen unsere Kirche und unser Land vertreten.

Die Krankheit meiner Frau

An einem schönen sonnigen Septembertag grub ich mit meiner Frau Kartoffeln im Pfarrhausgarten aus. Abends fühlte sich meine Frau sehr müde und schwach. Am folgenden Tag gingen wir zum Arzt, und der Arzt schickte sie zu einer allgemeinen Untersuchung ins Krankenhaus. Schon seit Monaten hatte sie am Hals einen ganz kleinen Knoten, den der Arzt damals mit einem Antibiotikum zu liquidieren versuchte, aber diese Behandlung blieb erfolglos. Nach der Untersuchung musste sie im Krankenhaus bleiben, und weil ihre Lymphdrüse etwas größer war, haben sie daraus ein wenig zur histologischen Untersuchung herausgenommen. Die Diagnose nach der Untersuchung war für uns erschütternd. Irgendwo in ihrem Organismus befindet sich ein Krebsgeschwür. Ich fuhr mit ihr gleich nach Ungarn, in das Krankenhaus in Berettyóújfalu, wo mein ehemaliger Mitschüler und Freund unserer Familie L. Major Chefarzt der Abteilung der inneren Medizin war. Ich bat ihn um Hilfe, um heraus zu finden, wo sich in ihrem Organismus das Krebsgeschwür befindet. Um die Untersuchung durchzuführen, fuhr er mit ihr nach Debrecen, wo sich im Großen Krankenhaus bessere technische und diagnostische Einrichtungen befinden, aber das Zentrum ihrer Krankheit haben sie nicht gefunden. Dann kehrten wir heim, und im Spital in Košice wiederholte man die Untersuchungen, aber auch diese blieben erfolglos. Der Chirurg sagte uns, dass er die vergrößerte Lymphendrüse entfernen möchte. Meine Frau musste sich also einem chirurgischen Eingriff unterziehen. Bei der Operation hatte der Chirurg die Vermutung gehabt, dass das Zentrum der Krankheit in ihrer Brust Busen sein kann. Die Operation hat er dann als Brustoperation durchgeführt. Und dort hat er einen kleinen Knoten, von einer Weizenkorngröße gefunden. Das war das Zentrum ihrer Krankheit.

Es kamen schwere Zeiten. Der Arzt hat ihr chemotherapeutische Behandlung und Bestrahlungen angeordnet. Die chemotherapeutische Behandlung verursachte viel Leid. Ihr Haar ist auch ausgefallen. Das Leid hat sie mit großer Hoffnung und Geduld ertragen. In unserer Gebetstille war es schwer zu sagen: Vater, dein Wille geschehe: Sie war ein Gottesgeschenk für mich. Wir haben keinen leichten Lebensweg gehabt, aber in unseren Herzen haben wir immer Liebe und Treue gehabt. So konnten wir auch die schwere Last mit Hoffnung tragen. Als ihre Haare zuerst ausfielen und wir die sehr notwendige Perücke hier in der Tschechoslowakei nirgends beschaffen konnten, besuchten uns zum Glück eben damals einige von unseren holländischen Freunden, und als sie ihre Lage sahen, beeilten sie sich, ihr zu helfen. In einigen Tagen hat sie aus Holland eine Perücke bekommen. Die Männer, die die Perücke brachten, haben ihr auch ein kleines Magnetofon mitgebracht, um unsere Gottesdienste von zu Hause in dieser Weise auch im Krankenhaus hören zu können. Das war für sie eine große Freude, weil diese Kassettengottesdienste oft auch andere Kranke hören wollten. In den Nachbarzimmern hatten sie oft auch solche Gottesdienste. Ich besuchte sie jede Woche im Krankenhaus, und wenn sie nach den Behandlungen nicht zu schwach war, brachte ich sie am Wochenende nach Hause. Es war für uns eine große Freude, den Sonntag zusammen verbringen zu können. Wenn es möglich war, gingen wir zusammen in die Kirche. Wenn sie nach der Chemotherapie sehr schwach war und im Bett bleiben musste, konnte sie unsere Gottesdienste durch einen Lautsprecher aus der Kirche hören. Zwischen der Kirche und dem Schlafzimmer war die Entfernung nur 15 Meter.

Die Krankheit und Tod des neuen Dekans

Einige Monate nach seiner Installation ist auch der neue Dekan krank geworden. Er wurde auch ins Krankenhaus überwiesen und konnte seine Amtsführung nicht fortsetzen. Die Amtsführung des Dekanats war eine zeitaufwendige Aufgabe, weil in unserem zweisprachigen Bezirk jede Gemeinde die Rundschreiben, Anordnungen und Mitteilungen in ihrer Muttersprache bekommen sollte. Weil ich als Bezirksnotar gewählt war, musste ich die Regie des Dekanats auf mich nehmen. Aber im Dekanatsamt konnte ich die Schriften nicht finden, weil ich nicht wusste, wo die verschiedenen Akten hingelegt waren. Und es waren auch Angelegenheiten, die auf persönliche Absprache warteten. Ich musste den Dekan oft besuchen, um die aktuellen Angelegenheiten immer mit ihm zu besprechen. Ich fuhr vom Krankenhaus in Košice, wo meine Frau lag, oft nicht nach Hause, wo ich auch viel zu tun hatte, sondern nach Michalovce, wo der Dekan im Spital lag, und nach der Besprechung musste ich dann in sein Büro gehen und auch dort amtieren. Diese Last musste ich auf mich nehmen, weil es in unseren Statuten geschrieben steht: „Wenn der Bezirksdekan seiner Pflicht aus irgendwelchen Gründen nicht nachgehen kann, ist für die Fortsetzung seiner Amtsführung der Bezirksnotar verantwortlich."

Nach einigen Monaten starb der Dekan. Der vorige Dekan, der Vizebischof wurde, berief sich auf die obenerwähnten Statuten und befahl mir, die Dekanatsamtsführung auch nach dem Tode des Dekans fortzusetzen. Er betonte aber, dass ich für diese Arbeit keine Belohnung bekomme, weil ich für meine politische Unzuverlässigkeit kein gewählter Dekan sei. Ich protestierte dagegen, aber unter diesem Druck musste ich die Last weiterhin auf mich nehmen.

Am 23. Juli 1985 habe ich an die Pfarrämter ein Rundschreiben geschrieben, in der ich die Übernahme des Dekanatsamtes den Amtsbrüdern mitteilte und bat sie um ernste brüderliche Zusammenarbeit.

* * *

Nach einigen Monaten bekam ich einen schriftlichen Befehl von dem Vizebischof, dass ich mich in der angegebenen Zeit am Pfarramt in Nagykapos – Veľké Kapušany melden soll, wo er mir wichtige Instruktionen geben will. Unser Bischof war ein alter schwacher Mann, der mit dem Vizebischof nichts anfangen konnte, und dulden musste, dass der Vizebischof als Liebling der politischen Machthaber eigenwillig handelte. Ich musste damals deshalb nach Nagykapos gehen, weil er mir in der Anwesenheit des dortigen Pfarrers mitteilen wollte, dass er mir eine andere Aufgabe geben will. In den früheren Jahren konnte er schwer ertragen, dass ich in meinen Meldungen als Missionsreferent betonte, dass die Kirche kein politisches System bedienen darf. Bald nach der Übernahme der Amtsführung des Dekanats wiederholte ich diese Gedanken auf der Vollversammlung in meinem Jahresbericht. Ich zitiere einen Teil von diesem Bericht:

........"Diese Worte: Gebt doch ihr ihnen zu essen, (Luk. 9, 12 F..) sagt Jesus nicht nur den damaligen Jüngern, sondern auch den Jüngern aller Zeiten. Dieser Satz ist eine kurze Programmrede für alle Nachfolger Christi, für die Kirche aller Zeiten. Die Kirche ist dazu hier auf Erden, dass sich die Gläubigen von den Sorgen und Leiden der Mitmenschen nicht abkehren, sondern ihnen helfen, dienen sollen. Wir brauchen die stillen Anlässe am Wort Gottes, weil Gott uns dadurch zur treuen Erfüllung unserer Sendung vorbereiten will. In der Welt gibt es immer und überall viel hungernde Menschen. Es ist ein Segen Gottes, wenn wir sagen können, dass wir das Brot, wofür wir jeden Tag beten und arbeiten, haben. Doch, wie viele hungern unter uns. Wie viele hungern nach Liebe, menschlicher Wärme und Güte. Viele hungern nach der Heilung der verdorbenen menschlichen Beziehungen und nach Vergebung der Sünden, weil, kommt der Abend, der Abend des Lebens, und es schrecklich ist, ohne Hoffnung, in Unruhe, Hoffnungslosigkeit und ohne Vergebung der Sünden zu leben, und noch schrecklicher wäre es, so zu sterben.

Diesen Zustand der Schöpfung zeigt uns das Wort Gottes, wenn es sagt, dass alle Geschöpfe sehnsüchtig darauf warten, dass Gott seine Kinder vor aller Welt mit seiner Herrlichkeit ausstattet. Die ganze Schöpfung bis jetzt noch vor Schmerzen stöhnt wie eine Frau bei der Geburt. Das Stöhnen der Schöpfung widerhallt in dem Schluchzen der leiblich oder seelisch Kranken, in den verwickelten menschlichen und internationalen Beziehungen, in den Kriminalitäten und im Terrorismus, die das geordnete menschliche Leben immer mehr bedrohen. Diese Tatsachen unseres bedrohten Lebens rufen um Hilfe. Aber wer kann uns helfen? Wer kann ins Herz eindringen und von dort den Egoismus, den Haß und die Angst herausnehmen?! Wer kann die trennenden Wände wegschaffen und wer kann die zwischen den Nationen und Weltanschauungen bestehenden Abgründe überbrücken? Nur Jesus, dem unbeschränkte Vollmacht im Himmel und auf Erden gegeben ist und auf dessen Wort sich die Stürme legten. Er, der so viel Tränen trocknete, viele Trauernde tröstete und der auch die Sünde und den Tod überwand. Darum stöhnt die ganze Schöpfung nach ihm und wartet auf ihn, auch wenn es sich viele nicht vergegenwärtigen und nicht wissen, was oder wer in ihrem, mit ungelösten Problemen kämpfenden Leben fehlt. Es fehlt Christus, und solange er, und mit ihm das vollendete Reich Gottes nicht kommt, wirkt er durch seine Jünger, seine Kirche und seinen Heiligen Geist in dieser Welt. Darum sagt Jesus seinen Jüngern, als sie die hungrige Menschen wegschicken wollten: > Gebt doch ihr ihnen zu essen <.

Beunruhigend ist aber die Frage, ob die Kirche diese ihre Sendung erfüllt? Leider, die beinahe zweitausendjährige Kirchengeschichte spricht davon, dass sie ihre Sendung nicht immer, nicht überall, und nicht treu genug erfüllte. Das Erlöschen der Verfolgungen im 4. Jahrhundert ist für sie ein Segen gewesen, aber bald kamen neue Gefahren.. Die Vorsteher der Kirche, die Hohenpriester fingen an, sich nach politischer Karriere, nach Herrschen zu sehnen. Als die germanischen Fürsten das weströmische Reich stürzten, gelang es den Päpsten mit diesen Fürsten eine Vereinbarung zustande zu bringen, dass Rom und seine Umgebung ein unabhängiger Staat ward, dessen Könige beinahe tausend Jahre die Päpste waren. Sie sehnten sich nach Weltherrschaft, und die Verkündigung des Evangeliums ist eine Nebensache geworden. Die Reformation war eine geistige Erneuerung, Rückkehr zu der ursprünglichen Sendung der Kirche, aber auch hier kamen bald die Probleme. In der evangelischen Kirche war die These sehr schön, dass die Kirche, die durch die Verkündigung der Liebe Christi die Jugend im Geiste dieser Liebe Christi erzieht und die durch ihre Diakonie für die Gesellschaft den besten Dienst leistet, erwartet, dass der Staat sie für diese Dienste unterstützt. Diese Theorie funktionierte eine zeitlang gut, aber später kam es oft dazu, dass bei der Wahl der kirchlichen Funktionäre das Wort der Fürsten das entscheidende Wort war. Es waren in der Kirchengeschichte schwere Epochen, und es gab in diesen Zeiten oft solche kirchlichen Funktionäre, die die Last der Verfolgung so erleichtern wollten, dass sie die Mächtiger bedienten. Auf diese Weise wollten viele für sich vom Staat allerlei Prämien und auch Macht erhalten Wer in solchen Zeiten in der Kirche kompromißlos blieb, wurde verfolgt. Ein eklatantes Beispiel dafür ist in Deutschland die Zeit Hitlers. Das Bekenntnis von Barmen ist so entstanden, dass im Mai 1934 139 leitende Persönlichkeiten der Kirche eine Versammlung in Barmen organisierten, an der 15000 Gläubige teilnahmen, und diese Versammlung verlautbarte die Gründung der Bekennenden Kirche. Diese Kirche wollte den totalitären Anspruch des Staates nicht akzeptieren. Viele von den Vorgesetzten der Kirche starben in den Konzentrationslagern, unter ihnen auch einer der bekanntesten Theologen des 20. Jahrhundert, Dietrich Bonhoeffer.

Erfüllt unsere geliebte Kirche und die Leitung dieser Kirche ihre Sendung?"

* * *

Der Vizebischof unserer Kirche in Nagykapos – Veľké Kapušany wollte mir vor allem zur Kenntnis geben, dass die staatlichen Behörden zur Wahl der leeren Funktion des Dekans für mich keine Bewilligung geben werden. Gleichzeitig hat er mir auch mitgeteilt, dass das Präsidium unserer Synode mich nach Prag schicken will, wo ich als Dozent unserer Theologen wirken sollte, weil der bisherige Dozent M. Bihary wegen Krankheit in Ruhestand gehen muß. So bekomme ich – sagte er – eine viel wichtigere Funktion, als die Funktion des Dekans. Er habe schon in Prag mit dem zuständigen Referenten des Ministeriums diese Sache besprochen, und die Bewilligung ist für mich theoretisch schon gegeben.

In jener Zeit kam es im Gesellschaftsleben vor, wenn jemand am Arbeitsplatz seinem Vorgesetzten aus irgendwelchen Gründen unangenehm war, aber sie zum Entlassen keinen Grund fanden, bekam der Angestellte eine höhere Funktion anderswo. Ich habe klar gesehen, dass es in meinem Fall auch so ist, und habe gleich den Vizebischof gefragt: Wieso ich für die Funktion des Dekans vom Staat keine Bewilligung bekomme, weil ich politisch unzuverlässig bin, aber für eine höhere Funktion die Bewilligung bekommen kann? Er gab mir die diplomatische Antwort: in der Slowakei sei ich unzuverlässig, aber in der Tschechei kann ich die Bewilligung bekommen. Aber diese Übersiedlung konnte ich nicht annehmen. Ich war 60 Jahre alt. Sonst würde ich gern als Dozent arbeiten, aber meine Frau war krank und unter diesen Umständen wollte ich diese Übersiedlung nicht auf mich nehmen.

Der unerwartete Tod meiner Frau

Bei einem Besuch meiner Frau im Krankenhaus in Košice zeigte mir der Facharzt die Röntgenaufnahmen meiner Frau. Er erklärte mir, dass die Aufnahmen von einem guten Heilprozeß sprechen und auch ihre Lungen ganz rein sind. Jetzt können wir ruhig nach Hause gehen, und nach drei Wochen soll meine Frau noch zu einem Strahlungszyklus zurückkommen. Er drückte seine Hoffnung aus, dass nach der nächsten Strahlungsperiode man meine Frau fast als geheilt nennen kann. Froh fuhren wir nach Hause. Zu Hause hatten wir jeden Abend Gottesdienst, weil wir uns zum heiligen Abendmahl vorbereiteten. Am Samstag haben die Maurer den Mauerbau unseres werdenden Hauses in Nagykapos- Velke Kapusany fortgesetzt. Meine Frau bereitete für die Bauarbeiter das Mittagessen vor, aber weil sie zu Hause viel zu tun hatte, brachte ich allein das Mittagessen nach Nagykapos. Nachmittags fühlte sie sich schon etwas unwohl, aber das Mittagessen für den Sonntag hat sie noch für unsere Familie fertiggemacht, um am Sonntag am Abendmahlgottesdienst teilnehmen zu können. Aber abends fühlte sie sich schon sehr unwohl. Ich rief den Arzt, der sie mit seinem Hörinstrument untersuchte, und dann draußen sagte er mir, dass in der Lunge meiner Frau eine Geschwulst ist und kaum etwas funktioniert. Ich glaubte es ihm nicht, denn am Mittwoch zeigte mir der Facharzt die Röntgenaufnahmen, und ich sah, dass ihre Lungen in Ordnung waren. Wir haben eine schwere Nacht gehabt. Morgens war sie schon sehr schwach. Ich sah, dass wir nicht zusammen in die Kirche gehen können und besprachen, dass wir nach dem Gottesdienst zu Hause das Abendmahl zusammen feiern werden. Aber weil ich sah, dass sie sehr krank ist, rief ich eine verwandte Krankenschwester zu ihr, um sie nicht allein zu Hause zu lassen. In der Kirche fing der Gottesdienst an. Durch den Reproduktor (Lautsprecher) hörten wir den Gesang der Gemeinde. Ich sollte schon in der Kirche sein, und musste mich beeilen, aber es fiel mir schwer meine Frau dort zu lassen. Den Talar hatte ich schon an. Ich küßte sie mit betender Liebe. Sie sagte zu mir: Beeile dich bitte. Und dann sagte sie noch leise: Ich warte auf dich.

Nach dem Gottesdienst und dem Abendmahl beeilte ich mich nach Hause zu kommen. An der Tür stand die Krankenschwester mit tränenvollen Augen und sagte nur soviel: „Sie starb." Die Welt wurde vor mir dunkel. In einigen Sekunden stand ich an ihrem Bett. Mit streichelnder Liebe hielt ich ihre noch etwas warme Hand in meiner Hand. Im Geiste sah ich wieder den Film unseres Lebens und hörte wieder viele liebe Worte, die sie mir sagte. Ich erlebte wieder die Freude, Sorgen, Hoffnungen und die Kämpfe, die wir bei dem Gemeindebau oft auch unter Tränen mit Liebe führten.

Inzwischen ging unsere Krankenschwester aus dem Haus und sagte den Menschen, die aus der Kirche kamen die traurige Nachricht, dass meine Frau gestorben sei. Ich hielt noch in meiner Hand ihre erkaltete Hand, als die Glocken ertönten, deren Klang sie immer so gern hörte und auf deren Ruf sie immer mit Freude in die Kirche ging, um das Wort Gottes zu hören und zu beten. Ihr Leben war für mich und für unsere Familie ein Geschenk Gottes.

Wie wir dann erfuhren, ihr unerwarteter Tod verursachte eine Lungenembolie. Der Arzt am Samstagabend hat sich also geirrt. Sie wartet schon auf uns am anderen Ufer, wo unsere Vorfahrer schon früher hingingen. Es tut mir weh, aber wenn es Gott so will, muß ich noch (hoffentlich) verbleibende Aufgaben vollenden, von denen wir so oft sprachen, aber die ich in der Hetze unseres Lebens noch nicht durchführen konnte. Auch dieses Buch, in dem ich mich auch an ihr Leben mit Liebe erinnere, gehört zu den gemeinsam geplanten Aufgaben.

* * *

Der Tod meiner geliebten Frau wirkte auf mich niederschmetternd, aber Gott gab mir Kraft diese Erschütterung zu ertragen. Ihre Hilfe fehlte mir. Sie hat nicht nur den Haushalt und die Kindererziehung gemacht, und nicht nur im Garten viel gearbeitet, sie half mir auch in der Kinderarbeit und Konfirmandenunterricht, in der Gemeinde und in meiner Büroarbeit. Auch in der Vorbereitung, Stempelung und Absendung der Post war ihre Hilfe ein Segen für mich. Aber ich musste die Arbeit auch allein fortsetzen. Bei der Vorbereitung zum Predigtdienst eröffneten sich vor mir noch mehr die Geheimnisse der Ewigkeit. Gott tröstete mich und gab mir Kraft die Mitmenschen zu trösten, die ähnliches Leid erfahren hatten.

* * *

In unserer Gesamtkirche ging das Leben in der gewohnten Bahn weiter. Nicht alle merkten, dass jemand unsere Kirche als Bediener der politischen Macht regiert. Auch damals noch nicht, als in der Umwelt andere Winde zu wehen anfingen. Die Welle der sogenannten „perestrojka" von Gorbatschov erreichte auch uns. Ich fing es an wahrzunehmen, als wir einige Tage nach dem Tode meiner Frau in Košice eine Sitzung der Dekane hatten, in der auch die Kirchensekretäre und das Präsidium der kirchlichen Abteilung des Ministeriums präsent waren. Einer unter ihnen hielt einen Vortag, in dem ganz andere Stimmen ertönten, als wir von diesen Menschen vorher gehört hatten. Er betonte die Wichtigkeit des kirchlichen Dienstes und bat die Pfarrer um Hilfe bei der Heilung der immer wilderen Extremität der jungen Generation. Nach dieser Sitzung hatten wir ein gemeinsames Abendessen in einem Gasthaus. Bei dem Abendessen habe ich fast am Ende des langen Tisches Platz genommen Ich war also etwas weiter vom Präsidium und dem Vertreter des Ministeriums entfernt. Die Schmeichelei, die Aufwartung ist nie meine Sache gewesen. Und damals in meiner frischen

Trauer blieb ich besonders gern abseits, um mit niemandem diskutieren zu müssen. Gegen Ende des Abendessens fing beim Tisch des Präsidiums die Stimmung an etwas lauter zu werden, wie überall, wo man die Gläser klingen läßt. Ich merkte, dass einer von den Vertretern des Ministeriums an diesem Vergnügen nicht teilnahm. Er sagte etwas zu den Anderen, stand auf und ging hinaus. Er war eine Weile draußen und als er zurückkam, ging er nicht zu seiner Tischgesellschaft zurück, sondern kam auf mich zu, nahm Platz gegenüber, und redete mich an. Ich war dort gern in meiner einsamen Stille, doch es freute mich, als er sich zu rechtfertigen anfing, dass er aus gesundheitlichen Gründen keinen Alkohol konsumieren kann, und weil ich auch kein Glas vor mir hatte, hat er mir angeboten einen Tee zu bestellen, und zu diskutieren. Beim Teetrinken sagte er von sich, dass er im Ministerium vor kurzem die Angelegenheiten unserer Kirche übernahm und dort meinen Namen oft las. Dann bat er mich mit ihm nach dem Tee in sein Zimmer zu gehen. Er möchte mit mir lieber dort diskutieren. Aufgrund seiner Rede konnte ich konstatieren, dass er meine Aktenmappe beim Geheimdienst sehr gut kennt, ebenso auch die Anklageschriften gegen mich. Nachher erzählte er, dass als er die Angelegenheiten unserer Kirche übernahm, studierte er etwas unsere Geschichte, erkannte unsere Beeinträchtigungen und weiß auch, dass ich von einem unserer Vorsteher in den vergangenen Jahren viel Ungerechtigkeiten ertragen musste. Ich war erstaunt, dass ein Vertreter der politischen Macht, die uns immer so grob unterdrückte, jetzt mit mir so nüchtern und menschlich sprach, die Wahrheit kennen lernen will, und bei der Regelung unserer Angelegenheiten Gerechtigkeit gelten lassen will. Er versprach mir, dass den politischen Druck, der bei uns so viel Schaden angerichtet hat, die Kirche in der Zukunft nicht mehr spüren würde. Die politischen Behörden werden mich von jetzt an nicht mehr für unzuverlässig halten, und ich müsse also das Dekanat nicht ohne moralische und finanzielle Belohnung weiterführen. Wenn mich also unser Volk wählen will, werden sie es nicht mehr verhindern.

Diese Sätze haben in mir ein gemischtes Gefühl hervorgerufen. Das erste Gefühl war die Freude in der Hoffnung, dass sich hier etwas Neues, etwas Gutes zu entwickeln beginnt. Das zweite Gefühl war die Angst, die Frage, ob ich in meinem trauernden, seelisch-körperlich erschütterten Zustand den Dienst der Bezirksführung auf mich nehmen darf. Unser Bezirk ist ein zweisprachiger großer Bezirk. Die nächsten Mitarbeiter sollen die Pfarrer sein, aber diese Gruppe ist nicht mehr einheitlich. Die politische Untergrundarbeit zerstörte die brüderliche Einheitlichkeit und das gegenseitiges Vertrauen dieser Gruppe. Es fängt sogar an so auszusehen, dass sich eine neue Bewegung entwikkelt, eine karrieristische Bestrebung der jungen Pfarrer. Als nicht gewählter Bezirksführer habe ich schon die Dienste des Dekans kennengelernt. Unter ihnen sind Dienste, die mir lieb waren. Lieb war mir vor allem der Predigtdienst in den nahen und entfernten Gemeinden. Die Hilfe bei der Ausrichtung verschiedener komplizierter Angelegenheiten und die Beratung der Menschen in ihren Ratlosigkeiten waren mir sehr lieb. Es war für mich schwieriger die Lösung der finanziellen und persönlichen Konflikte in den Kirchgemeinden. Noch schwerer war es für mich, wenn die Gemeinde über ihren Pfarrer Klage erhob. Diese Dinge versuchte ich nicht mit Strafe, also nicht mit Strenge des Gesetzes, sondern in liebevoller Brüderlichkeit auszurichten, aber – leider- nicht immer mit Erfolg. Das Schwerste war für mich, als ich Anordnungen bekam, deren Lösung mit meinem Gewissen nicht in Einklang war. Solche Anordnungen ließ ich oft liegen. Aber das konnte auch gefährlich sein.

Von unserem Sohn oder von der Tochter konnte ich für diese Arbeiten keine Hilfe erwarten, weil sie beide in Gemeinden dienten, deren Entfernung von mir 12 – 38 Km war. Ich freute mich, wenn sie mir in meinen Speiseproblemen helfen konnten.

Zwei Monate nach der Sitzung der Dekane in Košice, hatten wir eine Versammlung in Komárno, wo unser Vizebischof einen großen politischen Vortrag von der Großen Sozialistischen Oktoberrevolution hielt. Nach dem Versammlungsprogramm, als wir schon am gedeckten Tisch saßen, vergaß der Vizebischof nicht, mich zu erinnern, dass meine politische Unzuverlässigkeit immer größer sei, weil ich die Erwartungen der Behörden nicht erfüllen wolle. Er war ärgerlich, dass ich unseren Kirchenbezirk nicht verlassen und die Dozentur in Prag nicht annehmen wollte. Aufgrund seiner Rede konnte ich aber konstatieren, dass er nicht weiß, dass der neue Vertreter des Ministeriums in Košice mir sagte, dass die staatlichen Behörden mich nicht mehr diskriminieren werden. Er hielt die bisherige politische Linie fest.

Die Wellen der „perestrojka" waren auch bei uns immer intensiver. Das zeigte sich auch so, dass mich die Kirchensekretäre nacheinander besuchten, um „sich rein zu waschen" und mir mitzuteilen, dass ich ein anerkannter Mensch sei und sie meine eventuelle Wahl unterstützen möchten. Aber ich kämpfte mit mir und fragte mich, was ich tun sollte.

Unter diesen Umständen besuchte mich der junge Pfarrer von Deregnyö – Drahňov, den man vor einigen Monaten in sein Amt installierte. Ich wußte, dass er ein begabter junger Mann ist, der hinsichtlich der Zukunft der Kirche, aber vor allem für seine eigene Karriere seine Konzeption hat. Schon als Student der Theologie zu Prag, mit gutem diplomatischen Sinn, besuchte er die Dekane, mit dem Angebot, wenn sie einen Artikel brauchen würden, den sie in der Slowakei nicht beschaffen können, er könne ihnen diesen in Prag beschaffen. Nach seinem Theologiestudium hat er seine Dienststelle als Belohnung für solche Dienste bekommen, obwohl die dortige Kirchgemeinde schon mit einer jungen Pfarrerin Kontakt hatte, nämlich mit unserer Tochter, die ihre 2. Pfarrprüfung absolvierte und wählbar wurde. Die Gemeinde in Deregnyö-Drahnov lud sie ein und diese Einladung war durch zweimaligen Besuch des großen Kirchgemeinderates bestätigt. Sie hat ihnen „ja“ gesagt, aber der Wahlprozeß ist durch die Ernennung von Csoma L. gegenstandlos geworden. Also ist dieser junge Kollege zu mir gekommen, um mir mitzuteilen, dass man in unseren Gemeinden meine Wahl vorbereitet. Er verriet, dass er und ein junger Kollege sich in den Kirchgemeinden orientierten, und so wissen sie, wenn die Wahl angeordnet wird, werden nicht nur die ungarischen, sondern auch die Mehrheit der slowakischen Gemeinden mich zu wählen bereit sein. Ich war in Verlegenheit. Ich wusste nicht, ob ich ihn schelten oder ihm danken sollte. Ich habe ihm dann „danke“ gesagt, aber mich beschäftigte die Frage, was bewegt diesen jungen Pfarrer, dass er in der Sache meiner eventuellen Wahl so aktiv tätig ist? Zuerst dachte ich, dass er auf diese Weise für meine einstige Hilfe danken will. Er studierte nämlich Theologie in Prag gleichzeitig mit meinem Sohn. Am Ende des Studiums wollten sie die Schweiz besuchen. Das war damals noch eine schwierige Sache. Mein Sohn bat mich auch in seinem Namen, ihnen Adressen von Bekannten oder eventuellen Freunden zu geben, in der Hoffnung, dass sie bei ihnen Unterkunft und Gastfreundschaft finden könnten. Ich wollte ihnen helfen, wollte aber zuerst mit einigen Bekannten, telefonisch in Verbindung treten, ob sie die Jungen empfangen können. Aber die Verbindung ist nicht gelungen. Dann schrieb ich Briefe an Bekannte, und bat sie, unsere Jungen zu empfangen. Das hat ihnen geholfen. In der Schweiz waren sie bei meinen Bekannten freundlich aufgenommen. Als sie heimkamen, erzählten sie mit Freude ihre Erlebnisse. Auf diesen Vorfall erinnernd meinte ich, dass mir der junge Kollege dafür seine Dankbarkeit ausdrücken will. Erst später entdeckte ich, dass seine Tat nicht aus Dankbarkeit geschah. Und als ich die Wirklichkeit entdeckte, wurde mir klar, dass der größte Irrtum meines Lebens der Empfang meiner Kandidatur war. Dadurch geriet ich in allerlei Verwicklungen und wurde ein Spielzeug dunkler Kräfte, wovor es mich immer schauderte. Aber damals konnte und wollte ich nicht zurücktreten, denn in der wilden Verwirrung der Geschehnisse hätte ich mich eben dadurch beschmutzt.

Unter diesen Umständen gelangte es zur Bezirksvollversammlung des J. 1988, als ich meinen Jahresbericht wieder vorlesen sollte. Die theologische Einführung des Jahresberichtes fing ich an mit der Schifffahrt des Apostels Paulus, als er als Gefangener nach Rom transportiert wurde (Apostelgeschichte 27, 9 – 26).

Aus diesem Bericht zitiere ich Teile:

„Wenn wir vom Leben der Kirche oder der Welt in Symbolen sprechen, nennen wir sie Schiff oder Meer. Das erste Schiff, von dem wir in der Bibel lesen, ist die Arche Noahs. Auch dieses Schiff war ein Mittel der rettenden Liebe Gottes in der Zeit des Gerichts. Es ist kein Zufall, dass das Symbol der Ökumene ein Schiff ist, das sich im stürmischen Meer zwischen den Wellen befindet. Durch die Schiffahrt des Apostel Paulus erinnert uns Gott, dass das Leben der gläubigen Menschen, der Kirche mit der Welt, mit den Menschen außerhalb der Kirche, verbunden ist. Denn auf jenem Schiff vertraten nur der Apostel Paulus und seine zwei Begleiter die Gemeinde Christi, die Kirche. Die große Mehrheit, etwa 273 Menschen, waren Heiden. Der Apostel Paulus war ein Gefangener Er war nicht der Eigentümer des Schiffes. In jener Zeit gab es noch keine Motorschiffe oder Instrumente, die bei der Orientierung auf dem Meer helfen konnten. In dem Sturm waren die Menschen im Schiff und das Schiff selbst in Gefahr geraten. Die Gefahr der Schiffahrt im Spätherbst war dem Apostel Paulus bekannt, darum bat er die Fachmänner in dieser Zeit nicht aufzubrechen.

Auch heute kann die Kirche nichts mehr tun, wie der Apostel bei jener Schiffahrt, weil sie dazu keine Macht hat. Die Kirche kann auch heute nur bitten, aber im Bewußtsein ihrer Verantwortlichkeit muß sie es auch tun. Sie bittet und macht auf die bedrohende Gefahr aufmerksam, wenn die Mächtigen der Welt um ihre Macht behalten zu können, oder durch Habsucht bewegt, das Schiff der Menschheit auf gefährliche Fahrt drängen.

In der biblischen Geschichte hören wir, dass die Schiffahrtfachmänner die Bitte des Apostels außer Acht ließen. Das Schiff musste weiterfahren, obwohl die Weiterfahrt eine immer größere Gefahr bedeutete. Erst dann fingen sie an, dem Worte des Apostels Aufmerksamkeit zu widmen, als der Sturm schon tobte, und alle, die im Schiff fuhren, in Angst geraten waren. Es wiederholt sich auch heute oft in der Welt, dass dem Worte Gottes, das in der Kirche verkündigt wird, die „Steuermänner" der Welt erst dann Aufmerksamkeit widmen, wenn die Früchte ihrer schlechten Entscheidungen reif werden, die Menschheit in Sturm geraten ist und sich in Gefahr befindet. Der Apostel Paulus konnte auch in der schwersten Lage etwas sagen, weil er nicht nur die Gefahr sah, sondern auf den Herrn der Welt und des Lebens, Jesus Christus blickte. Ihn bat er um Hilfe für sich und für die Mitfahrer. Darum konnte er auch inmitten des tobenden Sturmes trösten, weil er selbst schon von Gott getröstet war mit den Worten: „Hab keine Angst Paulus! Du mußt vor den Kaiser treten, und auch alle anderen, die mit dir auf dem Schiff sind, wird Gott deinetwegen retten".

Die Mächtigen der Welt, die verantwortlichen Staatsmänner, die „Leiter" des Gesellschafts- und Wirtschaftslebens beraten sich auch heute oft, in welcher Richtung das Schiff der Menschheit weiterfahren sollte. Die gläubigen Menschen, die Kirche, mit ihren bescheidenen Möglichkeiten wollen dazu beitragen, den gefährlichen Entscheidungen vorzubeugen. Wir haben keine Illusionen, dass man uns mehr Achtung widmen wird, aber wenn wir lebendige Verbindung mit unserem Herrn haben, dann haben wir auch die Hoffnung, dass wir trotz der Stürme und Erschütterungen das Ufer erreichen. Darum können wir unseren „Mitfahrern" auch heute das Wort Christi verkündigen: „Fürchte dich nicht, glaube nur."

Die Kirche Jesu Christi ist solidarisch mit der Welt. Sie soll sich von der bösen Welt nicht zurückziehen, weil Christus seine Jünger in die Welt sendet, nicht um sich in der Welt aufzulösen, sondern die rettende Liebe Gottes, die uns in Jesus Christus erschienen ist, zu verkündigen.

Leider gab die Kirche im Laufe der Geschichte oft dem Zeitgeist Vorrang als dem Heiligen Geist.

Das spürt man besonders seit dem 17. Jahrhundert, also seit der Aufklärung. Der Mensch fing an sich vor seinem Verstand zu beugen. Das neue Wirklichkeitsverständnis führte dorthin, dass man nur die handgreiflichen materiellen Dinge für Wirklichkeit halten wollte. In diesem Gedankensystem hat eine transzendente Welt, deren Existenz man mit keiner mathematischen Formel nachweisen kann, keinen Raum mehr. In dem 20. Jahrhundert gibt es sogar auch Theologen, (Alitzer, Hamilton, Harvey Cox) die von einer Stadt und Welt ohne Gott sprechen.

Durch die Kenntnis der Menschen ist wohl die handgreifliche, erforschbare Welt größer geworden, doch, dieser Zustand kann für den Menschen eine Fessel werden, wenn er aus dem Gefängnis der (nur) Diesseitigkeit nicht austreten kann. Es gibt in unserem Leben Zustände, existentielle Probleme, für die es innerhalb der Immanentie keine Lösung gibt. Plötzlich kommt z. B. eine Krankheit, ein Leid und dadurch werden die vielen schönen Pläne, die wir vorbereiteten um für sich selbst oder unsere Lieben die Zukunft und Glückseligkeit zu erreichen, zusammenstürzen. Oder plötzlich stößt man an die Steinmauer des menschlichen Bösen und der Herzlosigkeit, und es fängt an uns zu schmerzen die himmelschreiende Ungerechtigkeit die gegen uns Attacke führt, als wir uns eben nach Gütigkeit und Liebe sehnen.

Aber einmal kann auch auf uns die Last der eigenen Sünde stürzen, die man nicht mehr wiedergutmachen kann.

Erfahrene Psychologen sagen es, dass diese dunklen Schatten viele Menschen in ihrem Leben merken, wenn sie in der Tiefe der Seele schon ahnen, daß sich das Ende, das Ende des Erdenlebens nähert. Der Mensch weiß, dass sein Leib wohl begraben wird, aber man kann nicht die Verantwortlichkeit vor Gott und die nicht bereute Sünde begraben. In diesen existentiellen inneren Kämpfen bricht die Frage auf: Gibt es eine Lösung für meine ungelösten Probleme? In meinem durch Konflikte zerrütteten Leben, in meiner Einsamkeit gibt es noch jemanden, dem meine Schmerzen weh tun, der meine Trauer kennt, der zu mir gehört, der mich liebt, der wiedergutmachen kann, was ich nicht mehr gut machen kann? Auf diese Fragen gibt es im Rahmen der Immanente, in der diesseitigen Anschauung keine beruhigende Antwort. Hier helfen weder die Philosophie, noch die Mathematik und keine andere Wissenschaft. Diese Fragen des Daseins sind peinlich, doch sind sie gesegnete Fragen, weil sie uns Türen öffnen, damit wir aus der engen Zelle unserer Diesseitigkeit austreten können. Es scheint ein unerklärlicher Widerspruch in sich zu sein, doch ist es Wirklichkeit, dass in unserer immer mehr säkularisierten Welt immer mehr Menschen sich für die transzendente Welt interessieren. Dieses Interesse, außer den erwähnten Krisezuständen, stammt unter anderen auch daraus, dass viele vor dem Wohlstand schon Ekel empfinden. Wir möchten alle in einem schön eingerichteten Heim leben. Wir freuen uns alle, wenn wir in unserem Heim viel technischen Errungenschaften haben können. Aber viele entdecken auch, dass der mit glänzenden Errungenschaften umgegebene Wohlstand und im Überfluß zu schwelgen, nicht zur Glückseligkeit genügt. Unter den Jungen gibt es viele, die es schon offen sagen. Vielleicht sind hier in dieser Vollversammlung Menschen, die in einer Kirchenzeitung aus Ungarn den Aufsatz lasen, wo ein Student erzählt, warum er seine Eltern verließ. Im Elternhaus lebte er im hohen Wohlstand. Bei uns ist das eine seltene Ausnahme, aber das gibt es auch. Er musste keine Not kennenlernen. Aber wenn er irgendein Problem hatte, auf einen Rat in Lebensfragen und auf Liebe angewiesen war, ist er immer allein geblieben. Er konnte vor niemanden sein Herz ausschütten. Sein Vater hat von den tieferen Gesprächen mit ihm immer abgelenkt mit der Begründung; er habe zu solchen Gesprächen jetzt wirklich keine Zeit. In solchen Fällen sagte er dem Sohn: Nur sage mir mein Sohn, wieviel Geld du brauchst, und ich gebe es dir gleich. Der Sohn empfand Abscheu vor diesem glänzenden, leeren und verlogenen Leben der Eltern und wollte lieber ein bescheidenes Leben, oft mit Kämpfen für das Dasein außer dem Elternhaus haben. Viele bodenlose Jungen sehnen sich nach einem inhaltsreicheren Leben und wenden sich der Kirche zu.

Von solchen Wellen wird heute das Schiff der Kirche getrieben. Sie wird vom Sturm von außen herumgeschleudert, aber so, dass diese äußeren Stürme auch in ihr Wellen schlagen. Je kräftiger die Wellen schlagen, umso gehorsamer sollen wir uns an den großen Steuermann, an Jesus wenden. Jeder Gläubige ist sein Gesandter in dieser Welt. Er ist unser, von oben gekommener Übergeordneter. Karl Barth betont, daß es in der Kirche keine Herrschaft gibt. Wer mehr Talente bekam, soll mehr dienen. Aber kein Diensttuender ist einem anderen Diensttuenden untergeordnet. Es gibt wohl Unterschiede zwischen den Funktionen, aber keine Funktion bevollmächtigt zum Herrschen. In der Kirche darf man keine Macht anwenden. Wir müssen lernen Ehrlichkeit, Vertrauen, Treue, Geduld, Demut und Bescheidenheit in unseren Alltagsleben zu praktizieren. Nur das gute Beispiel gibt den Worten Gewicht und Kraft.

* * *

Die Wahl wurde in den Gemeinden durchgeführt. Ein Teil der slowakischen Gemeinden gab trotz der Übereinkunft sein Votum einem slowakischen Kandidaten. So bekam ich nur 75% der Stimmen. Aber die staatlichen Behörden verhinderten die Wahl nicht mehr.

Meine feierliche Installation geschah in Csicser – Čičarovce in der Kirche, am 14. Oktober 1988, im Rahmen einer Bezirksversammlung, wo auch die Nachbarbezirke und die Katholischen Kirchen vertreten waren.

Konferenz in Westberlin

Die neue Welle der politischen Milderung spürten wir auch so, dass man an den Konferenzen in den westeuropäischen Ländern teilnehmen konnte. Diese Möglichkeit war früher ein Privileg der höchsten Kirchenleiter, aber auch sie konnten nur an den bedeutendsten Konferenzen ihre Kirche vertreten. Eine der größten zwischenkirchlichen Konferenzen war in Westdeutschland der Kirchentag. Das Präsidium unserer Synode hat auf diese Konferenz in Berlin mich und den jungen Csoma Lászlo geschickt. Aus dem Prospekt der Konferenz erfuhren wir, dass diese Begegnung, die fünf Tage dauern sollte, immer ein zentrales Thema habe. Jeden Tag beschäftigt man sich in verschiedenen Gruppen, mit einer Teilfrage des Hauptthemas aus verschiedenen Gesichtspunkten.

Im Jahr 1989 war das Hauptthema der Konferenz der Satz aus den Psalmen: „Die Zeit meines Lebens ist in deinen Händen" (Ps. 31,16). Aus dem Prospekt erfuhren wir, dass ein wesentlicher Platz der Konferenz eine große Halle sei, in der jede Kirche, die an der Konferenz teilnimmt, einen separaten Pavillon hat. In diesem Pavillon sollen die Vertreter der Kirchen durch anschauliche Vorführungen von ihrer Kirche zeugen. Darum sollten die Gesandten der Kirchen diese Vorführungen sorgsam vorbereiten. Es bedeutet praktisch, dass von allen Drucksachen, die in der Kirche in den letzten Jahren herausgegeben waren, ein Exemplar ausgestellt werden sollte. Man sollte jedes technische und andere Hilfsmittel in Anspruch nehmen, um von den inneren Bewegungen des Kirchenlebens authentisch zeugen zu können. Wir haben von diesen Mitteln und Möglichkeiten kaum etwas gehabt. Unsere Kirche hatte eine monatlich erscheinende kleine zweisprachige Zeitung gehabt. Wir haben nach dem zweiten Weltkrieg keine eigenen Bücher herausgegeben. Aus der kirchlichen Literatur, die in Ungarn herausgegeben worden war, konnten wir trotz Schwierigkeiten das Gemeindegesangbuch, ein Gebetsbuch, und das Büchlein der Bekenntnisse nachdrucken lassen. Videoaufnahmen haben wir damals noch gar nicht gehabt. Das einzige Anschauungsmittel in unserem Pavillon war die Fotografie. Damit haben wir eine bescheidene Reihe zusammengestellt, um die verschiedenen Momente unseres Gemeindelebens, wie das heilige Abendmahl, Taufe, Hochzeit, Konfirmation und Beerdigung, sichtbar zu machen. Von diesen Fotos haben wir zwei Tabellen mit deutschem Erklärungstext zusammengestellt. Als wir in unserem Pavillon unsere Ausstellung fertigmachten, musste ich mich für die Leere unseres Pavillons schämen. Ich fühlte mich noch unangenehmer, als ich in den Pavillons der verschiedenen Kirchen Umschau hielt. Auch aus den osteuropäischen Ländern waren dort Kirchen, die in ihren Pavillons eine schöne Reihe von Büchern ausstellen konnten. Unsere Freunde aus Ungarn haben auch schon Videokameras und Videofilme gehabt.

Gleich nach unserer Ankunft war für uns eine angenehme Überraschung, dass die ganze Stadt von Plakaten der Kirchlichen Konferenz voll war mit dem großgedrucktem Bibeltext: „Die Zeit meines Lebens ist in deinen Händen“. In den Straßen der Stadt marschierten Jugendgruppen, die kirchliche Gesänge sangen und ein Transparent mit dem Bibeltext trugen. In den Metrohaltestellen spielten verschiedene Orchester Kirchenlieder und Psalmen. Der Eröffnungsgottesdienst fand in einer Kathedrale und im großen Park daneben statt. Nach dem Eröffnungsgottesdienst folgten die gleichzeitigen Zusammenkünfte an verschiedenen Orten, in denen in irgendeiner Form, durch Verkündigung, Gespräche und Musik die Botschaft des Gottes Wortes ertönte: Mensch, deine Lebenszeit ist ein großes Geschenk Gottes. Es ist eine Vorhalle durch die du in eine neue Dimension gehen kannst, wo man die Zeit nicht mehr mit unseren irdischen Minuten, Stunden und Jahren messen kann. Dort in der ganzen neuen Dimension schallt der freudvolle Gesang der dorthin Gelangten darum, dass Gott uns in der schnell dahinfliegender Zeit unseres Erdenlebens die Perspektiven der Ewigkeit aufzeigt und uns dazu vorbereitet. Das war der Inhalt der Gruppengespräche, der Beratungen und die Botschaft dieser wohlklingenden Gesänge: „Sei getreu bis an den Tod, so will ich dir die Krone des Lebens geben."

In der Zwischenzeit hat jemand in jedem Pavillon der Kirchen Dienst gehabt, der die Besucher empfing, auf ihre Fragen Antwort gab, und der ihnen von den Freuden und Sorgen seiner Kirche erzählte. So hatte ich gute Gelegenheit, Menschen aus vielen Ländern zu begegnen, mit ihnen Gespräche zu führen, und von unserem Glauben zu zeugen. Bei solchen großen brüderlichen Zusammenkünften erlebt man die Bedeutung der Begegnung mit Menschen aus fernen Ländern. Der Apostel Paulus drückt seine Sehnsucht nach solcher Begegnung im Römerbrief so aus: „Denn mich verlangt euch zu sehen, um euch mit den Gaben zu dienen, die mir der Geist Gottes geschenkt hat. Oder besser: Wir wollen uns gegenseitig durch unseren Glauben Mut machen, ihr mir, und ich euch".

Der Abschlußgottesdienst der Konferenz war im Berliner Stadion, an dem eine riesengroße Gemeinde von etwa 120.000 Menschen teilnahm. Auch der Sportplatz war teilweise besetzt. Aus der Heiligen Schrift hörten wir wieder auf das Hauptthema der Konferenz: „Die Zeit meines Lebens ist in deinen Händen". Die Abschlußpredigt hielt eine Pfarrerin aus Korea. Am Ende des Gottesdienstes nahmen wir das Heilige Abendmahl, wobei etwa 120 Pfarrer dienten.

Es war schön diese brüderliche Begegnung. In meiner Seele hegte ich die Hoffnung, einst auch auf der Tiefebene der Karpaten, auf dem Territorium unserer Muttersprache solche brüderliche Begegnungen haben zu können mit ähnlichen Perspektiven der Ewigkeit wie in Berlin.

Politische Wende

Als wir bei der Berliner Konferenz waren und die riesengroße Betonmauer zwischen Ost und Westberlin sahen, die viele Familien voneinander trennte, haben wir nicht gedacht, dass diese Mauer in einigen Monaten niedergerissen wird. An der Mauer waren Tafeln und Kränze zur Erinnerung an die Menschen, die sterben mussten, weil sie auf die andere Seite Deutschlands gehen wollten. Wir wagten nicht zu hoffen, dass sich die Schranken, die ideologischen Trennlinien, die sich zwischen Ost und Westeuropa befanden, mit einer so unerwarteten Plötzlichkeit heben werden. Auch ich zitierte mit Freude den Satz des heimgekehrten Gefangenen des alttestamentlichen Volkes: „Der Herr hat Großes an uns getan, des sind wir fröhlich."

* * *

Voriges Jahr starb der Bischof unserer Kirche, Horvath Zs, und nach der Wahl ist Dr. Mikó Jenö unser Bischof geworden. Nach der politischen Wende haben wir die Hoffnung gehabt, daß sich in der Kirche eine neue Erweckung entfalten wird. In den ersten Wochen zeigten sich wirklich Zeichen einer Erweckung; aber bald zeigten sich auch die lauernden Gefahren. Viele konnten die erhaltene Freiheit und die sich neu entfaltenden Möglichkeiten nicht nutzen. Etliche aber mißbrauchten die Möglichkeiten, die uns durch die Freiheit gegeben waren. Den neuen Zustand der Dinge konnten viele von denen nicht nutzen, die meinten, dass der neue Zustand nur vorläufig sei, und der alte Zustand zurückkomme. Menschen, die durch die atheistische Ideologie infiziert waren, waren geneigt so zu denken. Andere wieder mißbrauchten die neuen Möglichkeiten so, dass sie es für sich, zum eigenen Vorteil und Gewinn auszunützen suchten. Sie meinten: Jetzt ist unsere Zeit gekommen, die alte Führung sollen wir absetzen und selbst die Führung ergreifen. So etwas geschah aber nicht nur draußen in der Welt, sondern auch in der Kirche. Es gab auch in unserem Bezirk Pfarrer, die nach der politischen Wende gleich Mitglied, sogar Tonangeber der neuen politischen Organisation wurden, die die bisherigen Vorsteher des politischen Bezirks absetzte. Dieses Benehmen eines Pfarrers in einer Epoche, die so politisch, wie auch kirchlich labil war, hat keine Anziehungskraft zur Kirche gehabt, besonders nicht für diejenigen, die die Triebkraft der Bestrebungen des Pfarrers kannten. Sie sprachen wohl schön von der Erneuerung der Kirche, die wir alle wollten, weil diese Erneuerung immer nötig ist, aber wenn die schönen Parolen und die Taten nicht in Einklang sind, wirken sie zerstörend.

Wir hatten nach der politischen Wende mehrmals Pfarrsitzungen, um einen Weg der Entfaltung unseres Kirchenlebens zu suchen. Unter ihnen war die bedeutendste Sitzung, gehalten im Februar 1990 in Košice, wo nach heftigen Debatten der Gedanke konzipiert wurde, dass man in der ganzen Kirche, auf allen Stufen, eine allgemeine Wahl durchführen sollte. In dieser Sitzung, wo die Gemütsstimmung oft scharf revolutionär war, war bei den Forderungen tonangebend die Stimme der jungen Pfarrer, vor allem die Stimme L.Csoma.

Die Lage war aber sehr kompliziert, und die Durchführung dieser Forderungen nicht ohne weiteres möglich. Dieses war Bischof J. Mikó bewußt, und eben darum hat er anstatt der allgemeinen Wahl eine teilweise Funktionärwahl vorgezogen. Er wußte, dass bei einer allgemeinen Wahl auch solche Amtsträger abseits geschoben würden, die sich als gut bewährten. Die Amtsträger, die nicht verdienten, in der bestehenden revolutionären Stimmung weggeschoben zu werden, sollen bleiben. Denn es gibt unter ihnen auch solche, die von der atheistischen Macht eben für ihre kirchliche Aktivität verfolgt waren und die jetzt nicht abgesetzt, sondern mit mehr Liebe in ihrem Amt befestigt und rehabilitiert werden sollten. Vielleicht hat der Bischof in dieser Hinsicht auch an sich gedacht. Obwohl ich mit ihm über diese Sachen nie gesprochen habe, weiß ich, dass nach dem Tode des ehemaligen Bischofs I. Varga man ihn als Bischof wählen wollte, aber die politische Macht zur Wahl keine Einwilligung gab. Auch ihn hielt die Staatsmacht politisch für unzuverlässig. Auch seine Wahl konnte erst in der Epoche der „perestrojka" durchgeführt werden.

Das Kollegium der Pfarrer war nicht mehr homogen. Die Diktatur hat ihre Methode gehabt, welchen Pfarrer sie wie zum Gehorsam oder zur Loyalität zwingen konnte. Viele haben notgedrungen Kompromisse gemacht, obwohl sie in ihrem Dienst fest stehen, und treu bleiben wollten. Aber es gab auch Karrieristen, die für den eigenen Vorteil der politischen Macht dienten. Gott sei Dank, haben wir nicht viele solcher Pfarrer gehabt.

Die Gruppe, die in unseren Gemeinden die allgemeine Wahl mit allen Mittel durchführen wollte, hat wohl versprochen, dass sie die bewährten Amtsträger wiederwählen lassen wollen, aber ihre, in aller Stille vorbereiteten Namenlisten der Kandidaten zeigten es eindeutig, nach welchen spezifischen Gesichtspunkten sie beurteilen, wen sie für bewährt halten.

* * *

Eines Tages bekam ich die schriftliche Bitte von dem Kollegium der slowakischen Pfarrer, um an ihrer Sitzung in der Sache von M. Hromanik Vizebischof teilzunehmen. In der Sitzung teilten sie mir mit, dass die slowakischen Gemeinden das Mandat von Vizebischof Hromanik zurücknahmen, weil seine Wahl in jener Zeit unter politischen Druck durchgeführt war. Der Vizebischof hat mich mehrmals betrübt, doch bat ich die slowakischen Kollegen, dem Vizebischof, wenn er sein bisheriges Benehmen bereut, brüderlich zu verzeihen. Es kam dann zu einem Gespräch mit ihm, aber er beschuldigte seine Ankläger, anstatt zu bereuen. Aufgrund dieses Benehmens nahmen die slowakischen Presbyterien (Kirchgemeinderäte) das Mandat von ihm zurück. Unter diesen Umständen haben es auch die ungarischen Gemeinden getan.

* * *

Nachdem das Präsidium der Synode keine allgemeine, nur wo es nötig war eine teilweise, ergänzende Wahl bewilligte, haben die radikalen jungen Pfarrer unseres Kirchenbezirks einen neuen Trick gefunden. Sie organisierten das „freiwillige Ablegen des Amtes" der Amtsträger. Sie meinten, wenn die Mehrheit der Amtsträger das Amt ablegt, können sie unseren Kirchenbezirk für regierungslos erklären und die allgemeine Wahl dringend durchführen. Aber die Amtsträger, die das Amt freiwillig ablegten, bekleideten ein solches Amt, das nur eine leere Charge war und mit der Regierung des Kirchenbezirks nichts zu tun hatte. Diese Ämter waren wirklich Titel ohne Mittel. Als ich von meinem ehemaligen Amt des Missionsreferenten schrieb, erklärte ich, wie es mit diesen Ämtern war, deren Titel blieb, aber die dazu gehörende Arbeit nicht bewilligt war.

Außer dem Amtablegen haben diejenigen, die die allgemeine Wahl durchführen wollten, auch eine andere, auch schon früher erwähnte Sache wieder hervorgebracht. Diese Sache war die territoriale Neuorganisation unseres Kirchenbezirks, die man auch Reorganisierung nennen kann. Ich hielt die Zeit unter den damaligen Umständen nicht für reif, uns mit diesem Problem zu beschäftigen, aber ich wollte mit den Organisatoren auch nicht auf dieser Front kämpfen und unterbreitete diese Sache der Bezirksversammlung. Ich hielt die Zeit für nicht günstig zur Organisierung eines nur slowakischen Kirchenbezirks, obwohl es eine alte Tendenz der slowakischen Gemeinden war, weil sie davon in den letzten Monaten nach der politischen Wende nicht gesprochen haben, sogar viele unter ihnen die Wichtigkeit unserer brüderlichen

Gemeinsamkeit betonten. Aber in der Kenntnis der politischen Windrichtungen war ich sicher, dass die slowakische Führung die Organisierung eines slowakischen Kirchenbezirks bald wieder fordern wird. Wenn jetzt die Sache als Forderung der ungarischen Gemeinden der Bezirksversammlung vorgelegt wird, werden die slowakischen Freunde, die jetzt die Wichtigkeit unseres Zusammenlebens betonen, mit Recht sagen, dass die Ungarn die brüderliche Gemeinschaft mit ihnen zerrissen haben. Dieser Lage wollte ich vorbeugen.

Die neue Forderung der Reorganisierung stammt aus der Tatsache, dass unser Kirchenbezirk bis zum Jahre 1952 zwei Kirchenbezirke bildeten und zwar den nördlichen slowakischen und den südlichen ungarischen Kirchenbezirk. Doch war es damals eine andere Lage, weil ein Teil der alten Kirchenbezirke die Sowjetunion nach dem zweiten Weltkrieg weggenommen und zur Karpatukraine gegeben hat. Die verbliebenen Teile wurden dann auf politischen Druck vereinigt. In jenen Jahren hat die politische Macht eine allgemeine Zentralisation auf allen Gebieten des Lebens durchgeführt. Die Machtausübung durch wenige Menschen gehört zur Diktatur.

Den Plan der Reorganisierung hat der junge, immer neue Pläne vorbereitende Kollege L. Csoma zuerst mit zwei seiner Freunde, mit S. Csatlos, dem ehemaligen Dekan, und S. Fülöp besprochen. So haben sie eine Versammlung für die ungarischen Pfarrer veranstaltet. In der Versammlung legten sie mir einen fertigen Plan vor. Meine Aufgabe war es nur, diesen Plan als Forderung, der Bezirksversammlung vorzulegen. Ich habe leider nicht genug Kraft gehabt, um alle extremen Forderungen abzuweisen, doch irrten sich diejenigen, die mich darum zum Dekan wählen wollten, weil sie meinten, dass ich ein weicher Mensch bin und durch mich werden sie alles durchführen, was sie wollen. Und wenn ich ihren Willen nicht erfüllen könnte, würden sie verkünden, dass der Dekan die Erneuerung der Kirche hindert.

Nach einigen Tagen, noch vor der Bezirksversammlung, riefen uns der junge Initiator des Plans und seine Freunde wieder zu einer neuen

Sitzung. In dieser Sitzung sprachen sie schon von dem rekonstruierten ungarischen Kirchenbezirk und dessen neuer Ordnung. Sie bereiteten auch schon die neuen Gesetze für die Gesamtkirche vor. In diesem Gesetz befindet sich vor allem die Anordnung, dass eine leitende Funktion in der Kirche niemand über 60 Jahre bekleiden kann. Ich war damals schon über 60 und es war also klar, warum sie die neuen Gesetze so formulierten. So wollten sie mich kaltstellen, weil ich kein gehorsamer Vollbringer ihrer Pläne war.

Den Plan mit der Forderung der genannten Initiatoren vorlegte ich dann der Bezirksversammlung, aber auf der Versammlung blieb ich neutral. Den Trennungs – und Rekonstruktionsplan hat die Versammlung nach einiger Debatte empfangen, und ich habe diesen gesetzmäßig dem Präsidium der Synode vorgelegt. Das Präsidium der Synode ließ aber die Sache wegen der nicht klaren und eindeutigen Begründung des Planes, offen.

Der Initiator des Planes, L. Csoma war inzwischen vom Präsidium der Synode auf ein Postgradualstudium ausgesendet, als Stipendiat vom HEKS. Die zwei Semester Studienzeit verbrachte er in Zürich.

* * *

In jenen Tagen bekam ich von unseren holländischen Freunden die Mitteilung, dass die holländischen Gemeinden gern Partnergemeinde-Verbindungen mit unseren Gemeinden anknüpfen möchten. Diese Möglichkeit habe ich den Gemeinden in einem Rundbrief mitgeteilt, mit der Bitte, dass die Gemeinden Ihre diesbezügliche Absicht meinem Amt mitteilen möchten, um die Adresse der Reflektanten nach Holland schicken zu können.

L. Csoma verbrachte die Weihnachtsferien zu Hause, und vor seiner Abreise nach Zürich sandte er mir diesen Brief:

Deregnyö, 1991. Januar 7.

2/1991

Sache: Stellvertretung, Gemeindepartnerschaft

Achtungsvoll teile ich ihnen mit, dass ich ab 8. Januar 1991 mein Studium in der Schweiz fortsetze, wo ich bis Mitte März bleibe. Mein Stellvertreter zu hause ist Bruder Pfarrer Zuti Sándor.

Gleichzeitig teile ich ihnen mit, dass meine Kirchgemeinde bereit ist, mit einer ausländischen Kirchgemeinde in Kontakt zu treten. Von der ausländischen Kirchgemeinde können wir eine Gastgruppe von 40 Menschen empfangen. Wir hoffen, dass auch wir ausländische Besucher bekommen werden und nicht nur solche Gemeinden, die es „verdienen".

Ich konnte Sie nicht besuchen in meiner Ferienzeit, aber ich hätte ihnen in unserer Lage nichts Neues sagen können. Ich meine, dass unser Kirchenbezirk im Rahmen der gesetzlichen Möglichkeiten alles getan hat, um vorwärts gehen zu können. Aber wenn die Entscheidung hinsichtlich der Trennung die Bezirksversammlung vergisst, und eine andere Entscheidung konzipiert, macht sie sich lächerlich, weil sie sich gegen die eigene Entscheidung versündigt. Wenn diese Entscheidung der Herr Bischof außer Betracht läßt und sie nicht durchführen will, geschieht eine Gesetzesübertretung, weil er die Durchführung der Entscheidung des autonomen Kirchenbezirks verhindert.

Um vorwärts zu gehen gibt es zwei Möglichkeiten:

1. *Wenn der Herr Bischof die Entscheidung des Kirchenbezirks der Synode vorlegt.*
2. *Oder Sie ziehen die persönlichen Konsequenzen und legen das Dekanatsamt nieder.*

Aber weil voraussichtlich keiner von diesen Tritten geschehen wird, gelangen wir zu einem toten Punkt. Es gibt auch noch andere Möglichkeiten, aber diese sind nicht mehr christlich.

Auf Ihr Leben und Dienst Gottes Segen wünschend verbleibe ich

Achtungsvoll:
Csoma L.

Meine Antwort auf diesen Brief:

Csicser, 1991. Februar 6

21/1991

Lieber Dienstbruder,

Ich berufe mich auf Deinen Brief No. 2/1991 und teile Dir mit, dass ich deinen Brief in der Sache der holländischen Gemeindepartnerschaft an den holländischen Bruder, der diese Kontakte administriert, übermittelte.

Deine Mitteilung in der Sache der Stellvertretung aus Vajan habe ich zur Kenntnis genommen.

Ich wundere mich nicht, dass du in der Ferienzeit, als du zuhause warst, mich „nicht besuchen konntest". Schade, aber eigentlich hast du es doch richtig gemacht, weilt Du jetzt selber die Konturen des Bildes, das sich über dir zu hause entfaltet, schärfer, deutlicher gemach hast.

In der Sache der territorialen Rekonstruktion assistierte ich dir. Die Verwirklichung des Plans wäre in sprachlicher Hinsicht gut. Ich kann nicht dafür, dass die Sache auf Nebengleise geraten ist. Darin hast du schon Recht, dass die Entscheidung der Bezirksversammlung in dieser Sache gesetzlich war. Formell war hier alles richtig. Doch, wenn du dich jetzt auf die gesetzliche Entscheidung berufst, es erinnert mich, – und nicht nur mich – an die Methode von Hromanik M. Auch er berief sich immer auf die gesetzlichen Entscheidungen, aber was dahinter steckte, darüber schwieg er. Und wenn es etwas davon doch herauskam und eine Kritik ausgelöst hat, protestierte er dagegen.

Die Sache der Entscheidung unserer Bezirksversammlung geriet darum auf ein Nebengleis, weil deine Konzeption für den rekonstruierten, getrennten Kirchenbezirk blitzschnell ruchbar ward. Mit dieser Konzeption hast du einen moralischen Selbstmord begangen. An der Sitzung in Thale konnte ich mich vergewissern, wie Viele es sehen, dass diese deine Konzeption nur die Spitze des Eisberges ist. Aber auch diese kleine Spitze demonstriert, was für ein moralischer Charakter hinter der Parole von der Erneuerung der Kirche steckt. Leider hindert dich auch diese Tatsache nicht daran, mir das Ziehen der persönlichen Konsequenzen und das Ablegen des Amtes mir zu empfehlen.

Wenn Du wirklich eine christliche Lösung willst, mußt du die persönlichen Konsequenzen ziehen.

Trotz aller dieser Dinge grüße ich dich mit brüderlicher Liebe:

Pándy Bertalan

* * *

Den Plan, vom Dekanat mich abzusetzen, wollten sie auf festen Grund legen, darum haben sie für die Durchführung der Sache zwei weitere Maßnahmen getroffen.

Die erste war, dass sie ein Kirchenbezirkkomitee organisierten, dessen Aufgabe es war, zusammen mit dem Dekan die Urgierung der Durchführung der Wahlentscheidungen zu organisieren. Dem Komitee gaben sie den Befehl, wenn der Dekan mit ihnen nicht fleißig mitmacht, sollen sie ihn absetzen und die Leitung des Kirchenbezirks mit voller Kompetenz übernehmen.

Die zweite Maßnahme war, dass mich jemand per Telefon anrief und als ein „wohlwollender“ namenloser Mensch mir den Rat gab, mein Amt abzulegen, um nicht mein Leben innerhalb kurzer Zeit zu verlieren.

Um ihre Forderungen noch gewichtiger zu machen, konzipierten sie ihren Plan auch im Rahmen und Namen einer neuen Organisation.

Diese neue Organisation war der Pfarrverein. Der Pfarrverein hatte in der Vorkriegszeit eine wichtige Sendung. Er hat es auch heute überall, wo die Dinge in Ordnung sind. Seine Sendung war es vor allem, das Bewußtsein der Wichtigkeit und Heiligkeit des Dienstes der Geistlichen zu stärken. Der Verein gab Hilfe zur Selbstweiterbildung auf allen Gebieten der theologischen Wissenschaften. Chefredaktor ihrer Vereinzeitschrift war durch lange Zeit hindurch das hochgebildete und tiefgläubige Kirchenhaupt und Theologe; Bischof Dr. Ravasz László. In der Zeit der kommunistischen Diktatur war auch dieser Verein verboten, und nach der politischen Wende fing er seine Tätigkeit so an, dass er der ganzen Kirchenleitung ein Ultimatum stellte. Dieser Pfarrverein hatte damals noch wenige Mitglieder, und nur wenige unter ihnen wussten, zu welchem Zweck der Verein in Anspruch genommen wird. Man hat mir auch gesagt, dass ich auch Mitglied werden sollte. Meine Antwort war es: Wenn diese Organisation das wäre, was sie sein sollte, würde ich gern eintreten. Aber jetzt ist diese Organisation ein Kriegsbunker, woher sie gegen diejenigen kämpfen, die dort sind, wo sie selbst sein möchten.

* * *

Das Präsidium der Synode befand sich in einer schweren Lage. Etliche Kirchenbezirke empfingen die ergänzende Wahl als Lösung für das Auslöschen der Fehler der Vergangenheit. Aber in unserem östlichen Kirchenbezirk forderten weiterhin die Tonangeber die Durchführung der Wahl in allen Kirchenbezirken. Nach langen Debatten und Erwägungen hat das Präsidium der Synode angeordnet, dass man in unserem Kirchenbezirk die allgemeine Wahl durchführen soll. Das Präsidium hat es in der Meinung getan, dass die hiesigen hartnäckigen Organisatoren dadurch stiller werden. Die vorbereitende Bezirksversammlung sollte am 7. März 1991 in Nagykapos- Veľké Kapušany stattfinden. Als es dazu kam, erlebten wir dort eine äußerst stürmische Versammlung. Der Bischof kam nicht, und als seine Gesandten mitteilten, dass die Versammlung Vorbereitung einer allgemeinen Bezirkswahl sei, brach es los. Als es dann stiller wurde, meldete sich eine Pfarrerin, (S. V. K.) zu Wort. „Unser Kirchenbezirk hat seinen gesetzlich gewählten Dekan. Sein Mandat ist gültig, und für diese Funktion eine Wahl anzuordnen ist nicht gesetzlich und darum unmöglich." Ähnlich betonte es auch ein slowakischer Pfarrer (J. M.): Wir haben unseren Dekan und Bezirkspräsidenten, wir dürfen nicht gegen das Gesetz handeln". Aber dann erwähnte er auch, dass sie den Gedanken eines slowakischen Kirchenbezirks nicht aufgaben.

Die Gesandten der Synode äußerten sich dahin, dass Zweck ihrer Sendungen die neue Wahl in Gang zu setzen sei. Nach heftigen Debatten wurde dann die neue Wahl angeordnet und nachher in den Gemeinden durchgeführt. Ich wurde mit Stimmenmehrheit wiedergewählt

* * *

In Frühling ist der Junge Kollege, (L. Cs.) aus der Schweiz heimgekommen und rief gleich die Pfarrer zu einer Sitzung zusammen. Er organisierte immer etwas. Er wollte uns sagen, dass wir aus der Schweiz Dienstautos bekommen könnten, aber bis jetzt bekamen wir sie nicht, weil das Präsidium unserer Synode keine Ansprüche darauf erhebe. Aber er habe in Zürich mit dem Generalsekretär vom HEKS gesprochen, der ihm versicherte, daß wenn er von zu Hause von der Bezirkskirchenleitung eine Bevollmächtigung bekommt, dass er uns beim HEKS in dieser Sache vertreten kann, um für die Pfarrer Dienstautos zu bekommen. Das bedeutete praktisch, dass ich, als Dekan unseres Kirchenbezirks, die Bevollmächtigung herausgeben sollte. Die Möglichkeit, dass wir Dienstautos bekommen können, freute uns, aber ich habe in dieser Sache Bedenken gehabt. Wenn ich ihm keine Bevollmächtigung gebe, werden mir die Kollegen mit Recht vorwerfen, dass ich die angebotene Hilfe abgewiesen hatte. Wenn ich eine Bevollmächtigung herausgebe, besteht die Gefahr des Mißbrauchs. Unter unseren Umständen hat ein Auto einen enorm großen Wert. Der junge Kollege steht an der Spitze der Gruppe, die die Durchführung der allgemeinen Wahl in der ganzen Kirche fordert, und in solcher Lage kann eine so hochwertige Sache zum Mittel werden, um dadurch eine leitende Funktion, sogar Funktionen in der Kirche zu beschaffen. Und in jener angespannten Atmosphäre konnte ich mit Niemandem von meinen Bedenken sprechen. Ich habe also die Bevollmächtigung geschrieben. Aber bald ist es dann herausgekommen, dass meine Bedenken nicht unbegründet waren. Ich habe die Bevollmächtigung als Haupt der Pfarrgemeinschaft herausgegeben, um dadurch für die Pfarrgemeinschaft Hilfe bekommen zu können. Nach dem Ankommen des ersten Auto sollte es selbstverständlich sein, dass diese Gemeinschaft entscheidet, wer jetzt das erste, (und später das nächste) Auto bekommen sollte. Aber dann brauchte man mich und die anderen Kollegen nicht mehr. Der junge Kollege behielt sich das Recht der Entscheidung. Er wusste ganz genau, was er will. Wusste, dass man so die Menschen kaufen kann.

Kirchentag in Essen

Das Jahr 1991 war sehr bewegt. Im Sommer wurde in Deutschland wieder die große zwischenkirchliche Begegnung, der Kirchentag, veranstaltet. Unser Bischof hat auf den Kirchentag wieder mich; L. Csoma; und J. Erdélyi ausgesendet. Diesmal veranstaltete man den Kirchentag in den Städten des Ruhrgebiets. Das Programm der Konferenz war sehr reichhaltig, vielseitig, und biblisch tief durchgedacht. Das Informationsbuch des Programms hat 574 Seiten gehabt. Die Verkehrverbindung zwischen den Stätten und Städten der Konferenz war ausgezeichnet.

Biblischer Grundtext der Konferenz war das Kapitel 61. aus dem prophetischen Buch Jesaja. Die zentrale Botschaft dieses wunderbaren biblischen Kapitels war zusammengefaßt in dem Satz: „Gottes Geist befreit zum Leben". Durch die Mitteilungen und die Musik der Lautsprecher, die Plakate, Orchester, die geschriebenen – und Lichttransparente hörte und las man überall in diesen Städten die Botschaft der Konferenz, dass Gottes Geist uns zu einem schönen, freien und verantwortlichen Leben führen will.. Man spürte überall, im Lärm der Strassen, in den Hallen, in den Tönen der Orchester, in den Kathedralen, im Glockenklang und in der Atmosphäre der ganzen Konferenz die Einladung zum Gottes Lob: „Kommet zu Hauf! Psalter und Harfe wach auf, lasset den Lobgesang hören!"

In den Eröffnungsgottesdiensten und dann in den verschiedenen Zusammenkünften und Gruppengesprächen erinnerte man sich dankbar an die großen historischen Ereignisse, die sich seit dem vorigen

Kirchentag im Jahr 1989 in Deutschland und den osteuropäischen Ländern abspielten. Man sprach davon, dass es zu den großen politischen Veränderungen, zum Einsturz der atheistischen Regierung, zum Fall der Berliner Mauer nicht durch Bombardierungen, Armeen und Waffen also nicht durch Kraft und Macht gekommen war, sondern durch Gebetsgemeinschaften und friedliche Demonstrationen.

In den verschiedenen Arbeitsgruppen der Konferenz hat man die Wunden des Gesellschaftslebens unter das Mikroskop der Heiligen Schrift gelegt, und in der Verkündigung hörten viele Menschen den Ruf, dass man diese Wunden nicht nur sehen und analysieren, sondern auch heilen soll. Auf die Kirche wartet auch in dieser Hinsicht eine große und notwendige Aufgabe. Aber die Kirche soll mit dieser helfenden und heilenden Arbeit in den eigenen Reihen anfangen, so dass sie allerlei Ungerechtigkeit, Machtbestrebung und Verleumdung entfernt. Diese biblischen Anleitungen waren sehr aktuell und nötig.

Auch auf dieser Konferenz hatte jede Kirche ihren eigenen Pavillon, wo man die Literatur und Fotos vom gottesdienstlichen Leben darstellen konnte. Unser Pavillon war leider wieder so einfach wie vor zwei Jahren in Berlin. Ich sammelte schon Material zum Schreiben meines neuen Buches, aber man konnte das Buch erst im Jahr 1995 und eines im Jahr 2000 und die weiteren Bücher im Jahr 2002 und 2003 .herausgeben, mit Hilfe von G2W in der Schweiz, und Stichting Jagtspoel Fonds in Holland. Zwei von ihnen wurden dann auch in der slowakischen Sprache herausgegeben. In den Wirren der Geschehnisse hatte man noch keine innere und äußere Ruhe zum theologischen Schaffen. Nur eine neue Fotoserie von verschiedenen kirchlichen Veranstaltungen konnten wir ausstellen. Trotzdem war unser Pavillon gut besucht. Wir haben Fragen bekommen, und ich musste konstatieren, dass man von unserer Kirche im Ausland kaum etwas weiß. Etliche von den Besuchern wollten die liturgische Ordnung, die Methode der Konfirmation, und die innere Einrichtung der Kirche kennenlernen.

Der Abschlußgottesdienst der Konferenz war im Sportstadion in Essen und wurde auch hier mit dem heiligen Abendmahl beendet.

Obwohl für das theologische Schaffen die Zeit in den Spannungen der politischen Wendung ungünstig war, konnten wir in der Entfaltung der Erziehungsarbeit in unserer Kirche etwas vorwärtskommen. In Komarom wurde ein theologisches und ein katechetisches Seminar unserer Kirche eröffnet. Es fing schwierig an, und diese Institute sind lange halblegal geblieben, aber es war erfreulich, dass das katechetische Seminar viele Schüler hatte. Unter diesen Schülern waren auch Ingenieure und Pädagogen. Komarom ist aber von der Ostslowakei weit entfernt, und die große Entfernung machte es für die hiesigen Menschen fast unmöglich, in diesem Seminar zu studieren. Dieser Zustand bewegte das Präsidium unserer Synode, auch in der Ostslowakei ein Seminar zu eröffnen. Das Präsidium gab mir den Auftrag, in diesem Seminar in Košice an den Lehrstühlen der Religionsgeschichte und des Alten Testaments zu lehren. Bei dieser Arbeit hat mir mein ehemaliges Postgradualstudium in Bern viel geholfen, und dieser Dienst hat mir Freude gemacht, trotz dem, dass die Überwindung der beinahe 100 km Entfernung in der Winterzeit für mich nicht so leicht war. Es freute mich auch, dass ich mit den Studenten in allen Semestern gute Kontakte hatte, und sie verrieten mir schon im ersten Schuljahr, dass sie meine Stunden untereinander „Stunden des Friedens“ nannten. Etliche ehemalige Studenten besuchen mich mit ihren Problemen auch heute noch.

Intrigen

Der Pfarrer der Kirchgemeinde Bés (Csatlós J.) ist unerwartet gestorben. Mit seinem plötzlichen Tod ist die Gemeinde ohne Pastor geblieben. Die Gemeinde versuchte, für sich einen Pfarrer zu suchen. Nach einigen Monaten fand sie im Nachbarkirchenbezirk unsere Tochter. Sie diente dort in drei Kirchgemeinden und predigte jeden Sonntag und an Festtagen fünfmal. Die Gemeinden waren dankbar für ihre Dienste, und sie fühlte sich gut in ihren Gemeinden, aber diese Gemeinden waren 36 – 40 Km weit von meiner Stammgemeinde, also von meinem Wohnort entfernt. Obwohl sie in ihren Gemeinden beliebt war, hat sie die Einladung der Kirchgemeinde Beša–Bés angenommen, um näher bei mir zu sein und mir bei Haushaltarbeit und kochen zu helfen. Nach dem Tode meiner Frau war ich damals schon fünf Jahre allein. Die Wahl hat die Kirchgemeinde in Bés durchgeführt, und die Tochter wurde einstimmig gewählt. Die Meldung davon legte ich dem Präsidium der Synode vor und bat es um seine Zustimmung.

Eben in jenen Tagen waren in Komárom (Sitz des Präsidiums) die Sitzungen des Synodalrates und der Synode, wo als Vertreter des Pfarrvereins auch der junge Organisatorkollege L. Cs. aus unserem Kirchenbezirk teilnahm. In der Pause der Sitzung ging er zu den Vertretern unseres Kirchenbezirks und gab ihnen eine Schrift. Er wollte diese unterzeichnen lassen. Die Schrift war ein Protest gegen die Wahl meiner Tochter in Beša, mit der Begründung, dass der Dekan die Wahl der Tochter ungesetzlich durchführen ließ. In der Schrift stand auch die Forderung, dass der Synodalrat die Wahl für ungültig erklären sollte, weil sonst in unserem Kirchenbezirk die „Pándys“ herrschen würden, da auch der Sohn bereits in unserem Kirchenbezirk dient. Die Forderung war aber sinnlos, weil die Wahl gesetzlich durchgeführt war, und die „Pándys“ keine Herrscher, sondern Diener sind. Der junge Kollege bekam keine Unterschrift von den Vertretern unseres Kirchenbezirks, und der Synodalrat konnte seine Zustimmung zur Wahl ungestört geben.

* * *

Ein Presbyter unserer Gemeinde besuchte seinen Verwandten im Nachbardorf Drahňov-Deregnyö. Am nächsten Sonntag nach dem Gottesdienst erzählte er mir und der Männergruppe, die dort war, die Nachricht, die er in der Nachbargemeinde Drahňov hörte, dass ich nicht nur das Dekanat verlieren werde, sondern man mir auch meinen Talar nehmen wird, weil ich von einem Herrn vom Ausland viele tausend Dollar übernommen hätte, um das Geld den Pfarrern weiterzugeben, aber, ich ließ von diesem Geld für mich ein Haus bauen. Diese Nachricht verbreitete jemand auch in Prag im Studentenheim unserer Theologen.

* * *

Ein Mann aus unserer Gemeinde lag im Krankenhaus zu Košice, wo er von seinem Bettnachbar von einer Reihe von groben Übertretungen hörte, die ich angeblich begangen haben sollte.

Gegen Verleumdungen kann man sich nicht wehren. Aber es ist menschlich verständlich, wenn ich in der theologischen Einleitung meines nächsten Jahresberichtes von der traurigen Lage sprach, in der wir leben. Ich zitiere davon etwas:

„Gott gab uns vor kurzem die Gnade, dass er der Verfolgung der Kirche ein Ende machte. Die äußeren Fesseln sind gefallen und wir sind frei geworden zur ungehinderten Brüderlichkeit und Liebe. Wir bekamen die Möglichkeit, unserem Herrn Christus treuer zu dienen. Aber wozu gebrauchen wir die bekommene Freiheit? In unserer Kirche hat Platz bekommen der Geist der Welt. Wir sollen in dieser haßerfüllten, vielfach fanatisierten Welt eine angezündete Kerze werden, die in ihrer Umgebung die Finsternis vertreibt. Aber, anstatt ein angezündete Kerze zu sein, verschmelzen wir uns mit der Finsternis. Von dieser traurigen Tatsache zeugen die Ereignisse in unserem Kirchenleben. Wenn Gott mir noch Zeit und Kraft geben wird, möchte ich diese Epoche unserer Kirche aufgrund der Dokumente, die mir zur Verfügung stehen etwas ausführlicher verarbeiten. Unsere Menschen kennen leider nicht die Triebkraft der Ereignisse."

Auch mit diesen und den nächsten Sätzen amortisiere ich etwas von diesem Versprechen.

Man hat mich auf die Anklagebank gesetzt

An einem Samstag, (1991) als ich schon eben zu meiner zweiten Gemeinde aufbrechen wollte, klingelte das Telefon. Eine slowakisch sprechende Frau hat mich angerufen ohne ihren Namen zu sagen. Sie rief diesen Satz ins Telefon: „Sie sind enthüllt, als Spitzel der kommunistischen Geheimpolizei“ Dieser Satz war absurd, und lächelnd sagte ich zu ihr: „Liebe Dame, sie haben einen guten Humor“ Aber die Dame donnerte noch lauter und strenger: „Nein, das ist kein Humor, sie sind ein Spitzel. In unserer Umgebung spricht schon jeder davon. Wir haben eine Zeitung in der Hand mit der Namensliste der Spitzel der ehemaligen kommunistischen Geheimpolizei, und ihr Name befindet sich auch darin.“

Ich glaubte es nicht, aber die strenge, drohende Stimme hat mich aufgewühlt. Ich musste mich aber beeilen, denn das junge Paar und die Hochzeitgemeinde in meiner zweiten Gemeinde etwa 16 Km von mir entfernt warteten in einer halben Stunde auf mich, ich durfte mich nicht verspäten. Aber unterwegs grübelte ich darüber, was mir die unbekannte Frau sagte. In meinem Kopf wirbelten diese Gedanken: Es ist unmöglich, meinen Namen in diesem Zusammenhang zu erwähnen, oder niederzuschreiben, denn durch lange Jahre hindurch hatte unsere Familie eben vor dieser Geheimpolizei Angst. Ich tröstete mich damit, dass wenn es wirklich eine solche Zeitung gibt, wo man über mich so verlogen schreibt, wird es niemand glauben, der mich kennt. Aber dann weiter grübelnd fragte ich mich: Werden sie es wirklich nicht glauben? Denn mehrere hundert Kilometer weit entfernt verbreitet man über mich Verleumdungen, von denen ich weiß, dass sie von solchen Menschen stammen, die mich kennen. Und das kann bedeuten, dass sich die Verleumdung fortsetzen wird. Der Teufel schläft nicht. Gott, gib mir Kraft zum ertragen dieses Kreuzes!

Am nächsten Tag haben wir in meiner Stammgemeinde Konfirmationsfeier gehabt. In dieser Gruppe bereitete sich auch unsere erste Enkelin zur Konfirmation vor. Ihr Singen war sehr schön, und auch das Gelübde haben sie mit strahlendem Angesicht abgelegt. Es war auch für mich eine große Freude. Wir baten Gott um Segen, dass er auch unsere Konfirmanden segnen möchte. Denn wir leben in einer Welt und auch unsere Konfirmierten gehen in eine Welt, wo der Satan alles durchführt, um Gottes Kinder von Gott zu trennen.

* * *

Nach einigen Tagen besuchte mich mein Kollege aus Nagykapos-Velké Kapušany. Er besuchte mich oft, wenn er etwas zu übersetzen hatte. Jetzt aber hat er mir eine unangenehmere Überraschung mitgebracht. Er teilte mir mit, dass sie mit den Pfarrern eine Versammlung hatten, weil sich in einer Zeitung mit der Namensliste der Spitzel der ehemaligen kommunistischen Geheimpolizei auch mein Name befindet. Er sei jetzt zu mir gekommen mit dem Aufruf der Kollegen, dass ich ihnen von meiner Geheimdienstarbeit unverzüglich Bericht erstatten sollte. Dieser Aufruf war für mich wieder .eine Erschütterung. Ich fragte ihn: „Meinst du das ernst, Bruder Sándor? „ Ja," - sagte er,- „denn dein Name ist in der Zeitung". Dann gab ich ihm noch einige Fragen: „Erinnerst du dich an meine jährlichen Missionsmeldungen? Erinnerst du dich, dass der damalige Dekan H.M. meine Meldungen zensieren wollte, weil meine Meldungen nicht „linientreu" waren? Erinnerst du dich, dass vor einer Versammlung meine Meldung der Dekan zensieren wollte und ich ihm diese nicht übergeben wollte. Der Dekan rief dann den politischen Kirchensekretär aus dem Saal, um die Zensur durchführen zu können. Ich protestierte dagegen und wollte den zensurierten Text nicht lesen. Du aber hast den zensierten Text vom Kirchensekretär übernommen und vorgelesen. Ich habe aber protestierend den Saal verlassen. Erinnerst du dich an die Jahre, als ich das Dekanat schon übernehmen musste, aber man mich nicht wählen konnte, weil ich vor der ganzen Vollversammlung als politisch unzuverlässig erklärt wurde? Erinnerst du dich an eine andere Versammlung, als ich den anwesenden Kirchensekretär bat, unsere Dienstbegrenzungen aufzugeben und unseren Diensten freien Weg zu lassen? Erinnerst du dich, dassdu nach jener Versammlung zu mir gekommen bist mit der Bemerkung: „Berti, „diese" werden dich nie wählen lassen, wenn du mit ihnen nicht nach ihrem Geschmack sprechen wirst?" Darauf gab ich dir damals die Antwort; „Bruder Sándor ,,um den Preis der Charakterlosigkeit will ich keinen Dekanat haben."

Ich bitte dich also den Kollegen zu sagen, dass ich ihnen keinen Bericht erstatten kann. Wenn an mich jemand doch Fragen hat, kann er mich besuchen. Weil ihr meinen Namen in einer Zeitung gelesen habt, werde ich von dieser Sache auch in einer Zeitung schreiben.

* * *

Am nächsten Tag bekam ich wieder Besuch aus Sárospatak, meiner lieben ehemaligen Schulstadt in Ungarn, wo ich in der Bibliothek und im Archiv auch in den vergangenen Monaten mehrmals Schriften und Bücher zu meinen Forschungen suchte. Diese Freunde kamen, um mich zu fragen, ob ich wirklich ein Spitzel der kommunistischen Geheimpolizei war? Diese Nachricht haben sie, wie sie sagten aus Deregnyö-Drahňov bekommen.

* * *

Nach einigen Wochen bekamen wir einen Brief von einer befreundeten Familie aus der Schweiz, die mit bangender Liebe mich fragten, was mit mir geschehen sei, weil sie die Nachrichten, die sie über mich hörten, traurig gemacht haben.

* * *

Durch diese ernsten freundlichen Fragen ist mir klar geworden, wem es wichtig war, meinen Namen zu beschmutzen und mich nicht nur zu Hause, sondern auch im Ausland zu diffamieren unter den Menschen, die mich ehren, denen ich beinahe ein halbes Jahr ihr Pfarrer war. Ich musste mit Leid konstatieren, dass ich diese Erwiderung für die ehemalige Adressen und Empfehlungsbriefe bekam.

* * *

Weil die Namensliste der angeblichen Spitzel der Geheimpolizei in einer Zeitung publiziert war, die viele lasen, wollte ich die Unhaltbarkeit der Behauptung, dass ich Kollaborant der Geheimpolizei war, auch in einer Zeitung publizieren. Der Aufsatz hat den Titel bekommen: „Anstatt Rehabilitation neue Klageerhebungen? Letzter Satz des langen Aufsatzes ist: „Ich weiß Bescheid, dass in den vergangenen Jahrzehnten der Diktatur viele Menschen ähnliche Leiden und Beängstigungen erlebten, wie ich. Diese Leute warten zusammen mit mir mit Recht auf die gewissenhafte Untersuchung der Sache und auf die moralische Entschädigung. (´Új Szó, 1992. 7.11.)"

Ich überlegte mir, wie ich diese ungerechten Klageerhebungen unseren Kirchgemeinden brüderlich zur Kenntnis geben sollte, um alle Menschen zu einer glaubwürdigen Information zu verhelfen. So wollte ich das gegenseitige Vertrauen bewahren. Ich entschied, Rundbriefe zu schreiben und zwar einen an die Gemeinden und einen an die Pfarrer, in dem auch der nächste Mitarbeiter des Pfarrers, der Kurator, angeredet ist. In diesem Brief bat ich die Pfarrer, meinen Rundbrief in der Gemeinde Sonntag am Ende des Gottesdienstes vorzulesen. Die brüderlichen Rundbriefe vom Dekan an die Gemeinden haben in unserer Kirche eine lange Tradition, und die Pfarrer sollen diese im Geiste der Statuten vorlesen.

An die Gemeinden habe ich diesen Rundbrief geschrieben:

Csicser, 1992 Juli 8.
No 172/1992

Liebe Brüder und Schwestern,

Ich erfuhr mit Bestürzung, dass in einer Zeitung, in der sich die Namensliste der ehemaligen Spitzel der kommunistischen Geheimpolizei befindet, sich auch mein Name befindet. Es ist für mich darum so unbegreiflich, weil in den letzten Jahrzehnten des vergangenen Machtsystems eben diese Geheimpolizei unser Leben schwer und qualvoll gemacht hat. Für meine intensive Gemeindearbeit wurde ich eine Zielscheibe der Angriffe der politischen Macht. Von meinen Missionsmeldungen in unseren Bezirksversammlungen war für jeden Teilnehmer klar, dass ich kein Politiker, sondern Diensttuender der christlichen Mission bin. Ich gehörte nie zu denen, die ihre Stimme überall hören lassen wollen, aber wenn es an unseren Versammlungen zeitweise dazu kam, dass ich die Befehle, die unser Kirchenleben immer mehr begrenzten, nicht stillschweigend zur Kenntnis nehmen konnte, wurde ich bei der politischen Macht immer unbeliebter

Darüber hinaus stellte mich die Geheimpolizei für meine westeuropäischen freundlichen Kontakte unter strenge Kontrolle. Nach jedem Besuch vom Westen kamen sie zu uns, verhörten, und damit quälten sie mich. Dieser Zustand hat auch in unserer Familie viel Angst und Leid verursacht. .Außer dieser aufgezwungenen Verbindung habe ich mit ihnen nichts zu tun gehabt.

Es sieht so aus, dass diese Geheimpolizei nicht nur ihre eingebauten Spitzel registrierte, sondern auch diejenigen, die sie unter permanenter Kontrolle gestellt hatten. Eben darum ist die Publizierung solcher Namenslisten in der Zeitung ohne die Sache gründlich zu untersuchen, ungesetzlich und sollte strafbar sein. In dieser Weise sind wahrscheinlich viele unschuldige Menschen auf die

Anklagebank gesetzt worden und ich meinerseits protestiere dagegen. Ich habe die Hoffnung, liebe Brüder und Schwestern, dass sie die bestehenden Umstände nüchtern beurteilen können und wir auch in dieser bedauernswerten Lage mit brüderlicher Nüchternheit und Liebe zusammen bleiben.

„Unser Herr Jesus Christus bewahre euch in seiner Gnade. (Philipper 4,23)".

Mit brüderlicher Liebe
grüßt Euch:
Pándy Bertalan
Dekan

Gleichzeitig Zeilen an die Pfarrer und Kuratoren:

Liebe Brüder Pfarrer und Kuratoren,

Als Beilage sende ich einen Rundbrief an die Gemeinden, mit der Bitte, diesen am Sonntag in der Kirche vorzulesen.

Ich hoffe, dass ihr, die ihr mein Leben, meine Arbeit, und mein eindeutiges Benehmen in der vergangenen totalitären Epoche kennt, nicht meint, dass ich der kommunistischen Macht, mit der ich so viel kämpfte, gedient hätte. Mein ganzes Wesen protestierte gegen die atheistische Ideologie dieser Macht.

Wenn jemand unter Euch mich in dieser Sache doch fragen möchte, bitte ich mich am 15. d.M. zwischen 16 – 18 Uhr zu besuchen.

Mit Grüßen: P.B. Dekan

* * *

In jenen Wochen besuchten uns holländische Fachmänner für die Arbeit mit den Kindern, um bei uns für Leiter der Sonntagschule

Schulungen zu veranstalten.. Sie haben für unsere ganze Kirche das darstellende Material mitgebracht, an deren Übersetzung und durch Fotomontage Neugestaltung ich durch lange Zeit hindurch arbeitete. Unsere holländischen Freunde ließen dann das so fertiggemachte ungarische und slowakische Unterrichtsmaterial in Holland drucken. Wir waren für diese Schulung dankbar, weil sie uns zeigen wollten, wie man dieses Anschauungsmaterial bei der Kinderarbeit benutzen kann. Die Schulungen dauerten überall drei Tage.

Ich bin nach der Schulung in einer slowakischen Gemeinde (Jenkovce) eben heimgekommen, als ich am Schreibtisch in einem dicken Umschlag neun gleiche Briefe fand. Absender war das Ref. Pfarramt Drahňov – Deregnyö. Beim Lesen der Briefe erfuhr ich, dass die Briefe darum gleich sind, weil sie Fotokopien eines Briefes sind und sie eigentlich keine Briefe, sondern „Protokolle" von neun Kirchgemeinden darstellen. Der Unterschied war nur, dass man diese „Protokolle" in jeder Gemeinde stempeln und unterzeichnen ließ.

Der Text des „Protokollbriefes" ist, wie folgt:

Sache: Antwort auf den Brief des Dekanats

Herr Dekan!

Unser Presbyterium (Kirchgemeinderat) verhandelte über ihren Rundbrief No. 172/1992. In diesem Rundbrief teilen sie uns mit, dass ihr Name sich in der Namensliste der Kollaboranten der kommunistischen Geheimpolizei befindet, die in einer Zeitung publiziert wurde. Diese Mitteilung nehmen wir mit Bedauern zur Kenntnis, können aber ihren Rundbrief in der Gemeinde eben für seinen Inhalt nicht vorlesen, solange sie ihre Unschuld in dieser Sache mit beglaubigter Bestätigung nicht rechtfertigen können.

Das Presbyterium fordert sie darum auf, sich gesetzmäßig durchleuchten zu lassen und sich vor dem Presbyterium in kürzester Zeit mit diesem Dokument zu legitimieren. Wenn sie es nicht tun werden, wird das Presbyterium sich gezwungen fühlen, in der Sache aufgrund seiner Kompetenz zu treten.

Darüber hinaus fordert sie das Presbyterium auf, jetzt, solange sie sich als schwer Beschuldigter in der obengenannten Weise nicht rechtfertigen können, ihr Amt abzulegen, und es ihrem gesetzlichen Stellvertreter übergeben. Von der Vollstreckung dieser Forderungen warten wir in kürzester Zeit ihre Meldung.

Mit Gruß

Molnàr *Csoma László*

Kurator

Pfarrer

* * *

Dieser Protokollbrief war wieder eine Sache, die mich bestürzt hat. Trotz der traurigen Erfahrungen der vergangenen Woche konnte ich mir nicht vorstellen, dass ein Pfarrer, so etwas durchzuführen vermag. Ich habe den Rundbrief mit brüderlicher Liebe in der Hoffnung geschrieben, dass dieser die Herzen erreicht, und die Sache mit liebevoller Selbstverständlichkeit und Verständnis angenommen wird. Denn mein ganzes Leben, mein Dienst und die Tatsache, dass die Vertreter der politischen Macht auch an den öffentlichen Versammlungen kundmachten, dass ich für sie politisch unzuverlässig bin und sie mich dafür öffentlich diskriminierten, haben es auch vor den Pfarrern deutlich gemacht, dass ich falsch angeklagt bin. Sie wissen es alle. Doch befand sich unter ihnen jemand, der diesen Angriff organisierte und das Vorlesen meines Rundbriefs in den Gemeinden verhinderte. Anstatt der Verlesung, in den kirchlichen Versammlungen, wie auch in den außerkirchlichen Gesprächen, suggerierte er den Menschen, dass „unser Dekan ein kommunistischer Spitzel war." Ich wußte auch Bescheid, dass nicht jeder Pfarrer (oder kaum jemand) den Inhalt des Protokollbriefes empfängt, trotzdem, dass sie es unter gutbewählten Beeinflussungen unterzeichneten.

So ist es auch bei den Presbytern und Kuratoren. Die Protokolle des Presbyteriums enthalten die verhandelten Sachen der Sitzungen. Wenn in der Sitzung des Presbyteriums eine solche Sache verhandelt wird, die sich auf mehrere Gemeinden bezieht, sind die Protokolle in den verschiedenen Gemeinden nicht gleich. Die Tatsache, dass die Protokolle Fotokopien sind, zeigt, dass jemand das „originale Protokoll" zu seinem Zweck manipulierte, und es den anderen zum unterzeichnen gab. Später entdeckte ich, dass sich dieses Protokoll überhaupt nicht in dem Protokollbuch einiger Presbyterien befindet. Das ist eine grobe Fälschung, die streng bestraft werden sollte. Ich habe es nicht getan, obwohl dieser Prozeß in meinem Leben langandauerndes Leid verursachte. Denn als die Nachricht kam, dass ich auf die Anklagebank gesetzt wurde, hatte die Sache zweierlei Folgen gehabt: Es kamen zu mir Bekannte, die mir tröstend sagten, dass sie meiner Unschuld in dieser Sache sicher sind. Viele drückten ihre Überzeugung per Telefon oder im Brief aus. Das hat mir Kraft gegeben. Aber die Verbreitung dieser Nachricht hat auch unheimliche Folgen gehabt: Tag und Nacht wiederholten sich die namenlosen Telefonate mit Schmähungen und groben Bedrohungen. Es wiederholten sich solche Beschimpfungen, die auf mich so wirkten, eben weil mein Gewissen rein war, dass ich am Telefon mich setzen musste, um nicht umzufallen. Diese schrecklichen Dinge haben darauf hingewiesen, dass der ganze Prozeß eine organisierte Aktion war, um mich in den Herzinfarkt zu treiben. Gott hat mich vor dem völligen Zusammenbruch bewahrt.

Darüber hinaus zeigt sich, dass das „Protokoll" eine grobe Fälschung ist, weil sich darin auch andere Fälschungen befinden. Dort heißt es, daß die Pfarrer von meinem Rundbrief erfuhren, dass mein Name sich in der Namensliste der Kollaboranten der Geheimpolizei befindet und sie diese Mitteilung mit Bedauern zur Kenntnis nahmen.

Denn mein Gedanke, einen Rundbrief zu schreiben stammt aus der Tatsache, dass nach dem Erscheinen der Namensliste in der Zeitung der „Organisator“ eine Pfarrsitzung zusammen rief, wo sie mich gleich „auf die Anklagebank setzten“ und zu mir einen Vertreter mit der Forderung sandten, dass ich ihnen von meiner „Spitzelei“ Bericht erstatten sollte.

Der Autor des „Protokolls“ läßt das Presbyterium im Protokoll wie eine letzte Gerichtsinstanz auftreten, wie göttlicher Gesetzgeber, denn kein Gericht kann ein Urteil verkünden, bevor die Gerichtsverhandlung nicht durchgeführt worden ist.. Vor dem Gerichtsverfahren kann man den Beschuldigten für schuldlos halten. Und in diesem „Protokoll“ aufgrund einer zweifelhaften Zeitungsnachricht, also völlig ungesetzlich, verkündet das Presbyterium das Urteil und ordnet dessen Vollstreckung an, so, daß ich das Dekanat ohne irgendeine Untersuchung ablegen und dem Stellvertreter übergeben soll.

Die höchste Stufe der Gesetzlosigkeit und Unmenschlichkeit ist, dass das Presbyterium die Vollstreckung der Strafe verlangt, so, als wenn es der Wille des ganzen Kirchenbezirks wäre, obwohl dieses, von einem Autor stammende „Protokoll“ nur in 9 ungarischen Gemeinden unterzeichnet worden ist, 14 slowakische und 5 ungarische Gemeinden ließen sich nicht in diese Aktion einbeziehen.

Im „Protokoll“ heißt es, dass sie meinen Rundbrief nur so vorlesen werden, wenn ich mich durchleuchten und mich in dieser Weise rechtfertigen lasse. Diese Forderung hielt ich für meine große Demütigung, denn meine ganze Lebensführung zeigte es, dass diese Forderung unbegründet ist. Darum wollte ich mich nicht durchleuchten lassen. Aber auch darum nicht, weil eben in jenen Wochen die Zeitungen von einem Fall schrieben, dass ein Mann, der kein Kollaborant der Geheimpolizei war, nach der Durchleuchtung, also nach der Kontrolle der Dokumente in dem zuständigen Archiv, eine Kollaborantbestätigung bekam. Als der zuständige Mann dagegen heftig protestierte, musste man im Archiv eine langandauernde und schwierige Kontrolle durchführen. So kam heraus, dass er wirklich kein Kollaborant war, aber über seine Unterschrift, die er nach einem Verhör unterzeichnete, jemand einen kurzen kollaborant Vertrag schrieb. Dazu gab Möglichkeit, dass über seine Unterschrift am Papier noch leerer Platz war. Nach den Besuchen der Holländer hat man auch mich immer verhört und ich musste auch oft das Protokoll unterzeichnen. Ich habe Angst gehabt, dass man dort im Archiv auch meine Unterschrift mißbraucht hat, und so auch mich als Kollaborant deklarieren würde.

Unter dem Druck der erwähnten Ereignisse und auf Bitte unserer Kinder, die mir auch das dazu notwendige Gesuchformular beschafften, ließ ich mich durchleuchten. Das waren qualvolle Wochen für mich, weil sich auch die telefonischen Verleumdungen und Bedrohungen wiederholten.

Gegen Ende September habe ich endlich aus Prag vom Archiv des Innenministeriums die Bestätigung bekommen, dass sich mein Name nicht im Register der Kollaboranten der ehemaligen Geheimpolizei befindet. Diese Bestätigung freute mich und meine Familie sehr. Es wurde bestätigt, dass ich beim Geheimdienst nicht als Mitarbeiter, sondern als für das kommunistisches System Unzuverlässiger registriert bin.

Weil meine Verleumdung in den letzten Wochen schon sehr verbreitet war, beeilte ich mich von der Bestätigung Fotokopien vorbereiten zu lassen, um sie an die Pfarrämter zu senden. Ich schrieb wieder einen Rundbrief an die Gemeinden und einen an die Pfarrer, die meinen ersten Rundbrief nicht vorlasen, mit der Bitte, meine zwei Rundbriefe in den Gemeinden jetzt nun vorzulesen. Ich hielt es für wichtig, weil es eine psychologische Gesetzlichkeit ist, dass die Menschen die vielmals wiederholte und durch lange Zeit hindurch beteuerte Lügen immer mehr als Wahrheit empfanden.

An die Kirchgemeinden schrieb ich den nächsten Rundbrief:

Csicser, 1992. 23. September
Meine lieben Brüder und Schwestern in Jesus Christus,

Ich grüße Euch mit dem apostolischen Gruß: ,Gnade sei mit euch, und Friede von Gott, unserm Vater, und dem Herrn Jesu Christo." Auch ich bin und war auf diese Gnade angewiesen besonders in der Zeit, als ich auf die Anklagebank gesetzt war.

Ich teile euch mit brüderlicher Liebe mit, dass ich unter dem Drängen der Verhältnisse um meine Durchleuchtung bat. Diese Entscheidung war für mich schwer, weil ich hoffte so etwas nicht zu brauchen, denn Ihr kennt meine Vergangenheit und meine diesbezügliche Mitteilung, die ich in einer Zeitung publizierte und hoffte, dass einer unverantwortlich und ohne Untersuchung herausgegebenen Zeitung, wo mein Name als Mitarbeiter des Geheimdienstes publiziert ist, niemand glauben wird. Leider, viele unter Euch sehen noch nicht die Triebkraft der Geschehnisse, und gesellten sich zu denen, die mich anklagen.

Die Nachprüfung über mich ist im Archiv des Geheimdienstes in Prag also durchgeführt, und auf Grund dieser Untersuchung bekam ich die Bestätigung, dass ich in dieser Sache unschuldig bin. Die Kopie dieser Bestätigung übersende ich jetzt an alle Pfarrämter.

Ich danke den Brüdern, die mir trauten und die die Anklage gegen mich nicht glaubten, auch wenn das Presbyterium den Anklagebrief und Strafanordnung gegen mich unterzeichnete. Das ereignete sich in neun ungarischen Gemeinden. Die slowakischen Gemeinden und Pfarrer haben sich dieser Bewegung nicht angeschlossen. Ich danke für das Vertrauen allen nahe und fernlebenden Brüdern und Schwestern, die die liebevolle brüderliche Verbundenheit mit mir auch in der Zeit der Verleumdungen pflegten und ihren Beistand persönlich, telefonisch oder brieflich ausdrückten.

Ich danke vor allem meinen Gemeinden, die mich am besten kennen und den anderen nahestehenden Gemeinden, dass sie ihre Nüchternheit, Solidarität, und Liebe auch in dieser wirren Zeit bezeugten. Es ist für mich ein Segen zu wissen, dass mich auch solche Brüder und Schwestern umgeben, die an mich mit betender Liebe denken und Gott bitten, dass er mir zum Tragen meines Kreuzes Kraft geben möchte.

Meine Botschaft beende ich mit diesem Gruß Christi: „Friede sei mit euch".

Mit brüderlicher Liebe
Pándy Bertalan,
Dekan

Zusammen mit dem Rundbrief an die Gemeinden schrieb ich einen Brief auch an die Pfarrer:

Liebe Brüder Pfarrer,

Als Beilage dieses Briefes übersende ich Euch die Kopie der Bestätigung meiner Unschuld, die ich vom Archiv des Innenministeriums bekam, und einen Rundbrief an die Kirchgemeinden. Ich bitte Euch, diesen Rundbrief zusammen mit dem vorigen Rundbrief No 172/1992 in der Gemeinde vorzulesen

In dem nicht vorgelesenem Rundbrief schrieb ich an Euch: „Ich hoffe, dass ihr, die mein Leben, meine Arbeit, und mein eindeutiges Verhalten in der vergangenen totalitären Epoche kennt, nicht meint, dass ich die kommunistische Macht, mit der ich so viel kämpfte, gedient hätte. Mein ganzes Wesen protestierte gegen die atheistische Ideologie dieser Macht"

Euere Antwort, und alles, was ihr in der Zwischenzeit gemacht habt, zeigt, dass meine Hoffnung, gegründet auf eure Nüchternheit, ein Irrtum war. Ihr habt mich angeklagt und gegen mich eine Strafanordnung eingesetzt. Jemandem unter euch war sogar wichtig, mich auch bei meinen Freunden und Bekannten im Ausland anzuklagen. Ihr habt gesetzwidrig gehandelt und ohne Grund ein Urteil verkündet. Mit diesen Taten übertratet ihr eure Gelübde, dass ihr in kirchlichen Angelegenheiten nur die Anordnungen der gesetzlichen Amtsträger durchführen werdet. Für diese Taten trägt ihr jetzt vor Menschen und Gott die Verantwortung.

Möchtet ihr endlich entdecken, was für ein Geist hier wirkt und was für eine dunkle Macht euch in seinem Bann hält! Von den Worten Jesu Christi wissen wir, dass dieser Geist auch nach seiner Vertreibung aus den Menschen zurückkehrt, anfängt wieder zu organisieren und Kraft zu sammeln, um in einen neuen Angriff überzugehen und zum Sieg zu kommen.

Inmitten Eurer Angriffe hat mich Gott bewahrt, obwohl Eure wiederholten Anfeindungen, Beschmutzungen, Schmähungen und Bedrohungen mich in Infarkt treiben sollten.

Gott erbarme sich euer, er möge euch zur Reue führen und euch Weisheit geben

Mit brüderlichen Grüssen:

Pándy Bertalan .
Dekan

Die Fotokopien der originellen Brieftexte mit Stempeln und Unterschriften, und die Archivbestätigung aus Prag, dass ich kein Mitarbeiter der kommunistischen Geheimpolizei war, befinden sich in der originalen, (ungarischen) Herausgabe am Ende des Buches.

* * *

Nach der Absendung der obenerwähnten Dokumente erwartete ich mit Hoffnung, dass diese ganze qualvolle Angelegenheit zu Ende geht. Meine Kollegen werden die Rundbriefe in ihren Gemeinden vorlesen, werden Ihnen die Bestätigung zeigen, dass ich unschuldig angeklagt war, also die Kirchgemeinden bekommen die authentische Information über diese nicht schöne Sache, und alles kommt in Ordnung. Leider geschah wieder etwas ganz anderes.

Nach einigen Tagen besuchte mich ein Kollege mit dem Bezirkskurator und brachte mir die Botschaft der „Pfarrgruppe," dass sie die Rundbriefe nicht vorlesen wollen, ich soll mit der Sache ohne Erfüllung meiner Anordnungen Schluß machen.

Als Antwort auf diese Forderung nahm ich die Heilige Schrift und las den Gesandten der Pfarrgruppe aus der Apostelgeschichte 16. die Geschichte vor, wie man den Apostel Paulus und Silas in Philippi ohne Gerichtsverfahren bestraft hat, und ins Gefängnis warf. Eine Nacht verbrachten sie im Gefängnis, aber dazwischen mussten sich die Stadtobersten vergewissern, dass ihre Tat gesetzwidrig war und sie dafür streng bestraft werden können. Darum schickten sie am nächsten Morgen die Gerichtsboten mit der Weisung, die beiden Männer freizulassen. Aber der Apostel Paulus sagte zu ihnen: „Man hat uns ohne Urteil öffentlich ausgepeitscht, und hat uns ins Gefängnis geworfen. Und nun will man uns heimlich abschieben? Nein, die Verantwortlichen sollen persönlich kommen und uns freilassen". So habe auch ich den Gesandten der Pfarrgruppe mein „nein" gesagt: Ich ließ den Verantwortlichen durch ihre Gesandten diese Antwort ausrichten: „Ich wurde auch ohne Urteil bestraft und öffentlich demütigt. Sie haben mich öffentlich ausgepeitscht durch ihre schrecklichen Taten, die sie durchführten. Dieses Auspeitschen dauert schon monatelang. Und jetzt wollen sie mich heimlich abschieben? Nein, die Verantwortlichen sollen persönlich kommen und mich freilassen. Ich bin bereit ihnen zu vergeben!

* * *

Die Gesandten der Pfarrgruppe nahmen Abschied von mir mit dieser Drohung: „Wenn sie solche Erwartungen haben, wird sich diese Sache fortsetzen." Ich weiß, daß auch diese Drohung von dem Verantwortlichen, also von einem Mann stammt.

Diese Fortsetzung fing so an, dass die neun Kollegen die Rundbriefe und die gesetzliche Bestätigung davon, dass ich kein Mitarbeiter des kommunistischen Geheimdienstes war, in den Gemeinden nicht vorlasen. Sie erfüllten also ihr schriftlich gegebenes, eigenes Versprechen nicht. Sie schrieben mir, dass wenn ich eine gesetzlich herausgegebene Bestätigung meiner Schuldlosigkeit vorlege, werden sie meine Rundbriefe in der Gemeinde vorlesen.

Ich weiß, dass es für die Kollegen nicht so einfach war. Monatelang verbreiteten sie in den Gemeinden die suggerierte Behauptung, dass der Dekan ein Spitzel der kommunistischen Macht war. Wie könnten sie jetzt mit einer gegenteiligen Mitteilung zu ihnen gehen! Vor dem Vorlesen meiner Mitteilungen sollten sie zuerst den Gemeinden so etwas sagen: Von unserem Dekan verbreiteten wir Lügen und Verleumdungen. Es tut uns leid. Wir waren schwach, dass wir uns so beeinflussen ließen Aber das zu bekennen, braucht Demut und Reue! Ohne Demut konnten sie nicht die Wahrheit sagen.

Lieber wählten sie die Fortsetzung der Verleumdungen. Sie konzipierten einen langen Brief. Dieser Brief ist eine Anklageschrift in 12 Punkten. Beim Lesen erstarrte ich über die geschriebenen Gedanken. Es bestätigte sich buchstäblich, was ich in meinem Rundbrief schrieb, dass diese Menschen noch immer nicht entdeckten, durch was für einen Geist sie geführt sind und was sie tun. „Dieser Geist kehrt auch nach seiner Vertreibung aus den Menschen zurück, fängt an wieder zu organisieren und Kraft zu sammeln, um in einen neuen Angriff überzugehen und zum Sieg zu gelangen.“

* * *

Es lebten in meiner Nähe Menschen, die diesen für mich qualvollen Prozeß mitleidend beobachteten und mir rieten, wegen dieser Sache nicht zu trauern, sondern sie auf die Gerichtsbehörde zu geben. Aufgrund der eindeutigen Tatsachen und Zeugnisse der Zeugen würden die Verantwortlichen streng bestraft. Obwohl mir diese Menschen viel Leid getan haben, wollte ich die Sache nicht auf die Gerichtbehörde geben. Die Strafe wäre streng, und ich will Niemandem schwere Leiden aufbürden. Ich bedauere diese Menschen, weil sie so beeinflusst sind, dass sie nicht wissen, was sie tun. Aber in unseren Bezirksversammlungen habe ich die Teilnehmer aufmerksam gemacht, was für Absichten sich hinter der vielbetonten Parole; „Erneuerung der Kirche" stecken.

Meine Bitte

Jetzt ist es schon still geworden, denn die Funktionshungrigen haben ihr Ziel zum größten Teil erreicht. Auch in diesem Buch schreibe ich von diesen Dingen nur darum, weil sie zu meinem Leben gehören, und sie ein so leidvoller Teil meines Lebens sind, wie die Gefangenschaft in der Sowjetunion. Beide haben in meiner Seele tiefe Spuren hinterlassen. Trotzdem will ich mit dem Dichter sagen: „Ich habe eine schreckliche Waffe; die Vergebung."

Vielleicht kann jemand von diesen Ereignissen in den Bewegungen des eigenen Lebens etwas lernen. Aber ich bitte jeden Leser dieses Buches, aufgrund der oben erwähnten traurigen Ereignisse, nicht ein allgemeines negatives Zeugnis der Kirche und der Pfarrer zu geben. Die Kirche ist ein großes Geschenk Gottes. Als Gott nach der Auferstehung und Himmelfahrt Christi seinen Heiligen Geist schenkte, war die erste Frucht des Geistes die Kirche. Sie ist darum so nötig in dieser Welt, weil die Welt, die sich von Gott trennt, eine dunkle Welt ist. Traurige Zeichen dieser Dunkelheit sind; der Haß, das Anbeten des materiellen Gottes, des Geldes, und die damit zusammenhängende Machtgier und Herrschsucht. Der Mensch hat immer schrecklichere Mittel zur Vernichtung der Mitmenschen. Dieser Lebensweg führt in den Abgrund des Todes. In diesen Abgrund rennende Welt kam Jesus Christus, um uns aus diesem Abgrund zu retten. So besiegte er die tiefste Dunkelheit, den Tod. So will er für uns der Weg zum Leben werden. Darum gab uns Gott die Kirche und die Gemeinde, um in ihr den Ruf seiner rettenden Liebe verkündigen zu lassen: „Kommet zu mir alle". Und darum braucht man die Geistlichen, um in jeder Zeit Menschen zu haben, die diesen Ruf Christi mit Wort und Leben verkündigen. Darum ist der Dienst eines Geistlichen heilig, schwer und verantwortlich. Der dunkle Geist, der Satan, der auch Jesus versuchte als er auf Erden war, versucht auch heute, auch in der Kirche den Menschen. Wir sind alle schwachen, unvollkommenen Menschen und auch wir müssen Gott bitten, uns vor Abfall zu bewahren. Der Versucher kann auch heute Macht und Reichtum anbieten und dadurch den Menschen betäuben. Der Satan, um auf Jesus mehr wirken zu können, konnte auch aus der Bibel zitieren. Auch heute kommt es vor, dass ein Geistlicher, ein Pfarrer betäubt, verblendet wird. Vom hohen Berg der Versuchung, von den Bergspitzen der persönlichen Ansprüche entfaltet sich vor ihm ein wunderbares Panorama der Möglichkeiten, die der versuchte Mensch um jeden Preis erreichen will. Wenn wir zuweilen auch so etwas um uns sehen, soll es unseren Glauben nicht erschüttern. Wir dürfen uns wegen der Irrtümer der Dolmetscher nicht von dem abwenden, dessen Worte er uns fehlerhaft übersetzt. Es ist gut und notwendig, diese Irrtümer wahrzunehmen, um den fehlerhaften Entscheidungen vorzubeugen.

* * *

Weil die allgemeine Wahl in unserer Gesamtkirche nach der politischen Wende nicht durchgeführt wurde, haben die Initiatoren der allgemeinen Wahl eine andere Karte ausgespielt. Der Gedanke war nicht neu, aber jetzt wollten diesen Gedanken die Initiatoren der Sache zum Durchbruch verhelfen. Unsere Kirche bestand nach dem ersten Weltkrieg aus drei Kirchenkreisen. (Von dieser Sache schreibe ich etwas mehr im Anhang). Nach dem zweiten Weltkrieg besetzte das Territorium des dritten Kirchenkreises die Sowjetunion. Und weil ein Teil der ungarischen Bevölkerung nach dem zweiten Weltkrieg deportiert oder umgesiedelt wurde, war unsere Kirche ungeteilt geblieben und an der Spitze der Kirche steht ein Bischof, ein Präsidium der Synode. Jetzt wollten die Initiatoren die einstigen Kirchenkreise wiederherstellen. Jetzt sollte die Ostslowakei ein selbständiger Kirchenkreis werden, mit seinem Präsidium der Synode. Auch diese Forderungen stammten zuerst aus Deregnyö- Drahňov. In Deregnyö wurde das Leben immer mehr bewegt. Der Pfarrer organisierte fortlaufend die verschiedensten Veranstaltungen, mit kirchlichem, literarischem und politischem Inhalt. Er lud auch aus dem ungarisch sprechenden Ausland Schriftsteller, Dichter, Politiker, theologische Professoren und Bischöfe ein. Wenn ich mir Zeit nehmen konnte, nahm ich an diesen Anlässen teil, nicht nur weil die Professoren, die uns Vorträge hielten, teilweise meine Freunde waren, sondern auch darum, weil sie wertvolle Vorträge hielten. Aber dann fühlte ich mich dort immer unwohler. Ich entdeckte, dass diese Deregnyö-Tage eine einzige Absicht bezwecken. Mit der Begründung, dass in der Vergangenheit einige von den kirchlichen Vorgesetzten kommunistische Kollaboranten waren, bezweckten diese Anlässe die durchzuführende allgemeine Wahl in der Kirche. Nach der Ankunft waren zuerst die Gäste die die Vorträge hielten beeinflußt, um durch sie dann auch die Versammelten zu beeinflussen. Diese mit psychologischen Methoden durchgeführte Beeinflussung war immer mehr spürbar. Die Methode war so erfolgsreich, dass man dort mit ausländischer Hilfe ein modernes Studienzentrum ausgebaut hatte. An sich wäre es sehr gut und erfreulich, aber es ist ein Manipulationszentrum geworden.

Darum hatte ich gemischte Gefühle, als man dort bei einer Zusammenkunft von einer neuen Zeitung sprach, die man in Deregnyö herausgeben will. Man sollte lieber mehr kirchliche Drucksachen herausgeben. Auch ich strenge mich an, wichtige theologische Werke herausgeben zu können. Denn unsere Kirche hat nur eine kleine monatlich erscheinende Zeitung gehabt. Aber nachdem ich die geistige Richtung der Gedanken in Deregnyö-Drahňov tiefer kennenlernte, habe ich Angst gehabt, dass auch die dort erscheinende Zeitung ein Manipulationsmittel wird. Als sich der Plan der Herausgabe in fortgeschrittenen Zustand befand, war meine Bitte, eine Zeitung herauszugeben, die im Dienste der kirchlichen Informationen, der Wortverkündigung, Kinder und Jugendarbeit steht, aber frei ist von allerlei kirchenpolitischen Manipulationstendenz. Leider ist meine Bitte nicht in Erfüllung gegangen. So ist es auch mit dem dort herausgegebenem kirchlichem Kalender „Szeretetnaptár“ Auch dort befinden sich planmäßig manipulierte Angaben und absichtlich ausgedruckte oder abgewiesene Gemeindemitteilungen. In unseren Sitzungen versuchte ich, diese geistige Richtung etwas zu korrigieren, aber leider erfolglos.

* * *

Diese neue Deformation unseres kirchlichen Lebens hat mir Leid getan und ich wollte die Augen und Herzen der Menschen dadurch öffnen, daß ich in meinem Jahresbericht auf der Bezirksversammlung ihnen unter anderen diese Sätze gesagt habe:

„Jetzt droht uns die Gefahr, dass die Kirche ein Widerhall des Babel-Mißklangs der umgebenden Welt wird. Gott hat uns in den osteuropäischen Ländern von den Fesseln der politischen Gewalt befreit. Er hat uns Schranken eröffnet, damit wir uns frei begegnen können, um voneinander zu lernen, mit brüderlicher Liebe einander zu helfen und die brennende Wunde unseres persönlichen und gesellschaftlichen Lebens zu heilen. Diese guten Bestrebungen sind in allen Ländern in den Herzen der nüchternen und verantwortlich denkenden Menschen. Aber, es gibt leider auch eine andere Art von Menschen. Viele mißbrauchen die Freiheit, öffnen freie Wege für ihre Leidenschaften, die vorher zurückgedrängt waren. Es kommen die Konjunkturritter, die die Freiheit für die Erreichung der eigenen Machtbestrebungen oder materiellen Vorteil ausnützen wollen. Sie sind Menschen, die harte Hände und harten Willen haben, die es gelernt haben, mit welchen Mittel und Methoden sie die Menschen beeinflussen, manipulieren können. Sie können die Kraft der Kräftigen ausnützen. Zum Erreichen des eigenen Zieles nützen sie auch die Schwachheit der Schwachen, die Not der Notleidenden, das Wissen der Wissenschaftler und den Egoismus der Egoisten aus. Mit scharfen Augen beobachten sie die Schwachheit oder Versäumnisse derer, die sie abseits stellen wollen und diese Schwachheiten bezweckt vergrößert präsentieren sie den Menschen, durch die sie ihr Ziel erreichen wollen. Wenn sie von ihrem Gegner keine oder nur wenig belastende Angaben sammeln können, setzen sie hinter den Kulissen die Verleumdungen in Gang. Mit diesen Methoden kann man auch die ehrlichsten und wohlwollendsten Menschen in Verruf bringen.

Heutzutage sehen wir um uns in besonderem Ausmaß diese verheerende Wirkung des Weltgeistes. Ohne den Geist Gottes, ohne die Früchte des Heiligen Geistes führt die Freiheit zu diesem Zustand. Mit der Gesinnung des „alten" Menschen kann man kein neues Leben, kein gerechteres Lebenssystem formen. Eine neue Wahl, wodurch man einen anderen Menschen zum Führer seiner Gesellschaft, Kirche, oder des Landes macht, ändert nichts an der verdorbenen Lage. In dem ehemaligen Römerreich hat man für einen neuen berühmten Menschen, einem Staatsmann oder Künstler oft so eine Statue gemacht, das man den Kopf einer alten Statue absägte und den Kopf eines anderen Menschen aufsetzte. Das Gesicht war neu, aber der Rumpf ist der alte geblieben. So ist es auch in der Welt der Menschen. Wenn das Herz des neuen Leiters ein altes, machtsüchtiges und egoistisches Herz ist, sind die Parolen der Erneuerung umsonst.

In einer solchen Welt soll die Kirche das Beispiel eines anderen Lebens den Menschen vorlegen. Jesus gab uns ein eindeutiges Beispiel. Er hat das neue Leben auch uns befohlen und gezeigt: „Ich gebe euch jetzt ein neues Gebot, das Gebot der Liebe. Ihr sollt einander genauso lieben, wie ich euch geliebt habe.

Wenn ihr einander liebt, werden alle erkennen, dass ihr meine Jünger seid." Er sagt auch: "Stellt euch unter meine Leitung und lernt bei mir; dann findet euer Leben Erfüllung. Was ich anordne, ist gut für euch, und was ich euch zu tragen gebe, ist keine Last". Wir sollen begreifen, dass da, wo der Geist Gottes wirkt, auch Freiheit ist. Freiheit zum Guten, zur Liebe. Wenn dieser Geist uns leitet, passen wir uns nicht der Welt an. In den letzten Jahren ist wieder diese Anpassung die schwächste Seite unseres Kirchenlebens. Der Geist, die Gesinnung der Welt dringt ein und motiviert das Leben auch in der Kirche. Gott gibt uns seinen heiligen Geist, um ein Segen zu werden dort, wo wir leben.

Teilung der Tschechoslowakei

Im Jahre 1993. wollte die Slowakei ein selbständiger Staat werden und trennte sich von Tschechien. Diese politische Trennung des Landes gab der slowakischen kirchlichen Leitung den Impuls die lang geplante Trennung von den ungarischen Gemeinden durchzuführen. Die veränderte politische Lage bewegte den damaligen Bischof der Kirche, diesen Plan der slowakischen Pfarrer zu fördern. So entstanden gleich zwei kleine slowakische Kirchenbezirke. Die frühere Spannungen, die sich zuweilen wiederholten, sind wohl nicht vorübergegangen, aber es besserte sich. In der letzten gemeinsamen Bezirksversammlung betonten die slowakischen Pfarrer, dass sie mit den ungarischen Gemeinden weiterhin in brüderlicher Verbundenheit bleiben wollen. Die Betonung dieses Zustandes war sehr richtig und wichtig, weil dadurch auch die Tatsache betont wurde, dass nicht der ungarische Teil die Trennung durchführte

In unserer letzten gemeinsamen Versammlung mit den slowakischen Brüdern wollte ich die Wichtigkeit und Heiligkeit der Sendung der Kirche betonen. Meinen letzten zweisprachigen Bericht beendete ich mit den Sätzen: „Gott hat durch seinen Heiligen Geist die Kirche nicht zum Leben gerufen, um nur zu sein, sondern um Segen zu werden, um eine angezündete Kerze, ein Licht in der Dunkelheit, ein Verderben hinderndes Salz in der demVerderben ausgesetzten Welt zu sein.

Die Kirche, die Mitarbeiter der Kirche, die gläubigen Menschen tragen vor Gott eine große Verantwortung. Groß ist die Verantwortung auch der Ärzte, die die körperlichen Krankheiten heilen. Aber viel größer ist die Verantwortung der Seelsorger, der gläubigen Menschen. Auch der beste Arzt kann nur das körperliche Erdenleben etwas verlängern. Das ist auch etwas Großes. So wie der Arzt, sind auch die Medikamente Mittel in Gottes Händen, um zu heilen. Es ist ein großes Geschenk Gottes, wenn eine schwerkranke Mutter oder ein kranker Vater wieder gesund werden darf und ihnen die Möglichkeit gegeben ist, ihre Kinder oder vielleicht auch die Enkel zu erziehen und ihnen eine gute geistige Erbschaft hinterlassen zu können. Denn auch das Erdenleben ist ein großes Geschenk, weil es für jeden ein Vorzimmer der Ewigkeit sein kann. Gott will uns körperlich und seelisch-geistig gesund machen und auf den Weg der Ewigkeit führen. Darum wirkt er in seiner Kirche durch sein Wort und seinen Geist, weil er uns zum ewigen Leben retten will. Gott zeigt uns in den letzten Versen des Psalms 126. mit tröstender Liebe die Perspektiven der Ewigkeit, wenn er sagt: „Wer mit Tränen sät, wird mit Freuden ernten. Weinend gehen sie hinaus und streuen die Saat, jubelnd kommen sie heim und tragen ihre Garben."

Zwischen den Karpaten

Nach der politischen Wende in unseren Ost-Mitteleuropäischen Ländern, haben wir auch schon innerkirchliche Begegnungen mit unseren Kirchgemeinden gehabt, die in den Nachbarländern leben. Ich nenne diese Begegnungen „innerkirchlich," weil wir mit diesen Kirchgemeinden bis zum Ende des ersten Weltkriegs in einem Land und einer Kirche lebten. Diese Begegnungen der Senioren-Dekanen waren auch mir sehr lieb, weil wir uns in Gemeinden begegneten, die mit uns sprachlich und geistig eine Einheit bilden, die nach dem ersten Weltkrieg mit Gewalt zerrissen wurde. Diese Begegnungen, diese Konferenzen wurden mehrmals in Ungarn, in Karpat-Ukraine, in Rumänien und auch bei uns in der Slowakei veranstaltet.

In Ungarn begegneten wir uns vor allem in Sárospatak und diese Begegnungen waren für mich darum besonders lieb, weil ich mich zwischen den bekannten Wänden des lieben Kollegiums immer wieder an meine Studienjahre erinnerte. Aber wenn wir uns dort begegneten, tauchten in mir immer auch die traurigen Erinnerungen meiner damaligen Verfolgung und Heimatlosigkeit auf.

Auch die Konferenzen in Karpat-Ukraine und Rumänien dauerten drei Tage, und in den Abendsstunden besuchte jeder „ausländische" Pfarrer eine Gemeinde, um dort Gottesdienst zu feiern.

In Rumänien in Oradea-Nagyvárad hielt ich auch einen Vortrag, und in Ilyefalva haben wir in den Pausen der Konferenz die Initiativen von Kollege Kató Béla besichtigt, der das Konferenzzentrum und andere soziale Heime gebaut hat. Er verstand es, die kleine westliche finanzielle Hilfe mit brüderlicher Zusammenarbeit, Fleiß und Liebe zu verdoppeln, um Menschen helfen zu können.

Die Abendsgottesdienste blieben uns in lieber Erinnerung. Es war Sommer und die Leute arbeiteten auf den Feldern, aber wenn sie die Glocken hörten, beendeten sie schnell die Arbeit und eilten in die Kirche. Und solange man auf den Straßen noch Menschen sah, die in die Kirche eilten, fing der Gottesdienst nicht an.

Mit diesen brüderlichen-schwesterlichen Begegnungen zwischen den Karpaten ist etwas von meinem Traum in Erfüllung gegangen, von dem ich in Deutschland, in den ökumenischen Kirchentagen träumte. Auf diesen Konferenzen waren wohl nicht viel Tausende von Menschen zusammen, die wichtige Botschaft eines biblischen Satzes verkündeten keine Lichttransparente, und auf den Straßen waren keine Orchester mit verschiedenen wohltönenden und glänzenden Musikinstrumenten. Doch diese Begegnungen waren mir sehr lieb, denn hier hörte man die Verkündigung des Gotteswortes und die Gesänge überall in unserer Muttersprache.

Pläne einer Allgemeinen Ungarischen Reformierten Synode

Die Konferenzen in den Osteuropäischen Ländern, waren uns sehr lieb, weil wir von den dort lebenden Brüdern und Schwestern in den vergangenen Jahrzehnten isoliert waren. Wir haben eine gemeinsame tiefgreifende geistige und kulturelle Tradition, gemeinsamen Glauben und gemeinsame Sprache. Man hat uns voneinander durch Grenzen getrennt, ohne uns, oder unsere Väter zu fragen, was wir dazu sagen. Und jetzt befinden wir uns in einem anderen Land, wo wir durch Jahrzehnte hindurch, als Kirche unterdrückt, oder gerade verfolgt, und als gläubige Menschen und Ungarn, diskriminiert waren. Mit zielbewußter Schulpolitik, Taktik, und mit verschiedenen groben und subtilen Methoden erreichen die Regierungen in unserer Heimat, dass wir immer weniger sind. Bei Wechseln der Generationen können immer weniger unsere reiche geistige, literarische und ethnische Erbschaft übernehmen und weitergeben. Und das alles geschieht in unserem Vaterland. Nach solchen Wellenschlagen unserer Geschichte und nach so vielen Verlusten ist selbstverständlich, dass wir uns freuten, in diesen Konferenzen einander die Hände reichen zu können. So tauchte der Gedanke auf, dass wir, die wir uns in einer solchen aufgezwungenen Zerrissenheit und auch Zerstreuung leben, unsere Tradition, unsere geistige und ethnische Erbschaft, organisiert weiterpflegen sollten. Wir können und wollen unseren Status quo nicht ändern. Als gläubige Christen sind wir weit davon entfernt, Gewalt anwenden zu wollen. Wir wollen mit unserer Umgebung in Frieden, und wenn es möglich ist, in Liebe zusammen leben, aber unsere geistigen Schätze wollen wir bewahren. Die Allgemeine Ungarische Reformierte Synode will keine Organisation mit Jurisdiktionsrecht werden, sondern eine konsultative und repräsentative Organisation der Kirchenteile in den verschiedenen Ländern.

Den Plan einer Allgemeinen Ungarischen Reformierten Synode haben zwei leitende Persönlichkeiten der Ungarischen Reformierten Kirche, zwei Bischöfe, Dr. Lorant Hegedűs und Mihály Márkus, dem Europäischen Komitee des Reformierten Weltbundes bekannt gegeben. Wir freuten uns im Voraus, dass wir zu diesem Projekt die zustimmende Genehmigung unserer Glaubensbrüder in Genf bekommen würden. Unsere Enttäuschung war groß, dass das Endergebnis ihrer Beratung in der Sache unseres Projektes lautete so: „Wir stimmen nicht zu". Das klingt gar nicht brüderlich, weil aus ihrer Begründung herauskommt, dass das Europäische Komitee des Reformierten Weltbundes in unserem Plan eine nationalistische Tendenz sieht. Sagt, dass der Gedanke unserer geplanten Synode stamme aus ethnischen Absichten, und das sei im Gegensatz zu der Katholizität, Allgemeinheit der Kirche. Diese Aussage wirkte auf uns schockierend, weil wir in unserer Heimat in Minderheitsschicksal leben. Dieselbe Stimme hören wir immer wieder von unseren politischen Machthabern, wenn wir gegen unsere Diskriminierung protestieren, oder wenn wir Ansprüche erheben, unsere Menschenrechte ernst zu nehmen und uns die notwendige Autonomie zu bewilligen. Die Selbstbestimmung, die Autonomie ist ein Zeitbedürfnis, wenn eine Gemeinschaft ihre Identität, ihre geistige, kulturelle und ethnische Erbschaft aufbewahren will. Aber wenn wir diese Dinge verlangen, sind wir Nationalisten. Und hinter uns steht schon eine schwere geschichtliche Vergangenheit, die Tatsache, dass die politische Macht nach dem zweiten Weltkrieg Tausende von Menschen deportierte, viele Güter konfiszierte und unsere Schulen schloß. Sie hat auch unsere Staatsbürgerschaft weggenommen und wir waren heimatlos in unserer Heimat, weil wir unsere Muttersprache als liebes Erbe behalten wollten. Also, wer sind hier die Nationalisten? Mit dem

Volk, mit unseren Mitbürgern, die so, wie wir, ihre Muttersprache lieb haben, wollen wir in freundlicher Gemeinschaft zusammenleben. Sie können nicht dafür, dass sie solche kurzsichtige Diplomaten haben. Aber es entmutigt uns, wenn unsere Glaubensbrüder unsere Lage mit einer kalten Gefühllosigkeit beurteilen.

Auf diese Äußerung antwortete Dr. Loránt Hegedűs Bischof, damalige Präsident der Synode der Reformierten Kirche Ungarns. Seiner Antwort hat er den Titel gegeben: Im Zeichen des Verstehens und Befriedigung. Davon zitieren wir etwas:

„Die Allgemeine Ungarische Reformierte Synode stammt nicht aus ethnischen, sondern aus eschatologisch universalem Gesichtspunkte. Die Eschatologie der Bibel verliert sich niemals in abstrakter Allgemeinheit. Sie drückt die Zugehörigkeit des menschlichen Wesens zum männlichen oder weiblichen Geschlecht, zu einer Familie, einem Volk, einer Kultur einem Kontinent, oder einer geschichtlichen Epoche aus. („...und werden vor ihm alle Völker versammelt werden..." Matthäus 25:32; „... Machet zu Jüngern alle Völker..." Matthäus 28:19; ..„Jesus Christus ist derselbe gestern und heute und für alle Zeiten" Hebräer 13:8)

– Christus ist also immer derselbe, aber das Gestern und das Heute und die Zeit ist nicht immer dasselbe. Und in dieser Vielfalt befindet sich kein Contradiktum, sie ist völlig im Einklang mit der Einheit, mit der Allgemeinheit der Kirche.

Je mehr allgemein eine heidnische philosophische Wahrheit ist, um so mehr ist sie abstrakt. Aber je mehr allgemein eine christliche Lebenswahrheit ist, um so mehr ist sie persönlich. „Also hat Gott die Welt geliebt (kosmische Allgemeinheit!), dass er seinen eingebornen Sohn gab, auf dass alle, die an ihn glauben (christliche und gläubige persönliche Verbundenheit!), nicht verloren werden, sondern das ewige Leben haben (geistige Allgemeinheit!) Das Abendland musste vielleicht nur den Verlust der Allgemeinheit und Individualität erleiden, die von ihnen durch den Nationalismus des Nazismus geraubt wurde. Die Entsetzlichkeit jenes Zustandes kennen wir auch gut. Aber wir erlitten auch den Nationalismus des internationalen Kommunismus. Wir bitten von dieser unechten Generalität, von diesem internationalen Kommunismus nichts mehr. Sie tötete die Persönlichkeit, ruinierte die Familie, und tötete im Volk das Gefühl der gesunden nationalen Zusammengehörigkeit und mit der Betonung der Parole des sozialistischen Realismus entkräftete sie die Kultur und die Menschlichkeit. Die Kirche bekennt, dass in Jesus Christus Juden und Griechen, Männer und Frauen gleich sind. Aber bis zum Ende der Welt, also eschatologisch, ist jede Person entweder Mann, oder Weib, ein Grieche oder Jude, ein Holländer, ein Russe, oder etwas anderes, aber nicht ein Superweltbürger ohne Muttersprache. Ich weiß nicht, was meine holländischen Brüder sagen würden, wenn sie in Minderheit leben würden und ihre Kinder in der Schule auch die Religion nur deutsch lernen dürften. Doch, ziehen sie zur Verantwortung unsere Urbewohner Brüder, die in ihrer Heimat in Minderheit geraten sind, warum sie ungarisch, und nicht in der Sprache der Mehrheit predigen.

Es ist der letzte Moment, die alte oder neue nationalistische Vergangenheit nicht mit der Mentalität eines Menschen aus der Steinzeit zu betrachten. Man sollte nicht, die unpersönliche, von Familie und Volk, von Kontinent und geschichtliche Zeitperiode abstrahierte, entleerte falsche Allgemeinheit propagieren. Sie ist eine westliche, freimaurerische Variation des abgestürzten sowjetischen Nationalismus, und ist nur Maske des vernichtenden Nihils. Denn dadurch würden wir alle vernichtet!

Lassen wir uns aufbauen in der Ordnung der ewigen Liebe Gottes, zu neuer Menschheit. Jeder soll an seinem Ort, in der angeordneten Zeit bekommen was ihm gebührt. Man darf nichts über seine originelle Bedeutung bewerten, aber alles, also auch die Person, die Familie, das Volk, die Nation, die Kontinente, sollen richtig bewertet und nicht maximalisiert oder absolutistisiert werden. Sonst würde das richtige Gleichgewicht umgeworfen werden, würde eine tyrannische Gewalt auftreten, falsche Götter würden ihre neue totalitäre Diktatur zustande bringen um uns total zu vernichten. Aber diese Dinge sollen auch nicht bagatellisiert, minimalisiert werden. Nur unter der absoluten Herrschaft der ewigen Liebe Gottes kann die Kontinentalität, Familiarität, Individualität und das Aufbewahren der ethnischen Erbschaft so leben, dass sie die eigene Identität behält. Aber im Zeichen der gegenseitigen Anerkennung und Toleranz empfängt man das Anderssein des Anderen.

Diese stufenweise und einheitlich vertretene Ökumenizität-Katholizität der Kirche dient zu Gunsten und Heil der ganzen Welt. Aus diesem Gesichtspunkte stammt der Plan des Allgemeinen Ungarischen Reformierten Synode.

Ohne Disputation: Im Zeichen der allgemeinen christlichen Individualität müssen wir unsere individuellen, familiären, und nationalen Gegebenheiten annehmen, wie es Jesus in Einklang mit dem Alten Testament geübt hat: „Gesegnet bist du, Ägypten, mein Volk, und du, Assur, meiner Hände Werk, und du Israel, mein Erbe!“ (Jesaja 19:25). Dann; „und macht zu Jüngern alle Völker! (Matthäus 28:19). „Und werdet meine Zeugen sein zu Jerusalem und in ganz Judäa und Samarien und bis an das Ende der Erde“ (Apostegeschichte 1:8). Apostel Paulus ist als treuer Jude, Apostel der Heiden geworden. Im Rahmen der allgemeinen christlichen Individualität zeigen in der Zeit der Reformation die Bibelübersetzungen denselben gesunden, notwendigen Charakter.

Jedes Volk wollte in seiner Muttersprache die Heilige Schrift lesen. ...War vielleicht ein schädlicher Nationalismus die Übersetzung der Bibel und die daraus stammenden Nationale und Volkskulturen, weil sie aus „ethnischen Gesichtspunkten stammten,“ und stoßt auf Widerspruch mit der Katholizität der Kirche? ...

Die nationalistischen Tendenzen zeigen sich dort, wo das Volk aus seiner Heimat in tausender Menge weggejagt wird... ...Wir haben keine ethnische Reinigung durchgeführt, und nach der politischen Wende (1989) schickten wir keine Flüchtlinge aus unserem Lande in die Nachbarländer.

Aber wir nahmen alle Flüchtlinge ohne irgendeine Unterscheidung, aus welchem ethnischen oder religiösen Gebiet sie kamen auf. In tausend Mengen sind sie angenommen in unseren Flüchtlingslagern, in unseren Pfarrhäusern, die in der kommunistischen Zeit leer geworden sind. Dieser Dienst der Ungarischen Reformierten Kirche ist auch in fernen Ländern bekannt und anerkannt. Hier findet man keine Spur von Nationalismus. Aber man findet hier einen allgemeinen Ökumenismus in Christus.

Wenn das Europäische Regionale Komitee des Reformierten Weltbundes mit der Grundabsicht der Allgemeinen Ungarischen Reformierten Synode nicht im Klare ist, warum wartet es nicht auf klare Zeugnisse und warum glaubt es nicht dem klaren Zeugnis unseres Flüchtlingsdienstes? Das römische Recht sagt: In zweifelhaften Dingen sei zurückhaltend. „In dubio abstine"! Im Gottes Wort heißt es: „Darum richtet nicht vor der Zeit!" (1.Korinher 4:5). Wenn unsere Brüder konkrete Probleme haben, wollen wir ihnen zuhören aber Verdächtigungen im Voraus, ungerechte Eingriffe weisen wir ab. Aber wir haben die Hoffnung, dass das besorgte Nichtverstehen sich in gemeinsames Verstehen verwandeln wird! Einen ganzen Tag entfaltete ich in Genf alle diese Dinge theologisch, und dann vierstundenlang bei Kassa- Košice (Slowakei) gab dazu mein Bischofgefährte Márkus Mihály eine geschichtliche Erklärung. Wehe, wenn nicht verstehen, die nicht verstehen wollen, weil sie ihr Vorurteil vor ihre Überzeugung stellen. ...In Christus lebend können wir nicht verlassen unsere Brüder und Schwestern, die sich in schwerer Lage befinden, als ob wir, wie es Kain sagte, keine Hüter unserer Brüder wären (1. Mose 4:9), und in Ihm wollen wir üben unseren barmherzigen Samariterdienst, aufgrund des

Wortes Gottes am Anfang des Gleichnisses (Lukas 10:25-37): „Du sollst Gott, deinen Herrn, lieben von ganzem Herzen!“ Und ebenso: „Du sollst lieben deinen Nächsten, wie dich selbst!“

* * *

Unsere Hoffnung verwirklichte sich. Nicht ohne weiteres, aber das besorgte Nichtverstehen unserer Glaubensbrüder in Genf verwandelte sich in gemeinsames Verstehen. Präsident der Allgemeinen Ungarischen Reformierten Synode ist Dr. Loránt Hegedűs, Bischof im Ruhestande.

Meine literarische Tätigkeit

In den Jahrzehnten der atheistischen Macht war meine literarische Tätigkeit meistens anonym. Zuweilen habe ich in unserer Kirchenzeitung Aufsätze geschrieben, aber für unsere Besucher aus Holland oder aus der Schweiz habe ich regelmäßig Übersetzungen gemacht. Auch diese Arbeit war gefährlich, weil die Geheimpolizei mich nach jedem Besuch der Ausländer besuchte und oft auch in meinen Schriften und Büchern blätterte. Oft übersetzte ich Vorträge und ausgewählte Kapitel von Büchern namhafter Theologen oder populäre kirchliche Literatur in Broschüren. Ich war in Verbindung auch mit einem Dichter Kollegen, mit M. Bieler, der in Spiegel bei Bern lebte und der um ungarische Gedichte deutsch übersetzen zu können, die ungarische Sprache gut erlernte. Ich bekam von ihm deutsche Gedichte, vor allem Kirchenlieder, die ich ungarisch übersetzte. Durch Jahre hindurch übersetzte ich die Blätter für die anschauliche Bibelarbeit für Kinder. Die Übersetzungen haben die Holländer mitgenommen, ließen sie zu Hause drucken und in ihren nächtlichen Besuchen brachten sie sie mir zurück.

Erst nach der politischen Wende und nach dem Ablegen des Dekanats konnte ich meine literarischen Arbeitspläne, die ich schon lange in mir trug, verwirklichen. Titel des Ersten Buches war: „Brüderliches Wort von den Zeugen Jehovas". Diese fanatische religiöse Gruppe wirbt mit psychologisch durchdachten Methoden ihre Mitglieder. Das Buch will gläubigen Christen helfen, den Inhalt des eigenen Glaubens tiefer zu verstehen, um gegen alles Werben immun zu sein. Im Buch kommen auch ehemaligen Zeugen Jehovas zum Wort. Sie sprechen von ihren ehemaligen Methoden, mit der sie für ihre Organisation begeistert warben, aber dann kam es bei ihnen zum Gewissenskonflikt, und sie wollten nicht mehr in der Organisation bleiben

Ich schaffe langsam. Wenn ich schreibe, suche ich immer den Zusammenhang der Dinge, und um zu einer klaren Sicht zu gelangen, braucht man oft noch mehr Angaben. Zu solcher Arbeit braucht man viel Zeit. Um mit der Arbeit mehr vorwärts zu kommen, wollte ich jemanden haben, der mir beim Schreiben hilft. Ich wollte meine vorbereiteten Notizen und die neuen Angaben bei der Arbeit ordnen und den Text meinem Helfer diktieren. Aber einen solchen Helfer zu finden war schwer. In der Ferienzeit konnten mir meine Enkelkinder etwas helfen, aber ihr Ferienprogramm ließ ihnen wenig Zeit für diese Hilfe. Nach Hilfe suchend entdecke ich, dass im Büro der kollektiven Landwirtschaft eine Frau arbeitet, die die Maschinenschrift gut beherrscht. Sie stand durch ihre Eltern nahe zu unserer Familie, weil ihr verstorbener Vater Organist unserer Gemeinde war. Wir sprachen oft von ihr mit meiner verstorbenen Frau, als von einer kirchentreuen Frau, die an unseren Gemeindezusammenkünften, Gottesdiensten, Bibelabenden und Chorgruppen regelmäßig teilnahm. Das war nicht selbstverständlich, weil sich ihr Mann als Parteimitglied von der Kirche fern hielt. Die Hilfe brauchte ich, aber ich war in Verlegenheit, ob ich sie um Hilfe bitten darf, weil sie auch allein lebte, und nach der Arbeit im Büro wartete auf sie Haushalt und Gartenarbeit. Ihr Mann starb nach langer Krankheit vor einigen Wochen. Meine Bitte wollte sie nicht abweisen, aber sie hatte zu Hause noch geplante Arbeit, die sie durchführen wollte. Nach zwei Wochen dann sagte sie, dass sie mir helfen wolle, aber sie könne es nur zweimal in der Woche nach der Arbeitszeit im Büro tun. Unter diesen Umständen tat es mir schon leid, sie noch mehr zu belasten.

Die Zusammenarbeit haben wir dann doch angefangen, aber ich wollte ihre Trauer und Müdigkeit berücksichtigen und wollte sie nicht zuviel belasten. Ich selber war auch noch schwach. Voriges Jahr (1994) und Anfang 1995 war auch für mich eine schwere Zeit. Die Gemeindedienste, die Last der Administration des Dekanats, man sollte auch im Garten arbeiten, und all diesen Dingen haben mich immer mehr müde gemacht. Ich war allein und in der großen Hetze widmete ich oft dem Essen kaum etwas Zeit. Meine Jungen, (sie waren ja schon keine Kinder mehr) obwohl sie in anderen Kirchgemeinden lebten, wollten mich mit Essen versehen. Aber diese sollte ich immer aus dem Kühlschrank herausnehmen, aufwärmen, und meine Zeit war so eingeteilt, da mir für diese Dinge kaum etwas Zeit übrig blieb. Oft erlebte ich, wie richtig der Dichter V.M. sagt:

„Wer immer allein speisen muß,
Dem ist die Speise kein Genuß.
Sein Kopf ist voll mit Gedanken,
Aber faßt leer bleibt der Magen."

Ja, wenn ich mich allein zu Tisch setzte, waren auch in meinem Kopf allerlei Gedanken. Erinnerungen an die vergangene Zeit, als mich meine sorgende Frau immer zum gedeckten Tisch einlud, und mich nicht nur mit ihrer Speise, sondern auch mit ihrer Güte und Liebe ernährt und gestärkt hat. Ich war schon schwach, aber ich hatte viel zu tun, und wollte nicht ins Krankenhaus gehen. Jedoch, gegen Ende Januar musste ich es tun. Mein Körpergewicht hatte rapide abgenommen. Im Krankenhaus war ich schon so schwach, dass ich im Bett bleiben musste. Und als man mich mit einem Rollwagen zu einer Untersuchung bringen wollte und ich vom Bett aufstehen musste, fiel ich auf den Fußboden und verletzte meinen Kopf. Die Ärzte haben festgestellt, dass meine Abmagerung die Vergrößerung der Schilddrüse verursachte. Die Ärzte waren brav und freundlich, und sie machten alles, was sie für meine Heilung tun konnten. Gegen Ende März konnte ich das Krankenhaus verlassen. Ich ging aber zuerst zur Familie der

Tochter und dann des Sohnes. Obwohl es auch für sie zuviel war, haben sie die notwendigsten Dienste in meinen Kirchgemeinden auf sich genommen. Mit Gottes Hilfe konnte ich im Mai meine Dienste wieder anfangen, so in meinen Gemeinden, wie auch im Dekanat und an meinem Lehrstuhl im Seminar. Und dazu kam noch das Schreiben des Buches.

Als wir das Buch schrieben, merkte ich, dass meine Helferin, Erdélyi Jolika die ihr anvertraute Arbeit nicht mäßig, sondern mit eindeutiger Hilfsbereitschaft machen will. Als wir die abendliche Arbeit beendeten, freute sie sich immer mit mir, da unsere gemeinsame Arbeit erfolgsreich war. Sie merkte, dass ich ihre Trauer und Müdigkeit berücksichtige, und sie nicht zuviel anstrengen will. Aber sie merkte auch, dass ich noch mehr ermüdet bin als sie, und gern die abendliche Arbeitszeit verlängern wollte, um meine Arbeit mehr vorwärts zu bringen. Sie sagte zu mir: „Sie wissen ja, dass ich morgen nicht kommen kann, darum will ich ihnen heute abend mehr helfen." Dazwischen hat man mich aus der Druckerei angerufen, dass sie schon auf mein Manuskript, also auf den fertigen Text des Buches warten. Man musste sich noch mehr beeilen. Unter dem Druck dieser Lage war meine Helferin öfters bereit ihre Arbeit und Haushalt stehen zu lassen, um mir mehr helfen zu können. Wenn ich sie lobte, dass sie eine sehr gute Helferin sei, freute sie sich, und sagte, dass sie mir sehr gern hilft, denn sie zuhause bei ihrer Arbeit auch nur allein sei. Aus diesen Worten spürte ich, dass sie mir auch nach dem Buch-Schreiben gern helfen würde. Ihre Hilfe und ihre ernsten unkomplizierten Worte wirkten auf mich wohltuend, aber in meiner Seele war tief verwurzelt der Gedanke, dass ich meine übrige Lebenszeit allein verbringen müsse. Die Verbundenheit mit meiner verstorbenen Frau, die lieben Erinnerungen an sie, blieben in mir lebendig. Ich konnte mir nicht vorstellen, mit jemandem noch einmal eine Ehegemeinschaft zu haben. Denn die Jahre sind auch schon vorbeigeflogen. Ich war damals schon fast 9 Jahre Witwer. Aber die permanente opferwillige Hilfsbereitschaft meiner

Helferin erinnerte mich immer mehr an das Verhalten meiner verstorbenen Etelka, und so fühlte ich mich ihr immer näher. Sie hat es wahrgenommen, wie auch ich merkte, dass sie sich zu mir hingezogen fühlt. Aber ich musste mir auch die Tatsache vergegenwärtigen, dass ich wesentlich älter bin als sie. Es kam bald die Zeit, dass wir unsere Gedanken in einem aufrichtigen Gespräch offen gesagt haben. Nach diesem offenen Gespräch haben wir beide unsere inneren Kämpfe gekämpft. Ich fühlte es immer mehr, wie wenn ich, als Antwort auf mein Gebetsringen die Stimme meiner gestorbenen Frau hören würde: Jolika wird für dich ein Geschenk Gottes sein. Sie wird mit helfender Liebe neben dir stehen, so, wie ich es getan habe, solange wir zusammen bleiben durften. So ist unsere gemeinsame Entscheidung gefallen: Wir werden heiraten. Ich war mir meiner Schwäche bewusst. Wir vergegenwärtigten uns, dass das Feuer der Jugend in uns nicht mehr brennt und baten Gott; er möge unsere Agape-Verbindung segnen.

Nach dieser grundsätzlichen Entscheidung sollten wir noch einige praktische Fragen lösen. Jolika trauert, wann können wir heiraten? Bei uns ist das Trauerjahr Gewohnheit geworden. Es ist eine schöne und menschliche Gewohnheit. Aber kann man die Trauer terminieren? Eine tiefe Trauer bleibt im Herzen, solange man lebt. Aber das muß nicht eventuelle Entscheidungen hindern, die zur Heilung der Trauer verhelfen können. In der Heiligen Schrift ist kein Trauerjahr angeordnet. Aber ich wollte Jolika in dieser Sache nicht beeinflussen. Ich sagte ihr, dass wenn sie das Trauerjahr halten will, ich akzeptiere es, und wir bleiben noch allein, obwohl es für uns nach unserer Entscheidung besser wäre, die Last gemeinsam zu tragen. Sie sagte zuerst, dass sie das Trauerjahr halten wolle, aber später änderte sie diese Absicht. Wir begegneten uns jeden Sonntag nach den Gottesdiensten und gingen zusammen zum Grab ihres Mannes und meiner Frau. Das war ein Ausdruck der gegenseitigen Anteilnahme an der Trauer. Für jenen Sommer (1996) habe ich zwei ausländische Einladungen gehabt. Einige Bücher gelangten schnell auch nach Rumänien, und ich bekam eine Einladung, um dort vom Buch einen Vortrag zu halten.

Die zweite Einladung bekam ich von der Evangelischen Akademie in Deutschland, wo ich in Wittenberg in einer internationalen Gemeinschaft einen Vortrag halten sollte über den Einfluß der Lutherischen Reformation auf die reformatorischen Bewegungen in Ungarn, Tschechei und Slowakei. Auf diesen Anlässen war es so, dass die einladende Institution auch die Frau des eingeladenen Gastes gern empfing. Diese Anlässe waren in Juli, also innerhalb des Trauerjahrs. So kam es, dass Jolika ihre Absicht änderte, und wir im 8. Monat ihrer Trauer heirateten, in der Überzeugung, dass sie durch diese Entscheidung gegen niemanden versündigte. So konnte sie mit mir reisen, und auch ich freute mich, dass meine treue Helferin schon als meine Frau, im Ausland viele Sehenswürdigkeiten besichtigen konnte.

Unsere Kinder haben diese Entscheidung der Eltern mit Freude zur Kenntnis genommen.

* * *

Meine literarische Tätigkeit setzte sich fort mit dem Schreiben des Buches: „Seelenwanderung". Untertitel des Buches ist: „Wiederholtes Erdenleben?" Zum Schreiben des Buches bewegte mich der Kontakt mit Professor Dürr in Bern. Als postgradualer Stipendiat hörte ich seine Vorträge über die indischen Religionen, die er dort als christlicher Missionar kennenlernte. Damals nach dem Heimkommen aus der Schweiz war mein Lebensweg voll von Hindernissen, und meinen Plan konnte ich erst im Jahr 2000. verwirklichen. Ich habe aber in unseren Bibliotheken wenige Quellenbücher gefunden. Eine große Hilfe bekam ich vom Ehepaar R. Koch aus Wörlitz. Vor Jahren waren wir zusammen in der Schweiz im Locarno-Haus und dort haben wir einander kennengelernt. Sie haben für mich die Bücher in Deutschland gekauft, und die Bücher, die in den Buchhandlungen nicht erhältlich waren, fotokopierten sie für mich in verschiedenen Bibliotheken.

Nach der politischen Wende in unserem Land arbeitete ich auch als Lehrer an dem Lehrstuhl der Religionsgeschichte und des Alten Testaments zu Košice. Als solcher konnte ich weitere Quellenbücher beschaffen, um die indischen Religionen noch mehr kennenzulernen. Es freut mich, dass mein Buch auf diesem theologischen Gebiet in unserer ungarischen, und später auch in der slowakischen Sprache eine Pionierarbeit war. Die okkulten Wellenschlagen sind auch bei uns schon sehr hoch und das Buch kann vielen Christen helfen, die in Verlegenheit geraten sind. Meine einstige Helferin kann mir jetzt beim Schreiben immer helfen.

* * *

Unter der Leitung von Prof. Dr. Sándor Szathmáry gibt das Kollegium der Theologischen Doktoren in Ungarn eine Reihe von wertvollen theologischen Büchern heraus. Die zwei letzten Bücher dieser Buchreihe übersetzte ich (2001 – 2002). Der Autor des ersten Buches ist Dr. Jörg Zink, der bekannte Theologe und Publizist in Deutschland, dessen schöne und wertvolle Bücher in vielen Ländern bekannt sind. Der Titel seines Buches ist: „Auferstehung". Schon der Titel des Buches zeigt, worum es in diesem Buch geht. Die Auferstehung ist ein Thema, das uns alle beschäftigt. In schönem dichterischen Stil schreibt er davon, dass einmal und irgendwo alle Wege zu Ende gehen. Auch unser Lebensweg geht zu Ende. Aber er bezeugt auch seinen biblisch begründeten Glauben; wenn unser Lebensweg auf Erden zu Ende geht, ist unser Leben nicht beendet. Es folgt eine wunderbare, alle menschliche Vorstellung überragende Fortsetzung. Er spricht auch von den Berichten derer, die nach dem klinischen Tode aufgewacht sind und davon, dass die Welt, wo man nach dem Tode hingeht, keine andere Welt ist. Die Menschen sprechen oft von ihren verstorbenen Geliebten, dass sie schon in einer anderen Welt sind. Der Autor aber sagt: Gott hat eine riesengroße Welt geschaffen, mit vielen Dimensionen, die wir aber mit unserem Verstand und unseren menschlichen Möglichkeiten nicht überblicken und erforschen können. Sie ist aber e i n e W e l t. Wir stellen uns diese, als eine andere Welt vor, weil wir sie noch nicht sahen. Auch wir gehen nach dem Tode in den unbekannten, nie gesehenen Teil der einzigen Welt Gottes.

* * *

Das zweite Buch in dieser Reihe übersetzte ich von Elisabeth Kübler Ross und ihrer Arbeitsgruppe. Die Autorin stammt aus der Schweiz und war Chefin einer großen psychiatrischen Klinik in den USA Sie ist dadurch weltbekannt geworden, das sie mit unheilbaren, sterbenden Menschen Interviews machte und mit ihnen tiefgreifende Gespräche führte. Titel des Buches, das ich übersetzte, ist: „Reif werden zum Tode". In ihrem Buch führt sie ihre Leser in ferne Länder, um zu zeigen, wie sie sich auf den Tod vorbereiten und wie auf den Tod blicken Menschen, die zu verschiedenen Kulturen und Religionen gehören.

* * *

Das dritte übersetzte Buch stammt auch von Jörg Zink. Titel des Buches ist: „Gastliches Haus am Weg".

Perspektiven

In dem ersten Satz meines Buches habe ich geschrieben, dass man auch im Herbst seines Lebens gern an seine Kindheit zurückdenkt. In diesem Rückblick sah ich den Film meines bisherigen Lebens. Aber bei diesem Rückblick und Schreiben des Buches war ich nicht nur Betrachter, sondern auch Wiedererleber vieler Episoden meines Lebens. So hörte ich wieder Stimmen, die schon vor langem verstummten, die mir meine einstigen Geliebten sagten. Ich erlebte wieder die Umarmung von Armen, die schon lange Staub geworden sind, und die Wärme des Kusses, den ich einst bekam und gab. So erlebte ich wieder die anziehende Zauberkraft meiner Heimat, wo ich meine Kindheit verbrachte. Es war gut, wieder mit jungem liebendem Herzen in blumenreichen Parks unter den laubblättrigen Bäumen zu spazieren, wo seitdem schon so vielmals die Blumen verwelkten und das Laub von den Bäumen fiel. Aber es war schrecklich wieder zu hören die Explosion der Bomben und das Dröhnen des Kanonenfeuers der schwerbewaffneten Panzer. Dieser Film meines Lebens projizierte vor mir das Leiden in den mit Stacheldraht umzäunten Gefangenenlagern, woher uns bewaffnete Wachen auf den Arbeitsplatz begleiteten, und wo uns die schwere Arbeit ruinierte. In dieser Projektion meines Lebens sah und erlebte ich wieder die tränenvollen Weihnachtfeste in den Gefangenenlagern, das Heimweh, die Krankheit, die mich beinahe in den Tod brachte und die riskierte Flucht aus der Gefangenschaft. Aber ich erlebte wieder auch die Freude des Heimkommens, auch wenn wir mit Schrecken erfahren mussten, dass wir in unserer Heimat heimatlos geworden waren. Aber trotzdem war es gut, wieder die tränenvolle

Glückseligkeit mit meiner Geliebten zu erleben und die Kämpfe und Hoffnungen unseres Minderheitsloses zu Hause.

* * *

Rückblickend auf meine Dienste beschäftigt mich die Frage, wo die Herzen am meisten bereit waren, das Wort Gottes zu empfangen. Wir haben keinen geistigen Röntgenapparat und können die Menschenherzen nicht durchleuchten. Jedoch, schon in der Gemeinde zeigt es sich bei der Predigt, wer dem Worte Gottes aufmerksam lauscht und wer dort nur körperlich anwesend ist. Aber in diesem Rückblick ist mir soviel gewiß, dass meine Saat des Wortes für mich damals am fruchtbarsten war, als ich noch kein Pfarrer, sondern nur ein Gymnasiast war. Meine ganz einfache Saat geschah damals noch nicht in den Kirchen, sondern in dem Gefangenenlager. Dort und damals, als viele Mitgefangene die Hoffnung schon verloren haben und den Kampf um das Leben schon aufgaben. Ihre zurückbekommene Hoffnung und ihre Anhänglichkeit an mich waren für mich freudvolle Zeugnisse davon, dass das Wort Gottes in ihren Seelen Früchte trägt.

Später als Geistlicher diente ich in vielen Gemeinden, weil ich auch andere Gemeinden außer den Stammgemeinden administriert hatte. Ich habe die Hoffnung, dass meine Saat trotz allen Schwierigkeiten nirgends fruchtlos blieb. Ich hege eine Hoffnung, dass auch in meiner ehemaligen ausländischen Gemeinde, in Kirchlindach in der Schweiz, wo ich nur einige Monate als Stellvertreter des kranken Pfarrers diente, mein Dienst nicht umsonst war. Meine dortigen Hörer waren zum größten Teil hochgebildete Menschen, die nicht nur aufmerksame Hörer des Wortes Gottes waren, sondern auch meine seelsorgerlichen Dienste in Anspruch nahmen. Es freute mich sehr, dass einige unter ihnen mit mir lange in Briefkontakt blieben und in ihren vorweihnachtlichen Briefen aus meiner vor Jahren gehörte Predigten zitieren konnten.

An alle Gemeinden, in denen ich diente, denke ich mit Liebe.

Dem Schlußkapitel dieses Buches habe ich den Titel gegeben: „Perspektiven." Dieser Titel weißt darauf hin, dass der gläubige Mensch auch im Herbst seines Lebens Hoffnung hat. Der Lebensweg geht nicht zu Ende, nur ein Stück endet davon. Unser Heiland, Christus hat gesagt: „Wer an mich glaubt, der wird leben, auch wenn er stirbt." Aus dieser materiellen Welt, die wir mit unseren Sinnen sehen und greifen können, treten wir aus und treten in eine transzendentale, übersinnliche Welt hinein. Entfalten sich vor uns Perspektiven, die wir mit unseren Sinnen und Verstand nicht begreifen können. Wir werden in eine solche Dimension von Gottes Welt geraten, wo die physischen Gesetze Gottes Erdenwelt nicht mehr gelten. Die Kluft zwischen diesen Dimensionen hat Jesus überbrückt, als er aus der übersinnlichen Dimension in diese Erdendimension hineintrat. Er besiegte nicht nur den Tod, sondern bewältigt auch die physischen Gesetze der Erdenwelt. Er konnte auf den Wellen gehen, und konnte in eine geschlossene Stube, wo seine Jünger waren, hineintreten. Die transzendente Welt ist eine andere Dimension, die wir noch nicht kennen und die wir mit unseren Sinnen nicht empfinden können, auch wenn sie in unsere Dimension hineindringt. Anpackend sprechen davon diejenigen, die nach dem klinischen Tode zurückkamen. Viele von ihnen sprechen davon, dass sie nach ihrem Tode von oben ihren verstorbenen Körper und die weinenden trauernden Angehörigen sahen. Sie versuchten, diese Angehörigen auf ihre Anwesenheit aufmerksam zu machen und ihnen zu sagen, dass sie nicht weinen sollen, weil sie leben, hier sind und sich wohl fühlen. Aber die Trauernden konnten ihre Anwesenheit nicht wahrnehmen. Die Verstorbenen gehören schon jener anderen Dimension an. Und wer aus dieser Erdenwelt-Dimension ausgetreten ist, trat aus auch aus der Zeit, und für sie haben auch der Raum und die Ferne ihre Bedeutung verloren. Diese Tatsachen empfinden und nehmen diejenigen war, die aus der körperlichen Existenz austraten so, dass sie ihr ganzes Lebenspanorama im Moment vor sich sehen, wie eine „Filmprojektion". Im Moment können sie mit denen zusammen sein, die aus dem Erdenleben schon seit langem austraten. Gott überbrückt durch die Auferstehung Jesu Christi diese Dimensionen. Von diesen übersinnlichen Dingen können wir etwas im Glauben erleben. Auch wenn wir es nicht sehen und nicht wahrnehmen können, in Christus sind unsere verstorbenen Geliebten nicht fern von uns. Denn mit unseren Sinnen können wir in dieser Erdenexistenz nicht alles empfinden, sehen oder hören. Denken wir z. B. an das Ultraviolett und Infrarotstrahlen oder an den Ultraschall.

Der Anfang dieser übersinnlichen Welt, die jetzt nur noch so klein ist, wie das Senfkorn, ist schon durch Christus im Herzen der gläubigen Menschen eine Realität. Mit dem zweiten Advent Christi wird in diese Welt die Vollständigkeit des Gottesreiches eintreten. Von dieser neuen Schöpfung und vom Leben in dieser Neuen Welt spricht Gott in der Heiligen Schrift so: „Und Gott wird alle Tränen abwischen. Es wird keinen Tod mehr geben und keine Traurigkeit, keine Klage und keine Quälerei mehr. Was einmal war, ist für immer vorbei."

Auch in meinem Alter schaue ich in dieser Hoffnung in die Perspektive der Ewigkeit.

Epilog

Die deutsche Übersetzung dieses Buches war schon in September 2004 fertig, aber die Strafen und Belohnungen zuteilende Gerechtigkeit haben mir die Herausgabe unmöglich gemacht. Dann ereignete sich etwas Unerwartetes. In November 2004. veröffentlichte man in der Slowakei die Namenliste der Agenten und Berichterstatter des ehemaligen slowakischen kommunistischen Geheimdienstes. Und in dieser Internet-Namenliste befindet sich auch der Name meines Amtsbruders, L.Cs. der mir das Leben seit 1990 schwer gemacht hat. Ich will hier nicht die Schrecken wiederholen, die er durchgeführt hat, als er mich aufgrund einer Zeitungsnamenliste in 1992 kommunistischer Agent genannt hat. Ich musste mich durchleuchten lassen und aufgrund der Nachforschung bekam ich die Bestätigung, dass ich kein Agent war. Jetzt nach der Veröffentlichung der Namenliste in Internet, musste ich diese Bestätigung wieder befestigen. Der kommunistische Geheimdienst hat nämlich auch die Unzuverlässigen und unter Kontrolle gestellten in Evidenz genommen, und dieser Zustand gab ihnen eine große Möglichkeit zur Manipulation. Durch diese Manipulation konnten sie höher steigen und einen höheren Dienstgrad erreichen. Es ist eine Gnade Gottes, dass ich unter dem groben Druck jahrzehntenlang aushalten konnte und nicht unterlag.

Mein oben genannter Amtsbruder, der ausgezeichnete organisatorische Fähigkeit hat, freute sich nicht, dass ich durch die Lustration nicht beschuldigt war, weil er und seine Freunde nach der politischen Wende die Kirchenleitung in die Hand nehmen wollten. Nach der Mandatenzeit der Kirchenleitung haben sie dann ihr Ziel erreicht.

In diesem Buch wollte ich ihre unbrüderliche Methode, als Weckruf, aufzeigen. Ich wollte diesen Bruder und seine Freunde zur Reue, und dadurch zur Genesung unseres Kirchenlebens verhelfen. Statt der Reue hat der genannte Amtsbruder, als Redaktor einer Kirchenzeitung und Leiter eines Konferenzzentrums, durch die Medien, die in seiner hand sind, eine grobe, gesamtkirchliche Attacke gegen mich in Bewegung gesetzt. Er berief sich darauf, dass ich meinen Namen im Gesuch um die Nachforschung meiner politischen Vergangenheit, nicht richtig schrieb, und so, also mit Betrug, bekam ich die Unschuldbestätigung. Aber meine Geburtsdokumente bestätigen eindeutig, dass mein Name im Gesuch richtig geschrieben war.

Unter diesen Umständen ist es eine große Überraschung, dass mein Ankläger wirklich Agent des kommunistischen Geheimdienstes war. Es hat sich jetzt schon herausgestellt, dass er mit diesen Menschen guten Kontakt hatte, den er bewahren wollte. Er war also nicht verfolgt.

Aber aus diesem Bericht soll niemand die Schlußfolgerung ziehen, dass die Pfarrer gegeneinander streitenden Menschen seien. So wäre es falsch. Auch wir sind gebrechliche Menschen und auch wir dürfen aus der Gnade Gottes Vergebung und Leben haben. Ich möchte nicht nur deklarieren, sondern auch praktisch zeigen, dass ich dem genannten Bruder, in der Hoffnung, dass er seinen unbrüderlichen und feindlichen Aktionen ein Ende setzt, und seine Tat bereut, vergeben möchte.

Die Botschaft der vergebenden Brüderlichkeit möchte ich auch im Epilog dieses Buches weitergeben.

Der Verfasser

II. Teil

Die Reformierte Christliche Kirche in der Slowakei

Bertalan Pándy, Pfarrer dieser Kirche, berichtet über Geschichte und Gegenwart der Kirche, über ihre Organisation, ihr gottesdienstliches Leben, ihre theologische, katechetische, seelsorgerliche und diakonische Arbeit.

E.B.
G2W 2000/28 Nr. 4

Ein halblegaler Zustand

1918 – 1938

Die Gemeinden der heutigen Reformierten Christlichen Kirche in der Slowakei gehörten bis zum Ende des Ersten Weltkrieges zur Reformierten Kirche Ungarns. Die Organisation der Reformierten Christlichen Kirche in der Slowakei begann nach dem Zerfall der Österreichisch-Ungarischen Monarchie und der Gründung der Tschechoslowakei 1918.

Als die Siegermächte des Ersten Weltkrieges Ungarn aufteilten, umfaßte die Reformierte Kirche Ungarns 2086 Gemeinden. Mit dem Vertrag von Trianon verlor Ungarn rund zwei Drittel seines Landes; 1078 reformierte Kirchgemeinden wurden von der Mutterkirche abgeschnitten. Im Norden Ungarns, dem früheren nordwestlichen und nordöstlichen Oberland, bildete sich im Rahmen der neuen Tschechoslowakischen Republik die Slowakei, zu der auch die Karpato-Ukraine (Podkarpatský Rus) ganz im Osten gehörte. Reformierte Gemeinden gab es in der Slowakei damals insgesamt 492, Filialgemeinden und Missionsstationen eingeschlossen. Die Muttersprache der Gemeindeglieder war in 449 Kirchgemeinden das Ungarische, in 31 das Slowakische. In diesen Gemeinden war bereits vor 1918 das Slowakische die Sprache der kirchlichen Administration und des Gottesdienstes gewesen. 12 Kirchgemeinden waren zweisprachig. Ende 1918 zählten die reformierten Kirchgemeinden in der Slowakei 223 168 Mitglieder.

In den ersten Monaten nach der Gründung der Tschechoslowakei dachte man daran, die organisatorische Einheit der Kirchgemeinden in der Slowakei mit der Mutterkirche in Ungarn zu bewahren. Es zeigte sich aber bald, dass es vorteilhaft wäre, im neuen Staat auch eine neue eigenständige Kirche zu organisieren. Die tschechoslowakischen Behörden versprachen einer solchen Kirche völlige Freiheit und Unabhängigkeit, sofern sie ihre Kirchenleitung selbständig wählte und eine eigene Kirchenverfassung erließ. Die tschechoslowakische Regierung äußerte auch den Wunsch, dass die Kirche ihre künftigen Pfarrer in der Tschechoslowakei ausbilden lasse. Außerdem ordnete sie an, dass die slowakischsprachigen Kirchgemeinden einen eigenen slowakischen Bezirk (Seniorat) bilden sollten.

In diesem Sinne wurde die „Reformierte Christliche Kirche in der Slowakei" gegründet. Sie war in drei Kirchenkreise eingeteilt und zwar in den Kirchenkreis an der Donau, den Kirchenkreis vor der Theiß, und den Kirchenkreis in der Karpato-Ukraine. Zu Bischöfen wurden Elemér Balogh (Bratislava-Pozsony) István Pálóczi Czinke (Rimavská Sobota-Rimaszombat) und Béla Bartók (Munkačevo-Munkács) gewählt. Nachfolger waren Dr. Sándor Magda, (Čičarovce-Csicser) Mihály Péter (Sečovce- Gálszécs) und Barna Idrányi (Slanec- Nagyszalánc).

Nach langer Vorbereitungszeit trat die Synode 1923 in Levice zu ihrer konstituierenden Sitzung zusammen, auf welcher die Kirchenverfassung angenommen und anschließend der Staatsregierung zur Bestätigung präsentiert wurde. Die Verhandlungen dehnten sich bis zur Auflösung der Tschechoslowakei im Jahre 1938 aus, ohne dass sie zu einem Erfolg geführt hätten, denn der Staat verlangte von den Pfarrern Solidaritätsgelöbnisse, die Pfarrer hingegen wollten zuerst gültige Kirchengesetze haben. Ähnliche Probleme ergaben sich bei der Organisation eines slowakischen Kirchenbezirkes. Dies war ein Anliegen des Staates; die Kirchenleitung sah in solchen staatlichen Wünschen zunächst eine Antastung ihrer Unabhängigkeit, gab aber unter dem Druck ihrer kirchenrechtlichen und finanziellen Schwierigkeiten dem Ersuchen des Staates nach. Unterstützung fand die Reformierte Christliche Kirche beim Bischof der Evangelisch-Lutherischen Kirche, Samuel Zoch, dessen Autorität im Lande allgemein anerkannt war.

Doch, auch seine Intervention blieb erfolglos. Die Staat-Kirche-Probleme waren noch immer ungelöst, als am 6. Oktober 1938 die Slowakei ein autonomer Staat wurde.

Das Schul- und Bildungswesen

Auch in ihrem halblegalen Zustand bemühte sich die Kirche, ihre Aufgaben zu erfüllen aber um die Kontinuität des kirchlichen Lebens aufrechterhalten zu können, brauchte sie eigene Bildungsinstitutionen. Mit moralischer und finanzieller Unterstützung aus dem Ausland gelang es, eine theologische Akademie in Lučenec-Losonc zu gründen. Am 15. September 1925 begannen die ersten 22 Studenten mit ihrer Ausbildung. Der erste Dekan der Akademie war Professor Béla Sörös.

Die zweite große Sorge der Kirche war die Weiterführung der kirchlichen Schulen und der Lehrerausbildung. Nach dem ersten Weltkrieg unterhielt die Reformierte Kirche in der Slowakei 225 Schulen. Die früheren Institutionen der Lehrerausbildung funktionierten nicht mehr. Neben der theologischen Hochschule wollte die Kirche auch ein pädagogisches Institut haben, doch, die allgemeine wirtschaftliche Krise in der Zwischenkriegszeit machte die Durchführung dieser Absicht unmöglich. Erst 1935 konnte die Kirche in Komárno-Komárom ein solches Institut eröffnen. Vorher hatte sie mit Hilfe der römisch-katholischen Kirche den enormen Lehrermangel lindern können, da im ungarischen Lehrerseminar der katholischen Kirche auch reformierte Mädchen studieren durften.

Weil kirchliche Literatur aus Ungarn nicht oder nur sehr schwer beschafft werden konnte, musste die Kirche eine eigene Druckerei errichten. So konnte sie für ihre Gemeinden Gesangbücher, Gebetsbücher, kirchliche Zeitungen, Zeitschriften und Broschüren, sowie Schulbücher selber drucken.

Der diakonische Dienst durfte nicht vernachlässigt werden. Es galt, im Geiste des Evangeliums sich auch um die Waisen zu kümmern und für sie Heime mit einer christlichen Erziehung zu schaffen. Die Reformierte Kirche fand zwei Gönner, die zu diesem Zweck geräumige Häuser und dazu gehörende Gärten schenkten. Zwei weitere Häuser konnte sie aus Gaben von Gemeindemitgliedern kaufen.

Die Kirche in der Ersten Slowakischen Republik

1938 zerfiel die Tschechoslowakei. Die Slowakei wurde zu einem selbständigen Staat, und durch Ersten Schiedsspruch von Wien vom 2. November 1938 wurden die Grenzen neu festgelegt. Das Territorium, in dem sich die Gemeinden der Reformierten Kirche befanden, wurden zum größten Teil wieder Ungarn zugeordnet. So hatten die Kirchenmitglieder einen ungehinderten Zugang zu den geistlichen Zentren, den kirchlichen Mittel und Hochschulen in Ungarn. Das theologische Seminar von Lučenec-Losonc und das pädagogische Institut von Komárno-Komárom wurden überflüssig. In der Slowakischen Republik waren nur noch 25 Gemeinden der Reformierten Kirche geblieben, etwa je zur Hälfte slowakisch und ungarischsprachige. Eine kleine slowakische Gruppe gründete die sog. „Organisationsausschuß", der sich als das leitende Organ der Reformierten Kirche in der Slowakei erklärte.

Die Kirche nach dem Zweiten Weltkrieg

Nach dem Zweiten Weltkrieg wurde die Tschechoslowakei in den alten Grenzen weitgehend wieder hergestellt; allerdings wurde mit dem Vertrag vom 29 Juni 1945 die Karpato-Ukraine der Sowjetunion (Ukrainische SSSR) zugeschlagen. Damit befand sich ein großer Teil der Gemeinden der Reformierten Christlichen Kirche wieder auf dem Territorium der Tschechoslowakei. Die Gemeindeglieder lebten in völliger Unsicherheit. Nach dem Einmarsch der sowjetischen Truppen wurden Zehntausende von Männern aus ihren Familien in die Sowjetunion verschleppt. Fast in jedem ungarischsprachigen Dorf der heutigen Slowakei findet sich ein Denkmal mit den Namenslisten, der in der Sowjetunion verstorbenen Menschen. Das Regierungsprogramm von Košice-Kassa, die Dekrete von Beneš machten ein normales Leben der Kirche unmöglich. Die ungarische Bevölkerung, also die große Mehrheit der Reformierten Christlichen Kirche, hatte in der Tschechoslowakischen Republik ihre einstige Staatsbürgerschaft verloren und war nun heimatlos in ihrer Heimat. Hunderte von Familien wurden nach Tschechien deportiert. Im Rahmen eines von der Regierung angeordneten Bevölkerungsaustausches mußten Tausende ihre Heimat verlassen und nach Ungarn übersiedeln. Der kirchliche Dienst war auch aus sprachlichen Gründen sehr eingeschränkt, denn der Organisationsausschuß der Kirche aus den Jahren der Ersten Slowakischen Republik fühlte sich berechtigt, die Leitung der Kirche in die Hand zu nehmen. Er ordnete im Sinne des Regierungsprogramms von Košice-Kassa (Beneš) an, daß in den Gemeinden in slowakischer Sprache zu predigen sei. Diese Anordnung war aber vielerorts wegen der Unkenntnis der slowakischen Sprache undurchführbar.

Am 28. Februar 1948 übernahmen die Kommunisten unter der Führung von Klement Gottwald die politische Macht in der Tschechoslowakei. Dies brachte der Reformierten Christlichen Kirche in der Folgezeit schwere Probleme. Ein Vorteil war zunächst aber die Tatsache, dass die neue Regierung der ungarischen Bevölkerung die tschechoslowakische Staatsbürgerschaft in einigen Jahren zurückgab.

Weil der obengenannte Organisationsausschuß keine rechtliche Grundlage besaß, um die Kirche zu leiten, wurden in der Kirche Wahlen durchgeführt. Der Staat unterstellte die Kirche einer strengen Kontrolle und verlangte von ihr, dass sie sich eine neue Verfassung gebe. Von 1951 an wurde die Kirche von einem Präsidium geleitet, bestehend aus einem Bischof und zwei Stellvertretern sowie einem weltlichen Präsidenten und dessen zwei Stellvertretern. Zum Bischof wurde Dr. Imre Varga (gest. 1980) Rimavská Sobota-Rimaszombat gewählt.

Die neue Kirchenverfassung legte fest, dass die beiden Nationalitäten, die ungarische und die slowakische in der Kirchenleitung gleichberechtigt seien. Dieser Paragraph sollte nationalistische Übergriffe ausschließen

Die Kirche wurde in der Nachkriegszeit sowohl zahlenmäßig als auch territorial kleiner. Der ehemalige dritte Kirchenkreis Karpato-Ukraine (Podkarpatský Rus) gehörte jetzt zur Sowjetunion, wie wir bereits gesehen haben. Die bereits genannten Schrecken des Krieges und der Nachkriegszeit, sowie der zunehmende Druck der atheistischen Ideologie der Staatsregierung führten zu einem weiteren Rückgang der Zahl der Kirchenmitglieder. Die kirchlichen Schulen wurden vom Staat ohne jegliche Entschädigung eingezogen und die religiöse Erziehung der Jugend in der Kirche wurde erschwert. Es war nicht mehr möglich, die theologische Akademie wieder zu eröffnen. Die reformierten Studenten bekamen aber die Studienmöglichkeit an der Comenius-Fakultät in Prag. Später erhielt die Reformierte christliche Kirche der Slowakei an dieser ökumenisch protestantischen Fakultät zwei Lehrstühle, an denen auch ungarische Vorlesungen angeboten wurden. Professor Dr. Lajos Csémy und Dozent Th.Mgr. Mihály Bihary durch Jahrzehnte hindurch hielten dort die ungarischen Vorträge. Die brüderlichen Kontakte zwischen den tschechischen und slowakischen reformatorischen Kirchen hatten damals bereits eine schöne Tradition. Die Evangelische Kirche der Böhmischen Brüder (Českobratrská církev evangelická) wollte auch die Hilfe erwidern, die sie nach dem Toleranzedikt von Kaiser Joseph II. 1781. von der reformierten Kirche und Theologie in Ungarn erhalten hatte.

Einzelne reformierte Theologen studierten an der evangelisch-lutherischen theologischen Akademie in Bratislava.

In jenen Jahren verfügte die Reformierte Christliche Kirche in der Slowakei über 307 Gemeinden. Weil das Theologiestudium durch einen staatlich verordneten Numerus clausus eingeschränkt war, nahm die Zahl der Pfarrer fortlaufend ab, und es kam bald dazu, dass ein einzelner Pfarrer oft zwei bis vier Gemeinden zu betreuen hatte. Die kriegsbedingten Schäden an Gotteshäusern und kirchlichen Gebäuden wurden von den Kirchgemeinden mit viel Liebe und unter großen Opfern ausgebessert.

Eigene theologische Literatur konnte fast nicht herausgegeben werden, doch man druckte das in Ungarn erschienene Kirchengesangbuch und ein Gebetsbuch nach. Die slowakische Fassung des Kirchengesangbuches wurde erweitert und ein slowakisches Gebetsbuch, sowie ein Katechismus für den Konfirmandenunterricht wurden herausgebracht. Die slowakischen Gemeinden benutzen die Bibeln, welche die Evangelisch-lutherische Kirche in der Slowakei herausgab. Die ungarischen Gemeinden konnten gelegentlich Bibeln aus Ungarn erhalten, doch nicht in genügendem Ausmaß. Wertvoll war die Hilfe von reformierten Glaubensbrüdern aus Holland: Bei ihren Besuchen in der Slowakei brachten sie oft und mit einem nicht geringen Risiko geistliche Literatur in ungarischer und slowakischer Sprache mit.

Die Wende von 1989

Eine neue Phase in der Geschichte der Reformierten Christlichen Kirche in der Slowakei begann im Herbst 1989. Damals erfüllten sich an ihr die Worte des 126. Psalms: „Als der Herr wandte Zions Geschick, da waren wir wie Träumende, da war unser Mund voll Lachens und unsre Zunge voll Jubels. Da sprach man unter den Völkern: „Der Herr hat Großes an ihnen getan! Ja, der Herr hat Großes an uns getan, des waren wir fröhlich." Doch, es stellte sich bald heraus, dass die neue Freiheit auch neue Probleme mit sich brachte. Auch im Leben und in der Kirche der Slowakei wiederholte sich die Geschichte des alttestamentlichen Volkes nach der Befreiung aus der ägyptischen Gefangenschaft: „Das Volk fing an zu murren (Vgl. 2. Mos. 16,2 und öfter)."

Es ist eine großartige Sache, dass die Fesseln der politischen Gebundenheit gefallen sind. Die vielfältigen Möglichkeiten des kirchlichen Dienstes, die zuvor nur Träume waren, sind Wirklichkeit geworden. Die Kirche kann auch in der Slowakei ihre Sendung erfüllen. Sie kann ungehindert die Kinder christlich erziehen. Sie kann die Jugend ansprechen, die noch in atheistischem Geist erzogen worden ist und sie kann ihr verschiedene Bildungsmöglichkeiten und Konferenzen anbieten. Sie darf theologische und kirchliche Literatur herausgeben und verbreiten, eigene Institutionen für Bildung und soziale Arbeit führen. Das sind ganz neue Perspektiven.

Doch die Kirche kann von diesen Möglichkeiten in vielen Fällen nicht Gebrauch machen, weil Vieles Theorie geblieben ist. Die politischen Fesseln sind zwar gefallen, doch die wirtschaftlichen Fesseln machen viele Bauaufgaben und kirchliche Dienste unmöglich. Glücklicherweise ist unsere Kirche nicht ganz allein gelassen, denn sie gehört zur weltweiten Familie der christlichen Kirchen.

Auch die weiteren politischen Ereignisse beeinflußten das Leben der Kirche. Die Trennung der Tschechoslowakei in zwei Staaten am 1. Januar 1993 ließ in den slowakischen Gemeinden der Reformierten Christlichen Kirche die alte Idee eines eigenen slowakischen Kirchenbezirkes im Rahmen der Gesamtkirche wieder wach werden. Die in dieser Sache durchgeführte Bestimmung ergab aber, dass diese Idee nicht von allen slowakischen Kirchgemeinden akzeptiert wurde. Es gab Gemeinden, die in dieser Sache neutral blieben, es gab auch Gemeinden, die mit den ungarischen Gemeinden zusammen in einem gemeinsamen Bezirk bleiben wollten. Aber die große Mehrheit wollte die Trennung, und so wurde es auch durchgeführt. Bischof Dr. Jenö Mikó (1988 – 1996) bot den slowakischen Gemeinden an, gleich zwei Seniorate zu bilden, was dann auch geschah. Seit 1918 hatte der Anteil der slowakischen Gemeinden von 4% auf 12% zugenommen. Die Neuorganisation wurde in aller Ruhe durchgeführt. Die Delegierten bei der letzten gemeinsamen Zusammenkunft in Čičarovce-Csicser betonten, dass sie die Trennung nicht aus nationalistischen, sondern aus praktischen Gründen befürworten. Die gemeinsamen Versammlungen hatten nämlich immer zweisprachig zu sein, und dies war sehr zeitraubend und für diejenigen, die nur eine Sprache verstanden, auch ermüdend. Seit dieser Neuorganisation leben die beiden ethnischen Gruppen in guter geschwisterlicher Verbundenheit miteinander. Stimmen, dass etwa die Ungarn in der Kirche herrschen wollten und die Souveränität der Slowakei bedrohten, hört man nur selten.

Die Organisation der Kirche

Das Grunddokument der Verfassung der Reformierten Christlichen Kirche in der Slowakei ist die Heilige Schrift. Dazu kommen der Heidelberger Katechismus und das Zweite Helvetische Bekenntnis. Die Kirche bekennt, dass ihr einziges Haupt Jesus Christus ist. Sie wird aufgrund synodal-presbyterianischer Prinzipien regiert. Sie ist Mitglied des Reformierten Weltbundes, und sie lebt in geschwisterlicher Verbundenheit mit der weltweiten Familie der reformierten Kirchen. In der revidierten Kirchenverfassung von 1995 heißt es: „In der Kirche leben Ungarn, Slowaken und andere Nationalitäten zusammen, und als solche wollen sie im Geiste des Evangeliums Jesu Christi leben und dienen. So wollen sie die wirkliche Einheit des Volkes Gottes zeigen und in ihrer Umgebung mit gutem Beispiel vorangehen.“ Sie wollen sich „als lebendige Steine in den Tempel einfügen lassen, den der Geist Gottes baut“ (vgl. 1. Petr. 2,5). In der Verfassung wird betont, dass die Presbyter („die Ältesten“) in den Gemeinden dafür verantwortlich sind, dass das Evangelium Jesu Christi in der Muttersprache der Gläubigen gepredigt wird.

Die Kirchgemeinden des ganzen Landes bilden die Gesamtkirche. Ihr leitendes Organ ist die Synode, an deren Spitze das Präsidium steht. Dieses setzt sich aus sechs Mitgliedern zusammen, drei geistlichen und drei weltlichen. Die geistlichen Mitglieder sind der Bischof (seit 1966 Dr. Géza Erdélyi, Rimavská Sobota-Rimaszombat) und seine beiden Stellvertreter (Seit 2002 László Fazekas Komarno und Ján Semjan junior). Die weltlichen Mitglieder des Synodalpräsidiums sind: László Koncsol, Kurator der Gesamtkirche, und seine beiden Stellvertreter.

Die Gesamtkirche besteht aus neun Kirchenbezirken (Senioraten). Zwei davon sind seit der Organisation der slowakischen Seniorate ganz klein. Die Vorsteherschaft bildet auch in den Senioraten das Präsidium, das wiederum aus geistlichen und weltlichen Mitgliedern besteht. Den geistlichen Präsidenten nennt man Senior, (Dekan)den weltlichen Kurator.

Das gottesdienstliche Leben

Die Gottesdienste werden in der Kirche oder auch im Gemeindesaal gefeiert. Die Kirchen sind ganz einfach gestaltet, ohne Ikonen und Statuen. Die ärmeren Gemeinden haben keine Orgel. Im Mittelpunkt des Gotteshauses stehen der Tisch des Herrn und die Kanzel. Auch die Liturgie ist sehr einfach. In ihrem Zentrum befinden sich die Verkündigung des Wortes Gottes und die Sakramente: Taufe und Abendmahl. Die Verkündigung des Wortes ist auch bei gottesdienstlichen Anlässen, wie Konfirmation, Trauung und Bestattung im Mittelpunkt. Das Gemeindelied ist ein weiterer wesentlicher Bestandteil der Liturgie. Gerne werden die Psalmen gesungen, die Albert Szenci Molnár ins Ungarische übertragen hatte.

Die Psalmen wurden später auch in slowakischer Fassung herausgegeben. Im Kirchengesangbuch befinden sich außer den Psalmen noch rund 360 geistliche Lieder, in der slowakischen Ausgabe sind es noch mehr. Die Kollekte ist ein Zeichen der Dankbarkeit gegenüber Gott. Das Abendmahl wird mit Brot und Wein gefeiert. Eine Woche vor den

Abendmahlsgottesdiensten werden alle Abende Vorbereitungsgottesdienste durchgeführt.

Die Teilnahme der Gläubigen an den Gottesdiensten ist von Ort zu Ort sehr verschieden und bewegt sich zwischen 20 und 80%. Der größte Teil der Kirchgemeinden ist sehr klein. Die Zahl der Mitglieder bewegt sich zwischen 20 und 2000. Nur zwei Stadtgemeinden, Komárno und Košice, haben über 3000 Mitglieder.

Die Kirchgemeinden und die Gläubigen

Die Gesamtzahl der Kirchgemeinden (Mutterkirchen, Filialgemeinden und Diasporagemeinden) beträgt rund 340. Die bereits genannten schrecklichen Ereignisse der Kriegs – und Nachkriegsjahre, die Erziehung der Jugend im Geiste des Atheismus, die Wanderungsbewegungen der Dorfbewohner in der Zeit der Kollektivierung der Landwirtschaft, die mit grober Gewalt durchgeführt wurde, brachten der Kirche große Verluste. Weitere Verluste entstanden, weil viele der Kirche Entfremdete, sich nach einem Umzug am neuen Wohnort kirchlich nicht mehr anmeldeten. Jetzt sind schon viele wieder in die Kirche zurückgekehrt, andere aber bleiben ihr fern. Die Kontaktaufnahme von entfremdeten Gliedern mit der Kirche ist nicht einfach. Sie hat noch große seelsorgerliche Aufgaben vor sich. Wir hoffen, daß die Mitgliedschaft auf etwa 100 000 steigen wird.

Theologische und katechetische Arbeit

1994 konnte die Reformierte Christliche Kirche in Komárno-Komárom wieder eine eigene theologische Akademie eröffnen. Die Initiative hatten der damalige Bischof, Jenö Mikó und der damalige Generalkurator Zoltán Takács ergriffen. Die ersten Absolventen der Hochschule begannen ihren kirchlichen Dienst im Herbst 1998. Dekan der theologischen Akademie, ist zurzeit Dr. János Molnár). (Seit

2004 hat man in Komárno-Komárom eine Universität, deren Teil ist auch die theologische Fakultät.) Die Studenten, die eine Bewilligung vom Präsidium der Synode erhalten, können auch an einer Fakultät im Ausland (vor allem in Ungarn, Tschechien und Rumänien) oder an der evangelisch-lutherischen Fakultät in Bratislava studieren. Die Studenten in der Ostslowakei bevorzugen aus geographischen Gründen die theologischen Akademien von Sárospatak und Debrecen in Ungarn. Bei der Gründung und den Betriebskosten der Akademie gab der slowakische Staat keine finanzielle Unterstützung. Hilfe kam aber von kirchlichen Hilfsorganisationen aus Westeuropa. Seit der Wende von 1989 melden sich viele junge Leute zum Theologiestudium. Für die Aufnahme müssen sie eine Aufnahmeprüfung ablegen. Die Kirche hat zurzeit etwa 100 Theologiestudierende.

Katechetische Seminare gibt es in Komárno-Komárom und Košice-Kassa. Die Katechetenausbildung dauert drei Jahre. Die Katechetinnen und Katecheten leisten wertvolle Dienste bei der Erziehung der Kinder und Jugendlichen. Neben dem Religionsunterricht an der Schule engagieren sie sich bei Jugendveranstaltungen, Konferenzen und Ferienlagern.

Der Reformierten Christlichen Kirche in der Slowakei war schon sehr früh klar, dass sie ihren Dienst in der Welt nur in der ökumenischen Gemeinschaft der Kirchen leisten kann. Deswegen ist sie Mitglied des Reformierten Weltbundes und nimmt an seinen Konferenzen teil. Auch an den theologischen Dialogen zwischen den reformierten und orthodoxen Kirchen ist sie beteiligt. Dass sie sich der Leuenberger Konkordie angeschlossen hat, weist auch auf ihre Zusammenarbeit mit der evangelisch-lutherischen Kirche hin. Die beiden Kirchen haben die Möglichkeit, gemeinsame Gottesdienste mit Abendmahlsfeiern (Interkommunion) durchzuführen (Synode von Košice 1972).

Die Führung kirchlicher Schulen ist ein weiteres Aufgabenfeld, das der Reformierten Christlichen Kirche in der Slowakei wichtig ist. Die Jugend soll im Geiste des christlichen Glaubens und der Liebe erzogen werden. Etwa zwei Generationen derjenigen Menschen, die heute Eltern sind, und die heutige Jugend, sind in einer Atmosphäre des Unglaubens aufgewachsen. In jenen Jahrzehnten stand auf den Fassaden der Schulhäuser die programmatische Inschrift: „Wir erziehen eine atheistische Jugend". Die Kirche war ihrer Schulen beraubt worden. Jetzt will sie nachholen, was ihr damals zu leisten verwehrt war und neben kirchlichen Schulen auch Jugendzentren, Studienzentren und Ferienlager organisieren. In der Praxis geht dies allerdings sehr langsam vor sich. Unsere Kirche konnte bis jetzt Grundschulen (in Dolný Štál-Alistál, Martovce, Kéty und Rožňava-Rozsnyó, Levice-Léva und Vojany-Vaján, und ein Gymnasium (in Rimavská Sobota-Rimaszombat) errichten. Ein Studienzentrum ist in Drahňov-Deregnyö gebaut worden, ein Missionszentrum in Jelka-Jóka und ein Jugendzentrum in Dolný Štál-Alistál. Dolný Štál liegt in der Westslowakei. Auch in der Ostslowakei wäre der Bau eines Jugendzentrums dringend notwendig. Die Kirchgemeinde in Veľké Kapušany bemüht sich darum, konnte bis jetzt (J. 2000) aber erst ein Grundstück erwerben und ein Projekt erstellen. (Die Bauarbeit geht langsam vorwärts /2004/).

Pressedienst

Der Pressedienst der Kirche ist sehr bescheiden. Sie hat keine Druckerei. Es erscheint ein kleines gesamtkirchliches Monatsblatt Kálvinista Szemle – Kálvinské Hlasy (Calvinistische Revue) in Ungarisch und Slowakisch, eine regionale Zeitung: Református Újság (Zeitung der Reformierten) in Ungarisch und eine kleine Zeitschrift Duchovná obnova (Geistliche Erneuerung) in Slowakisch. Außerdem konnte unsere Kirche einige Bücher herausgeben, darunter das Buch „Templomaink" (Unsere Kirchen) von János Bogoly mit kirchen-und kulturgeschichtlichen Angaben über unsere Kirchgebäude und mit Fotos (1996). Der Autor dieses Aufsatzes, B. Pándy verfaßte ein Buch über die Zeugen Jehovas, das 1996 in ungarischer Sprache und 1999 in slowakischer Übersetzung veröffentlicht wurde unter dem Titel: „Bratské slovo o Svekoch Jehovovych?“.. Im Jahr 2000 verfaßte er ein Buch über die „Seelenwanderung“ ungarisch,: „Lélekvándorlás“, dessen slowakische Version 2003 veröffentlicht wurde unter dem Titel „Vzkriesenie alebo Zmrtvychvstanie?“ 2003 wurde herausgegeben sein Lebenslauf unter dem Titel „Meggyújtott gyertya“ (Die angezündete Kerze). Untertitel ist: „Lebensweg eines ungarischen Pfarrers in der (Tschecho)slowakei in den Stürmen der Zeiten. Das Buch ist auch Zeitgeschichte und ein Stück Kirchengeschichte. Die deutsche Übersetzung wurde in 2005 fertig gemacht- Im Jahre 2004 erschien von ihm ungarisch das Buch unter dem Titel: „A világ teremtése.“ (Die Schöpfung der Welt“). Im. Jahre 2006 hat er herausgegeben ein Buch unter dem Titel: „Örök Élet „Ewiges Leben“. Im Buch sind Bibelauslegungen, Vorträge, Studien, Aufsätze ung Gesang-Übersetzungen.

In 2006 hat auch unser Bischof, Dr. G. Erdélyi ein Buch herausgegeben: „Lesztek nekem tanúim“. (Ihr werdet meine Zeugen). Im Buch befinden sich seine Predigten, Vorträge und Aufsäze, die er bei versciedenen feierlichen Anlässen gehalten oder geschrieben hat,

B. Pándy hat für das Jahr 2007 beinahe druckfertig vorbereitet sein Buch: „Nincs örök titok“ (Es gibt kein ewiges Geheimnis). Er hat in den totalitären Jahrzehnten anonym gearbeitet. Seine Übersetzungen und kleinere Schriften hat man in Holland herausgegeben. Nach der politischen Wende gibt er seine Werke mit Hilfe einer kleinen holländischen Hilfsgruppe aus. So kann er seine Bücher allen Kollegen in ihrem Land und vielen Kollegen in Ungarn und in Karpat –Ukraine gratis geben. So bekommen seine Bücher auch verschiedene Bibliotheken in den Nachbarländern. Er bittet, um geben zu können. Seinen diakonischen Dienst übt er mit brüderlichem Beistand aus Holland, und einst auch aus der Schweiz.

Soziale Arbeit

Die Reformierte Christliche Kirche in der Slowakei hat in Chanava-Hanva ein Diakoniezentrum gebaut. Unsere Frauenvereine unterstützen auch die Arbeit der staatlichen Sozialwerke (Waisenhäuser und Altersheime) mit Gartenprodukten, Kleidern und Lebensmitteln, die sie sammeln. Bei der Übergabe dieser Güter wird ein Gottesdienst gefeiert, der vom zuständigen Gemeindepfarrer gestaltet wird. Bei diesen Gottesdienstbesuchen sieht man, dass auch wenig begüterte Menschen, wenn sie in ihren Herzen Glaube und Liebe haben, den notleidenden Mitmenschen Freude bereiten können.

Die Lage am Ende 2004

Nach der letzten Volkszählung hat unsere Kirche in der Slowakei 109.763 Mitglieder.

Man hat die Bauarbeiten des Diakoniezentrums und Begegnungszentrums in Chanava-Hanva 2003 beendet. In diesem Objekt hat schon ein Altersheim unserer Kirche Platz bekommen. Leiterin des Altersheimes ist Daniela Erdélyi.

Nach langen und schwierigen Verhandlungen ist in Komárno-Komárom die Selye János Universität eröffnet. Unsere theologische Fakultät ist ein Teil dieser Universität.

Die Kirchgemeinde in Levice-Léva eröffnete das zweite Gymnasium unserer Kirche.

Das kirchliche Schulwesen geht bei uns langsam vorwärts. Aber wenn man rechnet, dass die Generation der Eltern und teilweise auch die Generation der Großeltern unserer jetzigen Schüler in atheistischem Geist erzogen worden sind, ist unsere Lage nicht hoffnungslos. Denn ein wesentlicher Teil der Jugend lebt in einem geistlichen Vakuum. In der Gesamtkirche haben wir jetzt einen Kindergarten, drei kleine, und zwei größere Grundschulen und zwei Mittelschulen. In den Grundschulen haben wir etwa 450, und in den Mittelschulen 200 Schülern.

Im Kirchenbezirk Východné Košice – Keletkassa leistet das Jugendzentrum in Čečejovce – Csécs, einen guten Dienst, wo man verschiedene Konferenzen und Jugendbegegnungen veranstaltet.

Etwa 110 km östlich von Čečejovce – Csécs, in Veľké Kapušany-Nagykapos, in dieser kleinen Stadt, wo das geistige Zentrum der Umgebung ist, setzen sich schon die Bauarbeiten eines Jugendzentrums fünf Jahre fort.

Die Restitution der kirchlichen Immobilitäten hat man bei uns nur teilweise durchgeführt. Den Boden und die kirchlichen Objekte, die die atheistische Regierung nach 1948 weggenommen hat, hat die Kirche zurückbekommen. Aber die Immobilitäten, die aufgrund der Dekrete von Beneš, also zwischen 1945-1948 konfisziert waren, hat die Kirche nicht zurückbekommen. Die diesbezüglichen Verhandlungen sind bis jetzt erfolglos geblieben.

Wir können aber mit Freude berichten, dass unsere zwischenkirchlichen Beziehungen sich gut entwickeln. Obwohl unsere Möglichkeiten vor der politischen Wende begrenzt waren, konnten wir mit Kirchen in anderen Ländern und anderen Kontinenten ökumenische Kontakte halten. Wie wir es schon erwähnten, ist unsere Kirche ein getrennter Teil, der ehemaligen Reformierten Kirche Ungarns. Solche getrennten Teile dieser Kirche befinden sich auch in Rumänien, in Karpat-Ukraine, und auf dem Territorium des ehemaligen Jugoslavien. Mit diesen Kirchen konnten wir durch lange Jahre hindurch keinen offiziellen Kontakt haben. In diesen Ländern war und ist unser Volk einer groben oder subtilen Assimilationstendenz ausgesetzt und diese Tendenz ist nirgends erfolglos geblieben. Das Bewahren der geistigen, kulturellen und ethnischen Erbschaft ist schwer geworden. Aber jetzt können wir trotz der bestehenden Schwierigkeiten mit unseren Brüdern und Schwestern in Kontakt treten.

Es ist gut, dass wir die Allgemeine Ungarische Reformierte Synode haben, wo wir unsere innenkirchlichen Probleme besprechen können. Und wir nützen die gegebene Möglichkeit auf allen Ebenen aus. So mehren sich die Begegnungen der Kirchenleitungen, und wo es ohne Visum möglich ist, auch die Begegnungen der verschiedenen Jugendgruppen und Partnergemeinden. Wir hegen eine Hoffnung, dass wir unsere geistige uns ethnische Einheit ohne Änderung der Grenzen, früher oder später auch offiziell deklarieren können. Wir können die Zeit nicht vergessen, als wir in unserer Heimat, wo auch unsere Väter und Urväter lebten, wegen unserer Muttersprache entrechtet und heimatlos waren. Die Folgen dieser Gesinnung sind rechtlich in unserem Land auch heute noch zu spüren. In jenen Jahren waren wir fremd in Ungarn, weil wir außerhalb der Grenzen lebten, und wir waren auch fremd in unserer Heimat, weil wir nicht der „staatsbildenden" Nation angehörten. Darum wollte man uns deportieren und unsere Schulen liquidieren. Wir durften nirgends eine Staatsbürgerschaft haben. Eine doppelte Staatsbürgerschaft würden wir unter diesen Umständen als Rehabilitation empfinden.

PREDIGTEN

Gehalten in Kirchlindach (Schweiz)
zwischen Juni – Ende November 1969

und

An der Universität in Bern	März	1969
Kirchgemeinde Bern – Wabern	Mai	1969
Kirchgemeinde Heiden	August	1998

Das Seufzen in der ganzen Schöpfung

Text: Römerbrief 8, 18 – 25

*Denn ich bin überzeugt, daß dieser Zeit Leiden nicht ins Gewicht fallen gegenüber der Herrlichkeit, die an uns offenbart werden soll.**

*Denn das ängstliche Harren der Kreatur wartet darauf, daß * die Kinder Gottes offenbar werden.*

**Die Schöpfung ist ja unterworfen der Vergänglichkeit – ohne ihren Willen, sondern durch den, der sie unterworfen hat -, doch auf Hoffnung;*

*denn auch die Schöpfung wird frei werden von der Knechtschaft der Vergänglichkeit zu der herrlichen Freiheit der Kinder Gottes.**

Denn wir wissen, daß die ganze Schöpfung bis zu diesem Augenblick mit uns seufzt und sich ängstet.

Nicht allein aber sie, sondern auch wir selbst, die wir den Geist als Erstlingsgabe haben, seufzen in uns selbst und sehnen uns nach der Kindschaft, der Erlösung unseres Leibes.*

*Denn wir sind zwar gerettet, doch auf Hoffnung. Die Hoffnung aber, die man sieht, ist nicht Hoffnung; denn wie kann man auf das hoffen, was man sieht?**

*Wenn wir aber auf das hoffen, was wir nicht sehen, so warten wir darauf in Geduld.**

Liebe Brüder und Schwestern liebe Gemeinde,

Das Leid gehört ebenso dem Menschenleben, wie die Nacht zum Tag. Man hört diese nüchterne Wahrheit nicht gern, und wird erschüttert, wenn sich einmal die schwere Zeiten, die Leiden einstellen. Wir möchten immer im Sonnenschein der Freude und des Glücks leben. Aber wenn es immer Tag wäre, würden die Menschen vielleicht noch heute nicht wissen, dass es auch Sterne gibt. Bei dem Licht der Freude und des Wohlstandes sieht der Mensch nur sich und seine kleine Welt, aber in der Nacht der Betrübnisse kann er auch weitere Dimensionen entdecken.

Die Christen erlebten in Rom große Schwierigkeiten. Sie galten damals nur als eine Sekte der Juden. Und diese waren im Jahre 49 durch ein Edikt von Kaiser Klaudius aus Rom ausgewiesen. Einige Jahre später wurde das Edikt aufgehoben, aber es gab für die Christen kein ruhiges Leben mehr. Sie wurden angefochten von außen her, von der Seite der Staatsmacht, aber sie waren angefochten auch von innen her, von Seiten ihres Geistes und Leibes. Und in den Wirrungen der Schwierigkeiten droht immer die Gefahr des Verzagens. So waren die Dinge im Leben der Römer Christen und so ist das auch in unserem Leben. Darum ist der Trost des Apostels immer aktuell: *„Die Leiden der jetzigen Zeit bedeuten nichts im Vergleich zu der Herrlichkeit, die an uns geoffenbart werden soll."*

Herrlichkeit. Ein wunderbares Wort. Eigenschaft Gottes. Kann aber ein Mensch auch Herrlichkeit haben? Denn gleich anfangs das Kind der ersten Eltern hat seinen Bruder getötet. In der Zeit Noahs war die Erde von Bösen des Menschen voll. Und später, wann Gott seinen eingeborenen Sohn gesendet hat, dankte der Mensch damit für die rettende Liebe Gottes, dass er auch den Heiland getötet hat. Seit Jahrtausenden gibt es immer irgendwo Krieg, fließt das Blut und vermehren sich die Waisen, Verlassenen und Verbannten, weil der Mensch herrschen will, nicht nur über die Natur, sondern auch über den anderen Menschen. Auf der einen Seite hat der Mensch ungeheuere Fortschritte gemacht und pocht auf seine Errungenschaften, auf der ethischen Seite ist er stehen geblieben, obgleich größere Möglichkeiten auch größere Verantwortung fordern. Ja, von uns aus, haben wir keine

Herrlichkeit. Und wenn uns in unserem Text doch eine Herrlichkeit versprochen ist, so ist das Gnade. Das ist nur so möglich, dass Gott uns durch Jesus Christus sieht, und lässt uns teilnehmen an den Früchten seines Opfers. Aber diese zukünftige Herrlichkeit muss sich auch in unserem gegenwärtigen Leben spiegeln. In unserem Text steht deutlich, dass diese, der Nichtigkeit unterworfene Welt seufzend auf die Söhne Gottes wartet. Nun könnte man aber wieder fragen: Wer sind diese Söhne Gottes? Bin ich das? Ist das mein Ehegatte, sind das meine Nachbarn, mein Chef und meine Mitarbeiter; Wir können das nicht recht beurteilen, wer Kind Gottes ist. Unsere eigene Tugend pflegen wir übergroß zu sehen, am andern fällt uns dagegen nur seine Schwäche auf. Wir beachten gleich die Splitter im Auge des Bruders, aber den Balken in eigenem Auge wollen wir nicht sehen. Das ist ein trauriger Zustand, wenn jemand sich um die Nachfolge Christi nicht kümmert, aber es ist kaum besser, wenn sich jemand seiner Glaubensleistungen rühmt, und behauptet, nur er sei ein richtiges Kind Gottes. Den anderen kann er immer etwas vorwerfen, weil sie ja gar nicht vollkommene Menschen sind. Der Apostel sagt uns in diesem achtem Kapitel wer seien Kinder Gottes. Im Vers 14. lesen wir: *„Denn alle, die vom Geistes Gottes getrieben werden, die sind Söhne Gottes.“* Der Apostel Johannes sagt uns in seinem Evangelium, dass Christus in das seine kam, und die seinen ihn nicht aufnahmen. So viele ihn aber aufnahmen, denen gab er Anrecht, Kinder Gottes zu werden Hier steht es also deutlich vor uns: Diejenige, die glauben und vom Geiste Gottes getrieben sind, sind Gottes Kinder. Ohne die Früchte des Geistes Gottes wäre unsere Welt und unser Leben öde und leer. Die materiellen Güter sind in unserem Dasein auch nötig, aber sie allein können uns nicht glücklich machen, und unserem Leben Sinn verleihen. Was nützt der Reichtum, die schöne moderne Wohnung, mit allen Errungenschaften unseres technischen Zeitalters, wenn in ihr die Früchte des Geistes Liebe, Freude, Friede, ...und Friede fehlen? Ohne diese Früchte ist das Leben der Familie auch in schöner Wohnung peinlich. Aber so ist das nicht ur in der Familie, sondern auch in der Welt. Der Mensch und die Welt gehören zusammen. Wegen des Menschen ist die ganze materielle Welt der Nichtigkeit unterworfen, sie seufzt und sich schmerzlich ängstigt bis jetzt. Diese, der Nichtigkeit unterworfene, seufzende Welt braucht die Kinder Gottes. Es gibt immer eine Unzufriedenheit, wo man Frieden stiften sollte. Es gibt immer eine Not, wo man helfen muss. Es gibt immer eine Bedrängnis, woraus man befreien muss und es gibt immer Tränen, die man abtrocknen muss. Wer soll das tun, wenn nicht die Gemeinde Christi, die im Auftrag Gottes und mit den von ihm empfangenen geistlichen und materiellen Gaben ihrem Herrn dienen will unter den Mitmenschen. Wir können die Welt nicht neuschaffen. Wir können weder uns, noch die Welt aus der Nichtigkeit freimachen, aber wir können hier ohne Egoismus, in der Freiheit der helfenden Liebe dienen. Dieser Dienst der Gemeinde vollzieht sich aber heutzutage nicht so leicht. Es gibt viele bremsende Kräfte, die uns in diesem Dienst hindern. Das erste Hindernis ist die Tatsache, dass wir Christen, Kinder Gottes, – wenn wir uns überhaupt so zu nennen wagen -, auch Menschen, und zwar schwache, zerbrechliche Menschen sind. Wir leben auch im vergehenden Leib. Wir kennen auch die Müdigkeit, die Krankheit und die Ohnmacht. Wir sind auch nur unterwegs zum Heil, zur Ewigkeit. Wir warten auch noch auf die Erlösung unseres Leibes.

Das zweite Hindernis gegen die Erfüllung unseres Dienstes ist unser Verstand. Wir sind geprägt von der modernen Welt und beim Hören des Gottes Wortes wollen wir alles, was mit unserem Verstand nicht übereinstimmt, wegwerfen. Wir wollen Gott, seine Werke und seine Offenbarung mit unseren menschlichen Maßstäben messen. Darum stellen wir auch Gott gegenüber solche Fragen: Warum? Wieso? Dabei vergessen wir, dass unser Erkennen Stückwerk ist. Es ist nicht schlecht, wenn der Mensch die Welt und die Naturgesetze immer besser kennen lernen will. Gott selber hat uns damit beauftragt. Im 8. Psalm lesen wir: *„Du (Gott) setzest ihn zum Herrschen über das Werk deiner*

Hände, alles hast du ihm unter die Füße gelegt." Es ist auch nicht schlecht, wenn man Gott besser kennen lernen will und darum auch die Bibel mit wissenschaftlichen Methoden forscht. Apostel Johannes sagt: *„Das aber ist das ewige Leben, dass sie dich. den allein wahren Gott und den du gesandt hat, Jesus Christus erkennen.*" Calvin sagt, dass es zum Glück des Menschen gehöre, Gott und sich selber kennen zu lernen. Und hier ist gleich da Problem: Der Mensch ist nicht imstande sich kennen zu lernen. Wir bemühen uns um anthropologische. anatomische, psychologische Analyse, aber das Endergebnis ist ungenügend. Wir sind zu schwach um unsere Schwachheit zu erkennen. Darum überhören wir das Wort des Propheten Jesaja, was er über Gott und über den Menschen sagt: *„Denn meine Gedanken sind nicht eure Gedanken und eure Wege sind nicht meine Wege, schpricht der Herr, sondern so hoch der Himmel über die Erde ist, so viel sind meine Wege höher als eure Wege, und meine Gedanken höher als eure Gedanken.*" Schlimm ist es also mit uns, denn wir kennen weder uns selber, noch Gott. Darum ist unser Leben voll bald vor Trotz und Überheblichkeit, bald vor Angst und Hoffnungslosigkeit. Aber ein glaubender Mensch sollte weder trotzig, noch hoffnungslos sein.

In unserem Text steht, dass wir und die ganze Kreatur auf Hoffnung hin gerettet worden sind. Unsere Hoffnung gründet sich auf die Liebe Gottes. Diese rettende Liebe Gottes erschien für alle Menschen in Jesus Christus. Er ist der Anfang der neuen Schöpfung. Unsere Erlösung und dadurch auch unsere Hoffnung sind in ihm vorhanden. Durch sein Wort und seinen Geist sammelt er seine Herde, baut seine Kirche auch heute. Auch heute können die modernen Menschen seine Stimme hören: *„Kommet her zu mir alle, die ihr mühselig und beladen seid, so will ich euch Ruhe geben.*" Jedoch viele wollen nicht zu ihm gehen. Aber die seinen hören seine Stimme und folgen ihm nach. Der Kampf seiner Herde geht immer über ihre Kräfte, aber von Tag zu Tag erlebt sie die Wahrheit des Wortes ihres Herrn: *Ich bin bei euch alle Tage bis an das Ende der Welt.*" Darum darf diese Herde in Hoffnung leben, trotz allen Erschütterungen, Kämpfen und Bedrohungen. Sie sieht das Leben auch dort, wo die andern nur den Tod sehen. Sie sieht in Hoffnung die Ewigkeit schon in dieser vergehenden Zeit. Sie glaubt auch in der Zeit der Heimsuchungen: „*Gott tut weh und verbindet, er schlägt wohl wunden, doch seine Hand heilt.*“

Die Menschen ohne Glauben pflegen auch Hoffnung zu haben. Diese Hoffnung ist aber voll von Unsicherheiten und Angst. Diese Hoffnung ist so, wie das Haus ohne Fundamente, oder der Baum ohne Wurzeln. Diese Hoffnung ist gegründet nur auf die sichtbaren Dinge, die nur vorläufigen Wert haben.

In meinem Land hat man schon gesehen wohin das führt, wenn man alle seine Hoffnungen auf die materiellen Dinge gründet. Im Laufe des Krieges und in den Wirrungen und Veränderungen der Zeiten nach dem Krieg hat man bei uns große Verluste gehabt. Im Krieg sind viele gestorben und nachher haben viele ihr ganzes Vermögen verloren. Die Fabrikanten haben keine Fabrik, die Landwirte keinen Boden und die Handwerker keine Werkstätten mehr. Das Geld wurde entwertet. Der Reichtum verschwand. Viele waren verzweifelt und fragten sich, ob das Leben überhaupt noch lohne. Alles, wofür sie gelebt, wofür sie gearbeitet, worauf sie ihre Hoffnung gegründet hatten, ging verloren. Und wer den Grund der Hoffnung verliert, verliert auch die Hoffnung selbst. So kam es manchmal zu Tragödien. Viele haben das Leben weggeworfen... So ist das also mit den Menschen, die die Hoffnung auf die eigene Existenz, auf den bestehenden Zustand, die materiellen Güter gründen. Diese Hoffnung ist eine gefährliche Selbsttäuschung. Die Erschütterungen inmitten des turbulenten Geschehens der Nachkriegszeit in unseren Ländern aber überlebten alle diejenigen, die trotz der großen Verluste doch nicht alles verloren haben. Nicht alles, denn sie haben etwas im Herzen gehabt, was man ihnen nicht mehr wegnehmen konnte. Dieses „etwas“ ist der Glaube, das Ernstnehmen dessen, was wir auch in unserem heutigen Text hören, „*dass die Leiden der jetzigen Zeit nichts bedeuten im Vergleich zu der Herrlichkeit, die an uns geoffenbart werden soll.*“ In der Zeit der großen Erschütterungen war in unseren Gemeinden eine hoffnungschaffende Kraft das tröstende Gotteswort. *„Fürchte dich nicht, glaube nur."* Eben die Änderung der Zeiten zeigt am deutlichsten, dass diese ganze Welt unter Nichtigkeit geworfen ist. Es gibt hier keine Standfestigkeit. Aber die Hoffnung des Glaubenden bleibt auch in den Wirren des Alltagslebens eine Kraft, die uns zur nüchternen Lebensanschauung führt.

Hier in der Schweiz lebt man fast zwei Jahrhunderten Frieden. Man hört hier über die vielfältigen Bedrängnisse der Mitmenschen in den verschiedenen Ländern nur durch die Nachrichten. Das Volk in der Schweiz hat Gott besonders viel zu danken. Man lebt hier im Wohlstand. Aber das stets steigende Lebensniveau soll niemanden zur Selbstsicherheit führen. Es wäre schrecklich, wenn hier etliche ihre Hoffnung auf den hiesigen Wohlstand, auf den großartigen Möglichkeiten gründen wollten.

In der Zeit der Reformation strömte aus der Schweiz eine heilende Kraft des Evangeliums in die Welt hinaus. Unser Land, Ungarn, wurde damals von den Türken besetzt. Ein großer Teil des Landes wurde verwüstet. Die Menschen, die die Katastrophe überlebten, suchten ihre Zuflucht in Wäldern. Und in dieser Finsternis strahlte plötzlich ein Licht auf. Das Licht haben die Verkündiger des Gottes Wortes angezündet, die in jener Zeit aus der Schweiz und Deutschland zurückkamen. Gott begann durch diese Ausleger des Wortes, durch diese Reformatoren in der Muttersprache des Volkes zu sprechen. Erst damals hat das Volk wirklich verstanden, dass auch die Katastrophen in Gottes Händen ein Mittel der Rettung werden können. So wurde die Zeit der Katastrophe zum Anfang der neuen Hoffnung. Das „Zweite Helvetische Glaubensbekenntnis" das unsere Urväter aus der Schweiz mitgebracht haben, ist heute noch ein Wegweiser im Leben der Kirche.

So war es damals, die Schweiz war ein treuer Lichtträger des *„Lichtes der Welt."* Meine Freude wäre groß, wenn auch ich aus der Schweiz köstliche geistliche Schätze mitnehmen könnte für unser, auch heute bedrängtes Volk.

Eins soll uns aber klar werden: Es gibt keine permanente Hoffnung, die sich auf den Menschen und Güter gründet. Auch in den Bedrängnissen dieser Zeit kann nur Gott eine wahre Rettung geben. Kein Reichtum und keine so genannten weltlichen „Großmächte" können uns retten. Die „Großen" wollen immer nur herrschen, und zugunsten ihrer Macht ohne Mitleid die Kleinen preisgeben. Sie können auch sich selber nicht retten. Unser einziger Retter ist Gott. Die Zeiten ändern sich. Aber Jesus Christus, in dem Gottes rettende Liebe erschienen ist, gestern, heute und morgen ist derselbe. Er bleibt treu, seine Güte dauert ewiglich. Das ist eben eine der wichtigsten Aufgaben der Kirche, Brücken zu bauen über die Abgründe des Hasses und der Gleichgültigkeit in der Hoffnung, dass unsere Arbeit nicht umsonst ist im Herrn. Er ist die Hoffnung der Welt, und gesegnet ist unser Leben, wenn wir diese Parole von Evanston auch als unser persönliches Bekenntnis nachsagen können: Er ist auch unsere Hoffnung.

Amen.

Fürchte dich nich

Text: Jesaja 43, 1 – 2

Und nun spricht der HERR, der dich geschaffen hat, Jakob, und dich gemacht hat, Israel: Fürchte dich nicht, denn ich habe dich erlöst; ich habe dich bei deinem Namen gerufen; du bist mein!

Wenn du durch Wasser gehst, will ich bei dir sein, daß dich die Ströme nicht ersäufen sollen; und wenn du ins Feuer gehst, sollst du nicht brennen, und die Flamme soll dich nicht versengen.*

Liebe Brüder und Schwestern, liebe Gemeinde,

Die Angst ist vor allem eine kindliche Eigenschaft. Das Kind, das in einem unbeleuchteten Zimmer abends allein bleibt, hat Angst. Es ist vielleicht nachmittags eingeschlafen, und wenn es schon dunkel ist wenn es aufwacht, ruft es nach den Eltern, will nicht im dunkel allein bleiben. In der Nähe der Eltern ist dann wieder alles in Ordnung.

Die Menschheit hat auch ihre Kinderalter gehabt. Nach dem Sündenfall lebte sie in einer rätselhaften, unbekannten dunklen Welt. Sie konnte noch lange nicht die Erscheinungen der Natur begreifen. Erst später, als sie mit ihrem von Gott gegebenen Verstand ihre Welt kennen lernen begann, sprach sie immer mehr über ihre Mündigkeit. Die Menschheit war durch Jahrhunderten hindurch der Meinung, dass wenn sie ihre Umgebung, die Naturgesetze ihrer Welt immer besser kennen lernte, könne sie die Angst aus ihrer Leben definitiv liquidieren. In der Zeit ihrer Unmündigkeit war sie sozusagen zusammengewachsen mit der Natur, mit den Mitmenschen, aber auch mit dem

Schöpfer, der die so große, schöne und geheimnisvolle Welt geschaffen hat.

Durch die Entdeckungen und Erfindungen ist dann die Erdenwelt für den Menschen klein geworden. Unbekannte Weltteile sind bekannt geworden, und die Weite ist durch die technischen Errungenschaften Nahe gekommen. Man kann in ein paar Stunden ungeheuere Weite bewältigen. Aber nicht nur die Erde, sondern auch der Gemeinschaft schaffende Glaube ist kleiner geworden. Wir betonen gern unsere menschliche Würde, wollen unseren Willen durchsetzen, aber diese unsere Tendenz führt zur Isolierung. So kommt es dann, dass der weit lebende Mensch uns nahe ist, aber der Mensch, der neben uns, mit uns lebt, ist weit von uns. Wie oft verstehen sich die nebeneinander lebenden Menschen nicht! Wievielmal seufzen Menschen, die scheinbar alles haben, das zu einem glücklichen Leben genügen sollte, und sie sich doch unglücklich und verlassen fühlen. Die übertriebene Liebe zu Tiere stammt manchmal davon, dass der Mensch sich unverstanden, allein stehend, verlassen fühlt. Jeder von uns sehnt sich bewusst oder unbewusst nach einem schönen Leben, wo man geliebt ist, wo man Liebe und Treue empfangen und erwidern kann. Die Treue der Tiere ist für viele Menschen eine Entschädigung für die fehlende Liebe und treue der Menschen.

Die Forschung des Weltalls führt uns dann in eine weitere Perspektive. Die Erdenwelt ist durch die technischen Errungenschaften kleiner geworden, aber anders ist das mit dem Weltall, mit dem Universum. Es ist in Folge des vortschrittes viel größer geworden. Durch Jahrtausende hindurch hat der Mensch gedacht, dass die Erde die Mitte der Welt sei. Er sagte, die Sonne und Sterne seien nur Schmuck und Erleuchtungskörper für die Erde. Heute lernt schon jedes Kind in der Schule, dass unsere Erde nur ein kleiner Teil des großen Universums ist. Es gibt viele Sonnensysteme, Milliarden von Planeten und Sternen, die größer sind, als unsere Erde. Die Erdenwelt ist also in dem großen Weltall eine Miniwelt geworden. In dieser großen Welt muss sich aber der Mensch klein fühlen. Er ist trotz allen seinen titanischen Plänen und allen seinen großen Taten ein kleines Geschöpf, besonders wenn es um die Meisterung seines Lebens geht. Früher oder später muss jeder erkennen, dass er sein Leben nicht meistern kann, dass er kein Herr über sein eigenes Leben ist. Durch die Entdeckungen ist die Welt größer geworden, aber die Angst ist auch nicht verschwunden. Man könnte sogar sagen, dass nicht nur die Welt, sondern auch die Angst größer geworden ist. Wer hat früher an die verschiedenen Strahlungen gedacht, die heute unser Leben ernstlich bedrohen können?! Oder denken wir nur an die verunreinigte Luft und das verunreinigtes Wasser. Denn die Exhalaten der Motoren und der Rauch der Fabriken vergiften die Luft, die wir in jedem Moment einatmen, manchmal in solchem Maß, dass man es nicht mehr außer Acht lassen kann.

Wir freuen uns immer auf die neu erfindenen Medikamente, die die Krankheiten unserer Körper heilen können, aber dann hören wir die Warnungen der Fachmänner, der Ärzte, dass man sie sehr vorsichtig gebrauchen sollte, weil sie, während sie die Krankheiten unseres Organismus heilen, einem anderen Teile des Körpers schaden können. Es gibt Tabletten oder Pillen, bei denen nicht eindeutig klar ist, ob sie nicht einen schädlichen Einfluss auf die Nachkommenschaft haben. Die moderne Landwirtschaft kämpft für die Gesundheit der Pflanzen und Früchte mit Chemikalien, aber dann besteht die Gefahr, dass die Früchte aus den Chemikalien etwas aufsaugen, und für die menschliche Gesundheit nicht mehr garantiert tadellos sind.

Das ist nur ein Teil der neuzeitlichen Angst der Menschen. Aber dazu kommen noch viele andere Dinge, die uns Angst verursachen. Die Reisen zB. bedeuten nicht nur einen Genuss, sondern auch eine Gefahr. Es gibt keine absolute Sicherheit auf den Strassen, in der Luft, oder auf dem Meer. Man kann Angst haben für den Besitz, für den Erfolg, für den rechten Platz in der Welt. Aber man ängstigt sich auch wegen der verschiedenen Schwierigkeiten, die man in seinem Leben überwinden sollte, wofür man aber zu wenig Kraft besitzt. Und dann kommt die allergrößte Angst die Todesangst. Man muss einmal alles hier lassen und buchstäblich Staub werden. Wenn man all dies überlegt, verschwindet der Titanismus und man fühlt sich klein, vereinsamt und ohnmächtig. Man kann dahin gelangen, dass man verzweifelt schreit, dass so das Leben keinen Sinn habe. Zu dieser großen Angst kommt es einmal im Leben jedes Menschen, vorausgesetzt, dass wir uns nicht in totale Gleichgültigkeit, in falschen Ideen und Einbildung, also in Illusionen hüllen.

Die Vorsehung Gottes ist aber unaussprechlich groß. Er will uns nicht versinken lassen. Er kommt zu uns, verzweifelten, ängstlichen Menschen. Er ruft in die Finsternis unseres problemvollen, ohnmächtigen vereinsamten Lebens auch jetzt in diese Kirchgemeinde sein Wort hinein: „Fürchte dich nicht." Hier geschieht etwas ähnliches, wie wenn ins dunkle Zimmer der vor Angst zitternden Kindes der Vater eintritt, das licht aufmacht und lächelnd sagt: fürchte dich nicht mein Kind. Wenn irgendwo ein verzweifeltes Mensch, ein bedrohtes Volk dieses Wort Gottes ernst nimmt, verwirklicht sich wieder und wieder die Prophetie Jesaja, in der es heißt: *„Das Volk, das in Finsternis wandelt, sieht ein großes Licht, denen, die im Lande des Dunkels wohnen, strahlt ein Licht auf."* Gott nimmt uns auf, und mit väterlicher Liebe sagt er das Bekenntnis: *„Mein bist du."* Gott sagt es aber nicht nur, sondern begründet es auch, warum wir seine Kinder sind. Erstens sagt er, dass wir die seinen sind, weil er uns geschaffen hat. Unsere irdischen Eltern waren nur ein Mittel in seiner Hand, aber wir sind hier in dieser Welt seine Gesandten. Zweitens sagt er uns, dass er uns auch erlöst hat. Er ist in Jesus Christus in unser irdisches Dasein herabgekommen, um uns zu neuem Leben zu rufen, zu erlösen. Das ist die Liebe Gottes, die überragt allen menschlichen Verstand. Durch die Erlösung Jesu Christi dürfen wir Gottes Kinder sein.

Er ruft uns bei unserem Namen, heißt es in unserem Text. Er hat uns schon bei der Taufe bei unserem Namen gerufen. Aber seit dem ruft er uns immer wieder bei unserem Namen. In der Predigt ruft er nicht nur so allgemein die Menschheit oder die Gemeinde, nicht nur die Nachbarn und andere Menschen, sondern ganz persönlich und namentlich uns. So spricht er zu uns immer, wenn wir sein Wort in der Familie, in der Stille unseres Heims lesen. Das verlorene Eden, das leichtsinnig weggeworfene ewiges Leben will uns Gottes Gnade in Jesus Christus wieder schenken. Leider wollen das viele nicht in dem Glauben empfangen. *„Der Glaube kommt aus der Predigt, die Predigt aber durch das Wort Christi,"* heißt es im Römerbrief. Nach der predigt sehnen sich nicht allzu viel Menschen, und so sinkt das Glaubensleben. Man ist bereit das Größte Erbe zu verschwenden, das Geschenk, Gottes Kind zu sein. In dem Johannes Evangelium steht es, dass unser Herr Jesus Christus denen, die an ihn glauben, anrecht gab, Gottes Kinder zu werden.

Seinen Kindern gibt dann Gott die wunderbare Verheißung: *„Wenn du durch Wasser gehst ich bin mit dir, wenn durch Ströme, sie werden dich nicht überfluten."* Auch der glaubende Mensch wagt kaum diese große Verheißung zu glauben. Sie stimmt nicht mit seinem Verstand überein. Hier sagt Gott ganz einfach soviel, dass er mächtiger ist, als irgendeine Macht oder Anfechtung dieser Welt, die uns unsere Gottes Kindschaft nehmen will. Wenn wir fest im Glauben leben, kann uns niemand aus seiner Hand herausreißen. Es mögen kommen irgendwelche Ströme der Weltanschauungen, irgendeine Flut der Gottlosigkeit oder der allgemeinen Lebensmode der Menschen, wir bleiben in unserem Glauben, unserer Liebe, in der Nachfolge Christi unerschüttert, wie ein Fels an dem stürmischen Ufer des Ozeans. Das Leben des glaubenden Menschen wird nicht durch die allgemeine Gewohnheit der Anderen regiert, sondern durch das Wort Gottes. Er fragt bei seinen Entscheidungen und Taten nicht, was dazu die Menschen sagen, sondern was dazu Gott sagt. Er sucht nicht den Beifall der Menschen, sondern den Beifall Gottes. Auch wenn die ganze Umwelt dem bequemeren breiten Weg ginge, bleibt er auf dem schmale Wege, der zum Heil, zum ewigen Leben führt.

Gott sagt uns in unserem Text, dass er seine Kinder auch aus dem Feuer, aus den Flammen befreien kann. Die drei Jungen in der Gefangenschaft des babylonischen Königs haben das geglaubt, und so erlebten sie die übernatürliche Befreiung durch Gott aus dem Feuerofen. Man ist geneigt im Schatten seines ruhigen bequemen aufgeklärten Lebens diese göttliche Aussage verlachen. Doch gibt es immer Menschen, die Gott durch das Feuer der Leiden hindurchgeführt hat, und die Wahrheit von Gottes Aussage bekennen können. Es leben heute vielhunderttausende Menschen, welche die Befreiung Gottes aus dem Feuer des Krieges durchlebten. Ich gehöre auch zu diesen Menschen. Wievielmal schien das Überleben des Kriegsfeuers unmöglich! Es waren Stunden, in denen wir uns in der Seele in jedem Moment verabschiedeten von unseren Lieben. Es hatte Feuer von oben und von allen Seiten. Die Detonationen von Bomben und Minen, die Schüsse von Kanonen und Maschinengewehren waren nach menschlicher Meinung unmöglich zu überleben. Aber bei Gott ist nichts unmöglich. Er hat uns aus dem Feuer herausgehoben.

Gott führt uns darum manchmal durch das Feuer des Leides, weil er uns zum Empfang des ewigen Lebens tauglich machen will. Die Prüfungen im Leben seiner vergesslichen Kinder sind manchmal die Zeichen seiner Liebe. Und so können wir in guten und schweren Zeiten getrost sein Wort ins Herz schlissen: *„Fürchte dich nicht, denn ich erlöse dich,: ich rufe dich bei deinem Namen, mein bist du.“*

Amen

Trost Gottes

Jesaja 66, 13

Ich will euch trösten, wie einen seine Mutter tröstet; ja, ihr sollt an Jerusalem getröstet werden.

Liebe Brüder und Schwestern, liebe Gemeinde,

Der alttestamentliche König Salamon hat einmal gesagt, dass das Bücher-Schreiben niemals beendet ist. In jener Zeit gab es noch sehr wenige Bücher, denn sie wurden damals nur von Hand geschrieben. Eine Buchrolle hatte in den Jahrhunderten vor der Erfindung des Buchdrucks einen großen Wert. Erst die Druck-Kunst hat die Bücher billig, allen Menschen zugänglich gemacht. Aus Büchern kann man lernen – leider nicht nur Gutes – oder sich durch sie unterhalten lassen. Alle haben eine gemeinsame Eigenschaft: in ihnen, oder durch sie spricht der Mensch. Er schreibt hier seine Erfahrungen, Freuden, Leiden oder Kenntnisse nieder. Es gibt aber ein Buch, das ganz anders ist als die anderen, denn in ihm schpricht Gott selber zu uns. Dieses Buch ist die Heilige Schrift, die Bibel. Die Buchstaben darin haben zwar auch Menschen geschrieben, aber die Initiative stammt von Gott. Die von ihm auserwählten Menschen legen hier Bekenntnis davon ab, was Gott geschaffen und gesagt hat. Die Wissenschaftler, die Theologen diskutieren heutzutage viel darüber, wie dieses wunderbare Buch eigentlich entstanden ist, aber keine menschliche Debatte ändert etwas an der Tatsache, dass in der und durch die Bibel Gott spricht. Aber wer mit suchender Seele die Heilige Schrift liest, der erfährt, dass in diesem

Buch Gott nicht immer gleich spricht. Man findet hier Berichte über ganz gewöhnliche, alltägliche Ereignisse, Streitigkeiten und Kriege. Der Mensch und seine Taten sind hier gar nicht idealisiert. Man sieht ihn hier in seiner ganzen Swachheit, aber man sieht auch Gott als gewaltigen Herrn, der seine Geschöpfe unterrichtet, richtet, tröstet, zum neuen Leben ruft, rettet. Gott spricht durch sein Wort immer gerade so, wie wir Menschen es brauchen, was uns wohl tut. Der Mensch weiß oft nicht, was er eigentlich braucht, aber Gott weiß es immer. Darum geschieht es manchmal, dass wenn Gott über uns Gericht hält, wir empört sind und nicht anerkennen wollen, dass wir das Gericht verdient haben.

Aber wir wollen manchmal auch den Trost Gottes nicht empfangen. Wir denken, Trost brauche nur der, der sehr schlecht daran ist, oder sehr großen Verlust hatte. Aber Gott weiß, dass wir alle seinen Trost brauchen. Wir betrügen uns und unsre Umwelt manchmal selber. Wir sind verschlossen und suchen zu vertuschen oder verbergen was uns anliegt, was uns bedrängt. Gott sieht aber nicht nur die Oberfläche unseres Lebens, sondern auch unser Herz. Er kennt unsere Unruhe, unseren offenbaren oder geheimen Schmerzen. Er weiß, dass unsere Großartigkeit, unser Lachen, der scheinbare Glanz unseres Lebens uns manchmal als Hülle dienen, hinter der wir unsere Traurigkeit verbergen. Wenn wir einmal offen erzählen wollten, was uns alles weh tut, was uns alles bedrängt, wären wir überrascht, mit wie viel geheimer Lebenslast wir Tag zu Tag beladen sind.

Wenn es so mit uns ist, dann müssen wir alle bekennen: Gott, wir alle brauchen deinen Trost. Geben wir unser unruhiges Herz, unser bedrängtes Leben ihm, der uns in dem heutigen Bibelvers sagt: „Ich will euch trösten."

In unserem Text gibt uns Gott ein sehr schönes Bild von denen, die in dieser Welt wahrscheinlich am besten trösten können. Es sind die Mütter. Hier steht es: „*Wie einen seine Mutter tröstet, so will ich euch trösten.*" Wie die Mutter ! Leider, nicht alle erwachsenen Kinder können erfahren, was für eine wunderbare Kraft die tröstende Worte der Mutter haben. Die ihre Mutter früh verloren, können es nie mehr erfahren, und die mit der Mutter zusammenleben dürfen, aber in ihr nur einen hier gebliebenen Rest vergangener alten Zeiten sehen, wollen das nicht erfahren. Solche Kinder, die die Eltern nicht ehren, sind aber zum Glück eine Ausnahme. Die meisten können froh bekennen, dass die Mutter wundersam trösten kann. Auch in unserer nüchternen, romantikarmen Welt ist es so, dass von der Mutter entfernt lebende erwachsenen Kinder, wenn es Ihnen schlecht geht, wenn sie Wunden bekommen, wenn sie den Schmerz nicht mehr allein ertragen können, nach Hause, zur Mutter fahren, um ihr Herz auszuschütten, Trost zu empfangen.

Es lohnt sich etwas näher zu beobachten, wie die Mütter trösten. Erinnern wir uns an unsere eigene Kindheit! Wievielmal sind wir bei den sorglosen Kinderspielen hingefallen, in Tränen ausgebrochen. Die Muter lief uns zu, umarmte uns, hob uns auf, und gab uns vielleicht noch einen Kuss. Und die Welt war plötzlich wieder in Ordnung. Die Tränen wurden getrocken, wir hatten bald den Fall vergessen und wir konnten wieder froh lachen und weiter spielen. Was hat uns eigentlich die Mutter gegeben? Scheinbar nichts und doch sehr viel. Sie hat s i c h uns gegeben, ihr ganzes Wesen, ihre ganze Liebe. Sie hat vielleicht nur soviel gesagt: Fürchte dich nicht mein Kind, ich bin hier. Und das ist einem Kind immer genug.

In ähnlicher weise tröstet uns auch Gott. Er gibt uns auch sich selber. Wir dürfen seine Kinder sein. Welch großes Geschenk, Kind zu bleiben, sich auch mit grauem Haupt Kind nennen zu dürfen. Gott gibt sich uns in Jesus Christus. In ihm ist er ganz in unser irdisches Dasein herabgekommen. Nicht nur damals, nicht nur vor beinahe zweitausend Jahren, sondern ist er auch heute. Er sagt seinem jeweiligen Jünger nicht nur, dass er mit ihm ist, sondern viel mehr. *„Ich bin bei euch alle Tage bis an das Ende der Welt."* Das kann keine Mutter ihrem Kind sagen. Wir irdischen Eltern bleiben nur eine Weile hier bei unseren Kindern. Generationen kommen und fallen ins Grab, die Welt ändert sich wieder und wieder, aber Jesus Christus ist immer hier, um die Menschen zu rufen, trösten, richten und heilen. Je wir mehr unser Leben ohne ihn einzurichten wollen, umso mehr brauchen wir ihn. Unsere Gleichgültigkeit, unser Unglaube oder laue Glaube ist ein Schrei nach seiner Hilfe, nach seinem Trost.

Unsere Lebensanschauung ist manchmal falsch. Wir legen großes Gewicht auf unsere Pläne, und ist für uns Trost und Beruhigung, sie durchführen zu können. Wenn wir uns überhaupt von Gott trösten lassen, wollen wir seinen Trost darin sehen, dass er uns alles gibt, was wir haben wollen, was uns gefällt. Aber unsere Interessen beschränken sich manchmal auf vergehende Dinge von nur vorläufigem Wert. Wir möchten eine schöne Wohnung mit allen Errungenschaften der modernen Technik. Wir wollen angenehme, bequeme Lebensbedingungen, Anerkennung; Macht, Kraft und noch vieles andere von dem, was uns unsere moderne Welt bieten kann.

Unsere Bestrebungen nach einem schöneren, reicheren Leben ist eine gesunde menschliche Tendenz. Wir können mit dankbarem Herzen verwenden all das, was uns Gott hier gibt. Schlimm ist es aber mit uns, wenn wir nur das wollen, was uns Gott gibt, aber ihn selber nicht wollen. Gott weiß, dass wir auch irdische Bedürfnisse haben und er auch gibt uns sie. Aber sein Befehl an die, nach irdischen Sachen trachtenden und rennenden Menschen ist: *„Suchet zuerst sein Reich und seine Gerechtigkeit.“!* All das, was wir aus der Welt haben können, kann unsere Besorgnisse nicht wegnehmen und uns dauernden Trost zu geben. Was für einen Trost kann uns diese Welt überhaupt geben, wenn einmal unser letzter Tag kommt. Was nützt dann alles, was wir hier gehabt haben: Geld, Macht, Anerkennung, Titel, Wissen, haben dort keinen Wert mehr. Sie können nicht nur nicht trösten, sondern machen vielleicht den letzten Abschied nur noch schwerer. Der einzige Tröster, der uns auch dort trösten kann, ist Jesus Christus. Er hat den Tod überwunden. Er ist der Weg vom vergehenden Leben ins ewige

Leben. Unser einziger Trost bleibt also Jesus Christus, der sich selber für uns gegeben hat, der unser irdisches Leben durch Liebe und Glauben reich und schön machen will, und der uns ewiges Leben schenkt.

In unserem Text haben wir nicht nur davon gelesen, wer und wie uns tröstet, sondern auch, wo wir getröstet werden können. Es steht hier: *„Ihr sollt in Jerusalem getröstet werden."* Die Städte sind auch nicht alle gleich. Jede Stadt hat ihre Eigenart, ihre Berühmtheiten. Die eine Stadt ist berühmt für die natürliche Schönheit ihrer Umgebung, die anderen für ihre Fabriken, Schulen oder Geschäfte. Die Hauptstädte sind berühmt für das Parlament, das Bundeshaus und Botschaften. Jerusalem war in jener Zeit berühmt für die Kirche; für den Tempel. Der Tempel war das Zentrum des Glaubenslebens, wohin mindestens einmal im Jahre jeder Israelit auch aus den weitgelegenen Gebieten zu wandern strebte, um dort Gott Opfer zu bringen, sein Wort zu hören. Der Tempel war für das Volk das wahre Bundeshaus, weil dort Gott seinen Bund mit seinem Volk wieder und wieder kundgetan hatte. Dort verkündete Gott durch die Propheten seine Gnade und die Erneuerung des Bundes. Dort erging die Verheißung über den kommenden Heiland. Sie gingen dorthin mit ungelösten Lebensproblemen, Angst und Sorgen, aber sie dürften die frohe Botschaft hören: Fürchte dich nicht, dein Heiland kommt und befreit dich. Wer mit offenen Herzen an Gebet, Opfer, Hören des Gottes Wortes Anteil genommen hat, durfte getrost nach Hause gehen.

In diesem Sinne war Jerusalem für das alttestamentliche Volk wahrlich Jerusalem, das heißt: die Stadt des Friedens. Dort hat Gott seinem Volk durch seine frohe Botschaft, durch seinen Trost Frieden gegeben. Darum steht es hier in unserem Text: ihr sollt in Jerusalem getröstet werden.

Für das Volk in der babylonischen Gefangenschaft bedeutete diese Verheißung Gottes über Jerusalem besonders viel. Wenn ihnen Gott durch den Propheten gesagt hatte, dass sie in Jerusalem getröstet werden würden, das bedeutete, dass Gott sein Volk befreien wollte, dass sie heimkehren dürften in das verlassene Land, dass sie im Lande der Väter weiter leben könnten. Diese Verheißung Gottes bedeutete damals für das Volk die Erfüllung der schönsten Hoffnungen.

Liebe Gemeinde, wir haben auch unser Jerusalem. Was in jener Zeit für das alttestamentliche Volk Jerusalem war, das ist heute für uns, die Kirchgemeinde, die Kirche, der Gottesdienst. Die Kirche ist auch heute der Ort, wo uns Gott besonders ansprechen, lernen, und trösten will. Was für das alttestamentliche Volk Verheißung war, ist für uns schon Wirklichkeit. Wir sind schon das Volk des damals erwarteten Heilandes, Jesu Christi. Er hat für uns ein unfassbares Geschenk zugesagt: das ewige Leben. Das Evangelium des ewigen Lebens ist unser größter Trost. Wir haben oft untragbare Lasten, unlösbare Probleme, aber die Gnade Gottes, die uns in Jesus Christus erschien, die Gott in unserem Jerusalem, in der Kirche verkündigen lässt, genügt uns mehr Kraft zu gewinnen, getröstet zu werden.

Seht, wie viele Menschen tragen ihre offenbare oder geheime Lasten, zerbrechen beinahe daran, und kommen doch nicht in die Kirche, um mehr Kraft empfangen, Trost zu finden.

Gott ist überall anwesend, er kann uns auch in unserem alltäglichen Leben oder in der Stille unseres Heims ansprechen, lehren trösten. Er tut es auch überall dort, wo wir ihn mit ernster Seele suchen. Aber diese Möglichkeit macht der Gemeinschaft der Brüder und Schwestern in der Kirche nicht überflüssig. Findet Trost, der mit dem Psalmist sagen kann: *„Wohl denen, die in deinem Hause wohnen, die dich immerdar preisen.“*

Amen

Bartimäus

Markus 10, 46 – 52

Und sie kamen nach Jericho. Und als er aus Jericho wegging, er und seine Jünger und eine große Menge, da saß ein blinder Bettler am Wege, Bartimäus, der Sohn des Timäus.

Und als er hörte, daß es Jesus von Nazareth war, fing er an, zu schreien und zu sagen: Jesus, du Sohn Davids, erbarme dich meiner!

Und viele fuhren ihn an, er solle stillschweigen. Er aber schrie noch viel mehr: Du Sohn Davids, erbarme dich meiner!

Und Jesus blieb stehen und sprach: Ruft ihn her! Und sie riefen den Blinden und sprachen zu ihm: Sei getrost, steh auf! Er ruft dich!

Da warf er seinen Mantel von sich, sprang auf und kam zu Jesus.

Und Jesus antwortete und sprach zu ihm: Was willst du, daß ich für dich tun soll? Der Blinde sprach zu ihm: Rabbuni, daß ich sehend werde.

Jesus aber sprach zu ihm: Geh hin, dein Glaube hat dir geholfen. Und sogleich wurde er sehend und folgte ihm nach auf dem Wege.

Liebe Brüder und Schwestern, liebe Gemeinde,

Die Gesundheit, die körperliche und seelische Ganzheit ist einer der allergrößten Schätze, den man in seinem Leben von Gott bekommen mag. Alles, was man hier haben kann, verliert an seinem Werte, kann sogar auch wertlos werden, wenn man keine Gesundheit, keine Kraft mehr hat. Mit der Gesundheit sind wir oft so, wie mit vielen anderen Dingen unseres Lebens, dass wir sie nicht zu schätzen vermögen.

Vielleicht ist vielen unter uns nicht alles gegeben, was sie haben möchten, und sie schauen mit Neid die Anderen an, die es viel besser haben. Aber solch ein Mensch sollte bedenken, was für einen großen Schatz er bekommen hat, wenn er gesunde Glieder hat. Ein wie großer Geschenk ist das, wenn man Füße hat und gehen kann, wenn man Hände und Verstand hat und so das tägliche Brot für sich und für die seinen verdienen kann, wenn man Augen hat und die wunderbar geschaffene Welt Gottes alles, was hier einem so lieb ist, sehen kann. Was für einen Reichtum der Mensch hat, der sehen, gehen, beten und arbeiten kann, können wir erst dann schätzen, wenn wir sehen, wie viele Menschen es gibt, die diesen Reichtum nicht restlos innehaben. Und doch, diese armen Menschen sind manchmal reicher als die Anderen. Sie sind reich im Glauben und in der Hoffnung.

Als Beispiel steht heute vor uns Bartimäus. Er war blind. Wir, denen Gott gesunde Augen geschenkt hat, können uns kaum vorstellen, was für ein trauriger Zustand es ist, blind zu sein. Das Leben ist so eine ewige Nacht. Aber die Finsternis in ihrem Leben ist noch größer, als die Finsternis einer Nacht. Auch in der dunkelsten Nacht gibt es etwas Licht. Wenn man die Augen zu tut, wird es Dunkel. Aber diese Dunkelheit ist auch keine völlige Dunkelheit, denn man hat in Erinnerung das Licht, und in Gedanken kann man sich vorstellen die bekannten Gesichter, die Gegenstände und die bekannte Welt. Aber wer in seinem Lebtag das Licht nicht gesehen hat, wer noch keine Erfahrung hatte, wie die Welt, die Mitmenschen aussehen, lebt in völliger Dunkelheit. Zu diesem traurigen Zustand kam noch in den alten Zeiten, dass sie keine Unterstützung bekamen, um sich die zum Leben notwendigen Dinge und das alltägliche Brot beschaffen zu können. Arbeiten könnten sie nicht und so blieb ihnen nichts übrig, als an dem Rande des Weges zu bleiben und mit ausgestreckten Händen bitten, betteln. So hat es auch dieser Bartimäus gemacht. Es war warm oder kalt, er stand am Rande des Weges zwischen Jerusalem und Jericho und bettelte. Er hat nur soviel gehabt, als ihm die barmherzigen

Menschen gegeben haben. Und die Barmherzigkeit war auch damals, – wie wir es vom Beispiel des barmherzigen Samariters kennen – eine ziemlich seltene menschliche Eigenschaft. Dieser Bartimäus hat also ein vielfältig schweres Leben gehabt.

Aber es geschah etwas mit ihm. Auf dem Wege zwischen Jericho und Jerusalem zog viel Volk vorüber. Der blinde Bettler erkundigte sich, was dieser Lärm, diese Menge bedeuten solle. Und als er erfuhr, dass es Jesus mit seinen Jüngern sei da, begann er zu schreien: *„Sohn Davids, Jesus, erbarme dich meiner.“* Von diesem wunderbaren Rabbi, von diesem wandernden Profet hat auch schon der Bettler am Rande des Weges gehört. Er hat gehört von seinen großen Taten, darum hat er sich an ihn gewandt. In seinem Gebet, *„Jesus, Sohn Davids erbarme dich meiner.“* drückt er seinen Glauben aus, dass er Jesus nicht nur als einen Arzt, nicht nur als einen Profet anerkennt, sondern als Messias, als Heiland. Er hat geglaubt, dass dort, wo alle menschliche Hilfe kraftlos und vergeblich ist, Jesus noch helfen kann.

Es lohnt sich einen Blick auf die Jünger und auf das Volk, die Jesus folgten, zu werfen. Sie wollten den armen Blinden nicht zu Jesus lassen. Sie wollten ihn zum Schweigen bringen. Diese Menschen haben den Herrn noch nicht verstanden. Sie wollten ihn, seine Hilfe, nur für sich in Anspruch nehmen. Sie waren also selbstsüchtig auch in der Nachfolge Christi. Aber Bartimäus ließ sich nicht abraten. Er schrie noch viel mehr und er schrie nicht umsonst. Jesus rief ihn zu sich. Der Heiland und der arme blinde Bettler standen einander gegenüber. Und Bartimäus, der seinen Lebtag immer nur bat, bat hier wieder. Aber jetzt bat er nicht so, wie andere Male, wo er immer um etwas Almosen, ein Stück Brot oder Geld bat. Von Jesus erwartete er viel mehr, er bat ihn um das Licht, um das Geschenk des Sehens. Der Herr hat seinen Glauben erkannt und hat ihm das Geschenk des Sehens gegeben.

Aber was könnte wohl dieser Bartimäus nach seiner Heilung von den Jüngern und von den Nachfolgern Christi denken, die ihn die ihn seines Flehenswegen bedrohten, und ihm den Weg zum Herrn versperren wollten? Er musste feststellen, dass Jesus gut ist, dass seine Barmherzigkeit unendlich ist, Aber die Anderen, trotzdem sie scheinbar Jesus Nachgehen, sich zu ihm bekennen, sind gefühllose, umbarmherzige Menschen. Leider, in vielen Fällen ist es auch heute nicht anders. Die größten Kriege, wo soviel Millionen Menschen umgekommen sind, die soviel Elend und Reue auf die Welt gebracht haben, haben die christlichen Völker geführt. Was für eine erschütternde Tatsache für die Vergangenheit, was für eine katastrophale Aussicht für die Zukunft, dass Völker, die schon Jahrhunderte das Evangelium Christi hören, indem es heißt: *„Liebet eure Feinde und bittet für die, welche euch verfolgen, damit ihr Söhne eures Vaters in den Himmel seid*“, einander töteten. Aber nicht nur die Mächtigen, sondern auch wir einfache Menschen, lassen das Evangelium der Liebe in unserem Alltag außer Acht. Nicht nur unter den der Kirche entfremdeten, sondern auch unter den Kirchentreuen gibt es Menschen, für die das Wort Gottes, draußen in der Welt nichts bedeuten. Sie gehen hie und da in die Kirche, und beschwichtigen ihr Gewissen, dass sie ihrer christlichen Pflicht nachgegangen sind, aber draußen in dem Leben läuft alles weiter auf den alten Geleisen. Sie gehen gefühllos vorbei an der schreienden Not der Mitmenschen. Darum ist die Glaubwürdigkeit der Christen in der Welt so Erschüttert. Die nicht Christen und die Ungläubigen mit scharfer Kritik folgen alle unsere Taten. Wir sollen endlich einmal schon ernst nehmen die Warnung der Heiligen Schrift: „Weh denen derentwillen Gottes Name unter den Heiden gelästert wird.“

Der betende blinde Bettler aber kann nicht nur bitten, sondern auch geben. Er gibt uns ein schönes Beispiel, eine beherzigende Lehre, wie man im Beten ausharren soll. Es schien ihm, Jesus gehe fort, ohne ihn anzuhören, aber er flehte weiter. Die Menschen bedrohten ihn er solle schweigen, er schrie jedoch noch lauter. Er ahnte was wir schon wissen können, dass Jesus barmherzig, liebevoll und mächtig ist, wenn man aus der Tiefe der Not ihn anruft. Er hoffte, dass Jesus niemanden am Rande des Lebenswegs lassen wolle, dass er zur Hilfe und Heilung immer bereit sei. Bartimäus hat wahrscheinlich schon gehört, wie Jesus in Nazareth gepredigt und die Profetei Jesaja vom kommenden Messias auf sich bezogen hat. Er verkündete: *„Der Geist des Herrn ruht auf mir, weil er mich gesalbt hat, Er hat mich gesandt den Armen frohe Botschaft zu bringen, den Gefangenen Befreiung zu verkündigen und den Blinden das Augenlicht zurückzugeben."* Wir wissen schon viel mehr von Jesus als damals Bartimäus. Wir kennen auch die Aussage unseres Herrn: *„Bittet so wird euch gegeben werden."* Aber können wir ausharren im Beten wie Bartimäus?

Im Leben vieler Menschen ist das Gebet eine nur kaum behaltene Gewohnheit, aufbewahrt von dem Kindesalter. Man will dafür nicht Zeit haben. Man steht morgens auf, sollte Gott Dank sagen für seine hütende Gnade, aber es gibt viel zu tun, man muss sich beeilen, und das Gebet bleibt oft aus. Dann ist der ganze Tag von Programmen angefüllt, und abends ist man so müde, dass man seine Gebetstille nur im Bett noch halten will. Aber man schläft oft ein, bevor man sein Gebet beenden könnte. So fällt das Gebet allmählich aus dem Leben vieler Menschen aus. Aber das mechanisch rezitierte Gebet, bei dem die Lippen bewegen sich, aber das Herz, die Gedanken sind voll von alltäglichen Sorgen, ist auch nur eine Selbsttäuschung. Man soll von ganzem Herzen beten, mit voller Zuversicht flehen. Für solches Gebet gilt die Verheißung des Herrn: *„Wer bittet, der wird auch bekommen."* Man bekommt nicht immer das, was man haben möchte. , Gott gibt uns jedoch, was uns zum Besten dient. Der Apostel Paulus wollte Gesundheit haben, aber er bekam Gnade, wofür er dann dem Gott Lobgesang sagte. Bartimäus bekam das Licht seiner Augen, weil er im Ruf zu Jesus ausharrte.

Wir haben auch immer etwas, wofür wir bitten und Dank sagen sollten. Wir haben gesunde Augen, doch sind wir oft blind. Das blinde Kind sieht nicht seine Mutter, auch wenn sie neben ihm steht und hört ihre Stimme. De blinde Mensch sieht die Sonne nicht, auch wenn sie in ihrer vollen Pracht scheint und ihre wohltuende Wärme sein Gesicht streichelt. Es wäre töricht, wenn das blinde Kind oder der blinde Mensch sagen würden, dass es keine Mutter oder keine Sonne gibt, weil sie sie nicht sehen. Ein bedeutender Teil der Menschheit befindet sich jedoch in diesem törichten Zustand. Seine Torheit zeigt sich eben darin, dass er von seiner Blindheit allgemeine Folgen ziehen will. Er ist innerlich, seelisch blind. Er könnte die Stimme Gottes hören, er könnte ständig an sich die Wärme der Liebe Gottes fühlen, er behauptet trotzdem, es gäbe keinen Gott. Man bekommt alles von Gott. Alles vollkommene Geschenk kommt von ihm. Auch in den schweren Stunden gibt er Kraft und Trost. Doch, verleugnen ihn viele. Das ist eben die totale Blindheit. Diese Menschheit, die in der Finsternis ihrer Blindheit, ihrer Glaubenslosigkeit wandelt, ist nicht nur Gott, sondern auch den Menschen entfremdet. Sie anerkennt in dem anderen Menschen nicht den Bruder. Darum ist die Geschichte der Menschheit voll von Tragödien, Kriegen und Klagen.

So ist es mit uns, aber die Menschheit behauptet trotz allen diesen traurigen Tatsachen, sie sei aufgeklärt, sie sehe also klar. Genau so behaupteten es von sich die Schriftgelehrten und Pharisäer, also die Wissenschaftler, die Intelligenz des alttestamentlichen Volkes. Was kann Jesus zu diesen Menschen sagen; Er will sie (und uns) ernüchtern von ihren Illusionen wenn er sagt: „*Wenn ihr blind wäret, hättet ihr keine Sünde. Nun aber sagt ihr, wir sehen. Darum eure Sünde bleibt.*“

Wir alle brauchen die augenheilende Salbe; das Evangelium Jesu Christi, um unseren wirklichen Zustand besser zu sehen. Wir möchten die Erneuerung unseres Lebens zu sehen. Wir möchten unser Heil und dasjenige unserer Geliebten sehen. Wir möchten eine schönere, bessere, gerechtere Welt sehen, in der Liebe, Freude und Friede das menschliche Beisamenleben regieren. Aber es ist in uns und um uns oft dunkel. Können wir etwas noch tun? Gibt es für uns noch eine Lösung? Ja, es gibt sie. Flehen wir –wie Bartimäus- mit voller Zuversicht: Herr, erbarme dich unser, tue, das wir sehen.

Amen

Mensch, wo bist du?

Text: 1. Mose 3, 8 – 9

Und sie hörten Gott den HERRN, wie er im Garten ging, als der Tag kühl geworden war. Und Adam versteckte sich mit seinem Weibe vor dem Angesicht Gottes des HERRN unter den Bäumen im Garten.

Und Gott der HERR rief Adam und sprach zu ihm: Wo bist du?

Liebe Brüder und Schwestern, liebe Gemeinde,

Gott spricht zu uns in seinem Worte oft so, wie die Eltern zu dem kleinen Kinde. Das Kind, das seine Umgebung, seine kleine Welt kennen lernen will, ist voll von Fragen. Die Eltern haben oft etwas zu tun, wenn sie auf die manchmal überraschend interessanten, manchmal schweren heiklen Fragen antworten wollen. Sie müssen sich dabei zu dem Kinde herunterbeugen, auf die gestellten Fragen seinem kindlichem Verstand gemäß Antwort geben. Sie müssen immer die Wahrheit sagen, aber diese Wahrheit müssen sie vereinfachen. Die Angelegenheiten der Welt und des Lebens sind zu kompliziert, man kann dem Kinde nicht alles ausführlich erklären, es könnte sowieso nicht alles begreifen, und die ausführlichen Antworten könnten ihm manchmal schaden. Die klugen Eltern geben sich Mühe, die kindlichen Fragen so zu beantworten, dass die Antworten für das Kind auch in seinem zukünftigen Leben als Wegweiser für eine glückliche Lebensbahn dienen können. Genauso tut es Gott mit uns.

Unsere Welt hält sich für eine mündige Welt. Der Mensch hat ungeheuere Fortschritte gemacht. Es ist kein Zufall. Schon der Psalmist sieht erstaunt die menschlichen Möglichkeiten, als er im Blick auf Gott bekennt: *„Du setzest ihn zum Herrscher über das Werk deiner Hände, alles hast du ihm unter die Füße gelegt."* Auf den ersten Seiten der Bibel erklärt uns Gott, dass nicht nur die großen menschlichen Möglichkeiten, sondern auch diese ganze unfassbar reiche Welt, das ganze Universum von ihm stammt. Er will uns in der Bibel keinen naturwissenschaftlichen Vorträgen über die Welt halten, sondern er will uns sein Werk, seine Welt und seinen willen offenbaren. Der fortgeschrittene Mensch weiß schon „viel", aber dieses „viel" ist noch immer sehr wenig. Gott offenbart uns aus den Geheimnissen seiner Welt und unseres Lebens immer soviel, als uns genügt –wenn wir sein Wort ernst nehmen wollen – , zum schönen, glücklichen Leben hier auf der Welt und dann zum Heil, zum ewigen Leben. Seit Jahrtausenden sucht, fragt und forscht der Mensch nach dem Ursprung der Welt. Die Ergebnisse seiner Forschung geben aber keine endgültige, beruhigende Antwort auf diese Frage. Die endgültige, wegweisende Antwort gibt Gott in der Bibel, wenn er offenbart, dass er die Welt und unser Leben geschaffen hat. In den Berichten über die Schöpfung der Welt spricht Gott zu uns besonders so, wie ein Vater zu seinem unmündigen Kind. Wir sind nicht imstande in diesem Bericht alles zu begreifen, es gibt hier Lücken. Wenn wir annehmen, dass die sechs Schöpfungstage sechs Epochen bedeuten, und der Mensch erschien erst am Ende des Schöpfungsprozesses, stimmen hier der biblische Bericht und die wissenschaftliche Forschung plötzlich überein.

Die ganze Frage ist aber für uns von geringer Bedeutung. Die Antworten können zwar unsere Neugier beschwichtigen, aber sie können uns, unser schönes Leben und unser Heil nicht gewähren. Und Gott will uns eben diese geben.

Am Ende des Schöpfungsgeschehens heißt es in der Heiligen Schrift, dass alles, was Gott schuf, sehr gut war. Gott hat also eine schöne gute und vollkommene Welt geschaffen. Die Erde hat er als Lebens und Schaffensraum dem Menschen gegeben. Der Mensch dürfte in seiner nähe, in unaufhörlicher Freude und Glück leben. Wir können uns kaum vorstellen, was für eine wunderschöne Welt diese Welt in der Ära des Edens gewesen war. Es gab in ihr gewiss keine technische Errungenschaft, kein Neonlicht, kein Telefon, keinen Rundfunk, keine Television, kein Auto und Autobahn, keine Kleidungsmode und keine Weltraumfahrt. Es gab aber in ihr auch keine Spannung, keine Angst, kein Leid, keinen Schmerz, keinen Verlust, keine Träne und keinen Tod. Der Mensch durfte also in ungestörter Harmonie leben in dem Garten Eden.

Aber in dieser schönen Welt erschien der Versucher, die Schlange. Die Existenz des Versuchers bleibt für uns ein ungelöstes Problem. Woher ist er gekommen, woher nahm er die Kraft und den Mut zur Versuchung, das wissen wir nicht. Die Bibel sagt nichts Konkretes darüber, woher der Böse stammt. Aufgrund der Bibel können wir darüber nur Vermutungen haben. Aber er kam und der Mensch fiel. Seit dem ist die Versuchung die traurigste Realität unseres Lebens. Heute hat der Versucher mit uns in den meisten Fällen eine leichte Arbeit. Wir sind schon in eine verführte Welt hineingeboren. Seit dem ersten Sündenfall gilt nicht mehr, dass diese Welt gut ist. In unserem Blut steckt schon die Neigung zum Fall. Unsere Welt ist voll von mannigfaltigen Versuchungen. Ohne Gnade Gottes, die uns in Jesus Christus erschien, um uns zu retten und uns neues Leben geben, wäre unser Dasein Hoffnungslos.

Unser Leben gleicht einem Land, das eine fremde Armee besetz hält. Diese Okkupanten in etlichen Landen zeigen sich nicht so häufig, weil sie wissen, dass sie gar keine beliebten Menschen sind. Sie ziehen sich zurück in ihre Lagerbezirke, oder legen die Uniform ab, und ziehen einen Zivilanzug an. Die Einwohner des Landes sehen sie eigentlich wenig, aber im Hintergrund sind sie überall gegenwärtig. Sie lassen den Menschen die Illusion der Freiheit, sie verkündigen sogar dem Volk am lautesten: Ihr seid frei, wir wollen uns in eure Angelegenheiten nicht einmischen. In Wirklichkeit aber geschieht im Lande das, was sie wollen, was sie befehlen. Man darf nur so leben, denken oder sich äußern, wie es ihnen gefällt. Und das kleine Volk ist ihnen gegenüber in den meisten Ländern ohnmächtig. Ähnlich haben wir das mit dem Versucher. Er steht überall im Hintergrund unseres Lebens. Er gibt sich für unseren Freund aus, und wenn wir keine feste Unterlage haben, können wir nicht widerstehen. Die feste Grundlage ist der Glaube an Gott. Das Bewusstsein dessen, dass Gott uns lieb hat, dass nur er uns retten kann, dass nur er unserem Leben Sinn und uns Heil geben kann. Dieses Bewusstsein ist darum so notwendig, weil der Versucher sich als unser Wohltäter zeigt, und beweisen will, dass er für uns etwas Besseres will, als Gott. Das ist seine uralte Methode. *„Die Schlange war aber listiger als alle Tiere des Feldes"*, heißt es in unserem heutigen Kapitel. Treffend ist hier für die Darstellung des Verführers das Wort: Schlange. Sie nähert sich dem Menschen leise und unbeachtet. So hat es dieser Versucher schon in Eden angefangen. Er kam still, listig, ohne Anmeldung oder Einladung. Nur Gottes Wort nicht allzu ernst nehmen, und man kann gleich große Erfolge haben, sagt er. Er ist der ausgezeichnete Maler, der uns die schönsten Bilder darstellt, der beste und schrecklichste Diplomat, der uns rosige Zukunft verspricht, wenn wir ihm gehorchen. Auf diese Weise konnte er sein Ziel schon in Eden erreichen. Das Weib gehorchte ihm. Warum nicht gar, wenn er ihnen versprach, dass sie werden wie Gott, und wissen werden, was gut und böse ist. Früher wussten sie nur was gut ist. In der Nähe Gottes, in seiner Geborgenheit, ohne Angst und Leid war das Leben gut. Gott ernährte sie mit den Früchten von dem Baume des Lebens. Aber nach dem Fall haben sie plötzlich Angst gehabt. Der Mensch wollte wie Gott sein, darum verlor er sein geborgenes, frohes Mensch-Sein. Die von Gott sehr gut geschaffene Welt ist eine dunkele, angstvolle und von seiner Kraft aus nur in den Tod rennende Welt geworden.

Das Wissen ist auch ein Geschenk Gottes. Er wollte den Menschen nicht in Unwissen halten. Denn er selber hat ihm Verstand gegeben Er selber gab ihm Macht, die Erde zu beherrschen, Er hat ihm die Kenntnis seines Gesetzes gegeben. Durch diese Kenntnis will er uns Menschen nicht nur irdische Freude, sondern auch ewiges Leben geben. Jesus hat das in seinem Pristergebet so gesagt: *„Das aber ist das ewige Leben, dass sie dich den allein wahren Gott, und den du gesandt hast, Jesus Christus, erkennen."* Aber die Kenntnis ohne Gehorsam Gott gegenüber, ohne Glauben, führt zum Verderben. Denn ohne Glauben gibt es keine echte Liebe. Unsere menschliche Liebe hat ihren Grund eben in Gottes Liebe. Wir können unsere Mitmenschen lieben, weil sie auch Gottes Kinder sind, die nahe stehenden eben so, wie die Weitstehenden. Wir dürfen Ehegatten, Eltern Kinder, Brüder und Schwestern werden, weil Gottes Liebe uns einander geschenkt hat. Und wo die Menschen diese echte Liebe verbindet, fühlen sie sich füreinander verantwortlich. Durch diese, vom Glauben stammende Liebe wollen wir dann mit allem unseren Wissen und aller unserer Kraft denen helfen und dienen, für die wir uns verantwortlich fühlen. Die, mit Liebe verwendete Kenntnis kann so ein Segen werden für unsere Mitmenschen. Die erste Nähmaschine ist zB. so zustande gekommen, dass ein armer Mechaniker seine Frau sehr lieb hatte. Sie musste bei Tage sehr viel arbeiten, um die Familie irgendwie durchzubringen. Spät in der Nacht dann nähte und reparierte sie die Wäsche und Kleidung für die Kinder. Ihr Mann wollte ihr diese Arbeit erleichtern, um ihr mehr Zeit zur Ruhe zu gewinnen. Nach langem sorgfaltigem Versuch hat er so die Nähmaschine erfunden. Sein Wissen und seine Liebe hat eine große Hilfe geleistet nicht nur für seine Frau, sondern auch für die späteren Generationen. Ähnliche Beispiele könnte man viele finden.

Es ist aber nicht der Fall, wo das Wissen nicht von Gehorsam Gott gegenüber, also nicht von Glaube und Liebe stammt. Das Wissen wird so ganz ohne Rücksicht auf die Anderen, also egoistisch angewendet. Dieses Wissen kann die Welt ins Verderben treiben. Beispiele dafür geben die Kriege genug. Wie gut kann ein Flugzeug in Frieden sein! Aber im Kriege kann es schrecklich werden. Wir überlebten viele Flugalarme und sahen die traurigen Folgen des menschlichen Wissens. Die Menschen haben in den Flugzeugen nur einen Knopf gedrückt, um die Bomben auszulösen, und unten wurden Häuser verwüstet, Mütter, Väter und Kinder getötet, grausame Schaden angerichtet.

Oder nehmen wir das neueste Produkt der Wissenschaft, die Atomenergie. Sie kann die Zukunft der Menschheit unvorstellbar schön und reich machen, aber sie kann auch das Leben auf der Erde schrecklicherweise vernichten. Wenn sie vielleicht in einem kritischen Augenblick ohne liebevolle Verantwortung verwenden wollen, kann es zur Weltkatastrophe führen. So sind also die Folgen und Perspektiven des menschlichen Wissens ohne Glauben und Liebe.

Wenn wir nicht blind sind, müssen wir die Früchte des Ungehorsams auch in unserer Welt sehen. Aber es ist noch nicht alles verloren. Gottes rettende Liebe sucht auch seine ungehorsamen Kinder. Gott ruft: *„Adam wo bist du?"* Dieser Ruf geht nicht nur Adam und Eva, sondern auch uns an. Dieser göttliche Ruf klingt durch die Jahrtausende der Weltgeschichte hindurch. Er kennt uns durch und durch. Er kennt unser trotziges glänzendes leeres Leben. Das erste Menschenpaar wollte sich vor ihm hinter die Bäume verstecken. Viele unter uns wollen sich auch verstecken hinter ihre stark betonte Mündigkeit und Modernheit. Vor Gott kann man sich aber nicht verbergen. Gott ruft uns zur Rechenschaft. Aber in diesem Ruf ist seine Gnade verborgen. Die Zeit, in der wir leben, ist für uns Gnadezeit. Lasst uns unsere Schuld nicht auf einander abschieben, wie das erste Menschenpaar in Paradies. Bekennen wir ernst unsere Versäumnisse und bitten wir Gott um reines Herz und neues Leben.

Amen.

Der Hüter des Hauses

Text: Psalmen 127, 1 – 2

Wenn der HERR nicht das Haus baut, so arbeiten umsonst, die daran bauen. Wenn der HERR nicht die Stadt behütet, so wacht der Wächter umsonst.

*Es ist umsonst, daß ihr früh aufsteht und hernach lange sitzet und esset euer Brot mit Sorgen; denn * seinen Freunden gibt er es im Schlaf.*

Liebe Brüder und Schwestern, liebe Gemeinde,

Man kann das Leben nur auf eine Weise schön, freudig und reizvoll machen: durch Glauben, durch kindliches Vertrauen auf Gott. Diese Aussage scheint Weltfremd zu sein, doch sie ist unwiderleglich. Diejenige, die ihr Leben auf andere Weise verschönern und reizvoll machen vollen, können sie nicht widerlegen. Denn eben diese Menschen können am besten bestätigen, – auch wenn sie das offen nicht sagen wollen – dass ihr Leben trotz allen erreichten Erfolgen unruhig, manchmal sogar leer ist. Diejenigen dann, die tief in Glauben verankert sind, wollen die erwähnte Tatsache nicht widerlegen. Denn eben sie können froh bekennen, dass es in der Nähe Gottes, – trotz allen Schwierigkeiten und Kämpfen, die im Leben vorkommen – keine Hoffnungslosigkeit gibt.

Anders ist es aber mit den verderben des Lebens. Dazu gibt es verschiedene Wege, bieten sich verschiedene Möglichkeiten an. Einer der bekanntesten Wege für die Verbitterung des Lebens ist die Besorgnis, die Angst. Davon spricht uns Gott heute durch unseren Text. Die Besorgnis ist ein großes Übel. Der besorgte Mensch hat immer etwas Angst, etwas Verbitterung in seinem Herzen. Er vermag keine wirkliche Freude zu haben. Wenn es ihm etwa heute gut geht, hat er schon Angst für den Morgen. Darum kann er nicht Freude haben an dem, was er heute hat, weil er Angst hat, dass die heutige Möglichkeit, Kraft, Gesundheit, Einfluss oder Vermögen bald verlieren kann. Er ängstigt sein unruhiges Herz in den Änderungen des Alltagslebens und in dem Wandel der Zeiten so, dass er immer an die eventuelle Schlimmste Möglichkeit denkt. Die Besorgnis ist also eine Art von Glaubenslosigkeit, weil der Mensch nicht ernst mit der Vorsehung Gottes Rechnet. Er lebt so, als ob er alle drängenden Probleme des Lebens allein lösen müsste. Er hört nicht das Wort Gottes: *„Rufe mich an am Tage der Not, so will ich dich erretten und du sollst mich preisen."* Er wagt nicht die Verheißung ernst zu nehmen, die Gott schon durch die Profeten verkündete: *„Fürchte dich nicht, denn ich erlöse dich, ich rufe dich bei deinem Namen, mein bist du."* Und er überhört auch die tröstende Aussage Gottes: *„Ich bin mit dir. Blicke nicht ängstlich, denn ich bin dein Gott!"*

Ein Mensch, der nur mit seiner Kraft, mit seinen Möglichkeiten und überhaupt nur mit weltlichen Komponenten rechnet, muss wirklich verzweifeln. Denn die ganze Welt und in ihr auch unser Leben ist der Veränderung unterworfen. Man wird müde und erschöpft. Aber Gott wird nicht müde, noch matt. Er gibt dem Müden Kraft und den Ohnmächtigen mehrt er die Stärke. Das vergessen wir oft und darum ist unser Leben voll von Unruhe und Spannung. Wie viele haben keine stille Minute morgens zum Gebet, weil wegen des ewigen Rennens sie sich für diese keine Zeit nehmen können. Und wie viele haben unruhige Nächte, weil die Sorge für die Arbeit, die man morgen fortsetzen will, sie auch nicht ruhig schlafen lässt.

Viele Menschen, die in ihrem Lebtag sehr viel gearbeitet haben, die in ihrem Alter die gut verdiente Ruhe genießen könnten, wollen gar nicht Ruhe haben. Ein wenig Arbeit kann für sie wohltuend wirken.

Sie können für die Jungen ein Segen werden, sie können mit ihrer reichen Lebenserfahrung viel helfen. Wenn sie den Jungen mit Rat und Tat beistehen wollen, gewinnen sie damit auch selber. Das Gefühl, dass man helfen, raten, auch etwas schaffen kann, gibt eine gute Kraft zum weiteren Leben. Man fühlt sich nicht überflüssig.

Viele arbeiten aber auch in ihrem Alter mit vollem Einsatz ihrer, noch gebliebenen Kraft. Sie sind nicht mehr von der Freude über das Schaffen oder vom Schwung der Lebenskraft, sondern von der ängstlichen Besorgnis getrieben, dass wenn sie nicht so arbeiten, in Mangel geraten würden. Gott ruft uns zwischen unser Rennen hinein sein Halt. Hören wir nur einmal, was er uns, rennenden, unsere Kräfte für die vorläufigen Dinge überspannenden Menschen sagt, uns Menschen, die alles auf unsere eigene Tätigkeit gründen wollen: *„Es ist umsonst, dass ihr früh aufsteht, und spät euch niedersetzt und euer Brot mit Mühsal esst.“*

Gott will uns mit diesem seinem Wort natürlich nicht zur Untätigkeit führen, sondern zum glaubenden Vertrauen. Er will uns nicht die Freude über unsere Werke nehmen, sondern aus der Verbitterung der Besorgnis will er uns befreien. Gott sagt nicht, dass wir nicht schaffen sollen, aber er sagt, wie wir nicht arbeiten sollten. In seinem Schöpfungsplan hat er unserer Arbeit eine bedeutende Rolle zugedacht. Es genügt hier einen einzigen Satz aus dem Thessalonikerbrief zu zitieren: *„Wir ermahnen euch aber ihr Brüder, dass ihr eure Ehre darein setzt, ein stilles Leben zu führen und eure eigenen Angelegenheiten zu besorgen und mit euren Händen zu Arbeiten.“* Ein stilles Leben zu führen. Mit heiterer Seele arbeiten kann nur der, der für seine ehrlich vollbrachte Arbeit von Gott den Erfolg erwartet. Wir sollten einmal die einfache und doch sehr tiefe Lebensweisheit erlernen, dass die Arbeit zwar unsere Aufgabe ist, der Segen aber von Gott kommt. Umsonst sind unser Wille, unsere gigantischen Pläne, unsere ständige Eile, wenn wir aus unseren Plänen Gott ausließen. Denn alles, was wir haben, ist seine Gnade-Gabe.

Aus dem Evangelium kennen wir alle die Geschichte der erfolgslosen Arbeit des Petrus und seiner Mitfischer. Sie haben eine ganze

Nacht umsonst gearbeitet. Aber nachher, als sie auf Christi Befehl zu fischen begannen, wurde ihr Netz voll von Fischen. Ihre Bemühung war nicht mehr vergeblich. Petrus und seine Mitarbeiter erkannten ihre Ohnmacht. ihre Kleinheit.

Es gibt viele Arten von Arbeit, bei denen der Mensch, der auf seine Werke so stolz ist, nicht anerkennen will, dass der erreichte Erfolg Gottes Geschenk ist. Er ist bereit sich zu rühmen, die eigene Weisheit, eigene Kraft und Geschicklichkeit zu preisen. Wir denken oft überhaupt nicht darauf, dass die Voraussetzung aller Erfolge, das Leben, die Zeit, die Kraft, der Verstand...dass das alles Gottes Gaben sind. Der Landwirt kann noch am besten erkennen, dass ohne Gottes Segen alle menschliche Arbeit eine vergebliche Kraftverschwendung ist. Man würde vergeblich Nacht und Tag auf den besäten Feldern verbringen, den verheerenden Frost definitiv abweisen, die Sturmwolken wegtreiben und das Donnerwetter beseitigen kann keine menschliche Kraft.

Für den glaubenden Menschen ist aber diese Tatsache kein Grund zur Angst. Wir wissen, dass Sonne, Erde, Sterne und Stürme dem gehorchen, der uns, vergehende Menschen so hoch würdigt, dass wir hier seine Mitarbeiter werden dürfen. Wenn wir das wissen, werden wir nicht so übermütig in den erfolgreichen Zeiten und nicht so verzweifelt in der Zeiten der Heimsuchungen, Erfolglosigkeiten oder Verlusten. So werden wir uns im Blick auf unsere Güter, unsere Kenntnis, auf unsere Kraft und Erfolge nicht mehr rühmen, weil wir wissen, dass sie nur scheinbar die Früchte unserer Bemühens sind, in Wirklichkeit aber sind sie Gabe Gottes. In den schweren Zeiten können wir dann nicht verbittern, denn Gott hält uns in seiner Vorsehung. Er kann die Angst zu Freude, das Schlechte zu Gutem und den Tod zum Leben wandeln. In seiner Nähe ist unser Leben auch in den Zeiten der Prüfungen hoffnungsvoll und getrost. Unsere Arbeit ist nicht umsonst, in dem Herrn. Die vergebliche Arbeit wäre für uns die größte Strafe. In dem Altertum wurde manchmal die Strafe der Verurteilten eben dadurch noch schwerer gemacht, dass sie eine sinnlose Arbeit verwalten müssten. Sie mussten z.B. leere Mühle treiben oder große Steinstücke auf den Gipfel eines Berges hinaufschleppen und dann nieder-rollen lassen. Diese Arbeit war niemandem von Nutzen.

Die Boten Gottes haben manchmal das Gefühl, dass ihre Arbeit vergeblich ist. Wievielmal klagten die Profeten, dass man die Botschaft Gottes nicht hören und ihr nicht gehorchen will. Sie verkündeten treu das Wort Gottes, aber das Volk war dafür taub. Am Karfreitag schien es so, dass das ganze Lebenswerk Jesu Christi umsonst war. Er ist Mensch geworden um uns Kinder Gottes zu machen und der Mensch tötete ihn. Heute ist das auch an vielen Orten so, dass man Gottes Wort nicht gern hört, ihm nicht gehorchen will. Die Arbeit der Verkündigung scheint umsonst zu sein. Aber in Wirklichkeit ist es doch nicht so. Denn Christus blieb nicht im Tode. Ihm ist gegeben alle Macht auf Erden und Himmel. Es gibt auch in dieser undankbaren Welt immer Menschen, die sich nach dem Wort Gottes sehnen, die ihm treu nachfolgen wollen. Es besteht die Verheißung Gottes, dass sein Wort nicht leer zu ihm zurückkehrt, sondern Früchte bringt. Wir sollen also unsere Arbeit auch nicht mit Besorgnis vollbringen. Mit Gott ist keine Bemühung vergeblich. Er ist aber so gnädig, dass uns nicht nur zur Arbeit, aber auch zur Ruhe Zeit gibt. Der Sonntag ist sein Geschenk, um in ihm uns geistlich zu nähren und unserem Leib Ruhe zu geben. Die von Gott gegebene Ordnung, in der Arbeit und Ruhe, Werk und Festtage rytmisch wechseln, dient uns zur Erneuerung der Kraft und Stärkung des Glaubens. Die Besorgnis fällt ab, wenn wir in Glauben bekennen, dass Gott unsere Arbeit segnet und so unsere Bemühungen gute Früchte bringen. Für Erhaltung unseres Lebens sollen und können wir nicht alles vollbringen, aber unsere Aufgabe vollenden wir treu.

Die Arbeit, die man mit solchem Glauben tut, hat gute Folgen auch für das Leben der Gesellschaft. Die Geschichte beweist uns das mit vielen Beispielen. In Frankreich stieg der Wohlstand infolge der gewissenhaften Arbeit der Hugenotten wunderbar. Nachher, als der

Fanatiker König Ludvig der XIV. sie aus dem Land ausgewiesen hatte, wurde Frankreich arm. Die Hugenotten waren mit leeren Händen von zu Hause weggelaufen, aber ihr Herz war nicht leer. Sie haben alles in ihrem Land gelassen, aber ihren Glauben haben sie mitgebracht. Und diese heimatlosen Flüchtlinge wurden bald zum Segen in den Ländern, wo sie sich niederließen. In Holland, in Deutschland, aber auch in der Schweiz blühten das Gewerbe und der Handel. Diese Menschen die selber so arm waren, sind dann dahin gelangt, dass sie in ihrem neuen Land Heime, Zufluchthäuser für die Armen, Waisen, Verlassenen und Alten gegründet haben.

In der Schweiz hat die reformatorische, puritanische Bemühung ein neues Leben geschaffen. Zuerst in Genf, nachher auch in Zürich und in den anderen Städten waren sonntags die sämtlichen Gasthäuser zugeschlossen. Nur die notwendigste Arbeit wurde getan. Die Kirchen waren voll. Auch im Ausland und auch heute spricht man davon, dass in der Schweiz in der Zeit der Reformation der Glaube und daraus stammender Fleiß und Besonnenheit das Leben günstig veränderten.

Es kann uns manchmal so scheinen, dass man auch ohne Gott große Dinge schaffen kann. Das ist aber auch nur scheinbar so. Wir können nicht immer hineinblicken in den Zusammenhang der Ereignissen oder Weltgeschehen. Die Bauleute des Babelturmes die auch ohne Gott hochsteigen wollten, waren wirklich hochgestiegen, aber dann plötzlich haben sie einander nicht mehr verstanden, sie könnten nicht weiterbauen und die ganze Arbeit ist umsonst gewesen.

Unser Schaffen ist aber nicht umsonst, wenn wir in unseren Heimen, in der Kirche und überall draußen in der Welt, als Kinder Gottes Leben. Den so lebenden Kindern sagt Gott in seinem Wort: *„Sorget euch um nichts, sondern in allem lasset im Gebet und Flehen mit Danksagung eure Bitten vor Gott kundwerden. Und der Friede Gottes, der allen Verstand überragt, wird eure Herzen und eure Gedanken bewahren in Jesus Christus."*

Amen

Die Gnade genügt

2. Korintherbrief 12, 9 – 10

Und damit ich mich wegen der hohen Offenbarungen nicht überhebe, ist mir gegeben ein Pfahl ins Fleisch, nämlich des Satans Engel, der mich mit Fäusten schlagen soll, damit ich mich nicht überhebe.

Seinetwegen habe ich dreimal zum Herrn gefleht, daß er von mir weiche.

Und er hat zu mir gesagt: Laß dir an meiner Gnade genügen; denn meine Kraft ist in den Schwachen mächtig. Darum will ich mich am allerliebsten rühmen meiner Schwachheit, damit die Kraft Christi bei mir wohne.

Darum bin ich guten Mutes in Schwachheit, in Mißhandlungen, in Nöten, in Verfolgungen und Ängsten, um Christi willen; denn wenn ich schwach bin, so bin ich stark.

Liebe Brüder und Schwestern, liebe Gemeinde,

Das erste Wort des neunten Vers in unserem Bibeltext heißt in meiner Muttersprache: „genug". Deutsch ist dieses Wort am Ende des Satzes: *„Lass dich an meiner Gnade genügen."* Wir freuen uns, wenn wir von allen Dingen, was wir zum Leben brauchen, genug haben. Man braucht genug zu essen, um die verbrauchte Kraft unserer Körper zu erneuern. Man braucht genug Zeit, um die geplante Arbeit, das vorgehabte Werk ohne Spannungen vollenden zu können. Man braucht genug Zeit für Ruhe und für Arbeit, sonst verliert man das Gleichgewicht seines Lebens. Man braucht aber vor allem Gesundheit genug, um den verschiedenen Verpflichtungen des Lebens nachgehen zu können. Der unzufriedene Mensch hat aber immer das Gefühl, dass er von den notwendigsten Dingen nicht genug hat. Er hat wenig Geld, besonders wenn er seine Solidarität zu den Not leidenden Mitmenschen beweisen sollte. Er hat wenig Zeit, besonders wenn er jemandem brüderlich helfen sollte. Der unzufriedene, undankbare Mensch hat von den erwünschten Dingen immer wenig. Anders ist das mit den unerwünschten Dingen. Von diesen hat auch ein dankbarer Mensch bald genug. Wir möchten nicht viel leiden. Auf dem Krankenbett geht die Zeit sehr langsam vorbei. Eine durchwachte schlaflose Nacht scheint dort manchmal unendlich lang zu sein.

Auch diejenige, die das Leid, die Krankheit oder Demütigung lange Zeit geduldig ertragen, können einmal in einem solchen seelischen Zustand geraten, dass sie so aufschreien: jetzt genug, jetzt möchte ich schon einmal davon los kommen. Der Apostel Paulus war auch solch ein Mensch. Er hat die allerschönste aber auch allerschwerste Aufgabe von Gott, das Evangelium zu verkündigen, die frohe Botschaft Jesu Christi auch unter den Heiden weiter zu geben. Seit der Berufung durch Christus auf dem Wege bei Damaskus wollte er diesen Auftrag immer mit vollem Einsatz vollenden. Es steht nirgends in der Bibel was für eine Krankheit er hatte und er selber sagt in unserem Kapitel auch nur soviel, dass ihm ein Dorn in das Fleisch gegeben wurde, dass ein Engel des Satans ihn ins Gesicht schlage. Mit diesem Dorn im Fleisch, also krank und schwach trug er die Last der Heidenmission schon vierzehn Jahre. Er wollte gern gesund werden, um die Arbeit der Verkündigung umso vollkommener zu erfüllen, das Evangelium in der heidnischen Welt umso weiter zu tragen. Zu wem könnte er sich wenden, wenn nicht vor allem zum Herrn. Denn er war ein treuer Apostel des Herrn, des Arztes aller Ärzte, und aller Kranken. Darum flehte er dreimal, um neue Kraft zu empfangen und gesund zu werden. Und Gott antwortete. Gott gibt immer Antwort auf das Gebet seiner Kinder. Gott aber antwortet nicht immer so, wie wir es möchten. Denn Gott weiß besser als wir, was uns wohl tut, was uns zu Nutzen ist. Uns fällt es manchmal schwer, aber er macht nichts umsonst. Gottes Antwort auf das Gebet des Paulus war nicht die Heilung, nicht eine erneuerte Gesundheit, sondern diese Aussage: *„Meine Gnade ist genug für dich."* Paulus hat gedacht, dass für ihn schon der Dorn, die Krankheit genug seien, aber Gott sagt: nein, die Gnade ist für dich genug. Doch, verstehen wir nun die Bedeutung dieses Wortes: Gnade, auch richtig? Manchem klingt dieses Wort zu schablonenhaft, zu unmodern, darum hört er es nicht sehr gern. Gnade bedeutet, dass wir unser Leben jeden Tag wieder als zurückgegebenes Geschenk Gottes erhalten. Wir sind oft lieblos, untreu und egoistisch. Unsere eingeborene und durch uns weiter gepflanzte Schuld treibt uns in den Tod. Wir würden zum Tode verurteilt, aber Jesus Christus nimmt die Sühne unserer Schuld auf sich. Er starb, dass wir leben können. Das ist die Gnade, die göttliche Amnestie. Wenn wir in der Zeitung lesen, dass in irgendwelchem Staate einer, der zum Tode verurteilt war, Amnestie bekam, nehmen wir das zur Kenntnis, aber diese Nachricht bewegt uns nicht, weil sie uns nicht persönlich angeht. Aber für den Betreffenden bedeutet die Gnade mehr, als irgendein großes Ereignis dieser Welt, für ihn bedeutet sie Leben. Nur Gott verkündet uns in seinem Wort die Gnade, die uns alle angeht. Diese Gnade Gibt uns Gott jeden Tag als neues Geschenk. Gnade ist, dass wir jeden Tag aufstehen und unserer Arbeit nachgehen können. Gnade ist, dass wir einander lieben und helfen können. Durch die Gnade ist uns alles gegeben was wir haben. Und diese Gnade ist genug für alles. Der Apostel schreibt an seinen Jungen Mitarbeiter Titus, dass in Jesus Christus ist erschienen die heilsame Gnade Gottes allen Menschen. Aber das Heil beginnt schon in unserem Erdenleben. Die Gnade hat umgestaltenden Charakter. Sie erzieht uns, sie dringt in unser Leben ein. Sie macht uns zu Kindern Gottes. Die Gnade nimmt den Sünder an, so wie er ist, aber sie lässt ihn nicht, wie er ist, sondern bewirkt eine tägliche Änderung. Sie erzieht uns so, dass wir schon in dieser Welt gerecht und gottselig leben können. Die Gnade ist ein Stück Himmel mitten in dieser Welt.

Die Gnade der weltlichen Mächtigen gilt nur für das irdische Leben, weiter ist sie ohnmächtig. Der Mensch, der in seinem Alter oder seiner Krankheit auf die Unterstützung seiner undankbaren Kinder angewiesen ist, hat in den meisten Fällen ein schweres Leben. Ihr Gnadenbrot ist oft ein bitteres Brot. Die Gnade Gottes ist dem gegenüber genug nicht nur für ein gesegnetes schönes Leben hier auf Erden, sondern auch für das ewige Leben.

Die Gnade Gottes gibt uns in diesem Leben Kraft zu treuem verantwortlichem Lebenswandel. Dem Apostel hat Gott den Dorn nicht genommen. Die Krankheit und körperliche Schwachheit blieben. Aber er bekam die Verheißung der Gnade. Die Gesundheit, die körperliche Kraft war für Paulus und ist auch für uns wünschbar. Wir brauchen sie, um unseren Beruf, unsere vielseitigen Verpflichtungen vollenden zu können. Aber Gnade Gottes brauchen wir noch mehr. Die Kraft und Gesundheit sind auch ein Teil der Gnade Gottes aber was nützt die Gesundheit, wenn der gesunde Mensch mit aller seiner empfangenen Kraft in Verderben rennt. Wer sich auf die eigene Kraft verlässt, wer sich im Blick auf seine körperliche oder geistliche Stärke rühmt, wer sich stark genug fühlt die Angelegenheiten seines Lebens in der Hand zu halten, der ist auf einem gefährlichen Wege. Ein solcher Mensch missbraucht die Gaben Gottes, er hat alles, er denkt niemanden und nichts zu bedürfen. Er will ohne Gott umgehen und sein Leben für eine völlige Unabhängigkeit einrichten. Hingegen der schwache Mensch kann sich nicht auf die eigene Kraft verlassen. Er empfängt jeden Tag als Geschenk Gottes. Er geht in die Kämpfe der Tage in Gottes Namen hinein. Und so empfängt er jeden Tag eine wunderbare Kraft von Gott. Er freut sich, dass er für die seinen jeden Tag Opfer bringen, jemandem Freude machen, helfen, dienen kann. Er ist so reich, dass er jedem, mit dem er in Alltag etwas zu tun hat, die Wärme und Liebe seines Herzens schenken kann. Ein solcher Mensch ist ein Segen für die Familie, für die Mitarbeiter und für die Kirche. In seinem Leben verwirklicht sich die Aussage, die wir in unserem Text hörten, dass die Gottes Kraft in Schwachheit ihre Vollendung erreicht. So war das auch im Leben des Apostels Paulus. Er erfuhr, dass die Gnade Gottes mehr ist als die menschliche Kraft. Er trug weiter den Dorn und blieb weiter schwach, aber er wollte sich nicht deswegen gegen Gott empören. Er wollte sich vielmehr seiner Schwachheit rühmen.

Aber ist das überhaupt möglich, dass jemand sich seiner Schwachheit rühmt? In Korinth, wohin der Apostel diesen Brief schrieb, war das sich rühmen ein bekanntes Übel. Viele rühmten sich dort ihrer Herkunft, ihres Wissens, ihrer Kraft, sogar nicht ohne Überheblichkeit auch für ihren Einblick in das Geheimnis Gottes. Diese falschen Apostel hatten so über Paulus gesprochen, dass er ein kleiner schwacher Mensch sei, der eigentlich nur schwach predigen kann, dass er als kein richtiger Apostel sei. Paulus antwortet ihnen in diesem Briefe. Erinnert sie an seine Leiden und Mühen in der Nachfolge Christi. Er erinnert sie auch an seinen Schiffbruch, Verfolgungen, auf die bekommenen Schläge, auf den Hunger und Durst, das er alles erleidete. Und dann sagt er uns die Hauptsache, seinen Einblick in die unaussprechlich wunderliche Himmelwelt. Er spricht darüber sehr besonnen, ganz unpersönlich, in der dritten Person. Er hat etwas gesehen, was menschliche Auge noch nicht gesehen hat und menschliche Zunge nicht aussagen, nicht erklären kann. Aber er hat darüber 14 Jahrelang nicht gesprochen. Er wollte sich nicht rühmen. Nur wenn sich in Korinth falsche Aposteln rühmten, die in ihrem Leben für die Nachfolge Christi und die Verkündigung des Evangeliums auf kein Leid und keine Leistung hinweisen konnten, hat er über die ihm gegebene Offenbarung gesprochen. Er hätte also Grund zum sich rühmen, aber er tut es nicht. Er will sich nur mit seiner Schwachheit rühmen. Er sieht schon in seiner Schwachheit die Offenbarung der Gnade Gottes. Durch die Schwachheit hat ihn Gott vor der Überschwänglichkeit bewahrt. So blieb er ein opferwilliger Nachfolger Christi. So wurde er ein gesegnetes Werkzeug Gottes in dem Bau der Kirche Christi.

Im Alten Testament liest man oft, dass das kleine Volk Gottes von Großmächten bedrängt war. Menschlich gesehen hat das kleine Volk keine Schanze gehabt, das große Volk zu besiegen. Aber wenn es mit ernstem Herzen zu Gott flehte, gab ihm Gott Befreiung, oder Sieg. Dem Gideon z.B. hat Gott befohlen das große Heer zu Hause zu lassen, und nur 300 Männer mitnehmen gegen der Armee der Midianiten. Gott begründete diese Maßname damit, dass er selber – durch die kleine schar – Befreiung seines Volkes gibt. Sonst möchte das Volk sich wider mich rühmen und sagen: wir haben uns selbst geholfen. Auch heute ist es nicht anders. Der starke Mensch, das große Volk wagt sich auf die eigene Kraft und Ausrüstung zu verlassen. Sie täuschen sich leicht durch die eingebildete Allmächtigkeit. Aber diese Kraft genügt schließlich nur zu ausgraben des eigenen Grabes. Wo ist heute z.B. das Welterobernde Römer-Reich, das in der Zeit seiner Macht die kleine Kirche Jesu Christi so unbarmherzig verfolgte? Es ist zerfallen. Aber die verfolgte Kirche Christi, deren einziges Gewehr und einzige Macht das verlachte Evangelium war, die sich täglich auf die Gnade Gottes verlassen hat, sie lebt auch heute noch. Die Kirche war eben damals am stärksten, als sie so klein und verfolgt war. In ihrer Ohnmacht vollendete sich die Gnade Gottes.

Die Macht der Mächtigen ist immer nur vorübergehend, die Gnade Gottes aber dauert ewiglich. Darum Weh denen, die sich durch ihre Kraft enttäuschen. Und darum können selig sein die, die ihren ohnmächtigen erniedrigten Zustand noch rechtzeitig erkennen und sich auf die Gnade Gottes Verlassen.

Amen

Ein Gott und ein Mittler

Timotheusbrief 2, 4 – 6 V.

Welcher will, daß allen Menschen geholfen werde und sie zur Erkenntnis der Wahrheit kommen.

Denn es ist ein Gott und ein Mittler zwischen Gott und den Menschen, nämlich der Mensch Christus Jesus, der sich selbst gegeben hat für alle zur Erlösung, daß dies zu seiner Zeit gepredigt werde.

Liebe Brüder und Schwestern, liebe Gemeinde,

In einer Schule, wo die Schüler am Ende des Jahres eine Prüfung ablegen sollen, gibt es oft eine Spannung. Der Lehrstoff ist gewöhnlich zu groß, die Zeit ist zu Kurz, und wenn einer diese kurze Zeit nicht gut ausnützt und statt die bekommenen Aufgabe gewissenhaft zu vollenden, lieber seiner Vergnügen nachgeht, denkt er gegen Ende des Schuljahrs zitternd an die Prüfung. Je bedeutenden die Prüfung ist, umso größer ist davor die Aufregung. In einer, vor der Maturität stehenden Klasse ist die Spannung, die Aufregung gewöhnlich sehr groß. Jeder Fachprofessor arbeitet schon Monate vor der Prüfung an den Thesen, die bei der Prüfung gefragt werden sollen, aber diese Thesen will jeder von ihnen möglichst als strengstes Geheimnis behalten. Am besten hatten es die Klassen, in die auch ein Kind eines Professors gegangen war. Solch ein Professorensohn oder Tochter wollte dann sich und seinen Mitschülern helfen. Er versuchte dann die Prüfungsthesen von seinem Vater auszuforschen und sie der Klasse mitzuteilen. Dieser Versuch ist aber nicht immer gelungen, weil die strengen Professoren sich in solchen Fällen auch von ihren Kindern distanzierten, die Thesen versteckten und davon nichts verraten wollten.

Unser ganzes Leben ist wie eine Schule. In dieser Schule des Lebens sind wir, also nicht nur die Kinder und Jungen, sondern alle, auch die Alten, Schüler. Die Aufgabe haben wir alle bekommen. Man kann diese Aufgabe in einem einfachen Satz zusammenfassen: *„Liebe Gott und den Nächsten.“* Alle unsere Taten sollen dieser einzigen Aufgabe untergeordnet werden. Wo immer wir leben, was für Aufträge wir vollenden sollen, ob wir Väter oder Mütter sind, ob alt oder jung, arm oder reich, Arbeitgeber oder Arbeitnehmer, stehen wir unter der Verpflichtung dieser Aufgabe, unter dem Befehl der Liebe. Dieser Befehl soll regeln das Leben in der Familie, in den Fabriken, in den Büros, auf den Feldern, auf den Baustellen, in den Bergwerken und überall. Unsere ganze Haltung, unsere Lebensmethode ist auch eine Prüfung, aber das letzte große Examen nähert sich jeden Tag. Wie kann man diese Prüfung bestehen? Wer hier die Zeit vor der großen letzten Prüfung nicht auf die gewissenhafte Vollendung der gegebenen Aufträge ausnützt, wer seinen Vergnügen nachgeht und sein bequemes angenehmes Leben ohne Gott einrichtet, was für einen Erfolg kann er erwarten bei der großen Prüfung?! Denn auch die gewissenhaftesten, die ihre Aufgabe, ihre Sendung ernst nehmen, fühlen ihre Unvollkommenheit, ihre Schwachheit! Bei einer umfassenden Prüfung sind auch die besten, auf etwas Hilfe, auf etwas guten Wille angewiesen.

In unserm Text geht es eben darum, dass Gott uns in Jesus Christus vor der letzten Prüfung nicht nur eine kleine, sondern eine vollkommene Hilfe gibt. Gott tut nicht so, wie die strengen Professoren, die die Prüfungsthesen in Geheimnis halten wollen. Er hat uns durch Jahrtausende hindurch alles kundgetan, damit wir ein schönes Leben führen können. Er hat uns sein Gesetz gegeben. Er offenbarte seinen Willen durch die Propheten. Dann in Jesus Christus ist er selber Mensch geworden, um uns zum ewigen Leben zu führen. In dem Hebräerbrief lesen wir es so: *„Nachdem Gott vor Zeiten zu vielen Male auf* *vielerlei weise zu den Vätern geredet hat durch die Propheten, hat er Ende dieser Tage zu uns geredet durch den Sohn, den er zum Erben von allem eingesetzt hat durch den er auch die Welten gemacht hat, , der, weil er Abglanz seiner Herrlichkeit und Ebenbild seines Wesens ist und das Weltall durch sein Machtvolles Wort trägt, sich zur Rechten der Majestät in den Höhen gesetzt hat, nachdem er die Reinigung von den Sünden vollbracht hatte.“*

Unser Herr sagte selber, dass er uns kundtut, was er bei dem himmlischen Vater gesehen hat. Er ist vom Himmel auf die Erde gekommen, in die niedrigste irdische Klasse herabgestiegen, um uns den Willen des Vaters zu offenbaren. Als Mensch, ist er der Mittler, weil er sich solidarisch, eins macht mit allen Menschen. Vor Gott tritt er für die in ihm repräsentierte Menschheit ein, indem er sein Leben als Lösegeld hingibt. Also den Abgrund zwischen uns und Gott kann keine menschliche Leistung überbrücken, nur Jesus Christus, der einzige Mittler, der als wahrer Gott ist wahrer Mensch geworden. Schon selbst sein Name: Jesus Christus drückt aus, dass er wirklicher Mensch und wirklicher Gott ist. Jesus ist ein ganz gewöhnlicher menschlicher Name, der bedeutet: Gott befreit uns. Christus heißt: Messias, Heiland. Für den kühl rechnenden menschlichen Verstand ist es kaum zu begreifen, warum ist Gott in Jesus Christus Mensch geworden. Aber Gott ist kein kühl rechnender Herr, sondern ein liebender Vater. Hätte er einen Engel auf die Erde geschickt, würden die Menschen sagen, es sei unmöglich so zu leben, wie es Gott verlangt. Den anderen Menschen von ganzem Herzen lieben, sogar auch die Feinde, ihnen dienen, für sie Opfer bringen, das könne nur ein Engel vollbringen, aber ein Mensch könne das auf keinen Fall leisten. Aber Jesus ist Mensch geworden. Er ist in menschliches Elend hineingeboren. Er hat die Not, den Hunger und die Heimatlosigkeit gekannt. Er lebte in einem besetzten unterdrückten Land. So tief hat er sich gedemütigt, dass er alle Last des sündigen Menschengeschlechtes auf sich genommen hat. Und in diesem demütigen armen Zustand hat er vielen den Reichtum seines Herzens, den Reichtum des Wortes Gottes und des ewigen Lebens gegeben. Er war völlig solidarisch mit den Mitmenschen und gehorsam dem himmlischen Vater gegenüber. Darum kann kein Mensch mehr behaupten, es sei in solch einer Welt unmöglich so zu leben, wie Gott es von uns erwartet. Die Welt war damals auch nicht besser, er gab uns doch ein schönes Beispiel, wie man auch in einer dunklen Welt einander lieben und Gott gehorchen kann.

Den Not leidenden Menschen verstehen, ihn lieben und ihm selbstlos helfen kann nur einer, der selber einmal in der Tiefe der Not lebte. Wer in seinem Lebtag noch immer gesund war, kann sich nicht hineinversetzen in die Lage eines Kranken. Wer sich jeden Tag zu den gedeckten Tisch setzen kann, wer noch keine Erfahrung hat, was heißt Hunger haben und dem schreienden hungrigen Kind kein Stück Brot geben zu können, geht gefühllos vorbei an dem Elend. Wer mit seinen geliebten glücklich zusammenleben darf, wer noch niemanden in den Sarg gelegt hat, kann kaum mit den trauernden mitfühlen. Auch unser Trost bleibt eine leere Formalität, wie der Trost der Freunde des alttestamentlichen Hiobs. Er war ein angesehener frommer und reicher Mensch, aber er hat alles verloren. Er hat zuerst sein Hab und Gut, dann seine zehn Kinder und zuletzt auch seine Kraft, seine Gesundheit verloren. Er wurde von der Fußsohle bis zu Scheitel mit bösem Geschwür geschlagen und er nahm sich eine Scherbe, sich damit zu kratzen, während er mitten in der Asche saß. Da kamen seine Freunde zu ihm, um ihn zu trösten. Man möchte sagen, sie seien brave Menschen, die den Freund in seiner Not nicht allein lassen. Aber ihr Trost ist allmählich eine Anklagerede geworden. Sie haben dem leidenden Freund religiöse Thesen lieblos an den Kopf geworfen. Sie behaupteten, Hiob sei ein geheimer Verbrecher, er sei also nicht ohne Grund in diese tiefe Not geraten, weil Gott niemanden umsonst straft. Er selber sei also schuld daran, dass er sich in solchem Elend befindet. Der fromme leidende und durch solchen „Trost" der Freunde noch mehr verletzte und verbitterte Hiob musste zu den Freunden sagen: *„Leidige Tröster seid ihr alle! Wäret ihr nur an meiner Stelle, würdet ihr anders sprechen."*

Die echte Solidarität und Hilfe beginnt dort, wo man in mitfühlender Liebe zu dem leidenden Mitmensch hinunterbeugt. So hat es mit uns unser Herr getan. Er hat sich vom Himmel hinuntergebeugt, um uns vom Elend der Sünde und Todes zum ewigen Leben aufzuheben. Sein Volk soll seine Solidarität mit den leidenden Menschen auch beweisen. Auf die hoch entwickelten reichen Völker wartet hier eine große Aufgabe. Das Privateigentum ist nicht so ganz privat. Im 24. Psalm heißt es: *„Des Herrn ist die Erde und was sie erfüllt, Der Erdkreis und die darauf wohnen."* Wir sind nur Haushalter der Güter Gottes. Alles, was wir haben und auch wir selber sind Gottes Eigentum. Im Gleichnis von dem bösen Weingärtner lässt unser Herr wissen, was geschieht mit denen, die die bekommenen Güter selbstsüchtig für sich behalten wollen. Kein Volk kann seinen Wohlstand ruhig genießen, solange es auf der Erde Not leidende unterdrückte Völker gibt. Heute ist das Dasein des Elends für die reichen Menschen eine schöne Möglichkeit zur echten Solidarität, zur brüderlichen Hilfe. Sonst kann diese heutige Möglichkeit wenn sie versäumt wird, bald zu Gericht werden. Wir sind in meinem Land unter diesem Gericht Gottes. Wenn der Ausgleich zwischen dem Elend und Reichtum nicht durch von Christus gelernte Liebe, sondern durch Gewalt sich vollendet, das kann grausam sein. Denken wir daran auch bei der Aktion Brot für Brüder.

Aber auch am besten gedachte Hilfe die wir unseren Mitmenschen leisten können, ist nur eine teilweise Lösung. Wir können und sollen auch einander viel helfen, aber das allernötigste, das Heil, die Ewigkeit, kann keiner dem anderen geben. Das können wir alle, die Armen ebenso wie die Reichen nur empfangen. Heil können wir durch unseren Heiland haben. Er ist der einzige Mittler zwischen Gott und uns. Er hat uns nicht nur die Geheimnisse des Vaters kundgetan, nicht nur die Thesen zu unserer letzten Reifeprüfung, – wo es offenbar wird, ob wir zum ewigen Leben oder zu ewigem Verdammnis gereift sind -, hineingebracht, sondern er hat auch die Aufgabe gelöst, indem er sich für uns in den Tod gegeben hat. Seine Liebe, seine Lehre, seine Solidarität und die Heilungen die er vollgebracht hat, können uns am tiefsten bewegen. Aber was würde es uns nützen, wenn er nur ein außerordentlich großer Mensch, ausgezeichneter Lehrer und Arzt wäre, der unser irdisches Leben verschönert und heilt, aber nach dem letzten Schlag unseres Herzen würden wir ohne Rettung in die ewige Finsternis hinunterfallen. Wenn er nur Mensch wäre, wären wir so daran wie wenn bei einem Schiffbruch am stürmischen Ocean einer der versinkenden den anderen versinkenden um Hilfe rufen würde. Wir sind in der letzten Not, in dem letzten Kampf mit dem Tode ohnmächtig. Aber er ist Herr. Er gibt Kraft in den Änderungen und Kämpfen des irdischen Daseins, wenn er uns ängstlichen Menschen sagt: *In der Welt habt ihr Angst, aber seid getrost, ich habe die Welt überwunden."* Er hat aber nicht nur die Welt, sondern auch den Tod überwunden. Wir dürfen in diesem Dasein und nach diesem Dasein ihm und durch ihn Gott gehören. Denn er ist unser Mittler. Wenn wir sein Opfer durch glauben empfangen, wenn uns sein Name, sein Evangelium nicht nur eine leere Parole bedeuten, sondern uns zu einem gehorsamen inhaltsreichen Leben führen, so reifen wir im Laufe der vergehenden Jahren immer mehr zum ewigen Leben. Gottes wanderndes Volk gelangt so zum Vaterhaus. Selbst unser Heiland hat es uns verheißen: Ich gehe hin, um euch Stätte zu bereiten.

Amen.

Nikodemus

Ev. Johannes 3, 1 – 3 V

*Es war aber ein Mensch unter den Pharisäern mit Namen Nikodemus, einer von den Oberen der Juden. Der kam zu Jesus bei Nacht und sprach zu ihm: Meister, wir wissen, du bist ein Lehrer, von Gott gekommen; denn niemand kann die Zeichen tun, die du tust, es sei denn Gott mit ihm. Jesus antwortete und sprach zu ihm: Wahrlich, wahrlich, ich sage dir: Es sei denn, daß jemand * von neuem geboren werde, so kann er das Reich Gottes nicht sehen.*

Liebe Brüder und Schwestern, liebe Gemeinde,

Nikodemus war ein Vorsteher der Juden. Er gehörte zu jener Gruppe seines Volkes, die Jesus Christus nicht lieb hatte. Die Pharisäer besaßen die Macht als religiöse Führer des Volkes. Sie haben aber das Wort Gottes, das Alte Testament viel mehr in der Hand und im Kopf, als im Herzen gehabt. So haben sie dann das Gesetz Gottes unerträglich schwer gemacht und so ausgelegt, dass es eher eine Waffe die sich gegen das Volk richtete, als nährendes Brot für die Menschen geworden ist. Hingegen das Wort Gottes im Munde Jesu Christi bewies sich, als das Brot des Lebens. Menschen, die seine Verkündigung ohne Vorbehalt mit offenem Herzen hörten, bekamen neue Kraft. In den Evangelien lesen wir, dass die Volksmenge über seine Lehre erstaunte, denn er lernte sie, wie einer, der Gewalt hat und nicht wie ihre Schriftgelehrten. Darum suchten diese Schriftgelehrten ihn beiseite zu stellen. Einmal haben sie ihre Diener hingeschickt, um ihn zu ergreifen, aber diese

Diener, nachdem sie Christi Verkündigung hörten, konnten die Hände nicht gegen ihn aufheben. Und als die Pharisäer fragten, warum sie ihn nicht gebracht hatten, antworteten sie: Nie hat ein Mensch so geredet, wie dieser Mensch redet.

Aber diese Pharisäer waren auch nicht alle gleich. Unter ihnen gab es auch suchende Menschen. Nikodemus war ein solcher Mensch. Man fragt sich, ob er nicht feig war, weil er nur bei der Nacht zu Christus ging. Der Herr hat ihm aber dafür keine Vorwürfe gemacht, also sollen wir es auch nicht tun. Nikodemus war eher ein beunruhigter Mensch. Er hat wahrscheinlich wieder einmal etwas gehört von den Verkündigungen und Taten Christi, die ihn so bewegten, dass er auch nicht schlafen konnte. Wer die schlaflosen Nächte kennt, wenn die beunruhigenden Gedanken im Herzen und im Kopf wirbeln, versteht den Nikodemus sehr gut. Aber an wen soll sich man in solchen Fällen wenden? Nikodemus hat die beste Lösung gefunden, er wandte sich zu Jesus. Wenn wir einmal das Wort Gottes auch ernst anhören, werden wir auch beunruhigt in unserem falschen Frieden, in unseren lauen oberflächigen Leben. Dann können wir nicht mehr ruhig in unserer Selbstsicherheit bleiben, dann werden wir uns nach einem inhaltsreicheren, wertvolleren Leben sehnen. Dann müssen wir zu Jesus gehen. Er zeigt die Möglichkeiten eines schönen, in der Liebe reich gewordenen, dienenden Lebens und er gibt schon hier in unserem Dasein die Freude des ewigen Lebens. Er weiß am besten was uns fehlt, was uns Not tut. Er hat es bei jenem Nachtbesuche dem Nikodemus gesagt und er sagt uns durch die Heilige Schrift auch heute: *„Ihr müsst von neuem geboren werden.“* Unser Herr sagt nicht nur, dass wir uns doch etwas verbessern sollten. Er kennt unser Herz, unsere Tendenzen, unsere Gedanken. Er weiß, dass für viele von uns die Angehörigkeit zu einer Gemeinde eine letzrangige Angelegenheit ist. Er weiß, dass wir uns nach vielen anderen Dingen mehr sehnen, als nach seinem Wort. Daran denken wir oft zu letzt, erst wenn wir gar kein anderes Programm mehr haben und dabei täuschen wir uns selber dadurch, wenn wir unsere gelegentlichen Kirchenbesuche, als Verdienst vor Gott, oder als Beweis unserer Anständigkeit aufzeigen wollen. Draußen in unserem Leben bleibt aber alles beim Alten. Darum sagt unser Herr: *„Ihr müsst von neuem geboren werden."* Nikodemus war erstaunt, als er diese Aussage Christi hörte. Der leiblich lebende Mensch denkt vor allem an den Leib. Nikodemus hat auch gleich an die Unmöglichkeit einer zweiten leiblichen Geburt gedacht. Wie können die müde gewordenen, unter der Lasten der Jahrzehnten gebrochenen Menschen wieder Kind werden?! Abschaffung des Altwerdens, des Schmerzens ist ein alter Traum der Menschheit. Das Aufhalten des biologischen Altwerdens, die Erfindung des Lebenselixiers ist ein Traum der Menschen. Man blickt auf die vergangene Zeit des Lebens als auf eine abgeschlossene Strecke, wo man nichts mehr ändern kann. Die Vergangenheit kann man nicht zurückholen.

Im Laufe der Jahre gelangen die meisten Menschen zur Einsicht, dass es mit ihrem Leben etwas nicht in Ordnung ist. Einer der Verbrecher, die mit Jesus Christus gekreuzigt waren, gelangte zu dieser Ansicht am letzten Tag seines Lebens. Neu anfangen konnte er nicht mehr, aber er bekam Gnade. Wievielmal seufzen Menschen auf den Trümmern ihrer Pläne ihres verfehlten Lebens. Sie sagen: wenn ich das Leben noch einmal neu anfangen könnte, würde ich alles ganz anders machen, aber jetzt ist es schon zu spät, man kann nichts mehr ändern. Die sorglose frohe Kindschaft können wir wirklich nicht wiederholen, leiblich können wir nicht von neuem geboren werden. Aber Gott will uns durch seinen Geist ein neues Leben geben. Die Neugeburt vom Geiste Gottes ist der Anfang des Ewigen Lebens. Die erwünschte Verlängerung unseres irdischen Lebens wäre vielleicht gut. Aber was würde uns eine Verlängerung – sagen wir – von 50 – Jahren nützen, wenn wir nachher sowieso in Verdammnis fallen würden. In der Ewigkeit Gottes ist ein Jahrtausend wie ein Tag, lesen wir im Worte Gottes. Gott will uns viel mehr geben, als nur die Verlängerung des irdischen Lebens. Der Wert unseres Lebens hängt nicht von seiner Länge, sondern von seiner Tiefe und breite ab. Die tiefe Verbundenheit mit Gott durch Glauben schafft eine lebendige Liebesgemeinschaft mit den Mitmenschen, für deren Schicksal wir uns brüderlich verantwortlich fühlen, denen wir helfen wollen. Unser größter Reichtum ist der Glaube an Gott und die daraus folgende Liebe zum Mitmenschen. Unseren Kindern geben wir so das beste Erbe, wenn wir sie zu Jesus Christus führen, wen wir sie im Glauben erziehen. Die glaubenden liebenden Menschen leben nach dem Tode weiter nicht nur bei Jesus Christus, sondern auch in der Erinnerung der hier gebliebenen. Menschen, die nur sich selber lebten, bleiben nicht lange in Erinnerung, wenn sie einmal abberufen werden. Wo sind viele Mächtige, die in ihren Zeiten so gewaltig herrschten und vor denen Millionen zitterten! Sie sind vergessen geworden oder nur in Verdammnis zur Erinnerung gerufen. Hingegen der einfache Zimmermann, der liebe und liebende Meister, der bei seiner Geburt in keinem Hause Herberge fand und der auch nachher oft nicht hatte wo er sein Haupt hätte hinlegen können, Er lebt auch nach zweitausend Jahren in Herzen von Milliarden von Menschen. Er opferte sich für uns. Darum sagt er uns auch heute, dass wir neu geboren werden müssen. Er spricht aber ganz in unserer Sprachweise: Wir wissen ja alle, was es bedeuten würde, wenn wir etwas, was wir tun müssen, nicht tun wollten. Wir müssen z.B. essen, sonst würden wir bald sterben. Wir müssen wenn wir krank sind, zum Arzt gehen, Medikamente einnehmen, sonst kann uns eine Lebensgefahr drohen. Man muss aus dem brennenden Haus schnell hinauslaufen, sonst kann es zu spät sein. Wenn man also etwas tun muss und nicht tut, das ist Selbstmord. Wenn uns unser Herr in aller Dringlichkeit sagt, dass wir von neuem geboren werden müssen, dann sollen wir nicht zögern. Das ewige Leben wirft weg, wer nicht von neuem geboren sein will.

Diese Forderung unseres Herrn ist auch eine große Verheißung. Er verlangt nichts Unmögliches. Wenn er sagt, dass wir von neuem geboren werden müssen, das bedeutet auch, dass wir von neuem geboren werden können. Auch die Alten können einen neuen Anfang haben. Uns scheint es unmöglich zu sein, aber der Heilige Geist, der Geist Jesu Christi kann es schaffen. Wir sollen diesen Geist nur empfangen, ihm gehorchen. Er ist unsichtbar, aber eben die unsichtbaren Dinge sind in unserer Welt die wichtigsten. Die Luft ist auch unsichtbar, aber wenn es sie nicht gäbe, wären wir in einigen kurzen Minuten tot. Man sieht sie nicht, aber wenn sie in Bewegung ist, wenn sie als Wind weht, sieht man ihre Kraft. Sie kann auch Bäume entwurzeln, Häuser vernichten. Ähnlich ist es mit dem Geiste Gottes. Man sieht ihn nicht aber seine Werke sind überall erkennbar, wo der Mensch ihn empfängt. Das Leben wird neu werden. Die Nachfolge Christi wird nicht mehr Last, sondern Freude sein. Wo die Liebe den Hass überwältigt, wo man von ernsten Herzen vergeben kann, wo die Gütigkeit stärker ist als das Böse, dort ist überall der Geist Gottes am Werk. Unsere Welt gleicht einem Schlachtfelde, auf dem zwei Großmächte unaufhörlich gegeneinander kämpfen. Die zwei Mächte sind: Der Geist Gottes und der Geist des Satans. Dieser Kampf findet aber nicht nur so allgemein in der Welt statt, sondern ganz konkret in unserer Seele. Der Heilige Geist will uns neu schaffen. Er will uns in der Verkündigung auferwecken. Er führt uns zu Liebe, Freude, Langmut, Freundlichkeit, Gütigkeit, Treue, Sanftmut und Enthaltsamkeit. Er will also schon unser irdisches Dasein schön, lieb und Sinnvoll machen und er öffnet uns die Perspektiven des vorhandenen ewigen Lebens. Der Geist des Satans dagegen will uns von Gott trennen. Er führt seine verführerische Tätigkeit gewöhnlich unbeachtet an. Beim Hören des Wortes Gottes gibt er die Gedanken: Ja, das ist alles schön, was man hier hört, aber man soll es doch nicht so ernst nehmen. Und dann später, wenn er die Sehnsucht nach dem Worte Gottes in der Seele der Menschen erstickt, geht er weiter und sagt: Du willst noch in die Kirche gehen? Das brauchst du ja nicht. Die Kirche ist heute schon überholt und wenn du doch etwas glaubst, kann das deine Privatsache bleiben, ohne in die Kirche zu gehen. Und so von Schritt zu Schritt will der Geist des Satans zur Gleichgültigkeit und zu Unglauben führen. So kommt es, dass in dieser Welt es so aussieht, wie wenn hier das Böse, die Lüge, die Gewalt die Tyrranei triumphiere. Wenn der Geist der Lüge schon die Kirchenglieder so irreführt, kein Wunder, dass er seine Weltherrschaft verwirklichen will. Schon in Psalm 2. lesen wir: *„Herrscher der Erde stehen auf, und Fürsten Ratschlagen miteinander wider den Herrn und seinen Gesalbten."* Heute sieht man diese Bewegung in fürchterlicher Weise in der Welt. Und das Volk Christi führt sich manchmal auf, wie Judas. Es ist durch seinen nicht ernst genommenen Glauben oder schon Unglauben an der Seite jener Fürsten, die miteinander wider den Herrn ratschlagen. Was für eine Zukunft wartet auf die Erde, auf der so handelnde Fürsten und Menschen leben? Kann man so das Gespenst der totalen Vernichtung abschaffen und den ersehnten Frieden erreichen und bewahren? Gott gibt darauf in seinem Worte Antwort: *„Die Gottlosen sind wie das aufgewühlte Meer, denn zur Ruhe kann es nicht kommen, und seine Wasser wühlen Schlamm und Kot auf. Keinen Frieden gibt es für den Gottlosen (Jes. 57, 20-21)."* Geht uns nicht ein Stich durch das Herz, wenn wir dieses Wort Gottes hören, Unser Zustand wäre entsetzlich, wenn wir nur auf uns selber angewiesen wären. Gott will aber nicht den Tod des Sünders. Er will uns retten. Darum hat er für uns Jesus Christus geschickt. Darum nahm er die Strafe unserer Sünden auf sich. Und darum ruft er uns durch sein Wort auch heute zu sich, zum neuen Leben. Sein Wort scheint oft in die Wüste gerufenes Wort zu sein. *„ Sein Wort ist,* – wie es in dem Korintherbrief steht – *Torheit denen, die verloren gehen, aber den geretteten ist es eine Kraft Gottes."* Diese Kraft, die das verkündete Wort in uns mächtig wirken lässt, ist die Kraft des Heiligen Geistes.

Uns macht es heute große Sorge, was wir tun sollen, damit das Kirchenleben einen neuen Schwung erhalte. Etliche sagen, dass man die Liturgie reichhaltiger schaffen sollte, die anderen behaupten, es sei notwendig die Kirchenmusik zu ändern, um dem Gottesdienst eine neue Anziehungskraft zu geben. Vielleicht, wäre diese ernste Tendenz zur Erneuerung schön und gut. Das alles würde aber das Problem nicht lösen. Uns fehlt vor allem die Neugeburt. Was für ein großes Geschenk ist es doch, dass Gott uns die vergehende Zeit unseres Daseins gibt, als unwiederholbare Gelegenheit, um das ewige Leben zu empfangen. Darum sagt uns unser Herr mit seiner rettenden Liebe: *„Ihr müsst von neuem geboren werden."*

Amen

Bußpredigt Jesu

Lukas 9, 1 – 9

Es kamen aber zu der Zeit einige, die berichteten ihm von den Galiläern, deren Blut Pilatus mit ihren Opfern vermischt hatte.

*Und Jesus antwortete und sprach zu ihnen: Meint ihr, daß diese Galiläer mehr gesündigt haben als alle andern Galiläer, weil sie das erlitten haben?**

Ich sage euch: Nein; sondern wenn ihr nicht Buße tut, werdet ihr alle auch so umkommen.

Oder meint ihr, daß die achtzehn, auf die der Turm in Siloah fiel und erschlug sie, schuldiger gewesen sind als alle andern Menschen, die in Jerusalem wohnen?

Ich sage euch: Nein; sondern wenn ihr nicht Buße tut, werdet ihr alle auch so umkommen.

*Er sagte ihnen aber dies Gleichnis: Es hatte einer einen Feigenbaum, der war gepflanzt in seinem Weinberg, und er kam und * suchte Frucht darauf und fand keine.*

Da sprach er zu dem Weingärtner: Siehe, ich bin nun drei Jahre lang gekommen und habe Frucht gesucht an diesem Feigenbaum, und finde keine. So hau ihn ab! Was nimmt er dem Boden die Kraft?

Er aber antwortete und sprach zu ihm: Herr, laß ihn noch dies Jahr, bis ich um ihn grabe und ihn dünge;

vielleicht bringt er doch noch Frucht; wenn aber nicht, dann magst du ihn abhauen.

Liebe Brüder und Schwestern, liebe Gemeinde,

In der Zeit Jesu gab es noch keine Zeitung und keine Massenmedien zur raschen Übermittlung der Nachrichten. Es gab auch nicht so viele Unfälle, wie in unserer Zeit, wo der größte Teil der Unfälle hängt zusammen mit der Geschwindigkeit oder mit einer anderen Errungenschaft der Technik. Die Nachrichten wurden von Mensch zu Mensch verbreitet. So wurde hier auch Jesus über zwei Tragödien berichtet. Eine Gruppe von Galiläern ist in den Tempel zu Jerusalem gegangen, um dort Gott Opfer zu bringen und Pilatus ließ sie töten im Tempel. Der Vorwand dieses Blutbades war eine angebliche antirömische Bewegung dieser Galiläer. Die Welt ändert sich wieder und wieder, neue Ideen kommen und die alten sind in Vergessenheit geraten, aber die besitzenden Mächte bleiben immer und überall gleich. Sie haben immer Angst, wenn ein einfacher kleiner Mensch etwas zu sagen wagt, was gegen ihre Hegemonie zu sein scheint und in solchen Fällen sind sie unbarmherzig.

Die zweite Nachricht war über einen Unfall. Der alte Turm am Teich von Siloah ist abgestürzt und hat achtzehn Menschen getötet, die eben im Teich badeten. Diese Nachrichten waren aber dem Herrn nicht nur als neue Ereignisse mitgeteilt worden, sondern um ihn zur Stellungnahme zu drängen. Sie wollten dem Herrn auch mit dieser Angelegenheit eine Falle stellen. Hätte er gesagt; die getöteten Menschen wären Sünder und ihr tragischer Tod war nur das verdiente Gericht für ihre Sünden, hätten sie sagen können; er sei ein unbarmherziger Mensch, ein Feind des eigenen Volkes, der lieber die besetzende Macht unterstützt.

Die Pharisäer und Schriftgelehrten hatten wohl ihre eigene theologische Theorie über das Leid. Sie behaupteten, das Leid sei immer eine Strafe Gottes für die Sünde. Auch wenn es Menschen betrifft, die scheinbar anständig und fromm sind, das Leid ist – sagten sie – immer ein Beweis dafür, dass die betroffenen Menschen geheime Sünder sind. Diese Pharisäer fragten also nur nach der Ursache und nie nach dem Zweck des Leides. Sie konnten nicht begreifen dass das Leid nicht nur und nicht unbedingt eine Folge der Sünde ist, sondern dass Gott dadurch etwas in uns und durch uns erreichen will. In dem Johannes Evangelium lesen wir von einem Blinden, der von Geburt an blind war. Selbst die Jünger haben diesen Zustand betrachtet als Folge der Sünde und darum haben sie den Herrn gefragt: *„Rabbi, wer hat gesündigt, dieser, oder seine Eltern, dass er blind geboren worden ist? Und er antwortete, Weder dieser hat gesündigt, noch seine Eltern, sondern die Werke Gottes sollen an ihm offenbar werden."* Und die Werke Gottes sind dort gleich in der Anwesenheit der Jünger offenbar geworden, indem Jesus diesem Blinden die Augen aufgetan hat. Oder nehmen wir den Fall des Apostels Paulus. Er war körperlich ein schwacher, kranker, leidender Mensch. Aber eben so ist er in den Händen Gottes ein gesegnetes Instrument geworden. In seiner Schwachheit vollendete sich die Kraft Gottes. Die Propheten Gottes waren verfolgte und leidende Menschen. Selbst Jesus, der Heiland war ein leidender Mensch. Nicht nur am Kreuz, sondern auch früher. Die Überheblichkeit, seelische Blindheit und falscher Eifer der Führer des Volkes, die ihn zum Tode bringen wollten, sowie das innere und äußere Elend der Menschen bereitete ihm Leid. Wer ihm nachfolgt, wer die seinen, die Menschen, so wie er – lieb hat, leidet auch heute viel. Wer liebt, möchte die geliebten Menschen möglichst vollkommen sehen. So haben es auch gute Eltern. Sie opfern viel für die Kinder und möchten ihre Kinder lieb, nüchtern, gehorsam, herzig und gut sehen. Und wenn es doch anders geht, wenn die Jungen auch die sorgsamsten elterlichen Bemühungen außer Acht lassen, bereitet es den Eltern viel Leid. Es ist mit uns oft so, wie es auch mit den Jüngern Jesu Christi war, denen der Herr sagen musste: Was ich tue, versteht ihr jetzt noch nicht, aber später werdet ihr es verstehen. Wir verstehen oft auch nicht, warum wir leiden, Krankheit tragen, gedemütigt werden müssen. Es gibt kaum jemanden, der in seinem Herzen nicht offenbaren oder geheimen Schmerz trägt. Und darum gibt es kaum einen Menschen, der in Wirrungen der Verletzungen, Verlusten und Leiden, die uns in unserem Dasein treffen, nicht schreiend, zitternd oder seufzend die Frage stellt: Mein Herr, warum, warum?

Diese nicht ausgesagten Fragen hatten auch die Menschen im Herzen, die Jesus über die Tragödie im Tempel zu Jerusalem und am Teich Siloah berichteten. Sie warteten gespannt auf seine Antwort. Wird er die Römer, die die Galiläer hingerichtet haben, verklagen? Wird er sagen, dass die umgekommene Menschen Sünder gewesen waren? Jesus geht auf jenes Ereignis ein, aber gibt eine Antwort, die wahrscheinlich niemand erwartet hat. Er klagt die Römer nicht an, er behauptet aber auch nicht, dass die getöteten Menschen keine Sünder gewesen wären. Er bestätigt; ja, sie waren Sünder. Aber, und hier kommt die ernüchternde Warnung: sie waren nicht mehr, also nicht größere Sünder, als alle Anderen, die am Leben blieben. Nein, sagte er, sondern wenn ihr nicht Buße tut, werdet ihr auf gleiche Weise umkommen. Diese Warnung unseres Herrn ist auch heute, und auch uns ernst zu nehmen. Die Unfälle, Katastrophen, Kriege, Verluste und alles, was hier einem Leid tut, hat nicht nur ihre Ursache, sondern auch ihr Zweck. Sie sind Warnzeichen Gottes. Er will uns warnen vor falscher Selbstsicherheit. Er lässt uns wissen, dass wir nicht Herren über unser Leben sind. Er tut uns Kund, dass wir alle sein Gericht verdient haben. Würde sein gerechtes Gericht durch seine Liebe nicht aufgehoben, so würde auf der Welt kein Mensch mehr leben. Die Erde wäre leer und öde, ohne Sünder, also ohne Menschen. Wer weiß, ob die letzten Weltkriege, wo soviel Millionen Menschen umkamen, nicht der Anfang dieses Gerichtes sind. Man muss erschrecken, in welch einen Abgrund die heutige Menschheit rennt, mit all ihrer technischen, atomphysischen und chemischen Entwicklung. Die schrecklichen Waffen, die schon heute in den Händen der Menschheit sind, genügen für die totale Verwüstung der Erde. Aber die entdeckte, vorhandene Energie würde auch genügen die Erde in ein Paradies zu wandeln. Beide Möglichkeiten sind gegeben. Bei den molekularischen Entdeckungen ist – leider – nicht die von Christus gelernte, auch die zu Opfern bereite Liebe die bewegende Kraft. Eine viel größere Rolle spielt hier die Machtsucht, Welteroberung. Weh uns, wenn bei der Verwendung dieser Entdeckungen und Erfindungen auch die Machthaberei die bewegende Kraft wird. Es hängt viel davon ab, ob diese ungeheueren Kräfte durch christliche Liebe, oder durch nüchternen, sogar unbarmherzigen, rechnenden oder verzweifelten Verstand angewandt werden. Die Welt ist heute schon so weit, dass eine kleine Gruppe von nach Welteroberung trachtenden Menschen, in einem gespannten Moment eine Weltkatastrophe auslösen kann. Darin steckt eben der Keim der Weltkatastrophe, dass die Welt nur in technischen Dingen vorwärts geht, aber in ihrem technisch bedingten Wohlstand sich von Gott abwendet und die Liebe und dadurch die Verantwortung für die Mitmenschen verloren geht. Es gibt schon viele Menschen, deren Herz, obwohl es von Fleisch ist, nur funktioniert, wie eine mechanische Pumpe für die Versorgung des Blutkreislaufes. Es ist darin keine Liebe, kein Glauben, keine große Idee, kein tiefes menschliches Gefühl mehr. Und mit solch einem Herzen muss man scheitern. So kommt es immer öfter zu Konflikten, Anstößen, Tragödien zwischen den Menschen und Nationen. Aber wenn wir denken dass wir all diesen menschlichen Tragödien neutrale Zuschauer bleiben können, dann irren wir uns sehr. Die Warnung Jesu Christi will uns aus unserer Illusionen erwecken, aufrütteln, indem er sagt: *„Wenn ihr nicht Buße tut, werdet ihr alle auf gleiche Weise umkommen.“*

Gott wartet auf die Früchte unseres Lebens. Diese Tatsache stellt uns unser Herr vor im Gleichnis vom Feigenbaum. Er sucht in uns die Früchte seines Geistes, die Liebe, Freude, Frieden, Langmut, Gütigkeit und Treue. Der unfruchtbare Fruchtbaum ist zu Umhauen verurteilt. Kein Eigentümer will in seinem Garten unfruchtbare Bäume lange dulden. Sie machen das teuere Land nur unbrauchbar. Das unfruchtbare Leben ist gereift zum Gericht. Aber da tritt zwischen uns und den Eigentümer, d. h. zwischen uns und Gott der himmlische Gärtner, Jesus Christus. Er bittet Gott für uns: Lass ihn noch dieses Jahr. Ich will dein Wort noch tiefer in sein Herz einhauen, ich will ihn begießen mit dem Tau deiner Gnade. Vielleicht bringt er dann doch etwas Früchte. Wer könnte sagen, wie viele von uns sind bis jetzt am Leben geblieben, weil Gott so langmütig ist. Er will uns nicht in Verdammnis bringen. Darum verlängert er die Zeit seiner Gnade, darum ruft er uns zu sich, darum will er uns vom breiten Wege der Welt, vom Wege der Selbstsucht, lieb und Glaubenslosigkeit auf den schmalen Weg, auf den Weg seines Evangeliums, der opferbringenden Liebe und des ewigen Lebens führen.

Gott zeigt uns auch heute in den Ereignissen unseres Alltags, dass wir nicht Herr über unser Leben sind. Die modernen Massenmedien übertragen uns täglich Berichte über Tragödien, Kriege; Konflikte und Unfälle. Diese sind in ihrem Ausmaß oft viel größer als die Tragödie der Galiläer im Tempel zu Jerusalem, oder am Teich von Siloah. Auf der Erde gibt es auch heute Krieg, wo das Blut täglich fließt. An einem Ort ein Sturm, ein Gewitter, an dem anderen Ort vernichtet Häuser ein Erdbeben, wobei hunderte oder tausende von Menschen umkommen. Es gibt täglich Unfälle auf den Strassen, in den Fabriken, Bergwerken und an vielen anderen Orten. Wie viele Menschen sterben unerwartet schnell, die vor einigen Stunden oder Minuten an diesen letzten Abschied gar nicht gedacht haben. Alles dies sind Warnzeichen Gottes. Und doch gehen täglich Millionen unbesorgt auf ihrem Lebenswege, sie beschäftigen sich eifrig mit etwas, was sie für wichtig halten, aber kümmern nicht darum, dass es schon an der Zeit wäre ein neues Leben anzufangen, sich zu Gott zu kehren ewige Schätze zu sammeln, weil es schon bald zu spät sein kann. Darum ist ernst zu nehmen das Wort Gottes in dem es heißt: *„Heute, wenn ihr seine Stimme höret, verhärtet eure Herzen nicht... So lasset uns nun mit Zuversicht zum Thron der Gnade hinzugehen, damit wir Barmherzigkeit erlangen und Gnade finden zu rechtzeitiger Hilfe."*

Amen

Steig eilend hernieder

Lukas 19, 1 – 10 V.

Und er ging nach Jericho hinein und zog hindurch.

Und siehe, da war ein Mann mit Namen Zachäus, der war ein Oberer der Zöllner und war reich.

Und er begehrte, Jesus zu sehen, wer er wäre, und konnte es nicht wegen der Menge; denn er war klein von Gestalt.

Und er lief voraus und stieg auf einen Maulbeerbaum, um ihn zu sehen; denn dort sollte er durchkommen.

Und als Jesus an die Stelle kam, sah er auf und sprach zu ihm: Zachäus, steig eilend herunter; denn ich muß heute in deinem Haus einkehren.

Und er stieg eilend herunter und nahm ihn auf mit Freuden.

*Als sie das sahen, murrten sie alle und sprachen: Bei einem Sünder ist er eingekehrt.**

Zachäus aber trat vor den Herrn und sprach: Siehe, Herr, die Hälfte von meinem Besitz gebe ich den Armen, und wenn ich jemanden betrogen habe, so gebe ich es vierfach zurück. *

Jesus aber sprach zu ihm: Heute ist diesem Hause Heil widerfahren, denn auch er ist Abrahams Sohn.*

Denn der Menschensohn ist gekommen, zu suchen und selig zu machen, was verloren ist. *

Liebe Brüder und Schwestern, liebe Gemeinde
Bettag und Abendmahl

Zachäus war durch lange Jahre hindurch ein undankbarer harter Mensch. Die Dankbarkeit zeigt sich auch darin, dass der Mensch für die Mitmenschen ein Segen sein will. Wir dürfen niemals vergessen, dass alles, was wir haben, Gottes Gabe ist, darum begnügen wir uns nicht mit einer flüchtigen Danksagung an Gott. Unser Dank sollte sich täglich auch in den Beziehungen gegenüber der Mitmenschen Widerspiegeln. Wir sind aber in allem, also auch in der Dankbarkeit unvollkommen. Uns überschwemmt jeden Tag wieder und wieder der Strom der Liebe Gottes, aber wir stehen ihr oft im Wege wie Isolatoren. Kaum etwas von der Liebe Gottes strömt durch uns weiter zu den Mitmenschen. Wir sind unwürdige Verwalter der Güte Gottes. Das müssen wir mit Busse bekennen. Aber die wahre Busse ist keine leere Sprachübung, sondern veränderte Lebenshaltung. Aus eigener Kraft sind wir unfähig zu solcher Veränderung. Man muss um diese Kraft täglich bitten. Nicht umsonst sagt unser Herr: *„Wachet und betet, dass ihr nicht in Versuchung kommt."* Nicht nur einmal im Jahre, sondern unser ganzes Leben hindurch haben wir etwas zu danken, also jeden Tag, den wir von Gottes Gnade bekommen, soll für uns Dank, Busse und Bettag sein. Der eigennützige Mensch hört es nicht gern, denn er will weder an Gott, noch an die Mitmenschen denken. Er sucht nur seinen Vorteil und kümmert nicht darum, was die Mitmenschen oder Gott von ihm erwarten. Zachäus war lange ein solcher Mensch. Er war ein Oberzöllner Die Zöllner waren in jener Zeit in Israel sehr gehasst. Sie galten vor den Mitbürgern als Kollaboranten des okkupierenden Römerreichs. Die Römer haben in ihren besetzten Ländern überall ein gutes Straßennetz ausgebaut, um im Falle eines Kriegs sich mir der Armee besser bewegen zu können. Für die Benützung der Strassen mussten aber die Einwohner Zoll bezahlen. Die Zöllner standen am Rande des Weges und suchten von den Menschen möglichst viel Geld zu verlangen. Sie erpressten für sich selber, aber sie erpressten auch für die gehassten Okkupanten. Als solche unpopuläre grobe Kollaboranten wurden sie dann so gehasst, dass die meisten Juden mit ihnen auch nicht sprechen wollten. Lieber warfen sie das verlangte Geld auf den Zollnertisch und sind ohne Worte weitergegangen. Die Zöllner sind so schnell reich geworden. So heißt es auch in unserem text über Zachäus, dass er Oberzöllner und reich war.

Aber es kam die Zeit, wo der Reichtum ihm kein Glücksgefühl mehr zu geben vermochte. Er hat großes Vermögen, viel Geld und viel Gold gehabt, aber er hatte niemanden, der ihn verstanden oder geliebt hätte. Der Glanz des Goldes bereitete ihm keine Freude mehr, er sehnte sich nach einem schöneren inhaltsreicheren Leben. Als er hörte, dass der berühmte Meister, der rätselhafte wandernde Prophet, Jesus Christus auf jedem Weg hindurch ziehen soll, stieg er auf einen Baum am Rande des Weges, um ihn zu sehen, denn er war von Gestalt klein und hätte ihn sonst der Volksmenge wegen nicht sehen können. Und der hindurch ziehende Jesus hat ihn nicht nur erblickt, sondern redete ihn auch an. Ihm, den die Menschen so hassten, sagte Jesus, dass er bei ihm an diesem Tage bleiben wolle. Diese Begegnung mit Jesus ist ein Wendepunkt in seinem Leben geworden. Er wollte gleich wiedergutmachen alles, was er bis dahin schlecht gemacht hatte.

In dem Leben des Zachäus sehen wir also vier verschiedene Perioden. Die erste Periode ist gekennzeichnet durch seine Selbstsucht, durch sein hastiges Sammeln des Geldes, des Besitzes, ohne Rücksicht darauf, ob er die Anderen dadurch verbittert. Die zweite Periode ist gekennzeichnet durch die Sehnsucht nach einem tieferen schöneren Leben, wo man lieben und geliebt werden kann. Diese Periode bedeutet schon eine gebetliche Lebenshaltung. Seine Sehnsucht nach Jesus ist schon ein stilles Gebet: Herr, erbarme dich meiner, gib meinem Leben Sinn und Inhalt. Die dritte Periode ist die Busse. In der Nähe Jesu Christi sieht man gleich die Schwachheit seines Lebens und seine Verlorenheit. Zachäus bekennt, dass sein Handeln mit den Menschen nicht immer ehrlich war, dass er sie auch erpresst hat. Die vierte Periode seiner Haltung ist der Dank. Der Dank, die Dankbarkeit beginnt so, dass man ganz anders handeln will. Zachäus drückt es so aus: Siehe Herr, die Hälfte meines Besitzes gebe ich den Armen und wenn ich von jemandem etwas erpresst habe, gebe ich es vierfach zurück. Diese Perioden sind erkennbar auch heute im Leben vielen Menschen. Frage ist nur, ob wir nicht auf dem halben Wege stehen bleiben. Jesus Christus, der gesegnete Arzt diagnostiziert den Zustand deren, die nicht zur Busse und Dankbarkeit gelangen, so: Sie sind verloren. Menschen, die sich so wohl fühlen, die von Gott so viel, ja, alles bekommen haben und sie doch immer noch mehr haben wollen, die den Besitz so hastig sammeln, wie wenn man etwas davon auch ins Grab mitnehmen könnte, sie sind verloren. Es wäre schrecklich, hätte der Herr nur soviel gesagt. Aber er sagt viel mehr. Heute schreibt er uns auch ins Herz: Er ist gekommen, um das Verlorene zu suchen und zu retten. Ihm ist wert auch unser irdisches Dasein. Darum gibt er uns alles, was wir zum diesen Leben brauchen. Der Gatte oder die Gattin, das Kind, der Bruder, das Land, der Sonnenschein und Regen, die Wohnung, dass Essen und Trinken und alles, was wir haben, woraus wir Freude schöpfen, ist seine Gabe Wir halten alle diesen Dinge für selbstverständlichen Zubehör des Lebens. Nur wenn Gott uns etwas oder jemanden nimmt, sehen wir, dass sie nicht so selbstverständlicher Zubehör des Lebens, sondern Gottes Geschenk waren.

Die meisten Schweizer Bürger halten für selbstverständlich, dass man hier in Frieden und Wohlstand leben kann. Wievielmal überschwemmten die Welt die Wellen der Kriegen, Revolutionen und verschiedene Heimsuchungen, während dem man hier in der Schweiz ruhig leben und arbeiten konnte und noch immer kann. Allein in dem zweiten Weltkriege sind Millionen auf Schlachtfeldern und Zehntausende in ihrem Heim bei Bombenangriffen gestorben. Es sind Millionen von Kindern Waisen und Millionen von Frauen Witwen geworden. Überall herum in Europa brannte die Welt, flossen das Blut und die Tränen, Millionen blieben ohne Heim, ohne Wohnung. In der Schweiz war es still und ruhig. Sie ist, – Gott sei Dank – fast völlig unversehrt geblieben. Wie viele Länder sind auch heute unterdrückt, durch fremde Armee besetzt und auch auf Minderheits-Los verurteilt, wo die Freiheit und Neutralität, sogar auch der Frieden ein unerreichbarer Traum zu sein scheint. Hier kennt man diese Leiden nicht. Wie viele Millionen hungern täglich, deren höchste Sehnsucht es ist, sich einmal satt zu essen; uns ist die tägliche Brot alltäglich gegeben. Allein in Indien sterben Tausende von Kindern täglich den grausamen Hungertod, unseren Kindern sind alle ihre wünsche erfüllt. Das Volk der Schweiz hat Gott besonders viel zu danken. Es genügt aber nicht unsere Dankbarkeit nur in Worten zu äußern. Die Dankbarkeit Gott gegenüber soll sich zeigen in der Solidarität den leidenden Mitmenschen gegenüber. Denn eben unser Herr sagt in seinem Wort, dass wenn jemand der Not leidenden mit Worten und Taten beisteht, das tägliche Brot und Getränk mit ihnen teilt, es gilt, als eine Hilfeleistung seiner Sache, also der Sache Christi.

Weh uns, wenn wir vergessliche Menschen sind, wenn es um die Dankbarkeit geht. Das erschreckende Beispiel der Undankbarkeit stellt uns die Erzählung über die geheilten Aussätzigen dar. Jesus hat zehn Menschen aus einer grausamen Krankheit gerettet, bei der das Fleisch im Laufe der Jahre am Leibe stückweise verfault und abfällt. Diese Kranken sind zu ihm gegangen, baten ihn um Heilung, aber nachdem ihnen der Herr die Gesundheit zurückgegeben hatte, vergaßen sie ihm Dank zu sagen. Zehn waren geheilt, aber nur einer kehrte zurück um ihm seine Dankbarkeit zu beweisen. Und dieser eine war dazu noch ein Fremder, dessen Nation die Juden für ein minderwertiges Volk hielten. Die Glieder des auserwählten Volkes, dem Gott im Laufe der Jahrhunderte seine Gnade so mächtig zeigte, kehrten von ihrem heilenden Herrn undankbar ab. Wie steht es mit dem Dank des Volkes in der Schweiz, das in den vergangenen beinahe zwei Jahrhunderten durch Gott so gnädig geheilt, geschützt und behütet war, die seit 1798 in Frieden leben darf?

Es sind hier tief gläubige Menschen, die sich in der ernsten Nachfolge Christi Mühe geben. Es gibt hier Bewegungen und Organisationen, deren Glieder mit offenen Augen und dankbarem Herzen sehen, was Gott diesem Volk gegeben hat und wollen das Volk zu dankbarer Solidarität auferwecken. Durch die Bemühungen dieser Menschen und Organisationen hat die brüderliche Hilfe der Schweizer viele Wunden geheilt und viele Tränen abgetrocknet. Ich bin einer von denen, dem ihre Kirche Stipendium gab und an der Universität in Bern meine theologische Kenntnisse erweitern darf. Wir sind ihnen dafür dankbar. Meinen persönlichen Dank möchte ich ihnen so zeigen, dass ich in ihrer Kirchgemeinde seit Juni d. J. mit brüderlicher Liebe diene. Und doch, mit Busse müssen wir auch in dieser Gemeinde bekennen, dass wir oft sehr undankbar sind. Auch wir sind nicht alle sich nach Gotteswort sehnende, dankbare und hilfsbereite Kinder Gottes. Wir sind zuviel beschäftigt mit unseren Angelegenheiten, und für Gott, der uns die Zeit gibt und unsere Lebenszeit irgendwann abbrechen kann, haben viele unter uns kaum etwas Zeit.

Wir wollen jetzt Gott danken vor allem für das alltägliche Brot, das er uns auch in diesem Jahre gegeben hat. Die Arbeit der Landwirte ist nicht umsonst gewesen. Was für ein Geschenk Gottes für uns das Brot und alle Früchte der Erde sind, begreift am besten der, der das Brot in seinem Leben eine Zeitlang entbehren musste. Einer unserer Schriftsteller erinnert sich bewegt an schwere Krisen, als sie in dem Elternhause vor der Ernte lange kein Brot mehr hatten. In einem allgemeinen Wohlstand geht es verhältnismäßig auch den Armen gut, aber in den Krisenzeiten spüren sie die Not viel früher als die Anderen. Die Eltern dieses Schriftstellers, wie so viele Anderen, waren auch ohne Geld und ohne Brot. Er war noch ein Kind und einmal bekam er für eine Hilfsarbeit ein Stück Butterbrot von einer reichen Frau. Seine Freude war übergroß, dass er einmal Brot essen konnte. Er hatte den Mund schon aufgetan, um das Brot anzubeißen, aber in seiner Seele tauchte plötzlich das bleiche Gesicht seiner Mutter auf. Er aß das Brot nicht, lief nach Hause und gab es der Mutter mit dem Vorwand, dass er sein Stück schon gegessen habe. Aber die Mutter aß das Brot auch nicht. Sie hat es am nächsten Tage ohne irgendeine Erklärung ihrem Manne eingepackt, der auf dem Land schwer arbeiten sollte. Abends ging dann der sonst oft müde und traurige Mann auffallend heiter nach Hause und rief frohlockend den Sohn zu sich: Komm mein lieber Sohn, jetzt habe ich dir aber etwas von dem Feld mitgebracht. Und der Sohn bekam das Stück Brot, das er am vorigen Tage der Mutter gegeben hatte. So einander lieben und füreinander Opfer bringen können – leider- nur bedrängte, Not leidende Menschen.

Gott, der uns Brot zur Ernährung unseres Leibes gibt, gibt uns auch das Brot des ewigen Lebens. Jesus Christus ist das Brot des Lebens. Durch sein geschriebenes und verkündetes Wort will er uns täglich zu sich rufen. Er ruft schon die Kleinen und sagt: *„Lasset die Kinder zu mir kommen."* Er ruft auch die Erwachsenen. *„Kommet zu mir alle, die ihr Mühselig und beladen seid, so will ich euch Ruhe geben. „* Er ruft jetzt zu seinem Tisch und sagt uns, wie er einst zu Zachäus sagte: *„Komm schnell, denn ich will heute bei dir bleiben."* Zachäus nahm ihn mit Freude auf, bekannte ihm seine Sünde und versprach ihm wiedergutzumachen alles, was er bis dahin schlecht gemacht hatte.

Wir sind bereit auf dem Wege der Selbstsucht von ihm auch so weit entfernt zu bleiben, wie Zachäus, aber wir dürfen zurückhehren und mit dem verlorenen Sohn bekennen: *„Vater, wir haben gesündigt gegen den Himmel und vor dir." Er ist bereit uns zu vergeben, so groß ist seine Gnade.* Wir können ihm dafür nur Dank geben. Dank unseres begnadeten, erneuerten Lebens. So gesinnt sagen wir ihm das Dankgebet:

Alle guten Gaben,
Alles was wir haben,
Kommt o Herr von Dir,
Wir danken Dir dafür.

Amen

Gemeinschaft des Geistes

Philipperbrief 1, 27; 2, 1 – 3 V.

Wandelt nur würdig des Evangeliums Christi, damit – ob ich komme und euch sehe oder abwesend von euch höre – ihr in einem Geist steht und einmütig mit uns kämpft für den Glauben des Evangeliums

Ist nun bei euch Ermahnung in Christus, ist Trost der Liebe, ist Gemeinschaft des Geistes, ist herzliche Liebe und Barmherzigkeit,

so macht meine Freude dadurch vollkommen, daß ihr eines Sinnes seid, gleiche Liebe habt, einmütig und einträchtig seid.

*Tut nichts aus Eigennutz oder * um eitler Ehre willen, sondern in Demut, achte einer den andern höher als sich selbst.*

Liebe Brüder und Schwestern, liebe Gemeinde,

Die erste Mahnung, die wir in unserem Text hörten lautet: „*Wandelt nur würdig des Evangeliums von Christus.*“ Das Wort „Evangelium“ bedeutet auf Deutsch; frohe Botschaft. Man hört gern frohe Nachrichten. Im Evangelium haben wir aber nicht irgendeine gute Nachricht, die einen von unseren Bekannten betrifft, sondern eine frohe Botschaft, die uns persönlich angeht. Der Inhalt des Evangeliums ist am schönsten zusammengefasst in dem sehr bekannten biblischen Satz: „*Denn so sehr hat Gott die Welt geliebt, dass er seinen einzigen Sohn gab, damit jeder, der an ihn glaubt, nicht verloren gehe, sondern ewiges Leben habe.*“ Hier ist die unfassbare Liebe Gottes kundgetan. Hier geht es ganz um uns. Gott liebt uns ohne unser Verdienst, ohne Bedingungen. Er will niemanden verloren gehen lassen. Verluste machen uns immer traurig, aber es bestand die Gefahr, dass uns nicht nur etwas verloren geht, sondern wir selber verloren gehen. Gott will das nicht. Gott will, dass jeder ewiges Leben habe. Jeder, also auch ich, auch wir. Das ist die frohe Botschaft, das ist das Evangelium.

In dem zitiertem Satz scheint aber doch eine Voraussetzung zu sein; der Glaube. Ohne Glauben gibt es kein ewiges Leben. Aber der Glaube ist schon eine Folge, ein Ergebnis. Er ist die Antwort des Menschen auf die Liebe Gottes. In solchem Sinne steht vor uns die Mahnung in unserem heutigen Text: *„Wandelt nur würdig des Evangeliums.“* Wir wandeln so würdig des Evangeliums, wenn unser ganzes Leben die Liebe Gottes spiegelt. Wie ein Kind, das Tag für Tag die Liebe der Eltern spürt, nicht anders kann, als diese Liebe erwidern und den Eltern gegenüber gehorsam sein, so sollen wir auf die Liebe Gottes mit gehorsamer, tätiger Liebe antworten.

Unsere Unzulänglichkeit zeigt sich aber darin, dass wir die Liebe Gottes vergessen. Wir sehnen uns nicht nach seinem Wort. Wir wollen unsere Untreue, unsere Lieblosigkeit, unsere Versäumnisse so entschuldigen, dass wir uns auf die Welt, viel Arbeit und Mühsal berufen. Wir berufen uns gern auf alles, nur uns selber wollen wir nicht untersuchen, unsere Versäumnisse wollen wir nicht bekennen.

Unser Würdigsein oder nicht Würdigsein des Evangeliums hat eine weit reichende Folge. Jesus selber sagt, dass man im Himmel, in der Welt Gottes aufmerksam sei auf jeden Menschen, der seinen Kampf kämpft, der sich an Gott hält. Gott will seine Sache auf Erden durch seine Kinder, also durch uns vorwärts bringen. Unsere Verantwortung ist groß. Nicht umsonst sagt durch die Bibel den jeweiligen Jüngern: *„So soll euer Licht vor den Menschen leuchten, damit sie eure guten Werke sehen und euren Vater, der in der Himmel ist, preisen.“* Wenn aber wir nicht mehr würdig wandeln, dann ist das nicht nur unsere persönliche Sache, sondern dann ist Gottes Sache bei uns ins Stocken geraten. Für diese Situation ist wiederum eine andere Mahnung des Herrn zu beherzigen: „*Ihr seid das Salz der Erde. Wenn aber das Salz seine Schärfe verliert, ist es zu nichts mehr nütze, als dass es hinausgeworfen und von den Leuten zertreten wird.*“ Die Urchristen geben uns ein schönes Beispiel, wie man des Evangeliums würdig wandeln kann. Die ganze heidnische Welt war erstaunt, wie die Christen einander liebten, wie sie einig waren.

Wie viele ungelöste Probleme, wie viele Unsicherheit hat heute unsere Welt und in ihr die Kirche, die Gesellschaft. In den Wirrungen des modernen Lebens verlieren wir oft das eigene bessere „ich.“ Viele Wunden wären geheilt und viele Probleme der Welt gelöst, wenn wir unser Leben durch das Wort Gottes entscheidend formen ließen. Unser Leben ist schwer belastet. Wir leben unter der Last unserer vielseitigen Verpflichtungen, aber auch unserer Versäumnis, unserer kühl gewordener Liebe. Gott kennt unsere Lage, er weiß, dass wir nicht alle in einem Geiste beharren, nicht alle mit der gleichen Kraft unserer Seele für den Glauben an das Evangelium kämpfen.

Darum ist die Ermahnung in Christus notwendig. Man sieht heutzutage ziemlich oft die moderne Wiederholung des Falls des verlorenen Sohnes. Nicht nur der biblische verlorene Sohn verschwendet das Erbe des Vaters, sondern auch wir. Unser himmlischer Vater hat uns ein wunderbares Erbe in Jesus Christus vorbereitet. Aber wir handeln, wie der biblische verlorene Sohn. Wir sind bereit dieses kostbares Erbe verschwenden. Wir wollen zu viel von dieser Welt haben. Wir wollen die Zeit unseres Lebens genießen, und völlig vergessen, dass uns unser Herr sagt: „*Denn was nützt es den Menschen, wenn er die ganze Welt gewinnt, sich selbst aber ins ewige Verderben bringt.*“ Es ist gut, wenn neben dem so handelnden Menschen jemand steht, der sie ermahnen kann. Diese Ermahnung darf nicht Verurteilung werden. Urteilen ist nicht unsere Aufgabe. Dar überlassen wir Gott, der uns alle gerechtig urteilt. Die Ermahnung darf niemals von der Höhe einer eingebildeten Rechthaberei aus geschehen. Sie darf nur von brüderlicher, helfender Liebe stammen.

In unserem Text steht weiter, dass es irgendeinen Zuspruch der Liebe gibt. Jemandem Mut, Trost zusprechen, können eigentlich nur Jünger, d.h. Nachfolger Jesu Christi. Wir können einander viel helfen. Wir können das Leben füreinander schöner und menschlicher machen, aber die größten, zur Entscheidung führenden inneren Kämpfe muss jeder allein für sich kämpfen. Bei solchem inneren Ringen kann man einander nur sehr wenig helfen. Besonders beim letzten Kampf, wenn einmal wir vom Leben abberufen werden, kann uns keiner unserer Mitmenschen helfen. Unser Beistand, unsere Kenntnis, mit denen wir unseren geliebten Angehörigen im Leben zurückhalten möchten, wenn sie schon den letzten Kampf kämpfen, sind ganz kraft und erfolglos. Aber wir bleiben auch im Tode nicht allein. Von unseren Nächsten müssen wir uns trennen, aber Christus bleibt bei uns. Wie schrecklich wäre dieser Kampf ohne Christus. Aber er hat den Fürst, des Todes überwältigt. So dürfen wir schon in voller Hoffnung mit dem Apostel bekennen: *„Keiner von uns lebt ja sich selbst und keiner stirbt sich selbst; denn leben wir, so leben wir dem Herrn, sterben wir, so sterben wir dem Herrn. Wir leben nun, oder wir sterben, so sind wir des Herrn.“* Das ist die Krone aller Zusprüche.

In unserem Text lesen wir weiter; dass es auch eine Gemeinschaft des Geistes gibt. Was Gemeinschaft bedeutet, wissen wir ja alle. Denn wir gehören von Geburt einer Gemeinschaft an. Die erste Gemeinschaft ist für uns die Familie. Aber in dieser Gemeinschaft, in der Familie befinden sich nur dann echte Liebe, Friede und Glück, wenn die Familienglieder nicht nur von leiblichen, sondern auch geistlichen Fäden zusammengehalten sind. Die Bände des Blutes genügen nicht. Sie halten einen Zeitlang, reißen dann oft. Sehr treffend sagt ein bekannter Theologe, dass wir Menschen nicht der Fäden, sondern der Brücken bedürfen. Brücken, so, dass man wirklich zueinander gehen kann. Brükken, so, dass einer auf den anderen zu zählen vermag auch in schwerster Stunde. Brücken, so, dass man zusammenkommen kann auch über breite Ströme, wie sie uns heute voneinander trennen. Wahre, lebendige, wachsende Gemeinschaft kann nur durch den Geist Gottes zustande kommen. Ohne diesen Geist vergeht die Liebe auch in der Familie. So verliert das Heim seine heitere Gelassenheit, seine Anziehungskraft. Es ist dann nur wie ein Hotel, nicht nur so schön eingerichtet, sondern auch so kühl, wo die Menschen einander fremd oder bestenfalls gleichgültige Bekannte sind. Man fühlt sich einsam und unverstanden.

Ohne Geist ist eine große Zahl von Menschen auch nur Masse. Mit ausserer Gewalt kann man Menschen nicht lange zusammenhalten. Aufgezwungener Gehorsam hat nur ein kurzes Leben. Terrorherrscher können drohen und strafen, aber sie können nicht die Herzen beherrschen. Jede Form menschlichen Zusammenlebens, die sich auf Gewalt gründet, ist zum Tode verurteilt. Nur durch den Geist Gottes kann man die Muttersprache der Christen, die Sprache der Liebe erlernen.

Dass diese Sprache jeder Gläubige versteht, beweisen die Ereignisse des ersten Pfingstfestes.

Die Kirche ist eben darum etwas völlig anderes, als irgendeine andere Gruppierung von Menschen, weil sie durch den Geist Gottes zustande gekommen ist. Der Geist gründete aber nicht nur die Kirche, sondern er führt und regiert sie auch. Wenn man die beinahe zweitausendjährige Geschichte der Kirche spürt, dann sieht man, dass in ihr trotz allen menschlichen Gebrechlichkeiten der Geist Gottes am Werk ist. Wie Groß war die Verfolgung der Kirche in der Zeit Neros und Diokletians! Und doch wurde die Kirche trotz allen blutigen Verfolgungen nicht ausgerottet. Im Gegenteil, die verfolgte urchristliche Gemeinde wurde Tag für Tag größer und stärker im Glauben. Ein Beweis dafür, dass in der Kirche der Geist Gottes lebt und wirkt. In den dunklen Jahrhunderten des Mittelalters, als die Kirche ihre Sendung fast vergaß, als Millionen in Aberglauben geraten waren, zeigte sich wieder der Geist Gottes in der Reformation. Er entflammte damals das Licht des vergessenen Gottes-Wortes.

In der neuesten Zeit, nun in der Welt so viele Einheitsbewegungen im Gange sind, steht die Kirche an der Spitze dieser Bestrebungen.

Heute suchen schon über 200 Kirchen zusammen in dem Ökumene nach der brüderliche innere Einheit der Kirche Christi. Die Menschen sind hier auch nur Mittel, aber die einheits-schaffende Kraft ist der Geist Gottes.

Gottes Volk in der Welt ist mannigfaltig getrennt. Es lebt in verschiedenen Ländern, bei verschiedenen Gesellschaftssystemen. Es ist getrennt durch Tausende von Kilometern, durch großen Ozeanen, aber es ist verbunden durch den Geist Gottes. Jesus Christus ist nicht nur gestern und heute und in Ewigkeit, sondern hier und überall derselbe. Es gibt freie Völker und es gibt unterdrückte Völker, die für ihre Unabhängigkeit kämpfen müssen, und solche, die auch dafür nicht kämpfen dürfen. Wir haben verschiedene Lebensbedingungen, aber wir können in seinem Geiste einig werden.

Dieser liebevollen Einigkeit stehen aber immer irgendwelche Hindernisse im Wege. Denn der Geist Gottes schafft und verbindet eine Gemeinschaft, aber der Geist des Satans schafft Egoismus, Lieblosigkeit und trennt. Hier wartet auf die Menschen, die vom Gottes Geiste getrieben sind, eine große Aufgabe. Das schönste und beste Auto bleibt stehen, wenn der Betriebstoff fehlt. Auch die Christen bleiben auf dem Wege der Liebe und Einigkeit stehen, wenn sie lange keinen Antrieb mehr erhalten. Wenn man mit dem Auto weiterfahren will, muss man den Behälter öffnen und tanken. Wenn wir auf dem Wege und brüderlichen Einigkeit vorwärts gehen wollen, müssen wir unser Herz öffnen und den wertvollsten Betriebsstoff, den Geist Gottes, das Wort Gottes empfangen. Darum sollte man die stillen Minuten des Bibellesens, und die Stunden der Gottesdienste niemals versäumen. Diese Vernachlässigung rächt sich in unserem persönlichen und familiären Leben. Die Liebe lässt nach und die Einigkeit zerfällt.

Unsere Aufgabe ist gleichzeitig auch eine gesegnete Möglichkeit. Wir dürfen mit der Kraft des Heiligen Geistes in Liebe bleiben, *die langmütig ist, die sich nicht aufbläht, die sich nicht erbittern lässt, die alles hofft, alles erduldet, alles erträgt.* So wird unser Leben zum Segen werden für die Familie, für die Gemeinschaft der Kirche und für die Welt.

Diese Möglichkeit scheint zu unrealistisch zu sein. In der heutigen Zeit, wo alles auf Gewalt und Egoismus gegründet ist, kann man – angeblich – nicht so leben und handeln. Von uns aus können wir es wirklich nicht, aber der Heilige Geist gibt uns Kraft so zu leben. In seiner Kraft können wir einander brüderlich ermahnen, den Zuspruch der Liebe weitergeben und in der Gemeinschaft des Geistes getrost arbeiten.

Amen.

Stehet fest im Glauben

Trauung

Kor. 16, 13 – 14 V.

Wachet, steht im Glauben, seid mutig und seid stark!*
Alle eure Dinge laßt in der Liebe geschehen!

Liebes junge Paar, liebe Gemeinde,

Das erste Wort, das euch Gott in der Stille dieser feierlich geschmückten Kirche ins Herz schreiben will, lautet: Wachet. Dieses Wort habet ihr in eurem bisherigen leben vermutlich schon vielmal gehört. Das Kind, das aus dem Elterhaus ausgeht, hört oft die Ermahnung der Mutter oder des Vaters; wache. Diese Ermahnung hört man nicht nur als kleines Kind, sondern auch als wachsendes und erwachsenes Kind. Beim Aufbruch auf den Weg in die Schule, in die Arbeit hört das Kind wieder und wieder diese Ermahnung der Eltern: Liebe Tochter, lieber Sohn, wache, gib Acht auf dich. Aber warum erklingt diese Ermahnung aus dem Munde der Eltern so oft; Nicht darum, weil sie die Freiheit ihres Kindes beschränken wollten, sondern darum, weil sie es lieben. Sie haben das Leben schon gut kennen gelernt und sie wissen, dass man draußen in der Welt vielen Gefahren ausgesetzt ist. Darum geben sie Instruktionen, darum ermahnen sie zum Acht geben, zum wachen.

Liebes junge Paar, ihr seid auch im Aufbruch auf einen Weg. Gott will diesen eueren gemeinsamen Weg schön und glücklich machen. Darum sagt er euch mit väterlicher Liebe: Wachet, gebt Acht auf euch.

Er kennt unsere Welt. Er weiß, dass es in ihr nicht nur Liebe und Gütigkeit, sondern auch Böses und verführerischen Willen gibt. Gottes Ermahnung bedeutet: Zueinander seid immer Lieb und Gütig, aber gegen das Böse seid immer hart und fest. Vor seinem verführerischen Versuch ist kein Mensch verschont. Es will auch die Eheleute zuerst von Gott und dadurch langsam auch voneinander verführen. Nicht umsonst sagt euch also Gott in seinem Wort: Wachet, stehet fest im Glauben, seid mannhaft, seid stark. Der Glaube an Gott ist die einzige feste Unterlage für unser Leben. Wir sind seine Gesandten und einmal müssen wir ihm Rechenschaft ablegen. Sein Liebe umarmt unser Leben. Er hat für uns in Jesus Christus das Heil vorbereitet. Von ihm kommen alle gute Gabe und alles vollkommenes Geschenk. Er hat auch euch einander geschenkt. Das ist etwas unaussprechlich Großes: Gottes Geschenk zu werden. Nur als Gottes Geschenk könntet ihr füreinander auch ein Segen für das ganze Leben werden. Nur wer den Anderen als Gottes Geschenk empfängt, kann in den Wirrungen des Alltags und auch mit grauem Haupt, ernst und froh über den Anderen so sprechen: Sie ist meine liebe Gattin, er ist mein lieber Gatte.

In dem zweiten Teil eures Ehespruches sagt euch Gott: Alles bei euch geschehe in Liebe. Jetzt scheint euch diese Forderung leicht erfüllbar zu sein. Würdet ihr einander nicht lieben, wäret ihr jetzt nicht hier nebeneinander in der Kirche. Es bedeutet gewiss eine große Freude einander lieben zu dürfen und wenn es so kommt, füreinander Opfer zu bringen. Aber über die echte Liebe steht es in der Bibel, dass sie niemals aufhört. Also nicht nur in den Jahren der Jugend, sondern auch in späteren Jahrzehnten soll die Liebe lebendig und opferbringend bleiben. Wo die Liebe der Eheleute sich durch äußere Verhältnisse abkühlen lässt, verwandelt sich das schöne Eheleben zur Qual und das liebe Heim zum Gefängnis. Die Eheleute sollen sich auch in den späteren Jahren und auch in dem Alter fragen, ob sie gegeneinander etwas nicht vernachlässigt haben, ob sie Bereitschaft zur Hilfe, zum Verständnis und Opfer nicht nachgelassen haben! Die Liebe erneuert ihre Wärme im Alltag durch den Glauben. Nicht umsonst steht in der Bibel so oft nebeneinander das Wort Glaube und Liebe. So ist es auch in eurem Trauspruch: *Stehet fest im Glauben, .. alles bei euch geschehe in Liebe.*" Der glaubende Mensch, der sich jeden Tag nach dem Wort Gottes und jeden Sonntag nach dem verkündeten Evangelium sehnt, bekommt wieder und wieder neue Wegweisung, neue Kraft zur Liebe. Denn das Evangelium ist Evangelium der Liebe Gottes. Und dort heißt es: „*Wenn Gott uns so geliebt hat, sollen wir einander auch lieben.*" Gott vergibt uns unsere Schuld, auch wir sollen einander vergeben können. Wenn man auf das Feuer nicht nachlegt, löscht es aus. Bald bleibt nichts, als ein kleiner Haufe von Asche. Wenn ihr das Feuer der Liebe nicht jeden Tag nährt, löscht es auch aus. Darum stehet fest im Glauben, darum geht bei jeder möglichen Gelegenheit in die Kirche, um dort das Evangelium der Liebe Gottes zu hören, um das Feuer der Liebe in eigenem Herzen zu nähren. Es ist kein Wunder, dass Eheleute, die das Wort Gottes nicht lesen und hören, die zusammen nicht beten können, in dem Rennen und in den Spannungen des Alltags die Wärme der Liebe verlieren. So kommt es dann, dass Eheleute, die für sich ein schönes Leben erträumt haben, bald zueinander kalt werden, wenn sie sich nicht gerade feindlich benehmen. Die Kinder in einer solchen Familie haben dann kein schönes Vorbild vor sich, sie können also zu Hause wenig Gutes lernen.

Darum sollt ihr, liebe Jungen, das Wort eures Trautextes immerdar für einen geschätzten Reisevorrat halten. *Alles bei euch geschehe in Liebe.* Alles. Nicht nur in den schönen feierlichen stillen Stunden, wann es so gut tut, den Schlag der beiden Herzen zu hören, sondern auch zwischen den harten Realitäten des Lebens. Es soll bei ihnen alles in Liebe geschehen, also auch das Tragen der Sorgen und der Last der Arbeit. Wenn einer unter euch draußen im harten Kampf des Lebens Wunden bekommt, soll sie das Andere heilen. Wenn das eine versagt oder verzweifelt, soll das Andere helfen und trösten. So mag irgendeine Änderung der Verhältnisse, irgendeine Schwierigkeit auf dem Arbeitsplatz oder irgendwo im Leben kommen, die Last wird kleiner sein, wenn euer Herz auch in dem Wandel der Zeiten unverändert voll von Liebe ist. Aus eigener Kraft könnten ihr euer Leben nicht schön machen, aber ihr müsst auch nicht alles allein schaffen. Ihr seid nicht nur darum nicht allein, weil Gott Euch einander geschenkt hat, sondern auch, weil er selber bei euch bleiben will. So wird euer Leben wirklich schön werden, wenn bei euch alles in Liebe geschieht, wenn ihr euer ganzes Lebenslang in Liebe einander, und zusammen Gott dienen wollet.

Amen

Belsazers Tod

Daniel 5, 3 – 6 und 24 – 30 V.

Da wurden die goldenen und silbernen Gefäße herbeigebracht, die aus dem Tempel, aus dem Hause Gottes zu Jerusalem, weggenommen worden waren; und der König, seine Mächtigen, seine Frauen und Nebenfrauen tranken daraus.

Und als sie so tranken, lobten sie die goldenen, silbernen, ehernen, eisernen, hölzernen und steinernen Götter.

Im gleichen Augenblick gingen hervor Finger wie von einer Menschenhand, die schrieben gegenüber dem Leuchter auf die getünchte Wand in dem königlichen Saal. Und der König erblickte die Hand, die da schrieb.

Da entfärbte sich der König, und seine Gedanken erschreckten ihn, so daß er wie gelähmt war und ihm die Beine zitterten.

Darum wurde von ihm diese Hand gesandt und diese Schrift geschrieben.

**So aber lautet die Schrift, die dort geschrieben steht: Mene mene tekel u-parsin.*

Und sie bedeutet dies: Mene, das ist, Gott hat dein Königtum gezählt und beendet.

Tekel, das ist, man hat dich auf der Waage gewogen und zu leicht befunden.

Peres, das ist, dein Reich ist zerteilt und den Medern und Persern gegeben.

Da befahl Belsazar, daß man Daniel mit Purpur kleiden sollte und ihm eine goldene Kette um den Hals geben; und er ließ von ihm verkünden, daß er der Dritte im Königreich sei. *

Aber in derselben Nacht wurde Belsazar, der König der Chaldäer, getötet.

Liebe Brüder und Schwestern, liebe Gemeinde,

Wir sind alle, auch wenn wir in einer Fabrik, im Haushalt, im Büro, Laboratorium, oder sonst irgendwo arbeiten, Sämänner. Unser ganzes Leben die Art, wie wir uns benehmen, wie wir denken, reden oder auch schweigen, was wir tun oder nicht tun, das alles – alles ist eine Saat. Die Saat unseres Lebenswandelns fällt unbeachtet in die Seele der Menschen, die in unserer Umgebung leben, denen wir begegnen, mit denen wir zusammen arbeiten oder reden. Das gesäte Korn wächst dann in den Seelen allmählich und still auf und reift zur Ernte. Es wächst zur Ernte des ewigen Lebens, oder des Gerichts Gottes. Darum ist alle unsere Tätigkeit zu überlegen, bevor wir etwas vollbringen, tun oder reden. Diese Tatsache sollen wir alle, aber besonders die Eltern, Erziehern und Lehrer beherzigen. Ihre Verantwortung ist vor Gott und vor den Menschen übergroß, also müssen sie mit großer Sorgfalt und Weißheit vorgehen mit den ihnen anvertrauten ewigen Werten, mit den Menschenseelen. Die Eltern bemühen sich um den Kindern das Beste zu geben. Sie überspannen manchmal ihre vergehenden Kräfte, um ihnen eine bessere Zukunft zu gewährleisten. Vermögen sie aber den Kindern irgendeinen Schatz zu geben? Wenn sie sie nicht zu Jesus Christus führen, sind sie zum wertvollen Leben schlecht ausgerüstet. Die Pädagogen, die in einer Schule die Kinder oder die Jugend erziehen, mögen wunderbare Perspekiven der Wissenschaft erschließen, aber wenn sie ihre Schüler nicht belehren, dass die Furcht des Herrn der Weisheit Anfang ist, vollbringen sie einen schlechten Dienst. Sie säen so die Samen des Unkrauts. Aber Gott lässt sich nicht spotten, denn was der Mensch sät, das wird er auch ernten.

Nebukadnezar, der erobernde König von Babylon hat in die Seele seiner Kinder Gottlosigkeit gesät. Er eroberte auch das Land des alttestamentlichen Volkes. Den prächtigen Tempel von Salomo hat er ausgeraubt und angezündet. Der Tempel die Mauer und die Häuser von Jerusalem wurden ruiniert und ein bedeutender Teil des Volkes in Gefangenschaft nach Babylonien gebracht. Nebukadnezar hat auch die goldenen und silbernen Gefäße aus dem Tempel zu Jerusalem mitgebracht. Er herrschte als ein gewaltiger Herrscher über seine Länder. Er wollte sich als Gott anbeten lassen Aber Gott setzte ihn in Erstauen durch Daniel und seine Mitgefangenen, die an dem königlichen Hof lebten. Diese glaubenden Menschen, die am heidnischen königlichen Hof die Kirche Gottes repräsentierten, wollten ihn nicht anbeten. Als sie dafür in den Feuerofen geworfen worden waren und Gott sie aus dem Feuer rettete, wurde dieser gewaltige König verblüfft. Durch die Zeugen Gottes konnte er Gott kennen lernen, aber zum tiefen Glauben gelangte er nicht. Er war eine Zeitlang erschüttert als er Gottes rettende Macht gesehen hatte, aber er fühlte sich bald wieder groß und reich genug, um neben oder über sich keine größere Macht zu erkennen. Daniel verkündigte ihm tapfer die Pläne und den Willen Gottes, aber er wollte sie nicht dauernd ernst nehmen. Gott demütigte dann diesen stolzen König, er wurde aus der menschlichen Gesellschaft eine Zeitlang ausgestoßen und erst am Ende seines Lebens bekannte er über Gott: „Nun lobe und erhebe und preise ich den König des Himmels. All sein Tun ist Wahrheit und sein Walten ist gerecht.

In der Seele des Sohnes war aber schon gesät der Same des Hochmutes. Er begann seine königliche Herrschaft mit überbetonter Selbstsicherheit. Einmal veranstaltete dieser Sohn des Belsazzars für seine tausend Hauptleute ein glänzendes Mahl, ein großes Gelage. Er wollte sich bei dieser Gelegenheit großzügig und mächtig zeigen. Er wollte seinen Gemahlinnen und Nebenfrauen zeigen, was für ein gewaltiger

Herr er sei. Er ließ die goldenen und silbernen Gefäße, die sein Vater aus dem Tempel zu Jerusalem weggeführt hatte, herbei bringen, um daraus zu trinken. Die heiligen Gefäße bei einem Gelage ! So verspotteten sie Gott. So wollte dieser König zeigen, dass ihm nichts heilig sei, dass er selber sein Gott sei und er sich durch keine religiöse Vorurteile beeinflussen lasse. Aber als die rauschvolle Laune auf dem Höhepunkt war, geschah etwas, was der gewaltige König nicht selber bestimmt hatte. Es erschien eine Hand, die unverständliche Worte auf die Wand schrieb. Ein Zeichen Gottes. Der verspottete unsichtbare Gott offenbart sich. Diese Offenbarung durch die schreibende Hand war ein letztes Zeichen für Belsazzar und sein lustiges Volk, dass Gott über die Welt regiert. Die Schrift verkündete wohl schon Gericht, aber die Zeit der Vollendung des Gerichtes hätte noch einen Gnadenzeit werden können. Einer der Verbrecher die mit Jesus gekreuzigt waren, bekam Gnade noch in der Stunde des Gerichtes, weil er Busse getan hat. Belsazzar gelangte aber nicht zur Busse, nur zur Angst. Er war erschrocken, seine Beine zitterten. Er wollte wissen, was die Schrift an der Wand bedeutet, aber es konnte ihm das Rätsel niemand lösen. Die Weisheit der Weisen erwies sich als ungenügend. Der erschrockene König wollte noch immer geben, staatliche Auszeichnungen, goldene Ketten und Herrschaft wollte er geben dem, der ihm die Bedeutung der Schrift erklärte. Er wollte also auch noch damals geben, als für ihn die letzten Minuten gegeben waren, um seinerseits etwas zu empfangen. Er sollte um die Gnade Gottes bitten und sie empfangen. Diese letzte Möglichkeit war ihm noch gegeben. Er hat aber diese letzte Möglichkeit versäumt. In der letzten Not und Verzweiflung sollte dann der alte Diener Gottes hervorgerufen werden. Da, als die Sterndeuter und Weisen Babels versagten und als die Verzweiflung auf dem Höhepunkt war, sollte Daniel kommen.

So ist es immer in der Welt. Wenn alles gut geht, wenn man im Sonnenschein der Gesundheit oder der friedlichen Zeiten und des Wohlergehens leben kann, denken nur wenige an Gott. Da scheint

Gott überflüssig zu sein. In der Zeit der Lust und der Zeiten der Fortschrittmöglichkeiten betont man seine menschliche Würde, pocht auf seine Erfolge und trinkt unbesorgt und hochmütig aus dem Becher des Rausches. Und Gottes grenzenlose Güte duldet es lange. Er greift nicht gleich ein mit seinem Gericht. Er lässt uns und er lässt sich Zeit. Er wartet auf unsere Busse und Bekehrung. Er will uns retten und heilen. Die Heimsuchungen sind auch ein Zeichen seiner Gnade. Auf die Güte Gottes antworten wir oft mit Undankbarkeit, aber wenn sich die Wolken des Gerichtes Gottes sammeln, wenn alles Weisheit des Weisen versagt, dann wollen wir uns zu Gott kehren, sein Wort hören ihn fragen. In der Zeit des Krieges, wann so oft auch die Erde bebte, wann man in jedem Dorf oft einen Bericht erhielt mit den Namen deren, die auf den Schlachtfeldern gefallen, verwundet oder verschollen sind, waren die Kirchen bei uns voll. Damals gingen in die Kirche auch Leute, die früher nicht viel Gemeinschaft mit ihr hatten.

In der letzten Verzweiflung wollte auch der hochmütige babylonische König den vergessenen alten Boten Gottes, den Daniel hören. Aber Daniel konnte schon nur noch das Gericht Gottes verkündigen. Die Schrift an der Wand des Thronsaales im königlichen Palast: *„Mene Mene Thekel Upharsin"* bedeutete, dass die Gnadenzeit vorbei ist, das Königtum und Leben wird von ihm weggenommen werden. In dem königlichen Palast inmitten einer Nacht, unter hochmütigen, berauschten lustvollen Menschen, die die heiligen Gefäße der Tempel zu Jerusalem bei einem Gelage verwenden wagten, erklang das Gericht Gottes. Der König wurde zur letzten Rechenschaft gerufen.

Uns ruft Gott auch einmal zur Rechenschaft. Dem König sagte er in jener Nacht: Du bist auf der Waage gewogen und zu leicht erfunden worden. Wir sind alle und immer auf der Waage Gottes. Unsere Liebe oder Lieblosigkeit, unsere Treue oder Untreue, alles, was wir sagen, was wir an Liebe oder Selbstsucht tun und alles, was wir tun sollten aber nicht getan haben, also unser ganzes Lebenswandel wird auf der Waage Gottes gewogen. Jesus Christus wird am jüngsten Tage das

Gericht, das wir uns zeit unseres Lebtags sammelten, nur kundtun. Wir können unser gewogen werden durch ein zeitgemäßes Beispiel verstehen. Die modernen Rechenmaschinen schreiben immer die gedruckte Nummer auf. Am Ende eines Rechenprozesses ist schon alles aufgeschrieben, aber um das Endergebnis, die Summierung zu bekommen, muss man noch einen Knopf drucken. Dieser letzte Druck tut das Endergebnis kund. Wir sind also alle gewogen, uns ist alles aufgeschrieben und wir würden alle verloren, wenn uns vor dem letzten kundtun unseres Lebensgewichtes nicht Gnade dazugegeben würde. So, wie wir sind, würden wir alle zu leicht befunden werden. Darum dürfen wir die Zeit der Gnade nicht verschwenden. Wir sind immer zum Leichsinn geneigt, wenn es um die Sache Gottes geht.

Die Menschen in der Zeit Noahs haben die Arche gesehen, aber sie haben wahrscheinlich den alten Noah ausgelacht, wenn er ihnen von dem Gericht Gottes gesprochen hat. Die Sonne ging jeden Tag auf, wie immer. Die Menschen heirateten, kauften und verkauften wie früher, also schien ihnen alles in Ordnung zu sein. Aber dann plötzlich kam die Sintflut. Noah und seine Familie wurde gerettet, die Anderen, die Gott und sein Wort nicht ernst nehmen wollten, sind verloren gegangen. Die Gnadenzeit war vorbei.

In dem Gleichnis von der königlichen Hochzeit stellt uns Jesus Christus die Jungfrauen dar, die bei Nacht auf den Bräutigam warteten, aber weil sie in ihren Lampen kein Öl hatten und noch in der Nacht es kaufen wollten, konnten sie nicht mit dem Bräutigam ins Hochzeitshaus eingehen. Sie sind zu spät angekommen, die Tür war schon zu. Sie baten schon umsonst: Herr, tu uns auf. Er antwortete und sprach: Wahrlich ich sage euch, ich kenne euch nicht. Für sie war die Gnadenzeit auch vorbei.

Die Zeichen der Zeiten warnen uns. An Gottes Uhr nähert sich der Zeiger der 12. Der größte Teil der Menschheit lebt in der Blindheit der Gleichgültigkeit oder Glaubenslosigkeit. In dieser Nacht unserer Zeit sind viele im Blick auf den Glauben eingeschlafen, wie die Jungfrauen im Gleichnis Jesu. Andere halten ihre Gelage wie König Belsazzar und seine Gäste. In dieser Situation ist Daniel, also die Kirche als Verkündiger des Willens und der Pläne Gotte, nicht so sehr erwünscht. Diejenigen, die den Schlaf der Glaubenslosigkeit oder Gleichgültigkeit schlafen, wollen sich nicht stören lassen Diejenigen, die ihre sorglosen Gelage halten, denken ebenfalls nicht an die Waage, an das Gericht Gottes, wie in jener Nacht auch Belsazzar nicht daran gedacht hatte. Aber Gott schweigt nicht. Er lässt uns hören das Wort seiner rettenden Liebe: *„Wach auf, der du schläfst und steh auf von den Toten, so wird Christus dir als Licht aufgehen."*

Belsazzar wurde in jener Nacht getötet. Uns ruft noch die Liebe Gottes aus der Nacht unserer mancherlei Berauschungen zum neuen Leben. Darum sagt er uns in seinem Wort: *„So sehet zu, wie ihr vorsichtig wandelt, nicht als Unweise, sondern als Weise, indem ihr die Zeit auskauft, denn die Tage sind Böse."*

Amen.

Knechte der Gerechtigkeit

Römerbrief 6, 19 – 22 V.

Denn indem ihr nun frei geworden seid von der Sünde, seid ihr Knechte geworden der Gerechtigkeit.*

Ich muß menschlich davon reden um der Schwachheit eures Fleisches willen: Wie ihr eure Glieder hingegeben hattet an den Dienst der Unreinheit und Ungerechtigkeit zu immer neuer Ungerechtigkeit, so gebt nun eure Glieder hin an den Dienst der Gerechtigkeit, daß sie heilig werden. Denn als ihr Knechte der Sünde wart, da wart ihr frei von der Gerechtigkeit.

Was hattet ihr nun damals für Frucht? Solche, deren ihr euch jetzt schämt; denn das Ende derselben ist der Tod.*

Nun aber, da ihr von der Sünde frei und Gottes Knechte geworden seid, habt ihr darin eure Frucht, daß ihr heilig werdet; das Ende aber ist das ewige Leben.

Liebe Brüder und Schwestern, liebe Gemeinde

Das Leben des Menschen ist ein ewiger Dienst. Jeder dient jemandem, doch mancher bekennt nicht gern, dass er ein Diener sei. Ein Kennzeichen unserer Schwachheit ist es eben, dass wir uns für frei, groß sogar mächtig halten wollen. Nicht nur jetzt ist das so, so war es schon auch in den alten Zeiten. Die Juden waren auch unserem Herrn und Heiland böse, wenn er sie Knecht nannte. Sie beriefen sich, – wie so viele auch unter uns – auf ihre Stammväter, ihren Ursprung. Sie Sagten, dass sie Abrahams Nachkommen wären und niemandem gedient hätten. Die Wahrheit ist nun doch so, dass sie dienten. Wir dienen auch, liebe Brüder und Schwestern, die Frage ist nur; w e m ;

Auf diese Frage darf man keine leichtfertige Antwort geben. In der Heiligen Schrift heißt es: *„Jeder, der Sünde tut, ist der Sünde Knecht."* Unsere Lebensart ist die wahre Antwort auf diese Frage. Unsere Heiligung oder Verlorenheit hängt davon ab, wem wir hier dienen. Wir müssen entscheiden, wem wir unser Herz hingeben in diesem vergehenden Dasein, solange wir zwischen Wiege und Grab wandern, arbeiten und kämpfen. Weh uns, wenn Sünde unser Herz erfüllt, wenn sie unsere Gedanken und unsere Pläne bewegt. In der Sünde bleiben bedeutet; bewusst dem Satan dienen. Dieser Dienst hat aber einen schrecklichen Lohn. Denn *„der Sünde Lohn ist der Tod."*

Der Satan sucht immer den Menschen, der ihm zu dienen gewillt ist. De Satan kann versprechen, lässt verbotene Früchte begehren, Böses als gut hinstellen. Er versprich denen, die ihm zu dienen gewillt sind Macht und Reichtum, aber schließlich nimmt er das wichtigste, das Heil.

Der heutige Mensch will nur das glauben, was er sehen kann, was er begreifen kann. Darum gibt es soviel Glaubenslose, die auch an Gott nicht mehr glauben, weil man Gott auch nicht sehen kann. Nicht umsonst nennt Jesus den Satan dem Vater der Lüge, der nicht nur Gott leugnet, sondern auch sich selber nicht erkennen lassen will. Es gibt keinen Gott und keinen Satan – sagt er – also kannst du Mensch leben, ohne irgendeine Verantwortung oder Rechenschaft zu fürchten. Sieh nur auf das, was dir gefällt, was sich dir lohnt und kümmere dich nicht um andere Menschen.

Gott kann man wirklich nicht sehen. Den Satan auch nicht. Aber alle beiden sind erkennbar nach ihren Werken. Gott schuf die Welt, der Satan hat sie auf Irrwege und dadurch in Todesgefahr geführt. Gott ist Geist und wo der Mensch die Früchte seines Geistes hat, dort ist das Leben voll von Liebe, Freude und Friede. Aber der Satan ist auch Geist und wer sich durch diesen Geist, der Geist der Verleugnung und Lüge führen lässt, läuft in den Abgrund. Reue, Leid, Schmerzen, Unfrieden und Streiten stammen von dort her, dass wir dem Satan gehorchen. Man dient der Sünde. Das ist so seit dem ersten Sündenfall. Deswegen erleben wir so viele unangenehme Überraschungen. Man bricht auf um Glück zu finden und kann sich doch nicht glücklich fühlen. Man rennt, überspannt seine Kräfte um sich mehr Errungenschaften der modernen Welt zu beschaffen, sein Leben verschönern. Aber dann muss man verblüfft konstatieren, dass es nicht gelingt. Man kann viel erreichen, aber im Herzen bleibt es leer und dunkel. Man hat keine Ruhe, keinen Frieden.

So ist es manchmal mit uns, es ist aber schon der Anfang des Genesens, wenn man zeitig genug merkt, dass sein Lebensweg ein Irrweg ist. Auch der Apostel sagt: *„Ich tue nicht das Gute, das ich will, sondern das Böse, das ich nicht will, das führe ich aus."* Wir kennen auch das Gesetz Gottes, aber in unseren Gliedern lebt auch das Gesetz der Sünde. Wenn wir das in unserem Leben auch so klar sehen, dann können wir mit dem Apostel weiter auch das Bekenntnis und Gebet sprechen: *„Ich elender Mensch, wer wird mich erlösen von diesem Leibe des Todes?* Gott wartet eben auf dieses Bekenntnis. Er weist den reuigen Menschen nicht ab. Den heimkehrenden verlorenen Sohn empfängt er mit Freuden. Wunderlich ist diese Gnade Gottes, die den heimkehrenden Sünder mit Liebe umarmt! Es ist gar nicht selbstverständlich, dass diese Gnade sich ganz in unser irdisches Dasein hinunterbeugt, um uns aus Sünde und Tod zu erretten. In Christus ist Mensch geworden. Er kam, dass das Volk das in Finsternis wandert, ein großes Licht sähe. Kam, um die belasteten zu sich zu rufen, die Verlorenen zu retten. Er kam, um für uns zu sterben. Das hat die Gnade Gottes in Jesus Christus für uns getan. Gesegnet ist unser Leben, wenn wir ihm dafür mit unserem Dienst antworten können. Das ist eine wunderbare Möglichkeit, dem Herrn zu dienen, Diese Welt braucht den Dienst der Glaubenden, der Kirche. Und die Glaubenden können dem Herrn durch die Mitmenschen dienen. Die Welt ist voll von Spannungen. Auf der einen Seite stehen die hoch entwickelten Staaten mit hohem Lebensniveau, auf der anderen Seite steht die so genannte dritte Welt, voll von Armut, Hunger und Elend. Die Statistiken zeigen, dass ein drittel der Einwohner der Erde, drei Fünfte der materiellen Güter besitzt. Die Erde hat allerlei Reichtum, sie gibt auch Brot genug für das ganze Menschengeschlecht, doch täglich hungern Millionen, Millionen sind unterernährt und hunderte sterben den grausamen Hungertod. In der Welt gibt es so viel Wälder, so viel Steine und anderes Baumaterial, doch ein bedeutender Prozentsatz von Menschen lebt noch in Hütten, in Kellern oder unter dem freien Himmel. In den modernen Chemiefabriken stellt man ständig Medikamente her. Wenn sie nicht schnell genug verkauft werden können, werden sie vernichtet, während Millionen Menschen leiden ohne heilende oder schmerzlindernde Mittel. Völker, die leiden und in Armut leben, sehen mit Hass auf Anderen, weil sie ein Luxus-Leben führen und keine Solidarität mit den leidenden Mitmenschen kennen. Gott hat dem Menschengeschlecht auf und in der Erde so viel Reichtum gegeben, dass er für alle genug wäre, wenn es hier echte Liebe gäbe. Aber sie gibt es eben nicht. Die Liebe scheint in den meisten Fällen Selbstliebe zu sein. Diese Situation wäre noch erträglich, wenn wir sagen könnten, dass alles, was hier gesagt worden ist, sich auf die heidnische Welt bezöge, Aber die Lage ist ja nicht so. Die hoch entwickelten Staaten sind meistens christliche Staaten. Die Christen leben also so egoistisch. Man fragt erstaunt: Wie ist das möglich, dass diese so genannten christlichen Völker nicht sehen, dass sie an dem Rande eines Abgrundes stehen, dass sie nicht merken, wie sie mit all ihren ungeheueren Möglichkeiten in Verderben rennen? Wie kommt es, dass der Sauerteig des Evangeliums diese Menschen kühl lässt und nicht zu freiwilligen freudevollen Liebestaten entflammt.

Doch, wir wollen nicht über jemanden Gericht halten. Wir sind in unseren Ostländern wegen unseres Ungehorsams auch unter Gottes Gericht. Wir haben schon vor Jahrzehnten gesehen, wie Gott Gericht halten kann. Wir haben in dem großen Nachbarland das strenge

Gericht Gottes über jene gesehen, die – ebenso wie wir – mit den von Gott empfangenen Gütern nicht den Mitmenschen und dadurch Gott dienen wollten. Wir wollten uns nicht von Gott eines Besseren belehren lassen. Wir lebten weiter in falschem Sicherheitsgefühl, also in Illusionen. Die Reichen strebten nach noch größerem Reichtum und die Armen blieben in noch tieferer Armut. Unser Glaube, unsere Liebe waren so schwach, dass wir an diesem Zustand nichts ändern konnten. Gott hat also über uns auch Gericht gehalten um uns zur Besinnung, zu Solidarität und Dienst zu wecken.

Im Alten Testament lesen wir oft, dass Gott sein hartnäckiges Volk durch die großen heidnischen Nachbarvölker richtete. Weil Israel Gottes Wort nicht ernst nehmen wollte, musste er seine ungehorsame Gemeinde strafen, zur Busse rufen. Gott straft nicht gern. Er will nicht den Tod des Sünders, er will, dass der Mensch Busse tue und lebe. In seinem Gericht in unserem Dasein zeigt sich am Sichtbarsten seine Gnade. Er will uns dadurch vor dem jüngsten Gericht retten. Wir sind jetzt unter seinem gnädigen Gericht. Er hat uns vieles genommen, aber auch viel gelassen, viel gegeben. Er hat uns das Leben gelassen, damit wir ihm dienen. Er hat uns Zeit, Arbeit und Mitmenschen gegeben. Die Zeit ist für uns eine Gnadezeit. Durch Arbeit will er uns unser tägliches Brot geben und alles was wir zu diesem irdischen Leben brauchen. Die Mitmenschen hat er gegeben, damit wir einander lieben, helfen, füreinander ein Segen werden. Aber Gott hat uns vor allem sein Wort gegeben und darin die wunderbare Verheißung seiner Treue. Er ist mit uns, führt uns mit seinem Wort und bleibt unser Herr auch wenn wir aus diesem irdischen Leben abberufen werden. In Jesus Christus befreite er uns von der Sünde-Macht. Alle Voraussetzungen sind also da, dass wir ihm freudig dienen. Unser leben ist nicht sinnlos, zwecklos. Es ist kein Spaziergang, sondern Aufgabe, Botschaft. Bei einem Spaziergang kann geschehen, dass man geht, aber der Weg kein Ziel hat. Man will sich nur bewegen, reine Luft atmen. Unser Lebensziel, wohin wir gelangen dürfen, ist das ewige Leben. So steht es in unserem Text; so hat das für uns unser Herr vollendet. Aber hier kommt die Dialektik unseres Lebens. Das Heil ist für uns vollendet, aber die Gefahr besteht dass wir es verlieren.

Ich werde eine Episode meines Lebens nie vergessen. Man hat mich von zuhause weggeschleppt und gegen Ende des Krieges wurden wir als Kriegsgefangenen in Viehwaggons gepresst und in die Sowjetunion weggeführt. Es war überall noch Spannung und Unordnung. Schon zwei Tagelang hatten wir nichts zu essen bekommen. Als unser Zug in Klausenburg (Rumänien) stillstand, stand ich eben beim engen Fenster des Waggons. Die Einwohner warteten schon auf den Gefangenenzug, um uns etwas essen zu geben. Eine alte ungarische Frau reichte mir ein kleines Brot und dann kam plötzlich der russische Wachsoldat und schlug mir das Brot aus der Hand. In Gedanken wollte ich schon das Brot mit den Mitgefangenen teilen, aber ich hielt es nicht fest genug in der Hand und so ist es uns verloren gegangen. Wir mussten weiter hungern.

So ist es auch mit unserer Ewigkeit, mit unserem Heil. Es ist für uns vorhanden, Jesus hat es für uns vorbereitet aber der Teufel kann es noch aus der Hand schlagen, wenn wir es nicht fest genug halten. Christus ist das Brot des ewigen Lebens. Halten wir ihn fest in unseren Herzen?

Es gibt hier in dieser Welt, in unserem engeren Lebensraum viele Möglichkeiten dem Herrn zu dienen. Er will, dass durch unseren Dienst zur Zeit unsere Heimkehr in den Herzen der hier bleibenden mehr Liebe, mehr Hoffnung und mehr Glaube sei, als vor unsere Dasein. Unser ganzes Leben ist eine Gelegenheit für diesen Dienst.

Wie gut, dass Gott uns, die diesen Auftrag oft vergessen, durch sein Wort den Weg zeigt, uns zu sich ruft und sich von uns dienen lässt. Legen wir also unser Leben mit kindlichem Vertrauen in die Hand unseres himmlischen Vaters, auf dass wir beim letzten Abschied-Nehmen in aller Zuversicht sagen können: *„Den guten Kampf habe ich gekämpft, den Lauf vollendet, den Glauben bewahrt. Fortan liegt für mich bereit* *der Kranz der Gerechtigkeit, den der Herr, der gerechte Richter, mir an jenem Tage verleihen wird.*

Amen

Geschenk der Gotteskindschaft

Johannesbrief 3, 1 – 3 V.

*Seht, welch eine Liebe hat uns der Vater erwiesen, daß wir * Gottes Kinder heißen sollen – und wir sind es auch! Darum kennt uns die Welt nicht; denn sie kennt ihn nicht.*

Meine Lieben, wir sind schon Gottes Kinder; es ist aber noch nicht offenbar geworden, was wir sein werden. Wir wissen aber: wenn es offenbar wird, werden wir ihm gleich sein; denn wir werden ihn sehen, wie er ist.

Und ein jeder, der solche Hoffnung auf ihn hat, der reinigt sich, wie auch jener rein ist.

Liebe Brüder und Schwestern, liebe Gemeinde,

In einem Sprichwort heißt es, dass die Freude nicht allein bleiben kann. Wenn das Herz einmal voll von Freude ist, kann man nicht stillschweigend bleiben, man muss sprechen, man muss seine Freude mindestens den am nächsten stehenden Menschen mitteilen. Die weitergesagte, mitgeteilte Freude wird so eine doppelte Freude werden.

So verkündete der Apostel Johannes seinen ehemaligen Zuhörern und so verkündet er durch die Heilige Schrift auch uns heute die übergroße Freude seines Herzens, damit wir auch Freude haben: *„Sehet, was für eine Liebe uns der Vater geschenkt hat, dass wir Kinder Gottes heißen sollen."* Also nicht nur die Kinder, sondern auch der Erwachsenen, nicht nur die Jungen, sondern auch die Alten dürfen und sollen Kinder Gottes sein. Wir sind also davon abgesehen, wo wir leben, eine große Familie der Kinder Gottes.

Die gläubigen Menschen sind also Kinder Gottes. Das Kind weiß oft nicht, wie gut es ist, Kind zu sein. Es fühlt sich manchmal irgendwie beschränkt und darum möchte es umso schneller erwachsen, groß, selbstständig zu werden. Es mahlt sich oft in schönen Bildern durch seine kindliche Fantasie die Zukunft aus und träumt davon, wie schön es wird, wenn es einmal alle seine Träume Verwirklichen, seine Gedanken vollbringen kann. Erst später, als erwachsner sieht man, dass die kindlichen Träume sich nicht so häufig verwirklichen, die schönen Bilder, die es als Kind gemahlt hat verblassen und die kindlichen Gedanken unausführbar sind. In den Kampf des Lebens wird man oft verletzt, die harten Wirklichkeiten schlagen auf das Herz und aus dem einstigen jauchzenden Kind wird ein harter, kalter Mensch ohne Freude. Die meisten Erwachsenen, die in ihrem Elternhaus Liebe fanden, erinnern sich an ihr Kindesalter, als an die schönste Zeit des Lebens. Das Kind muss keine Sorgen haben, se werden durch die Eltern getragen. Die Änderungen der Welt, die Wendungen des Lebens drücken das Kind nicht, denn es ist geborgen in der elterlichen Liebe. Kind zu sein ist also gut.

Man fühlt sich Kind, solange die Eltern leben. Aber die Eltern begleiten das Kind gewöhnlich nicht durch das ganze Leben. Einen früher, den Anderen später, aber einmal verlassen die Eltern uns alle. Die schützenden Hände des Vaters werden zu Staub werden, Aber Gott bleibt immer bei uns. Er sagt uns durch Jesus Christus: *„Ich will euch nicht als Waisen zurücklassen, ich komme zu euch."* Er kommt zu uns, er schpricht mit uns. Auch jetzt offenbart er uns seine Liebe. Wir dürfen Kind sein, auch wenn wir auf Erde keinen Vater, keine Eltern mehr haben. So groß ist seine Liebe.

Die Liebe ist die größte Macht auf der Welt. Der Hass will immer nur verwunden, Schaden anrichten, zerstören, verwüsten. Das haben wir erlebt in den Schrecken des Kriegs, aber auch im Terror der vergangenen Jahrzehnte. Die Liebe aber will heilen, Freude bereiten erbauen, Opfer bringen, helfen. Die größte Liebe hat uns aber Gott geschenkt. Die Größe der Liebe Gottes zeigt sich an der Größe ihres Opfers. Er hat für uns Jesus Christus hingegeben. Durch ihn können wir Gottes Kinder werden, durch ihn können wir Gott so anreden: *„Vater, unser Vater.“* Die Welt, die keinen Vater haben will, ist eine bedauernswerte verwaiste Welt. Der biblische verlorene Sohn hat auch einen guten Vater gehabt, aber er hat diesen Vater verlassen und lebte, as ob er keinen Vater hätte. Er wollte selbstständig das Leben genießen, auf großem Fuß leben, weit weg von dem Vater. Darum ist er so herunter gekommen. Die Welt, die Menschheit, die sich auf ihre Mündigkeit beruft, kann auch eine zeitlang auf großem Fuß leben, aber dann muss sie herunter kommen. Diese, von Gott entfremdete Welt schaut von der Höhe ihrer eingebildeten Modernität so die Gruppe der betenden, in die Kirche gehenden Menschen an, wie wenn sie ein hier vergessener Rest der vergangenen alten Zeiten wären. Diese Menschen-Welt ist aber eine arme, verwaiste Welt, ohne Vater, ohne Gott. So steht es in unserem Bibeltext: *Deshalb erkennt die Welt die Kinder Gottes nicht, weil sie auch Gott nicht erkannt hat.“*

Aber das Kind-Sein bedeutet auch etwas nicht vollendetes, etwas nicht Fertiges. Das Kind wächst. Es hat nur eine kurze Vergangenheit, aber es hat Hoffnung auf eine lange, schöne Zukunft. Das Kind sagt immer gern, wenn es gefragt wird wessen Kind er sei, aber wenn man es fragt, was möchtest du werden, gibt es gemäß seinem Alter immer eine andere Antwort. Ihm gefällt immer etwas anderes, es hat immer neue Träume und es entwickelt sich in ihm nur allmählich, was er eigentlich werden möchte. Das ist kein Wunder. Das Kind kann den Wirrwarr, die Zusammenhänge des Lebens in der Welt der erwachsenen noch nicht durchschauen. Diese Welt ist für es noch zu geheimnisvoll Die Perspektiven der Möglichkeiten öffnen sich vor seinem Auge wirklich nur allmählich.

Ähnlich ist es mit uns Erwachsenen, die wir uns Gottes Kinder nennen dürfen. Das ist schon eine gesegnete Stufe unsres Lebens, wenn wir wissen, wem wir gehören, wessen Kind wir sind. Aber weiter sehen wir auch nicht klar. Die Geheimnisse der Ewigkeit die für die Kinder Gottes vorhanden ist, können wir auch nur allmählich lernen. Man muss wachsen im Glauben, um in die ewige Pläne Gottes Einblick zu gewinnen. Aber auch so ist unser Erkennen hier in diesem Dasein Stückwerk. So heißt es auch in unserem Bibelvers: *„Jetzt sind wir Kinder Gottes, und noch ist nicht offenbar geworden, was wir sein werden."* Wir sind unterwegs zur Vollendung, an uns soll sich vollenden der Wille Gottes. Sein Wille ist das Ewige Leben. Darum hat er uns seinen Sohn gegeben, damit jeder, der an ihn glaubt, nicht verloren gehe, sondern ewiges Leben gewinne. Darum ruft er uns zu sich, und darum verkündet er mitten unter uns das werbende Evangelium seiner Liebe. Die Kinder Gottes, das wandernde Volk Gottes hat auch seine Vergangenheit. Diese Vergangenheit ist nicht immer schön, weil wir oft ungehorsame Kinder Gottes sind. Gott reinigt oftmals sein ungehorsames Volk im Feuer seines Gerichtes. Bei uns, in unseren Osteuropäischen Ländern ist dieses reinigende Feuer Gottes sehr bekannt. So will er uns fähig machen zum Empfang des Ewigen Erbes, das wir sonst leichtsinnig verschwenden würden.

Vergangenheit, Gegenwart, Zukunft; das sind die Stationen unseres Lebenswegs. Die Gegenwart ist ein flüchtiger Augenblick, ein nie wiederholbarer Moment, den Gott uns gibt, um ihm zu leben, einander zu lieben. Die Gegenwart wird in jedem Augenblick zu Vergangenheit werden. Das Vergehen der Zeit bringt immer Änderungen mit sich. Hier hat alles seine Zeit. Nichts bleibt auf Erden in seinem ursprünglichen Zustande. Wir sind jetzt Kinder Gottes und wir werden Erben eines unaussprechlichen, wunderbaren Erbes.

Die Änderungen, die die Zeit mitbringt, machen uns manchmal Freude. Das Kind freut sich, wenn es immer etwas größer wird. Er freut sich, wenn ein Schuljahr zu Ende geht und die Ferien angekommen sind. Es freut sich, wenn es immer in eine höhere Klasse aufrücken kann. Die Jungen freuen sich, wenn ihre Hoffnungen sich erfüllen, wenn sie einen Lebensgefährten und dann Kinder bekommen, wenn es im Beruf gut vorwärts geht. Die Kranken freuen sich, wenn die schlaflose qualvolle Nacht vorbei ist. Die Diskriminierten, Unterdrückten, die Gefangenen freuen sich, wenn einmal die Stunde der Freiheit schlägt. Wie schrecklich wäre eine Welt, in der es keine Änderung gäbe. Wenn keine Möglichkeit bestünde zur Besserung, wenn es keine Hoffnung gäbe auf Änderung, dass das, was heute weh tut, morgen nicht mehr schmerzen wird. Das Leben ohne Veränderung wäre schon die Verdammnis selber, wie man es aus der Erzählung Jesu hört, die er über den reichen Menschen und armen Lazarus gehalten hat. Der Reiche erst dort, jenseits des irdischen Lebens hat gesehen, wie er sein Leben leichtsinnig verschwendet hat.

Darum ist das Leben so großes Geschenk, weil man hier nicht nur die Änderung der ausserenen Verhältnisse, sondern auch die Änderung seines Lebens erleben kann. Hier kann sich ändern nicht nur das Wetter, das einmal stürmisch, bedeckt oder rau ist, aber bald wieder schön sonnig und warm sein kann sondern auch wir, Menschen. In unser zorniges, kühles, egoistisches Herz kann eindringen der Sonnenschein der Liebe Gottes. Hier können, und wenn wir nicht verlorene Söhne und Töchter sein wollen, müssen wir von neuem geboren werden.

Es gibt aber Änderungen, die uns verbittern können. Man wird immer älter. Wenn man die Last der Jahrzehnten und Krankheiten immer schwerer tragen kann, wenn die Sonne des Lebens von hinten leuchtet und die Schatten vor uns immer größer werden, viele sind besorgt und fragen: was jetzt komme, wie es weiter gehe;

In unserem heutigen Bibeltext weist Gott darauf hin, wo diese letzte Änderung im Leben seiner Kinder hinführt. Hier hebt er ein bisschen den Schleier der Geheimnisse, wenn er sagt; dass wenn es offenbar geworden ist, was wir sein werden, werden wir ihn sehen wie er ist. Wir werden ihm ähnlich werden, sagt der Apostel in diesem Brief.

Also nicht eine ewige finstere Nacht, nicht hoffnungsloses Vergehen wartet auf uns, wenn einmal unser Auge zugetan wird, sondern unser Herr. Wir dürfen Teil haben an seiner ewigen Herrlichkeit.

Unser Herr hat es einmal in seiner Bergpredigt kundgetan, wer diese selige Menschen sind, die Gott sehen können. Er sagte: *„Selig sind, die reinen Herzens sind, denn sie werden Gott sehen."* Die Trageweite dieser Aussage unseres Herrn verstehen wir besser, wenn wir uns auch ihre negative Deutung in Gedächtnis einprägen: Unglückselig sind die unreinen Herzens, denn sie werden Gott nie sehen. Ein reines Herz kann in uns nur das Geist und Wort Gottes schaffen. Nur durch diese können wir dahin gelangen wo man sagen kann: *„Ich lebe aber nicht mehr ich, sondern Christus lebt in mir. Was ich aber jetzt im Fleisch lebe, das lebe ich im Glauben an den Sohn Gottes, der mich geliebt, und sich für mich dahingegeben hat."*

Sagen wir darum täglich das Gebet des Psalmisten: *Schaffe mir o Gott ein reines Herz, und gib mir einen neuen gewissen Geist."*

Amen

Der Schatzmeister aus Äthiopien

Letzte Predigt in Kirchlindach

Apostelgeschichte 8, 26 – 39 V.

Aber der Engel des Herrn redete zu Philippus und sprach: Steh auf und geh nach Süden auf die Straße, die von Jerusalem nach Gaza hinabführt und öde ist.

Und er stand auf und ging hin. Und siehe, ein Mann aus Äthiopien, ein Kämmerer und Mächtiger am Hof der Kandake, der Königin von Äthiopien, welcher ihren ganzen Schatz verwaltete, der war nach Jerusalem gekommen, um anzubeten.

Nun zog er wieder heim und saß auf seinem Wagen und las den Propheten Jesaja.

Der Geist aber sprach zu Philippus: Geh hin und halte dich zu diesem Wagen!

Da lief Philippus hin und hörte, daß er den Propheten Jesaja las, und fragte: Verstehst du auch, was du liest?

Er aber sprach: Wie kann ich, wenn mich nicht jemand anleitet? Und er bat Philippus, aufzusteigen und sich zu ihm zu setzen.

In seiner Erniedrigung wurde sein Urteil aufgehoben. Wer kann seine Nachkommen aufzählen? Denn sein Leben wird von der Erde weggenommen.«

Da antwortete der Kämmerer dem Philippus und sprach: Ich bitte dich, von wem redet der Prophet das, von sich selber oder von jemand anderem?

Philippus aber tat seinen Mund auf und fing mit diesem Wort der Schrift an und predigte ihm das Evangelium von Jesus.

Und als sie auf der Straße dahinfuhren, kamen sie an ein Wasser. Da sprach der Kämmerer: Siehe, da ist Wasser; was hindert's, daß ich mich taufen lasse?

Und er ließ den Wagen halten, und beide stiegen in das Wasser hinab, Philippus und der Kämmerer, und er taufte ihn.

*Als sie aber aus dem Wasser heraufstiegen, * entrückte der Geist des Herrn den Philippus, und der Kämmerer sah ihn nicht mehr; er zog aber seine Straße fröhlich.*

Liebe Brüder und Schwestern, liebe Gemeinde,

In diesem Abschnitt der Heiligen Schrift wird wieder die Aussage unseres Herrn bestätigt, dass wer da sucht, der findet. Unser ganzes Leben ist ein Suchen. Hier sucht jeder etwas. Einer sucht Freude, der Andere die eigene Bequemlichkeit. Viele suchen Geld, Vermögen, eine gute Position, Ansehen und Macht. Diejenigen, die in ihrem Lebenskampf müde geworden sind, suchen schon nichts mehr, als nur noch etwas Ruhe. Im Hintergrund all dieser Anstrengungen, all dieses Suchens ist die Sehnsucht nach dem Glück. Man möchte glücklich werden. Es kommt auch vor, dass man eigentlich nicht weiß, was man sucht. In der Tiefe der Seele, an der Grenze der Bewusstseins und Unbewusstseins decken sich leise unausdrückbare Ahnungen und Sehnsüchte, die im Laufe der Zeiten langsam reifen, sich in den Vordergrund drängen, bis sie dann einen nicht mehr in Ruhe lassen. Wenn man diese innere Stimme nicht grob erstickt, – was leider so oft geschieht – muss man etwas unternehmen, um zur Ruhe und Freude der Seele zu gelangen.

Der Hofbeamte von Äthiopien, von dem wir in unserem Text hörten, gehorchte dieser inneren Stimme, darum ist er von seiner Heimat aufgebrochen. Er sehnte sich nach der Freude, dem Glück. Er hat alles gehabt, wonach viele Menschen streben, wodurch sie die Freude und das Glück erreichen wollen. Er war Reich. Er war der Schatzmeister der Königin seines Landes. Er war also – modern ausgedrückt – der Finanzminister Äthiopiens. Eine Zeitlang fühlte er sich wahrscheinlich sehr wohl in seinem angesehenen Zustand. Aber dann ist er plötzlich unruhig geworden. Das Ansehen, die Glanz des Goldes, der Reichtum bereiteten ihm keine Freude mehr. Er wusste, dass man einmal all seinen Reichtum hier lassen muss. Gold und Rang bedeuten dort nichts mehr. Und dann drängte sich die Frage hervor: Was kommt nachher? Kommt nach dem letzten Herzschlag nur der Zerfall des Leibes, das Vergehen? Kommt eine ewige finstere Nacht, oder gibt es hier in dieser Welt etwas, was stärker ist als der Tod, mächtiger ist als das Vergehen? Wer konnte ihm auf diese Fragen Antwort geben? In seinem Land niemand, da es ein heidnisches Land war. Aber er hat etwas von einem weit entlegenen Land gehört, dessen Hauptstadt Jerusalem heißt. Er hat gehört, dass jenes Volk den allmächtigen Gott kennt, der dieses unfassbar große Weltall geschaffen hat, und der seinen Willen und seine Pläne hinsichtlich der Zukunft der Menschheit und der Welt durch seine Propheten geoffenbart hat. Er wollte etwas Näheres von Gott hören, er wollte wissen von den Geheimnissen des Lebens und des Todes. Er wollte das Wort Gottes hören, darum hatte er sich aufgemacht und war nach Jerusalem gereist. Die Reise, besonders eine solche lange Reise etwa von 1000 km, war in jener Zeit eine mühsame, teuere, aber auch gefährliche Angelegenheit. Es gab damals noch kein Flugzeug, keinen Zug und kein Auto. Die Reise mit einem Pferdewagen dauerte Wochen. Sie war in der Hitze durch die sandige Weide und auf den holprigen staubigen Wegen sehr ansträngend und gefährlich, weil es auch Räuber gab. Aber dieser Finanzminister kümmerte sich nicht um diese Sachen, weil er sich nach dauernder Freude und Glück, nach ewigen Werten sehnte. Er hat im Vorhof des Tempels zu Jerusalem eine Buchrolle gekauft. Solch eine Buchrolle kostete in jener Zeit, – weil die Bücher von Hand geschrieben waren – viel Geld, aber um den größten Schatz, ein Sinn und Wertvolles Leben zu gewinnen, reute ihn das Geld nicht. Aus dieser Buchrolle, das 53. Kapitel der

Profetei Jesaja hat er unterwegs nach Hause nach damaliger Gewohnheit halblaut gelesen. Er hat nicht umsonst gesucht. Wer sucht, wer sich nach ewigen Werten sehnt, kann die erwünschten Dinge erreichen. Diese Möglichkeit ist gegeben, weil Gott uns auch sucht. Er hat den Menschen gesucht gleich nach dem Sündenfall. Aber sein dort gestellter Ruf; *Mensch wo bist du?* schallt durch die Jahrhunderte der Geschichte des Menschengeschlechts hindurch. Er hat zu uns die Propheten geschickt, damit sie uns seinen Weg zeigen. Er hat uns seinen Sohn Jesus Christus gegeben und durch ihn erwies er am deutlichten seine, uns suchende und rettende väterliche Liebe. Unser Herr hat selber von sich gesagt: *Der Sohn des Menschen ist gekommen um das Verlorene zu suchen und zu retten.* In Jesus Christus umarmt die Liebe Gottes nicht nur so allgemein die ganze Welt, sondern auch uns persönlich. Er ist der gute Hirte, der, wenn von seiner Herde ein Schaf verloren geht, dem verloren gehenden nachgeht, sucht es und mit großer Freude es zur Herde zurückbringt. Die Welt ist heute voll von dieben, die nicht nur Gold und Geld, nicht nur materielle Dinge, sondern auch die Wertvollste, die Hoffnung, den glauben an Gott wegrauben wollen. Sie tun es aber so, wie etliche junge Verbrecher unserer Zeit, die etwas stehlen, nicht um es zu benützen, sondern es zu vernichten. Die Welt ist heute so eingestellt, dass die glauben raubenden Gedanken und Ideen uns überall umgeben. Sie besuchen, versuchen uns aber auch täglich durch die modernen Massenmedien in unserer Wohnung. Im Wirrwarr der lauten werbenden Stimmen der Welt hört man kaum die leise Stimme des guten Hirten, der auch heute und auch uns sagt: *Folge mir nach.* Aber es gibt immer Menschen, die auch in dieser versucherischen lärmigen Welt seine Stimme hören. Er selber sagt es: *„Meine Schafe hören auf meine Stimme und ich kenne sie, und sie folgen mir nach. Und ich gebe ihnen ewiges Leben, und sie werden in Ewigkeit nicht umkommen, und niemand wird sie aus meiner Hand reißen."* Durch sein Wort und durch seinen Geist sammelt er seine Herde aus allen Völkern, in allen Ländern. Wer könnte sagen, wie der äthiopische Finanzminister vom Gottes Wort gehört hat!? Gottes Wege sind unausforschbar. Gottes suchende Liebe hat nicht nur ihn, sondern auch Philippus auf jenen Weg geführt. Philippus war ein Diakone und als solcher, auch Prediger des Evangeliums. Der reiche Ethioper unterwegs nach Hause hat schon die Bibel gelesen, aber er verstand nicht, worum es in diesem Buch geht. Er hat nicht gewusst, wer dieser leidende stiller Mensch ist, der unsere Sünde auf sich nimmt, und wir durch sein Opfer Frieden und ewiges Leben bekommen können. Aber Philippus stieg zu ihm in seinen Wagen und begann mit der gelesenen Schriftstelle verkündigte ihm das Evangelium von Jesus. Er erklärte ihm, dass dieser leidende stille Mensch, von dem der Prophet Jesaja vor Jahrhunderten geschrieben hat, schon auf die Welt gekommen sei. Was in der Alten Testament Verheißung Gottes war, ist Wirklichkeit geworden. Gott hat den Abgrund zwischen der gefallenen Menschheit und sich überbrückt. Jesus Christus nahm auf sich die Strafe unserer Sünde. Gott gibt uns viel mehr, als nur irdischen Reichtum. Er gibt uns das Heil, das ewige Leben. Unser ganzes Leben auf Erden ist eine einmalige unwiederholbare Gelegenheit, dieses ewige Geschenk Gottes zu empfangen.

Wie freute sich der schwarze, reiche, heidnische Mann, als er diese frohe Botschaft hörte. Er hat sich zu Jesus Christus bekannt und ließ sich auch taufen. Philippus fuhr nicht mehr mit ihm weiter, ihm hat Gott in anderen Städten einen Auftrag gegeben, er sollte das Evangelium im Asdod und in den anderen Städten verkündigen. Der Hofbeamte, der Finanzminister sah ihn nicht mehr, aber er zog freudig seines Weges. Er hat den langen, ermüdenden und gefährlichen Weg in die Kirche zu Jerusalem nicht umsonst getan. Philippus hat nichts anderes getan, nur eine Strecke fuhr mit ihm auf dem Wege und verkündete ihm, dass uns Gott durch Jesus Christus zur Ewigkeit ruft, und sein unruhiges Herz hat Frieden und unwegnehmbare Freude gefunden.

Ich bin jetzt eine Weile auch ein Mitfahrer auf eurem Lebenswege gewesen. Ich wollte und konnte hier nichts anderes tun, als verkündigen, dass auch in unserem lärmigen, rennenden und unruhiger Zeitalter, wo die Nächte durch moderne Neonlicht ausgeleuchtet sind, aber wo sich im Blick auf die Zukunft auch bei Tag dunkle Wolken der Angst sammeln, die einzige Hoffnung der Welt Jesus Christus ist. Unsere Lage gleicht nicht in allem der Lage des Hofbeamten an Königin von Äthiopien, weil wir alle in einem christlichen Land leben. Wir haben schon von Kindheit an vom Jesus Christus, von der uns suchenden Gnade Gottes gehört. Wir brauchen keine große Reise zu tun, um die frohe Botschaft zu hören. Aber wir sind vergesslich. Wir haben es manchmal ähnlich, wie die ersten Jünger Jesu, die die Brot vermehrenden, heilenden Taten des Herrn so vielmal sahen, aber wenn neue Not kam, verzagten sie wieder, weil sie die vorherigen Taten des Herrn vergessen haben. Auf dem stürmischen See waren sie ganz verzweifelt, und vor dem Herr, der sich auf den Wellen zu ihrem Schiff näherte, waren sie erschrocken. Christus kommt zu den seinen manchmal inmitten des Sturmes. Aber mit ihm sind wir auch im Sturm gerettet. Das ist für uns immer ein Trost.

Die Gefahr der Vergesslichkeit droht uns auch inmitten der schönen, sonnigen Zeiten, in den Zeiten des Wohlergehens. Wenn in dem Leben alles gut geht, wenn man die Früchte seiner Arbeit ungestört genießen kann, wenn den planmäßigen Rhythmus des Lebens keine äußere Kraft zerstört, vergisst man leicht, dass es auch Sturm geben kann, dass unser Leben nicht die eigene Kraft, sondern die Gnade Gottes hält. Er gibt die schönen stillen Zeiten, die Gesundheit, die Freude, aber er ist unser Herr auch in den schweren Zeiten des Leidens.

Die Strecke des Lebenswegs, auf dem ich eine Weile mit dieser Gemeinde zusammen fahren durfte, ist vorbei. Auf mich warten andere Gemeinden in meinem Heimatland. Aber wenn es jemand in dieser Gemeinde gibt, der – wie der ethioper Hofbeamte – froh seine Strasse weitergehen kann, im Glauben, dass uns von unserem Herrn nichts trennen kann, bin ich nicht umsonst hier gewesen. Ich wünsche der ganzen Gemeinde, dass sie auf ihrem Lebenswege froh, getrost, glaubend weitergehen, und in der Gnade Gottes bleiben kann, so auf Erden wie in Ewigkeit.

Amen.

Inhaltverzeichnis

Die Herausgabe unterstűtzte Stichting Kerkelijke Gemeente Opbouw Oost-Europa

Bertalan Pándy
Angezündete Kerze

Herausgegeben von Vydavateľstvo Michala Vaška (Verlag von Michal Vaško), Prešov (Slowakei) in 2008 als seine 677-ste Publikation.

Erste Ausgabe

Graphische Bearbeitung, Druck und Buchbindung:
Vydavateľstvo Michala Vaška (Verlag von Michal Vaško)
Námestie Kráľovnej pokoja 3, 080 01 Prešov, Slowakei
E-mail: vmv@vmv.sk

ISBN 978-80-7165-677-7